ADMIS FONCTION PUBLIQUE

4e édition

Concours commun
Agent des finances publiques, douanes et CCRF

Tout-en-un

Dominique Dumas
Enseignante de français en institut d'enseignement supérieur

Dominique Herbaut
Professeur certifié de mathématiques

Mélanie Hoffert
Docteur en droit, professeur de culture générale

Frédéric Ingelaere
Fonctionnaire au ministère du Budget et des Comptes publics, maître de conférences associé

Emmanuel Kerdraon
Responsable de formation et préparateur de concours pour la Fonction publique

Vuibert

ISSN : 2114-9305
ISBN : 978-2-311-20305-9

Conception de la couverture : Les PAOistes
Conception de l'intérieur : Bleu T
Composition : SCM, Toulouse
Crédit photographique : Jean-Christophe Verhaegen/AFP

Site Internet : http://www.vuibert.fr

Achevé d'imprimer en mars 2016 sur les presses de la SEPEC (France)
N° d'impression : 09463160207 - N° d'éditeur : 2016_0298 - Dépôt légal : mars 2016 - IMPRIM'VERT®

PEFC 10-31-1470 / Certifié PEFC / Ce produit est issu de forêts gérées durablement et de sources contrôlées. / pefc-france.org

Sommaire

Annales corrigées

PARTIE 2 Épreuve d'admissibilité

■ Résolution de cas pratiques

PARTIE 3 Épreuve d'admission

■ Entretien avec le jury

Votre concours, votre métier

1. Présentation

Le concours est un concours commun, ce qui veut dire que le candidat est susceptible d'intégrer les différentes directions de ce ministère (DGFIP, DGDDI, DGCCRF). Il s'agit d'un concours pour le recrutement d'agents de catégorie C, c'est-à-dire d'agents d'exécution.

2. Conditions pour concourir

Les conditions pour concourir sont la détention d'un diplôme de niveau IV (CAP, BEP, Brevet des collèges), à moins de bénéficier d'une dispense (mère de trois enfants). Il n'existe plus de limite d'âge pour participer à ce concours. Il faut posséder la nationalité française ou être ressortissant de l'Union européenne. Il faut également disposer de ses droits civiques ; par ailleurs, les candidats devront présenter un bulletin de casier judiciaire n° 2 qui devra être compatible avec l'emploi postulé. C'est l'administration qui décide de cette compatibilité. Il est impératif de se trouver en position régulière vis-à-vis du service national. Enfin, pour les candidats postulant aux fonctions de la branche « surveillance » de l'administration douanière, il conviendra de respecter les conditions d'aptitude physique (c'est l'administration qui orientera les candidats vers un médecin-conseil de l'administration pour cette aptitude – cf. arrêté du 2 août 2010).

3. Épreuves du concours commun

Les épreuves de ce concours sont communes et tous les candidats passent les mêmes épreuves de sélection qui consistent en une préadmissibilité basée sur un QCM (questionnaire à choix multiples), une admissibilité qui réside dans la réalisation à l'écrit de cas pratiques et une admission qui revêt la forme d'un oral d'aptitude et de motivation. À ces épreuves, on ajoutera les tests sportifs obligatoires uniquement pour les candidats au concours de la branche « surveillance » de l'administration des douanes.

■ La préadmissibilité est un QCM de coefficient 1 et d'une durée de 1 h 30, destiné à vérifier les connaissances de base du candidat en matière d'orthographe, de vocabulaire et de grammaire, de connaissances générales, de calcul et de raisonnement.

■ L'admissibilité est une épreuve de résolution de cas pratiques de coefficient 2 et d'une durée de 3 heures ; elle permet de vérifier l'aptitude du candidat à présenter les éléments d'un dossier et peut comporter la réponse à des questions sur ce dossier, la rédaction d'un document et la mise au point d'un tableau de chiffres.

REMARQUE L'usage de la calculatrice n'est pas autorisé. Les épreuves de préadmissibilité et d'admissibilité se déroulent en même temps, mais seules les copies des candidats ayant passé le cap de la préadmissibilité seront corrigées.

■ L'admission est un entretien avec le jury de coefficient 2 et d'une durée de 15 minutes permettant d'apprécier les motivations et l'aptitude du candidat à exercer les fonctions postulées au sein des ministères économiques et financiers.

■ L'épreuve sportive, pour les candidats de la branche « surveillance », se déroulera en même temps que l'épreuve d'admission sur un terrain de sport ; elle est à coefficient 1.

Pour le prochain concours, les épreuves sportives actuelles devraient être remplacées par quatre exercices (pompes, gainage, 60 mètres et 2 000 mètres). Les barèmes de notation varieront notamment en fonction de l'âge du candidat.

Pour toutes ces épreuves qui sont notées de 0 à 20, une note inférieure à 5/20 est éliminatoire.

4. Niveau de recrutement et de responsabilité

Vous préparez un concours de catégorie C.

En termes de responsabilités, il faut savoir que la catégorie C correspond en recrutement fonction publique aux agents dits d'exécution. Cela n'est pas une absence de responsabilités, même si un agent de catégorie C en aura moins qu'un agent de catégorie A, mais c'est un positionnement dans une grille indiciaire et dans un système hiérarchique. La catégorie C de la branche opérations commerciales de la douane ne recrute plus.

5. Dépôt de candidature

Les candidats peuvent s'inscrire dès l'ouverture officielle du concours (cette dernière étant publiée au *Journal officiel*). On peut facilement se renseigner sur les différents sites du ministère concerné ou prendre contact avec les services locaux des douanes, de la DGFIP ou de la CCRF. Il est important de très vite se renseigner sur les différentes épreuves, les barèmes (par exemple pour les épreuves sportives des candidats au concours de la douane branche « surveillance »). Les préinscriptions se font via Internet avec confirmation dans les délais demandés. Attention aux choix d'épreuves à option ou facultatives. Les choix faits lors de l'inscription ne seront pas modifiables.

Toutes informations peuvent se demander sur enfip.ccp@dgfip.finances.gouv.fr

Le ministère de l'Économie et des Finances est encore un des ministères qui recrute le plus après le ministère de l'Éducation nationale et celui de l'Intérieur. La sélectivité au concours commun reste importante (cf. statistiques ci-après).

Année	Inscrits	Présents	Reçus	Taux de réussite par rapport au nombre d'inscrits	Taux de réussite par rapport au nombre de présents
2011	12 201	6 390	513	4,20 %	8,02 %
2012	16 776	8 692	553	3,29 %	6,36 %
2013	15 950	7 894	694	4,35 %	8,79 %
2014	15 942	7 917	935	5,87 %	11,81 %

Il est conseillé aux candidats au vu de ces éléments statistiques de se présenter effectivement au concours et de participer à toutes les épreuves; en effet de nombreux candidats abandonnent en cours d'épreuves.

En 2013, il y a eu 694 reçus (15 950 inscrits).

6. Les carrières au sein des ministères

Nombreux agents de catégorie C préparent, une fois dans l'administration, les concours internes pour gravir les grades successifs de l'administration; l'agent de la DGFIP ou de la DGDDI pourra ainsi passer d'agent à contrôleur (catégorie B) puis inspecteur (catégorie A) en suivant des préparations internes s'il le souhaite.

Chaque administration du ministère possède ses propres écoles, son système de formation professionnelle interne et des droits à la formation sont attribués à chaque agent afin qu'il puisse progresser dans ses compétences et dans son souhait de monter en grade au sein de son administration.

7. Les métiers au sein des ministères

Avant l'affectation, les agents de catégorie C intègrent une des écoles de l'administration selon la direction (finances publiques, douanes, répression des fraudes) qui les accueille. À ce moment, ils sont nommés dans leur emploi. Après le stage pratique en école, s'ils satisfont aux examens, ils seront titularisés et affectés dans une unité de travail à Paris ou en province.

À titre général, les agents de ce ministère sont chargés de faire appliquer des réglementations édictées par leur direction d'affectation (douane, DGFIP, CCRF). Appliquer des réglementations et les faire appliquer sous-entendent des aptitudes à les comprendre, à les connaître et à les expliquer aux usagers. Douane, DGFIP et CCRF sont des services publics. Quant aux usagers, ils sont aussi bien des personnes physiques que morales (entreprises par exemple).

Témoignages de professionnels

« J'ai passé le concours d'agent du Trésor il y a quelques années, il n'y avait pas encore de concours commun. J'aimais les chiffres et je ne connaissais pas trop cette administration, j'en ai entendu parler à un carrefour carrières dans un lycée. Après le concours et l'école j'ai été affecté dans ma région d'origine et j'ai exercé mon métier. Au début on patauge un peu mais les collègues nous donnent un coup de main. Je travaille beaucoup sur des dossiers, je rentre des chiffres, je contrôle des calculs, je remplis des grilles mais j'ai aussi des contacts au téléphone avec des collectivités territoriales. C'est un métier très prenant avec des responsabilités car il ne faut pas se tromper mais très intéressant et surtout que le public ne connaît pas bien. J'ai des horaires de bureau et j'envisage de passer le concours de contrôleur. »

M. N., jeune agent à la DGFIP

« J'ai passé le concours des douanes et je voulais entrer en surveillance car je n'aime pas trop rester enfermé dans un bureau. Je porte un uniforme et je suis armé, c'est une lourde responsabilité. J'ai été affecté dans un grand aéroport après un stage à La Rochelle où j'ai appris le métier. Je contrôle des personnes surtout au débarquement d'avions de provenances diverses. Mon but, avec les autres collègues, c'est de traquer la fraude – les stupéfiants, les contrefaçons, les marchandises qui n'ont pas été dédouanées… C'est très vivant et jamais routinier. On a besoin de beaucoup de maîtrise de soi pour faire face à des usagers pas toujours contents, mais cela se passe généralement très bien. On fait appliquer la loi et nous sommes les premiers à assurer les contrôles d'accès sur le territoire français et communautaire. Je pense que j'aimerai continuer par une spécialité comme maître de chien anti-stupéfiants puis passer en interne le concours de contrôleur des douanes. »

M. M., agent des douanes (branche surveillance)

« Le métier d'agent des impôts est nécessaire puisque c'est nous qui, aux impôts, gérons les taxations et impôts divers. J'ai d'abord beaucoup travaillé, en commençant, sur les statistiques et les chiffres. J'exerce mon travail en horaires de bureau sur un ordinateur bien sûr et j'aide certains responsables d'équipes à contrôler les dossiers de fiscalité. C'est très prenant, on vérifie et on s'assure que les réglementations sont respectées ; que les dossiers sont bien remplis. On peut convoquer les personnes, leur expliquer les règles, faire proposer des redressements éventuellement. Mais nous avons beaucoup de contacts avec le public, car c'est une matière parfois complexe et les questions du public sont très pointues. On apprend toujours car la réglementation change assez souvent, mais c'est très motivant. Nous avons maintenant à travailler avec des collègues du Trésor et là aussi on s'aperçoit que chacun a bien un métier différent. »

Mlle P., agent des impôts

PARTIE 1

Épreuve de préadmissibilité

➲ QCM

QCM

Orthographe, vocabulaire et grammaire

COEFFICIENT
1

DURÉE
1
heure
30

Planning de révision

PÉRIODE	DURÉE	CONTENU DES RÉVISIONS
PÉRIODE 1	2 semaines	• Accord du participe passé • Préfixes grecs et latins
PÉRIODE 2	2 semaines	• Conjugaisons • Grammaire (natures et fonctions des mots)
PÉRIODE 3	1 semaine	• Accord du verbe
PÉRIODE 4	2 semaines	• Vocabulaire (travail sur les synonymes, les antonymes)
PÉRIODE 5	2 semaines	• Homonymes lexicaux • Homonymes grammaticaux (*a/à, quel que/quelque, quoi que/quoique*, etc.)
PÉRIODE 6	2 semaines	• Orthographe, féminin et pluriel des noms
PÉRIODE 7	2 semaines	• Orthographe, féminin et pluriel des adjectifs
PÉRIODE 8	1 semaine	• Paronymes
PÉRIODE 9	1 semaine	• Formation et accord des noms composés • Noms de couleur
PÉRIODE 10	1 semaine	• Genre des noms (noms féminins, masculins, féminins *ou* masculins, féminins *et* masculins)
PÉRIODE 11	1 semaine	• Formation des adverbes • *Tout* adverbe
PÉRIODE 12	1 semaine	• Verbes en *-eler*, *-eter* (avec ou sans redoublement du *l* ou du *t*) • Révision des conjugaisons
PÉRIODE 13	1 semaine	• Barbarismes et pléonasmes

Méthodologie et conseils

Outre l'orthographe d'usage que vous pouvez aisément travailler avec le *Bescherelle*, il vous faut étudier tous les points mentionnés dans le programme de travail, sans exception. Une fois abordés, ceux-là devront être revus sans relâche, notamment la conjugaison et l'accord du participe passé.

Il est indispensable que vous appreniez les règles présentées dans les quelques pages qui suivent, que vous fassiez et refassiez des exercices les mettant en application jusqu'à ce que ne subsiste aucune faute, le but étant de donner spontanément la bonne réponse lors de l'épreuve du concours.

REMARQUE Dans l'épreuve de QCM, toute question a une et une seule réponse correcte. Les mauvaises réponses ne sont pas sanctionnées par des points négatifs.

Pour aller plus loin

Voici quelques ouvrages pouvant vous aider dans votre apprentissage et vos révisions :

- Bentolila A. (sous la direction de), *Vocabulaire*, Nathan, Paris, 2001, 254 p.
- Bescherelle L.-M., *L'Orthographe pour tous*, Hatier, Paris, 2006, 300 p.
- Briet H., *Savoir accorder l'adjectif : règles, exercices et corrigés*, 3e éd., De Boeck-Duculot, Bruxelles, 2007, 133 p. (rappel de règles + 50 exercices).
- Briet H., *Savoir accorder le verbe : règles, exercices et corrigés*, 3e éd., De Boeck-Duculot, Bruxelles, 2007, 113 p. (rappel de règles + 50 exercices).
- Cellard J., *Le Subjonctif : comment l'écrire ? quand l'employer ?*, Duculot, Louvain-la-Neuve, 1996, 79 p.
- Grevisse M., *Savoir accorder le participe passé : règles, exercices et corrigés*, 5e éd., De Boeck-Duculot, Bruxelles, 1996, 98 p. (rappel de règles + 55 exercices).
- Grevisse M., Lenoble-Pinson M., *Le Français correct*, Duculot, Louvain, 2009, 396 p.
- Sommant M., *Accordez vos participes !*, Dicos d'or, Paris, 2004, 155 p.

Le cours

1 | Orthographe

1. Des termes à ne pas confondre

A. A / à

A est le présent de l'indicatif (troisième personne du singulier) du verbe *avoir* et peut être remplacé par l'imparfait *avait*; *à* est une préposition.
Exemples : Il *a* accepté de me répondre; *A*-t-il *à* lui répondre ?

B. C'en / sans / s'en

C'en correspond au pronom démonstratif *ce* élidé, suivi du pronom adverbial *en* (*élidé* signifie *qui a perdu sa voyelle finale*); *sans* est une préposition traduisant la négation, la privation; *s'en* correspond au pronom personnel *se* élidé, suivi du pronom adverbial *en*.
Exemples : C'en est trop, je démissionne !; Il est parti se promener *sans* son chien; Elle *s'en* veut terriblement depuis lors.

C. D'avantage / davantage

D'avantage est formé de la préposition *de* et du nom commun *avantage*; *davantage* est un adverbe signifiant *plus, encore*.
Exemples : Elle ne souhaite pas retirer *d'avantage* notable de cette affaire; Ils voudraient *davantage* d'exercices.

D. N'y / ni

N'y correspond à l'adverbe de négation *ne* élidé, suivi du pronom adverbial *y* (*n'y* peut être remplacé par *ne… à cela* ou *ne… là)*; *ni* est une conjonction de coordination qui peut être remplacée par *pas*, ou par *et* après que l'on a mis la phrase à la forme affirmative.
Exemples : Elle *n'y* sera pas; Il ne veut *ni* jouer *ni* dormir.

E. Ou / où

Ou est une conjonction de coordination pouvant être remplacée par *ou bien*; *où* est pronom relatif, adverbe relatif ou adverbe interrogatif. Il renvoie alors à un lieu, à un temps ou à un état et ne peut être remplacé par *ou bien*.
Exemples : Irons-nous au Maroc *ou* en Tunisie ?; J'attends le moment *où* il sera enfin disponible.

F. Peut être / peut-être

Peut être correspond à l'indicatif présent du verbe *pouvoir* (troisième personne du singulier) suivi du verbe *être*; *peut-être* est un adverbe qu'il est possible de remplacer par *sans doute*.
Exemples : Il *peut être* fatigué d'avoir tant marché !; Elle est *peut-être* fatiguée d'avoir marché si rapidement.

G. Quand / quant / qu'en

Quand est une conjonction de subordination exprimant un rapport de temps ou d'opposition; *quant à* est une locution prépositive équivalant à *pour ce qui est de, en ce qui concerne*; *qu'en* est composé de la conjonction *que* élidée et de *en* qui peut être préposition ou pronom adverbial. Lorsque *en* est pronom, il équivaut à *de cela*.
Exemples : Seras-tu là *quand* il viendra ?; *Quant à* cela, je ne l'oublierai pas; *Qu'en* est-il de sa prétendue maladie ?

H. Quel(les) que / quelque(s)

■ **Quel(les) que …**
On emploie *quel(les) que* lorsque ces deux termes sont suivis du verbe *être* au subjonctif (ou du verbe *devoir* au subjonctif + *être* ou du verbe *pouvoir* au subjonctif + *être*); *que* est une conjonction de subordination, *quel* est un adjectif. On accorde cet adjectif, en genre et en nombre, avec le nom auquel il se rapporte.
Exemple : Je viendrai *quel que* soit le jour.

■ **Quelque(s)**
Quelque, écrit en un mot, est soit adjectif indéfini et variable, soit adverbe et invariable.

Lorsque *quelque* est adjectif indéfini, il s'accorde en genre et en nombre avec le nom qui le suit. Il signifie *un* au singulier, *plusieurs* au pluriel.
Exemples : Crois-tu qu'il ait *quelque* défaut ?; Il a *quelques* défauts qui me chagrinent.

Lorsque *quelque* est adverbe, il est invariable et équivaut à *environ*.
Exemple : Il a acheté *quelque* cent bouteilles.

■ **Quelque … que …**
Dans cette expression, *quelque* s'écrit en un mot. Il est soit adjectif et variable, soit adverbe et invariable.

Quelque est adjectif et variable lorsqu'il précède un nom. Il peut être remplacé par *quel(les) que soi(en)t…*
Exemple : *Quelques* méchancetés qu'il t'ait dites, oublie-les !

Quelque est adverbe et invariable lorsqu'il précède un adjectif ou un adverbe. Il peut être remplacé par *si* ou *aussi*.
Exemples : *Quelque* rapides qu'ils soient, ils arriveront après moi ; *Quelque* rapidement qu'ils agissent, ils ne seront pas prêts à temps.

I. Quelquefois / quelques fois

Quelquefois est un adverbe signifiant *parfois, de temps en temps* ; *quelques fois* correspond à l'adjectif indéfini *quelques* suivi du nom commun *fois*. La formule équivaut à *un petit nombre de fois*.
Exemples : Je vais *quelquefois* au cinéma ; Cette année, je n'ai pu aller au cinéma que *quelques fois*.

J. Quoi que / quoique

Quoique est une conjonction de subordination toujours suivie du subjonctif, il est possible de la remplacer par *bien que* ; *quoi que* est une locution conjonctive qui équivaut à *quelle que soit la chose que*.
Exemples : *Quoique* mécontent, il ne pourra pas me licencier ; Il ne te licenciera pas *quoi que* tu fasses.

K. Voir / voire

Voir est un verbe à l'infinitif ; *voire* est un adverbe signifiant *et même*. (*Voire même* est un pléonasme et donc à bannir).
Exemples : Je n'irai pas le *voir* ; Il souhaite quitter son entreprise *voire* son pays.

2. Les noms

A. Quelques noms…

Apprenez ces termes qu'il vous faut savoir orthographier correctement.

- **Noms en *-aiement* :** bégaiement, déblaiement, défraiement, égaiement, enraiement, étaiement, non-paiement, paiement, prépaiement, remblaiement, télépaiement, zézaiement.
- **Noms en *-eance/-éance* :** allégeance, béance, bienséance, créance, déchéance, dérogeance, désobligeance, doléance, échéance, engeance, intransigeance, obligeance, préséance, récréance, séance, suppléance, surséance, vengeance.
- **Noms en *-eterie/-èterie/-éterie* :** afféterie *ou* affèterie, bonneterie, briqueterie, buffleterie, contrepèterie, gobeleterie, graineterie, louveterie, marqueterie, mousqueterie, paneterie, papeterie, parqueterie, pelleterie.

B. Le féminin des noms

Le féminin s'obtient généralement par l'adjonction d'un *e* au nom masculin.

Certains noms féminins se caractérisent en outre par le redoublement de la consonne finale du masculin.

- ***Paysan* s'écrit *paysanne*** au féminin (seul nom en *-an* à s'écrire *-anne* au féminin).
- **Les noms en -*el*** ont leur féminin en *-elle* : un romanichel, une romanichelle ; un colonel, une colonelle.
- **Les noms en -*en* et en -*on*** ont leur féminin en *-enne* et en *-onne* à l'exception de *Lapon*, *Letton*, *mormon* et *santon* (ascète) : *une Lapone*, *une Lettone*, *une mormone*, *une santone*. (On écrit *une Nippone* ou *une Nipponne*.)
- **Les noms en -*et*** ont leur féminin en *-ette* sauf *préfet*, *sous-préfet* (*une préfète*, *une sous-préfète*).
- **Les noms en -*eur*** dérivant d'un verbe (plus précisément ceux qui permettent d'obtenir un participe présent lorsqu'on remplace *-eur* par *-ant*) ont leur féminin en *-euse* à l'exception des termes suivants dont le féminin est en *-trice* : *éditeur*, *émetteur*, *exécuteur*, *inspecteur*, *inventeur* et *persécuteur* (*un éditeur*, *une éditrice*, etc.).

ATTENTION Notez que les noms *bailleur*, *défendeur*, *enchanteur*, *pécheur* et *vengeur* deviennent *bailleresse*, *défenderesse*, *enchanteresse*, *pécheresse* et *vengeresse* au féminin.

- Les noms en *-teur* ne dérivant pas d'un verbe ont un féminin en *-trice* : *amateur*, *amatrice* ; *calculateur*, *calculatrice*…

ATTENTION Notez que l'on emploie, avec des sens différents, *débiteuse* et *débitrice*, *enquêteuse* et *enquêtrice* ; on a les féminins *chasseuse* et, dans une langue poétique, *chasseresse* ; on a les féminins *demandeuse* et, dans la langue juridique, *demanderesse*.

C. Le pluriel des noms simples

Les noms prennent généralement un *s* au pluriel.

- **Les noms en -*ail*** prennent un *s* au pluriel sauf *bail*, *corail*, *émail*, *fermail*, *gemmail*, *soupirail*, *travail* (tâche), *vantail*, *ventail*, *vitrail* qui ont leur pluriel en *-aux*.
  Exemple : un email, des émaux.
- **Les noms en -*al*** ont leur pluriel en *-aux* à l'exception des termes mentionnés ci-dessous qui ont leur pluriel en *-als* : ammonal, aval, bal, barbital, cal, cantal, caracal, carnaval, chacal, chloral, copal, corral, emmental *ou* emmenthal, eurosignal, festival, floréal, furfural, futal, gal, galgal, gardénal, gavial, gayal, germinal, hectopascal, joual, kraal, marshal, mescal *ou* mezcal, minerval, mistral, narval, nopal, pal, pascal, penthiobarbital, penthotal, phénobarbital, pipéronal, prairial,

pyridoxal, quetzal, récital, régal, rétinal, revival, rial, rital, rorqual, roseval, santal, saroual, serval, sial, sisal, sonal, spiritual, tagal, tergal, tincal, véronal, virginal.
Exemple : un carnaval, des carnavals.

■ **Trois noms en *-al* ont leur pluriel en *-als* ou en *-aux* :** étal (*des étals* ou, rare, *des étaux*), idéal (*des idéals* ou *des idéaux*), val (*des vals* ou *des vaux*).

■ **Les noms en *-au*** prennent un *x* au pluriel sauf *grau*, *landau*, *restau*, *sarrau*, *senau*, *unau* qui ont leur pluriel en *-s*.
Exemple : un landau, des landaus.

■ **Les noms en *-eu* prennent un *x* au pluriel** sauf *bleu*, *émeu*, *enfeu*, *lieu* (poisson) et *pneu* qui prennent un *s*.

Deux noms en *-eu* ont leur pluriel en *-eux* ou en *-eus* : *camaïeu* et *richelieu*.

■ **Sept noms en *-ou* ont leur pluriel en *-oux* :** *bijou*, *caillou*, *chou*, *genou*, *hibou*, *joujou* et *pou*, les autres ont leur pluriel en *-ous*.

Un terme a son pluriel en *-ous* ou en *-oux* : *ripou*.

■ **Les noms finis par *-s*, *-x* ou *-z* ne subissent pas de modification au pluriel.**
Exemples : un accès, des accès ; un choix, des choix ; un gaz, des gaz.

D. Le pluriel des noms composés

■ **Quand un nom composé est formé d'un élément en *-o* ou en *-i* et d'un nom,** seul le second terme prend la marque du pluriel. *Exemple :* des Anglo-Saxons.

■ **Quand un nom composé est constitué de deux adjectifs**, les deux termes prennent la marque du pluriel. *Exemple :* des clairs-obscurs.

■ **Quand un nom composé est formé d'un adjectif et d'un nom (ou d'un nom et d'un adjectif)**, les deux termes prennent la marque du pluriel. *Exemples :* des sages-femmes, des coffres-forts.

■ **Quand un nom composé est formé de deux noms qui ont une même valeur**, les deux termes prennent la marque du pluriel. *Exemple :* des portes-fenêtres.

Lorsque le second nom complète le premier, seul le premier prend la marque du pluriel, les noms pouvant être séparés ou non par une préposition. *Exemples :* des timbres-poste (*poste* est complément de *timbre*), des arcs-en-ciel.

■ **Quand un nom composé est formé d'un mot invariable – adverbe ou préposition – et d'un nom**, seul le nom prend la marque du pluriel. *Exemples :* des non-lieux, des après-rasages.

■ **Quand un nom composé est formé d'un verbe et d'un nom**, seul le nom – s'il est COD du verbe – peut prendre la marque du pluriel. *Exemples :* des couvre-lits, des gratte-ciel *ou* des gratte-ciels.

Lorsque le nom n'est pas COD du verbe, il ne s'accorde pas. *Exemple :* des réveille-matin.

■ **Quand un nom composé est formé d'un verbe et d'un adverbe**, aucun élément ne prend la marque du pluriel. *Exemple :* des lève-tôt.

■ **Quand un nom composé est formé de deux verbes**, aucun élément ne prend la marque du pluriel. *Exemple :* des savoir-faire.

■ **Quand le nom composé est une phrase**, il est invariable. *Exemple :* des m'as-tu-vu.

■ **Faites attention à ces mots composés qui ont un double pluriel :**
Des amuse-gueules *ou* des amuse-gueule, des appuie-tête *ou* des appuie-têtes, des après-ski *ou* des après-skis, des cache-cols *ou* des cache-col, des cache-pots *ou* des cache-pot, des cache-poussière *ou* des cache-poussières, des casse-cou *ou* des casse-cous, des casse-tête *ou* des casse-têtes, des chasse-neige *ou* des chasse-neiges, des coupe-faim *ou* des coupe-faims, des coupe-gorges *ou* des coupe-gorge, des coupe-vent *ou* des coupe-vents, des gratte-ciel *ou* des gratte-ciels, des gratte-papier *ou* des gratte-papiers, des perce-neige *ou* des perce-neiges, des pur-sang *ou* des purs-sangs, des repose-tête *ou* des repose-têtes, des saint-bernard *ou* des saint-bernards, des serre-tête *ou* des serre-têtes.

■ **Quelques noms composés invariables :**
Abat-jour, aide-mémoire, après-midi, a priori, arrière-pays, à-valoir, bernard-l'ermite *ou* bernard-l'hermite, boute-en-train, bric-à-brac, cache-misère, camping-gaz, casse-croûte, cessez-le-feu, chauffe-eau, compte-gouttes, coq-à-l'âne, coupe-papier, dessous-de-plat, dessus-de-lit, ex-voto, face-à-face, faire-part, fourre-tout, gagne-petit, garde-à-vous, garde-boue, garde-manger, goutte-à-goutte, grille-pain, hold-up, hors-d'œuvre, laissez-passer, lave-linge, lave-vaisselle, m'as-tu-vu, mea-culpa, micro-ondes, moulin-à-vent, on-dit, ouï-dire, pare-soleil, pied-à-terre, porte-bagages, porte-billets, porte-bonheur, porte-clés, porte-malheur, porte-monnaie, porte-parole, porte-revues, pot-au-feu, pousse-café, presse-papiers, prie-dieu, qu'en-dira-t-on, rabat-joie, ras-le-bol, réveille-matin, rez-de-chaussée, sans-abri, savoir-faire, serre-livres, souffre-douleur, tam-tam, tête-à-queue, tête-à-tête, va-et-vient, va-nu-pieds, vide-ordures, vol-au-vent, volte-face.

E. Les noms toujours au pluriel

Retenez ces quelques noms qui n'existent qu'au pluriel.

a. Noms féminins

Accordailles, affres, ambages, annales, archives, armoiries, arrhes, babines, badigoinces, besicles, cactées, calendes, castagnettes, chocottes, clopinettes, condoléances, entrailles, épousailles, fiançailles, funérailles, hardes (au sens de *guenilles*), latrines, laudes, matines, miscellanées, mœurs, obsèques, pierreries, prémices, représailles, rillettes, royalties, semailles, ténèbres, vêpres.

b. Noms masculins

Agissements, agrès, alentours, appas, appointements, arrière-grands-parents, arrière-petits-enfants, auspices, beaux-arts, beaux-enfants, beaux-parents, bovins, confins, corticoïdes, décombres, dépens, desiderata, ébats, environs, errements, fonts, frais (au sens de *dépenses*), grands-parents, gravats, honoraires, mânes, ossements, ovins, paparazzi, parages (au sens de *voisinage*), pénates, petits-enfants, prolégomènes, sévices, thermes, us.

3. Les adjectifs

A. Quelques adjectifs…

Apprenez ces termes qu'il vous faut savoir orthographier correctement.

- **Adjectifs en -*cable* :** applicable, bancable, communicable, confiscable, convocable, éducable, évocable, explicable, hypothécable, impeccable, implacable, impraticable, inapplicable, incommunicable, inéducable, inexplicable, inextricable, insécable, irrévocable, peccable, praticable, prédicable, révocable, sécable.

- **Adjectifs en -*quable* :** attaquable, banquable, critiquable, immanquable, inattaquable, remarquable.

  On écrit *bancable* ou *banquable.*

- **Adjectifs en -*eant* :** affligeant, arrangeant, assiégeant, changeant, copartageant, décourageant, dérangeant, désobligeant, dirigeant, encourageant, engageant, enrageant, exigeant, frangeant, ignifugeant, intransigeant, obligeant, outrageant, plongeant, rageant.

- **Adjectifs en -*il* [il] :** amaril, antiamaril, bissextil, civil, incivil, mil (inv.), puéril, subtil, vil, viril, volatil (*volatil* signifie *qui passe facilement à l'état de vapeur*; il existe un adjectif *volatile* signifiant *qui a des ailes*).

B. Le féminin des adjectifs simples

Le féminin s'obtient généralement par l'adjonction d'un *e* à l'adjectif masculin.

- Certains adjectifs féminins se caractérisent en outre par le redoublement de la consonne finale du masculin :

  – **Seuls deux adjectifs en -*an*** s'écrivent -*anne* au féminin : *paysan* et *rouan* (*paysanne* et *rouanne*).

  – **Les adjectifs en -*el* et en -*eil*** ont leur féminin en -*elle* et en -*eille* : actuel, actuelle; annuel, annuelle; pareil, pareille; vermeil, vermeille…

  – **Les adjectifs en -*en* et en -*on*** ont leur féminin en -*enne* et en -*onne* à l'exception de *lapon, letton* et *mormon* : *lapone, lettone, mormone.* (On écrit *nippone* ou *nipponne.*)

  – **Les adjectifs en -*et*** ont leur féminin en -*ette* sauf dix qui ont leur féminin en -*ète* : complet, concret, désuet, discret, incomplet, indiscret, inquiet, quiet, replet, secret (*complète, concrète*, etc.).

  – **Seuls sept adjectifs en -*ot*** s'écrivent -*otte* au féminin : *boscot, boulot, jeunot, maigriot, pâlot, sot* et *vieillot.*

- **Certains adjectifs en -*c*** ont leur féminin en -*que* à l'exception de *grec* et de *néogrec* qui conservent leur *c* : on écrit au féminin *ammoniaque, caduque, franque, publique, semi-publique* et *turque* mais *grecque* et *néogrecque.*

- **Les adjectifs en -*gu*** ont leur féminin en -*guë* : *aigu, ambigu, contigu, exigu, subaigu, suraigu* deviennent *aiguë, ambiguë, contiguë, exiguë, subaiguë, suraiguë.*

■ **Les adjectifs en -*eur*** dérivant d'un verbe (plus précisément ceux qui permettent d'obtenir un participe présent lorsqu'on remplace *-eur* par *-ant*) ont leur féminin en *-euse* à l'exception des termes suivants dont le féminin est en *-trice* : *éditeur, émetteur, exécuteur* et *persécuteur* (*éditrice, émettrice*, etc.).

ATTENTION Notez que les adjectifs *enchanteur* et vengeur deviennent *enchanteresse* et *vengeresse* au féminin.

■ Les adjectifs en *-teur* ne dérivant pas d'un verbe ont leur féminin en *-trice* : *accusateur, accusatrice*; *compensateur, compensatrice...*

■ **Les adjectifs *bénin* et *malin*** deviennent *bénigne* et *maligne* au féminin.

■ **Les adjectifs *andalou, coi, esquimau, favori* et *rigolo*** deviennent *andalouse, coite, esquimaude, favorite* et *rigolote* (ou *rigolo*) au féminin.

■ Les adjectifs qui se finissent par un *e* au masculin ne subissent pas de modification au féminin, on dit qu'ils sont **épicènes**.

C. Le pluriel des adjectifs simples

■ Les adjectifs prennent généralement un *s* au pluriel. Il en est notamment ainsi des adjectifs *bleu* et *feu*.

■ La majorité des **adjectifs en -*al*** ont leur pluriel en *-aux*.
– Ont leur pluriel en *-als* : *aéronaval, anténatal, austral, bancal, cérémonial, dual, fatal, fractal, morfal, natal, naval, néonatal, périnatal, polytonal, postnatal, prénatal, semi-nasal.*
– Les adjectifs *banal, bitonal, causal, choral, facial, final, glacial, idéal, marial, pascal* et *tonal* ont leur pluriel en *-als* ou en *-aux*.

ATTENTION *Banals* et *banaux* n'ont pas le même sens.

■ **Les adjectifs en -*au*** prennent un *x* au pluriel. Exemple : *nouveau, nouveaux.*

■ **Les adjectifs finis par -*s* ou -*x*** ne subissent pas de modification au pluriel. Exemples : *bourgeois, ambitieux.*

D. Féminin et pluriel des adjectifs composés

■ **Quand un adjectif composé est formé d'un élément en -*o* ou en -*i* et d'un adjectif**, seul le second terme varie. Exemples : la civilisation gallo-romaine, des amis anglo-saxons.

■ **Quand un adjectif composé est formé de deux adjectifs se rapportant tous deux au nom qu'ils accompagnent**, les deux termes varient. Exemple : des fillettes sourdes-muettes.

Lorsque le premier des deux adjectifs a une valeur adverbiale, seul le second terme varie. *Exemple :* des veaux mort-nés.

- **Quand un adjectif composé est formé d'un mot invariable – adverbe ou préposition – et d'un adjectif**, seul l'adjectif varie. *Exemple :* des mannequins court-vêtues.
- **Quand un adjectif composé est formé d'une préposition et d'un nom**, seul le nom peut s'accorder. *Exemples :* des ganglions sous-maxillaires (accord du nom) ; des services après-vente (non accord du nom).
- **Faites attention aux adjectifs *franc-maçon* et *tout-puissant*** : *franc* varie en nombre, non en genre ; *tout* varie au féminin, non au masculin.

On emploie *franc-maçonne* et *toute-puissante* avec un nom féminin singulier, *franc-maçonnes* et *toutes-puissantes* avec un nom féminin pluriel, *francs-maçons* et *tout-puissants* avec un nom masculin pluriel.

E. Les adjectifs numéraux

- **Les adjectifs numéraux cardinaux (*deux, trois, quatre, cinq*, etc.)** sont généralement invariables. *Un*, cependant, peut prendre la marque du féminin.
- ***Cent* et *vingt*** prennent la marque du pluriel lorsqu'ils sont multipliés et non suivis d'un autre adjectif numéral. *Exemples :* trois cents, quatre-vingts, cent vingt (*vingt* n'est pas multiplié), quatre-vingt-trois (*vingt* est multiplié mais suivi de *trois*).

Cent et *vingt* sont invariables quand ils ont une valeur ordinale, c'est-à-dire lorsqu'on peut les remplacer par *centième* et *vingtième*. *Exemple :* Lis la page trois cent.

- ***Mille* est invariable.** *Exemple :* cinq mille.

Il est possible de rencontrer *mil* dans une date.

- On met **un trait d'union** entre des termes qui sont l'un et l'autre inférieurs à *cent*. Quand les deux éléments sont liés par *et*, il n'y a pas de trait d'union. *Exemples :* six cent vingt-quatre, vingt et un.

ATTENTION Notez que les noms *milliard, millier, million* n'empêchent pas l'accord de *cent* et de *vingt* lorsque ces derniers les précèdent. *Exemples :* trois cents millions, quatre-vingts milliards.

F. Les adjectifs de couleur

- **Quand la couleur est exprimée par un adjectif de couleur simple**, cet adjectif s'accorde. *Exemple :* une écharpe bleue.
- **Quand la couleur est exprimée par deux adjectifs**, les deux adjectifs sont invariables. *Exemple :* des couvertures bleu foncé.
- **Quand la couleur est exprimée au moyen de deux adjectifs coordonnés par *et***, soit les adjectifs sont invariables (on considère qu'il s'agit d'une seule couleur),

soit ils varient (on considère que chacun se rapporte au nom qu'il accompagne). On écrit, par exemple, *des serviettes rouge et blanc* ou *des serviettes rouges et blanches*.

- **Quand la couleur est exprimée par un adjectif et un nom** – séparés ou non par la préposition *de* –, l'ensemble est invariable. *Exemples :* des écharpes bleu ciel, des cheveux noir de jais.
- **Quand la couleur est exprimée par un nom adjectivé**, c'est-à-dire dans un emploi d'adjectif, **ou par un groupe nominal adjectivé**, ce nom et ce syntagme sont invariables à l'exception de *fauve*, *écarlate*, *mauve*, *pourpre* et *rose*. *Exemples :* des chaussettes orange, des bougies mauves.

G. Les adjectifs invariables

Apprenez ces quelques adjectifs invariables : anticellulite, antidouleur, antitabac, antivol, bateau, bécarre, bémol, casher (*ou* kascher), chic, dièse, extra, gnangnan, groggy, kitsch (*ou* kitch), lambda, light, mini, nature, rétro, rococo, sexy, standard, super, vaudou, vidéo, waterproof, zen.
Exemple : des jeux vidéo.

H. Demi et nu

Demi et *nu* sont invariables lorsqu'ils sont placés devant un nom et sont liés à ce nom par un trait d'union.

Lorsqu'il est placé après un nom, *demi* s'accorde uniquement en genre avec ce nom ; quant à *nu*, il s'accorde, lui, en genre et en nombre avec le nom qui le précède.
Exemples : une demi-heure, nu-tête ; une heure et demie, tête nue.

ATTENTION Notez que *mi* et *semi* sont invariables et toujours liés au terme qui les suit par un trait d'union.

4. La formation des adverbes

- **De façon générale**, on forme l'adverbe à partir du féminin de l'adjectif auquel on ajoute *-ment*.
Exemple : jaloux → jalouse + *-ment* = jalousement.
- On forme **l'adverbe des adjectifs en *-ai*, *-é*, *-i* ou *-u*** à partir du masculin de l'adjectif auquel on ajoute *-ment*.
Exemples : vrai → vrai + *-ment* = vraiment ;
aisé → aisé + *-ment* = aisément ;
étourdi → étourdi + *-ment* = étourdiment ;
éperdu → éperdu + *-ment* = éperdument.
- Enfin, **quand un adjectif se termine en *-ant***, l'adverbe qui lui correspond est en *-amment* ; **quand un adjectif se finit en *-ent***, l'adverbe est en *-emment*.

Exemples : étonnant → étonnamment ;
violent → violemment.

Exceptions :
1. Les adverbes suivants se terminent non pas en *-ement* mais en ***-ément*** : *aveuglément, commodément, communément, conformément, confusément, diffusément, énormément, expressément, exquisément, immensément, importunément, incommodément, indivisément, intensément, obscurément, opportunément, précisément, profondément, profusément, uniformément.*
2. Les adverbes qui suivent ont un accent circonflexe sur le *-i* ou le *-u* : *gaîment* (ou *gaiement*), *assidûment, congrûment, continûment, crûment, dûment, goulûment, incongrûment, indûment, nûment* (ou *nuement*).
3. On écrit : *lentement, présentement, véhémentement.*

2 | Vocabulaire

1. Les homonymes

Les homonymes sont des termes de prononciation identique mais de sens différents.

Les homonymes sont *homophones*. Ils peuvent s'écrire de façon différente (*dessin – dessein, plan – plant…*) ou être *homographes* c'est-à-dire s'écrire de la même façon (*cf.* l'adjectif possessif *son* et le nom masculin *son*).

Vérifiez que vous savez différencier les termes présentés ci-dessous :

Accord, Accore, Accort, Acore
Acétique, Ascétique
Acquis, Acquit
Acre, Âcre
Air, Aire, Ère, Erre, Ers, Haire, Hère, R
Allée, Aller, Haler, Hâlé, Hâler
Ancrer, Encrer
Août, Hou, Houe, Houx, Ou, Où
Are, Arrhes, Ars, Art, Hart
Auspices, Hospice
Avant, Avent
Bagage, Baguage
Bailler, Bâiller, Bayer
Balade, Ballade
Balai, Balais, Ballet
Baptistaire, Baptistère
Bau, Baud, Baux (Bail), Beau, Bot
Brocard, Brocart
Buter, Butter
Cadran, Quadrant
Cahot, Chaos, K.-O.
Cellier, Sellier
Cène, Saine (Sain), Scène, Seine, Sen, Senne
Censé, Sensé
Cerf, Serf, Serre
Cession, Session
Chair, Chaire, Cheire, Cher, Chère
Chas, Chat, Schah
Chaumer, Chômer
Chemineau, Cheminot
Choper, Chopper
Colon, Côlon
Cote, Cotte
Cour, Courre, Cours, Court
Crac, Crack, Craque, Krach, Krak
Dégoûter, Dégoutter
Délacer, Délasser
Desceller, Desseller
Détoner, Détonner
Différend, Différent
Écho, Écot
Égailler (s'), Égayer
Enté, Enter, Hanté, Hanter
Épicer, Épisser
Éthique, Étique
Exaucer, Exhausser
Filtre, Philtre
Flan, Flanc
Foi, Foie, Fois
Fond, Fonds, Fonts
Giron, Girond
Glaciaire, Glacière
Goûter, Goutter
Goûteux, Goutteux
Halage, Hallage
Heur, Heure, Heurt
Icone, Icône
Jar, Jard, Jarre, Jars
Lacer, Lasser
Lai, Laid, Laie, Lais, Lait, Laye, Lei (Leu), Lez
Lice, Lis, Lisse
Lieu, Lieue
Mai, Maie, Mais, Maye, Mets

Mari, Marri
Maté, Mater, Mâter
Matin, Mâtin
Mature, Mâture
Médaillé, Médailler, Médaillier
Pair, Paire, Père, Pers
Palier, Pallier
Péché, Pécher, Pêcher
Peine, Pêne, Penne
Pi, Pie, Pis
Piton, Python
Plain, Plein
Plan, Plant
Prémices, Prémisse
Rai, Raie, Rets
Raisonner, Résonner
Reine, Rêne, Renne
Repaire, Repère
Résidant, Résident
Roder, Rôder
Sain, Saint, Sein, Seing, Cinq (devant consonne)
Satire, Satyre
Saut, Sceau, Seau, Sot
Scellé, Sceller, Seller
Sceptique, Septique
Sou, Soue, Soûl, Sous
Sur, Sûr
Tache, Tâche
Tain, Teint, Thym, Tin
Talé, Taler, Taller
Tan, Tant, Taon, Temps
Tau, Taud, Taux, Tôt
Taure, Tore, Torr, Tors, Tort
Teinter, Tinter
Tribu, Tribut
Vair, Ver, Verre, Vers, Vert
Vantail, Ventail
Vanter, Venter
Verni, Vernis
Volatil, Volatile

2. Les paronymes

Des paronymes sont des termes presque homonymes, qu'il est possible de confondre : *affleurer – effleurer, bimensuel – bimestriel, duplication – duplicité, littéraire – littéral, marial – marital, partial – partiel, sacrilège – sortilège, suggestion – sujétion…*

Vérifiez que vous connaissez le sens des mots suivants :

Abjurer – Adjurer
Acceptation – Acception
Addiction – Adduction
Affectation – Affection
Affleurer – Effleurer
Affliger – Infliger
Agonir – Agoniser
Alcoolique – Alcoolisé
Allocation – Allocution
Amnistie – Armistice
Amoral – Immoral
Anoblir – Ennoblir
Apurer – Épurer
Artificiel – Artificieux
Bimensuel – Bimestriel
Capital – Capiteux
Carnassier – Carnivore
Collision – Collusion
Colorer – Colorier
Compréhensible – Compréhensif
Conflagration – Déflagration
Conjecture – Conjoncture
Consommer – Consumer
Continuation – Continuité
Crédible – Crédule
Décade – Décennie
Dentition – Denture
Désaffectation – Désaffection
Désintéressement – Désintérêt
Effraction – Infraction
Éhonté – Honteux
Éminent – Imminent

Épigraphe – Épitaphe
Éruption – Irruption
Évoquer – Invoquer
Excessivement – Extrêmement
Flagrance – Fragrance
Flairer – Fleurer
Fraîcheur – Fraîchin
Funèbre – Funéraire
Glaciaire – Glacial
Hiberner – Hiverner
Inanité – Inanition
Inclinaison – Inclination
Inculper – Inculquer
Infecter – Infester
Ingérence – Ingestion
Intégralité – Intégrité
Judiciaire – Juridique
Littéraire – Littéral
Luxation – Luxure
Luxuriant – Luxurieux
Maturation – Maturité
Méritant – Méritoire
Mystifier – Mythifier
Nationaliser – Naturaliser
Notable – Notoire
Officiel – Officieux
Opportun – Opportuniste
Oppresser – Opprimer
Original – Originel
Ouvrable – Ouvré
Partial – Partiel
Passager – Passant
Percepteur – Précepteur
Perpétrer – Perpétuer
Personnaliser – Personnifier
Plaidoirie – Plaidoyer
Pondéré – Pondéreux
Prescription – Proscription
Prodige – Prodigue
Prolonger – Proroger
Rabattre – Rebattre
Réciproque – Respectif
Recouvrer – Recouvrir
Respectable – Respectueux
Sacrilège – Sortilège
Simple – Simpliste
Somptuaire – Somptueux
Souffrir – Soufrer
Stalactite – Stalagmite
Suggestion – Sujétion
Tendresse – Tendreté
Usagé – Usité
Vénéneux – Venimeux

3. Les synonymes

Des synonymes sont des termes de même sens ou de sens très proche : *exhaustif – complet, atténuation – diminution, se hâter – se dépêcher, rapidement – promptement...*

4. Les antonymes

Des antonymes sont des termes de sens contraire, opposé : *exhaustif/incomplet, atténuation/aggravation, se hâter/tarder, rapidement/lentement, avant/après...*

5. Le genre des noms

Apprenez les noms qui suivent : vous serez interrogé(e) à leur sujet. Il s'agit de *noms féminins* et de *noms masculins* sur le genre desquels l'on se trompe fréquemment, de *termes masculins ou féminins*, c'est-à-dire de termes qui peuvent être employés au masculin ou au féminin avec un même sens, de *termes masculins et féminins*, c'est-à-dire de termes qui sont attestés, au masculin et au féminin, avec des sens différents.

A. Noms féminins

Abscisse, abside, acné, acoustique, acropole, aérogare, affres, agrafe, alcôve, algèbre, alluvion, améthyste, amibe, amnistie, anagramme, anicroche, antichambre, apostille, apostrophe, appoggiature, arabesque, argile, astuce, atmosphère, autoroute, azalée, bakélite, campanule, câpre, caténaire, chimère, colophane, coloquinte, congère, cosse, dartre, drachme, dragée, ébène, écritoire, égide, enclume, éphéméride, épice, épigraphe, épitaphe, épithète, épître, équivoque, esbroufe, gemme, glaire, hématie, icône, idylle, immondice, mandibule, nacre, octave, opale, orbite, orfraie, oriflamme, patenôtre, prémisse, primeur, primevère, spore, squame, urticaire, vicomté.

B. Noms masculins

Abîme, abysse, acrostiche, adage, agrume, albâtre, amalgame, ambre, amiante, anthracite, antidote, antipode, antre, aphte, apogée, appendice, arcane, armistice, aromate, arôme, arpège, asphalte, astérisque, athénée, augure, autographe, axiome, balustre, causse, cerne, colchique, comté, edelweiss, effluve, élastique, éloge, élytre, embâcle, emblème, empyrée, en-tête, entracte, épilogue, épisode, équinoxe, érythème, esclandre, escompte, évangile, exergue, exode, exorde, faste, follicule, granule, haltère, hémisphère, hémistiche, hiéroglyphe, hospice, hyménée, hypogée, icône, idiome, insigne, interclasse, intermède, interstice, intervalle, iris, ivoire, libelle, lignite, limbe, mânes, mazagran, méandre, midi, myrte, narcisse, nimbe, obélisque, ocelle, opercule, opprobre, opuscule, ovule, pampre, pataquès, pétale, pétiole, planisphère, pore, quadrige, quinconce, rail, salamalec, schiste, sépale, sévices, stigmate, tentacule, termite, trille, trope, tubercule, tulle, viscère, vivre.

C. Noms masculins ou féminins

Acmé, alvéole, après-midi, bogue, éphémère, happy end, HLM, hymne, manucure, météorite, oasis, palabre, parka, perce-neige, phalène, quatre-quatre, réglisse, relâche, syrinx, tanagra, tennis, thermos.

Exemples : un grand ou *une grande thermos*, *un joyeux* ou *une joyeuse après-midi*...

D. Noms masculins et féminins

Aide, aria, aune, barbe, barde, cache, cartouche, casse, cave, coche, couple, crème, crêpe, critique, drille, enseigne, espace, faune, finale, foudre, gambette, garde, gîte, greffe, guide, hymne, interligne, laque, légume, lime, livre, manche, manœuvre, marine, mémoire, mi-temps, millefeuille, mode, moufle, moule, mousse, nocturne, œuvre, ombre, page, paillasse, parallèle, passe, pendule, physique, pique, poêle, ponte, secrétaire, solde, somme, tour, transat, trial, trompette, vapeur, vase, vigile, voile.

Exemples : une mousse : une accumulation de petites bulles à la surface d'un liquide / *un mousse* : un jeune marin ; *une crêpe* : une galette très fine / *un crêpe* : une étoffe de laine ou de soie ; *une trompette* : un instrument à vent / *un trompette* : un trompettiste…

E. *Amour, délice* et *orgue*

Ces trois termes sont masculins au singulier, féminins au pluriel.

6. Quelques anthroponymes devenus noms communs…

Acanthe, amphitryon, atlas, barème, béchamel, bidasse, bottin, boycott, braille, calepin, dédale, derrick, diesel, don juan, dulcinée, écho, égérie, fiacre, frangipane, gavroche, godillot, guignol, guillotine, harpagon, jacuzzi, jocrisse, judas, kalachnikov, kir, lapalissade, lynchage, mansarde, massicot, mausolée, macadam, méduse, mégère, menthe, mentor, mercure, michelin, montgolfière, melba, morse, nicotine, olibrius, panacée, pantalon, paparazzi, parmentier, pasteur, patelin, pipelette, poubelle, poulbot, praline, renard, rustine, sandow, sandwich, savarin, saxophone, silhouette, sosie, stradivarius, tantale, tartuffe, tatin, vespasienne.

7. Barbarismes

Veillez à ce que les termes suivants ne soient pas déformés dans les QCM que l'on vous propose : *aborigène, abortif, aéroport, aréopage, caparaçon, caparaçonner, dilemme, fatras, filigrane, fruste, hurluberlu, infarctus, nosocomial, obnubiler, pantomime, ragaillardir, rasséréner, rémunérer, rustre, saupoudrer, trublion, vrombissement.*

8. Pléonasmes

Soyez de même attentifs aux pléonasmes qui suivent (la première formule est à rejeter au profit de la seconde) :
au grand maximum → au maximum ;
au jour d'aujourd'hui → aujourd'hui ;
car en effet → en effet ;
collaborer ensemble → collaborer ;
comparer ensemble → comparer ;

descendre en bas → descendre ;
deux alternatives (pour deux partis possibles) → une alternative ;
enfin pour terminer → enfin ;
s'entraider mutuellement → s'entraider ;
exulter de joie → exulter ;
incessamment sous peu → incessamment ;
monopole exclusif → monopole ;
monter en haut → monter ;
panacée universelle → panacée ;
prévoir d'avance → prévoir ;
puis après → après ;
puis ensuite → ensuite ;
se réunir ensemble → se réunir ;
voire même → voire.

9. Préfixes (ou mots servant de préfixes) grecs et latins

A. Latin

Préfixe	Signification	Exemple
ad-	vers	adjurer
ambi-	deux à la fois	ambidextre
circum- (circon-)	autour	circoncire
con- (col-, com-, cor-)	avec	confrère
dis-	séparé de	disharmonie
ex-	hors de	expatrier
infra-	en dessous de	infrason
intra-	à l'intérieur de	intradermique
post-	après	postcure
pré-	devant	préhistoire
pro-	pour	pro-français
sub-	sous	subconscient
trans-	au-delà de	transpercer
ultra-	au-delà	ultracourt
vice-	à la place de	vice-président

B. Grec

Préfixe	Signification	Exemple
aéro-	air	aérostat
amph(i)-	en double	amphibie
anthropo-	homme	anthropophage
ant(i)-	contre, à l'opposé de	antarctique
archéo-	ancien	archéologie
auto-	soi-même	autodérision
bio-	vie	biologie
chron(o)-	temps	chronomètre
crypto-	caché	cryptogramme
dactylo-	doigt	dactylologie
dia-	à travers	dialyse
dys-	difficile	dysfonctionnement
endo-	en dedans	endogamie
eu-	bien	euthanasie
géo-	terre	géologie
héma-, hémat(o)-, hémo-	sang	hémophilie
hémi-	à moitié	hémiplégie
homéo-, homo-	semblable	homonyme
hydr(o)-	eau	hydrocution
hypo-	au-dessous	hypocalorique
macro-	grand	macrocéphale
nécr(o)-	mort	nécrologie
orth(o)-	droit	orthophonie
pan-, pant(o)-	tout	panthéisme
para-	à côté de	paramédical
patho-	maladie	pathogène
péri-	autour de	périscolaire
phil(o)-	ami	philosophe
poly-	nombreux	polyandre
pyro-	feu	pyromane
syn- (sy-, syl-, sym-)	avec	synonyme
théo-	dieu	théologie
xén(o)-	étranger	xénophobie

3 | Grammaire

1. Conjugaison et accord du verbe

A. Groupes, types de verbes et voix

On a l'habitude de classer les verbes en trois groupes :
– le premier groupe comprend les verbes qui ont un infinitif en *-er*, à l'exception du verbe *aller* (chanter, aimer…) ;
– le deuxième groupe rassemble les verbes qui ont un infinitif en *-ir* et un participe présent en *-issant* (finir, choisir…) ;
– le troisième groupe réunit tous les autres verbes en *-ir* (partir, venir…), les verbes en *-re* (prendre, battre, conclure, résoudre, croire, restreindre…), les verbes en *-oir* (apercevoir, recevoir…) et le verbe *aller*.

Il existe différents types de verbes.

■ Les **auxiliaires** (*avoir* et *être*) et les **semi-auxiliaires** (*aller, devoir, être en train de, être sur le point de, finir de, pouvoir, se mettre à, venir de…* + infinitif).

■ Les **verbes d'état** ou **verbes attributifs** qui introduisent un attribut du sujet : *être, avoir l'air, demeurer, devenir, paraître, passer pour, rester, sembler…*

■ Les **verbes impersonnels** : il s'agit de verbes que l'on emploie à la troisième personne du singulier, avec le pronom *il* ne désignant ni un être ni une chose. Il y a des verbes qui ne s'emploient que de façon impersonnelle – que l'on appelle parfois *verbes essentiellement impersonnels* ou *unipersonnels* (*falloir, bruiner, grêler, neiger, venter…*) – et des verbes personnels que l'on emploie occasionnellement de façon impersonnelle (*arriver, partir, défendre…*).
Exemples : il vente ; il est arrivé une centaine de candidats ; il est défendu d'entrer ici.

■ Les **verbes défectifs** : ce sont des verbes qui ont une conjugaison incomplète (*chaloir, choir, échoir, clore, férir…*).

■ Les **verbes pronominaux** : ce sont des verbes qui sont accompagnés de *se* ou de *s'* à l'infinitif : *se laver, se battre, s'évanouir, se succéder…*

On dit d'un verbe pronominal qu'il est *réfléchi* lorsque le sujet agit sur lui-même : *je me lave = je lave moi.*

On dit d'un verbe pronominal qu'il est *réciproque* lorsque les êtres agissent l'un sur l'autre, les uns sur les autres : *ils se battent = ils se battent l'un l'autre, les uns les autres.*

On dit d'un verbe pronominal qu'il est *de sens passif* lorsque le sujet ne fait pas l'action mais la subit : *les poires se vendent bien = les poires sont bien vendues.*

On dit d'un verbe qu'il est *essentiellement pronominal* lorsqu'il s'emploie uniquement à la forme pronominale : *s'absenter, s'évanouir, se méfier, se repentir…*

■ Les **verbes transitifs** et les **verbes intransitifs** : les verbes transitifs sont des verbes qui peuvent se construire avec un complément d'objet direct (COD), les verbes intransitifs ne le pouvant pas.

On appelle parfois *verbes transitifs* les verbes que l'on peut construire avec un complément d'objet. On distingue alors des *verbes transitifs directs* – ceux qui se construisent avec un COD – et des *verbes transitifs indirects* – ceux qui se construisent avec un complément d'objet indirect (COI).

■ Un verbe peut, en français, être à la **voix active** – le sujet fait l'action – ou à la **voix passive**, le sujet subit l'action.
voix active : Un vieil homme a aidé ma sœur.
voix passive : Ma sœur a été aidée par un vieil homme.

Certains grammairiens reconnaissent une troisième voix – la **voix réfléchie** ou **moyenne** – correspondant à l'emploi d'un verbe pronominal de sens réfléchi.
voix réfléchie ou *moyenne* : Elle s'est habillée rapidement.

B. Terminaisons

On distingue les **modes personnels** ou **conjugués** (indicatif, subjonctif, conditionnel et impératif) des **modes impersonnels** ou **non conjugués** (infinitif et participe, auxquels certaines grammaires ajoutent le gérondif).

Verbe du premier groupe	Terminaisons
Infinitif présent	er
Infinitif passé	infinitif de l'auxiliaire + participe passé
Indicatif présent	e, es, e, ons, ez, ent
Indicatif imparfait	ais, ais, ait, ions, iez, aient
Indicatif passé simple	ai, as, a, âmes, âtes, èrent
Indicatif futur simple	erai, eras, era, erons, erez, eront
Indicatif passé composé	indicatif présent de l'auxiliaire + participe passé
Indicatif plus-que-parfait	indicatif imparfait de l'auxiliaire + participe passé
Indicatif passé antérieur	indicatif passé simple de l'auxiliaire + participe passé
Indicatif futur antérieur	indicatif futur simple de l'auxiliaire + participe passé
Subjonctif présent	e, es, e, ions, iez, ent
Subjonctif imparfait	asse, asses, ât, assions, assiez, assent
Subjonctif passé	subjonctif présent de l'auxiliaire + participe passé
Subjonctif plus-que-parfait	subjonctif imparfait de l'auxiliaire + participe passé
Conditionnel présent	erais, erais, erait, erions, eriez, eraient
Conditionnel passé (1re forme)	conditionnel présent de l'auxiliaire + participe passé
Conditionnel passé (2e forme)	subjonctif imparfait de l'auxiliaire + participe passé
Impératif présent	e, ons, ez
Impératif passé	impératif présent de l'auxiliaire + participe passé
Participe passé	é, ée, és, ées

■ **Verbes en -*yer***
Les verbes en *-ayer* conservent leur *y* ou le transforment en *i* devant un *e* muet : on écrit, par exemple, *il paie* ou *il paye* (exception : *bayer* conserve toujours son *y*).

Les verbes en *-oyer* et en *-uyer* transforment leur *y* en *i* devant un *e* muet tandis que les verbes en *-eyer* conservent toujours leur *y*.

■ **Verbes en -*cer*** : pensez à mettre un *c cédille* devant *a* et *o* à l'indicatif présent, à l'imparfait, au passé simple et à l'impératif présent.

■ **Verbes en -*eler* et en -*eter*** : certains de ces verbes redoublent leur *l* ou leur *t* à l'indicatif présent, au subjonctif présent, à l'impératif présent (1re et 2e personnes du pluriel exceptées), à l'indicatif futur simple et au conditionnel présent (à toutes les personnes).
Exemples : Je gèle, je gèlerai, que je gèle, je gèlerais, gèle
Je craquelle, je craquellerai, que je craquelle, je craquellerais, craquelle
J'achète, j'achèterai, que j'achète, j'achèterais, achète
Je jette, je jetterai, que je jette, je jetterais, jette

Verbes en *-eler* sans redoublement du *l* (*-èle*) : agneler, celer, ciseler, congeler, déceler, décongeler, dégeler, démanteler, écarteler, geler, harceler, marteler, modeler, peler, receler, regeler, remodeler, surgeler.

Verbes en *-eter* sans redoublement du *t* (*-ète*) : acheter, bégueter, caqueter, corseter, crocheter, duveter (se), fileter, fureter, haleter, racheter.

■ **Verbes en -*ger*** : pensez à mettre un *e* devant *a* et *o* à l'indicatif présent, à l'imparfait, au passé simple et à l'impératif présent.

Verbe du deuxième groupe	Terminaisons
Infinitif présent	ir
Infinitif passé	Infinitif de l'auxiliaire + participe passé
Indicatif présent	is, is, it, issons, issez, issent
Indicatif imparfait	issais, issais, issait, issions, issiez, issaient
Indicatif passé simple	is, is, it, îmes, îtes, irent
Indicatif futur simple	irai, iras, ira, irons, irez, iront
Indicatif passé composé	indicatif présent de l'auxiliaire + participe passé
Indicatif plus-que-parfait	indicatif imparfait de l'auxiliaire + participe passé
Indicatif passé antérieur	indicatif passé simple de l'auxiliaire + participe passé
Indicatif futur antérieur	indicatif futur simple de l'auxiliaire + participe passé
Subjonctif présent	isse, isses, isse, issions, issiez, issent
Subjonctif imparfait	isse, isses, ît, issions, issiez, issent
Subjonctif passé	subjonctif présent de l'auxiliaire + participe passé
Subjonctif plus-que-parfait	subjonctif imparfait de l'auxiliaire + participe passé
Conditionnel présent	irais, irais, irait, irions, iriez, iraient

Conditionnel passé (1re forme)	conditionnel présent de l'auxiliaire + participe passé
Conditionnel passé (2e forme)	subjonctif imparfait de l'auxiliaire + participe passé
Impératif présent	is, issons, issez
Impératif passé	impératif présent de l'auxiliaire + participe passé
Participe passé	i, ie, is, ies

Verbe du troisième groupe	Terminaisons
Infinitif présent	ir *ou* oir *ou* re
Infinitif passé	infinitif de l'auxiliaire + participe passé
Indicatif présent	e, es, e *ou* s, s, t *ou* x, x, t, ons, ez, ent
Indicatif imparfait	ais, ais, ait, ions, iez, aient
Indicatif passé simple	is, is, it, îmes, îtes, irent *ou* ins, ins, int, înmes, întes, inrent *ou* us, us, ut, ûmes, ûtes, urent
Indicatif futur simple	rai, ras, ra, rons, rez, ront
Indicatif passé composé	indicatif présent de l'auxiliaire + participe passé
Indicatif plus-que-parfait	indicatif imparfait de l'auxiliaire + participe passé
Indicatif passé antérieur	indicatif passé simple de l'auxiliaire + participe passé
Indicatif futur antérieur	indicatif futur simple de l'auxiliaire + participe passé
Subjonctif présent	e, es, e, ions, iez, ent
Subjonctif imparfait	isse, isses, ît, issions, issiez, issent *ou* insse, insses, înt, inssions, inssiez, inssent *ou* usse, usses, ût, ussions, ussiez, ussent
Subjonctif passé	subjonctif présent de l'auxiliaire + participe passé
Subjonctif plus-que-parfait	subjonctif imparfait de l'auxiliaire + participe passé
Conditionnel présent	rais, rais, rait, rions, riez, raient
Conditionnel passé (1re forme)	conditionnel présent de l'auxiliaire + participe passé
Conditionnel passé (2e forme)	subjonctif imparfait de l'auxiliaire + participe passé
Impératif présent	e *ou* s, ons, ez
Impératif passé	impératif présent de l'auxiliaire + participe passé
Participe passé	i (ie, is, ies) *ou* u (ue, us, ues) *ou* s (se, s, ses) *ou* t (te, ts, tes)

■ Les **verbes en -*indre* et en -*soudre*** conservent leur *d* uniquement au futur simple et au conditionnel présent. *Exemples : j'atteindrai, j'atteindrais* mais *j'atteins*; *je résoudrai, je résoudrais* mais *je résous.*

■ Les **verbes en -*dre*** (excepté les verbes en -*indre* et en -*soudre*), ***rompre***, ***vaincre*** **et les verbes de leur famille** conservent le *d*, le *p* et le *c* du radical au singulier du présent de l'indicatif et de l'impératif : *je ponds, tu ponds, il pond, ponds* ; *je romps, tu romps, il rompt, romps* ; *je vaincs, tu vaincs, il vainc, vaincs.*

■ Ordinairement, les **verbes en *-aître* et en *-oître*** prennent un accent circonflexe sur le *i* du radical lorsque ce *i* est placé devant un *t* : on écrit *il paraît* mais *il paraissait, il croît* mais *il croissait.*

■ On écrit, au présent de l'indicatif, ***il clôt, il gît, il plaît, il complaît, il déplaît*** mais *il déclot, il éclot, il enclot.*

C. Le participe passé

■ **Le participe passé sans auxiliaire** s'accorde en genre et en nombre avec le nom ou le pronom qu'il accompagne. *Exemple :* des achats *remboursés.*

On emploie *bénit/bénite*, seulement comme adjectifs, quand on évoque une chose qui a reçu la bénédiction d'un prêtre ; quand la chose mentionnée n'a pas reçu cette bénédiction, on emploie *béni/bénie. Exemples :* de l'eau *bénite*, un jour *béni.*

■ **Le participe passé employé avec l'auxiliaire *être*** s'accorde, en genre et en nombre, avec le sujet. *Exemples :* Elles ont été *accueillies* ; Ils sont *partis.*

■ **Le participe passé employé avec l'auxiliaire *avoir*** est invariable si la phrase est dépourvue de complément d'objet direct (COD) ou si le COD suit le verbe ; en revanche, le participe passé employé avec l'auxiliaire *avoir* s'accorde en genre et en nombre avec le COD si ce dernier précède le verbe.
Exemples : Il a *bu* ; Elles ont *lu* un livre ; Où sont les livres qu'ils ont *lus* ?

■ Quand **les participes passés *couru, coûté, dormi, duré, marché, pesé, régné, valu, vécu*** sont accompagnés d'un complément circonstanciel de temps, de prix, de poids, etc., ils sont invariables ; quand ces participes sont accompagnés d'un complément d'objet direct, ils s'accordent en genre et en nombre avec ce complément.
Exemples : Les quatre heures qu'elle a *dormi* l'ont requinquée ; Les fruits qu'il a *pesés* ne sont pas mûrs.

■ **Le participe passé suivi d'un verbe à l'infinitif** s'accorde avec le pronom « complément d'objet direct » qui le précède si ce dernier fait l'action exprimée par le verbe à l'infinitif ; si ce pronom COD ne fait pas l'action mentionnée par le verbe à l'infinitif mais s'il la subit, alors le participe passé est invariable.
Exemples :
Est-ce que ce sont ces fillettes que j'ai *entendues* chanter ? (le pronom *que*, à savoir *fillettes*, fait l'action exprimée par l'infinitif – ce sont les fillettes qui chantent –, le participe passé s'accorde donc avec *que*, c'est-à-dire *fillettes*) ;
Cette femme, je l'ai *vue* tomber (le pronom *l'*, à savoir *femme*, fait l'action exprimée par l'infinitif – c'est la femme qui tombe –, le participe passé s'accorde donc avec *l'* à savoir *femme*) ;
La pièce de théâtre que j'ai *vu* jouer m'a déplu (le pronom *que*, à savoir *pièce*, ne fait pas l'action exprimée par l'infinitif – la pièce ne joue pas, elle est jouée –, le participe passé ne s'accorde donc pas).

Le participe passé *fait* est invariable lorsqu'il est suivi d'un infinitif. *Exemple :* Je les ai *fait* parler.

Certains considèrent qu'il en est de même de *laissé*. Exemple : Anne, je l'ai *laissé* parler (*ou* Anne, je l'ai laissée parler).

■ **Le participe passé des verbes essentiellement ou accidentellement impersonnels** est invariable. Exemple : Les orages qu'il y a *eu* ont dévasté nos cultures.

■ Quand **le participe passé** est **précédé du pronom *en* COD**, il demeure invariable.
Exemple : Des livres, il en a *lu* !

■ **Les participes passés *dit, dû, cru, pensé, permis, prévu, pu, su, voulu*** sont invariables lorsqu'un infinitif ou une proposition COD est à sous-entendre après eux.
Exemple : Ils m'ont donné tous les renseignements qu'ils ont *pu* (infinitif COD sous-entendu : *donner*).

■ **Les participes passés *attendu, compris (non compris, y compris), entendu, excepté, ôté, ouï, passé, supposé, vu*** sont invariables quand ils précèdent un nom ; quand ils suivent un nom, ils s'accordent avec ce nom. (Il n'est pas rare de trouver *passé* accordé avec le nom qui le suit.)
Exemple : *Excepté* ces tableaux, elle ne possède rien de précieux ; Ces tableaux *exceptés*, elle ne possède rien de précieux.

■ **Les participes passés *ci-annexé, ci-inclus, ci-joint*** sont variables lorsqu'ils sont employés comme adjectifs. Exemple : Que pensez-vous des textes *ci-joints* ?

Ces participes passés sont invariables quand ils sont placés en tout début de phrase ou en début de membre de phrase (après un point-virgule) et quand le nom qui les suit n'est pas précédé par un déterminant.
Exemples : *Ci-inclus* les feuilles demandées ; Veuillez trouvez *ci-joint* copie de mon texte.

Outre ces cas, il est possible de laisser ces participes passés invariables ou de les accorder avec les termes qu'ils accompagnent.
Exemple : Je vous prie de bien vouloir trouver *ci-joint(es)* les feuilles demandées.

■ **Le participe passé des verbes pronominaux**
Le participe passé des verbes pronominaux réfléchis ou réciproques s'accorde avec le COD si celui-là précède le verbe.
Exemples : Elle s'est *coupée* ; Est-ce l'écharpe qu'il s'est *achetée* ? ; Elle s'est *coupé* le pouce (*coupé* ne s'accorde pas car le COD est placé après) ; Ils se sont *téléphoné* (pas de COD).

Le participe passé des verbes pronominaux dont le pronom n'est ni COD ni COI s'accorde avec le sujet. Exemple : Ils se sont *enfuis*.

Notez que le participe passé des verbes essentiellement pronominaux s'accorde toujours en genre et en nombre avec le sujet, à l'exception de *s'arroger*. En ce qui concerne ce dernier verbe, on écrira : Elles se sont *arrogé* des privilèges (absence d'accord car le COD suit le verbe) ; Voici les privilèges qu'elles se sont *arrogés* (accord du participe passé avec le COD *qu'*, c'est-à-dire *privilèges*, qui le précède).

Le participe passé des verbes pronominaux de sens passif s'accorde en genre et en nombre avec le sujet. Exemple : Les pantalons se sont bien *vendus*.

Les participes passés de ces verbes pronominaux sont invariables : se complaire, se convenir, se déplaire, s'entre-nuire *ou* s'entrenuire, s'en vouloir, se mentir, se nuire, se parler, se plaire, se ressembler, se rire de, se suffire, se sourire, se succéder, se survivre.
Exemples : Elles se sont *succédé* ; Ils se sont *souri* ; Elles se sont *plu*.

Le participe passé d'un verbe pronominal suivi d'un infinitif s'accorde en genre et en nombre avec le sujet uniquement si ce dernier accomplit l'action désignée par l'infinitif. *Exemples :* Elle s'est *vue* tomber ; Elle s'est *vu* battre comme plâtre.

ATTENTION Les rectifications de l'orthographe engagent à ne jamais accorder le participe passé de *se laisser* + *infinitif*.

D. Participe présent et gérondif

Veillez à ne pas confondre le participe présent et l'adjectif verbal : le premier peut être remplacé par un verbe conjugué à un mode personnel et est invariable, le second peut être remplacé par un autre adjectif et s'accorde en genre et en nombre avec le terme auquel il se rapporte.
Exemples : Elle s'approcha de lui, *souriant* timidement (participe présent) ; Ce garçonnet est toujours *souriant* (adjectif verbal).

Participe présent	Adjectif (masculin singulier)
Adhérant	Adhérent
Affluant	Affluent
Coïncidant	Coïncident
Communiquant	Communicant
Convainquant	Convaincant
Convergeant	Convergent
Déférant	Déférent
Détergeant	Détergent
Différant	Différent
Divaguant	Divagant
Divergeant	Divergent
Émergeant	Émergent
Équivalant	Équivalent
Excédant	Excédant
Excellant	Excellent
Expédiant	Expédient

Participe présent	Adjectif (masculin singulier)
Extravaguant	Extravagant
Fatiguant	Fatigant
Fringuant	Fringant
Influant	Influent
Interférant	Interférent
Intriguant	Intrigant
Naviguant	Navigant
Négligeant	Négligent
Précédant	Précédent
Provoquant	Provocant
Résidant	Résident
Somnolant	Somnolent
Suffoquant	Suffocant
Vaquant	Vacant
Violant	Violent
Zigzaguant	Zigzagant

Le gérondif correspond à la préposition *en* suivie du participe présent. *Exemple :* Il est arrivé *en chantant*.

REMARQUE Certains tours anciens ont un gérondif qui n'est plus précédé de *en* : adverbe (*généralement, matériellement, strictement*, etc.) + *parlant, à son corps défendant, ce disant, ce faisant, ce que voyant, chemin faisant, donnant donnant, tambour battant.*

E. L'accord du verbe

Le verbe s'accorde en genre et en nombre avec le sujet.

- **Un verbe qui a plusieurs sujets se met au pluriel.**

Quand les sujets ne sont pas à la même personne, la première personne l'emporte sur la deuxième et sur la troisième, la deuxième personne l'emporte sur la troisième.
Exemples : Toi et moi *aurions* pu être heureux ensemble ; Lui et moi *avons* beaucoup travaillé ; Ton chat et toi *êtes* de trop.

- ***Ce* ou *C'* sujet.**

Ce (c') + être + moi/toi/nous/vous : verbe *être* à la 3e personne du singulier.
Exemple : C'*est* toi qui gagneras.

Ce (c') + être + elles/eux : verbe *être* à la 3e personne du pluriel ou du singulier.
Exemple : Ce *sont* eux qui ont acheté cette maison ; C'*est* eux qui ont acheté cette maison.

Ce (c') + être + nom pluriel : verbe *être* à la 3e personne du pluriel.
Exemple : Ce *sont* des livres que j'ai déjà lus.

Le singulier est fréquent, notamment quand singulier et pluriel se prononcent de la même façon. *Exemple :* C'*était* des étudiants brillants !

- **Collectif + complément + verbe : accord du verbe avec le collectif ou avec le complément.**

(Un collectif est un terme désignant un groupe, tels *bande*, *foule*, *horde*, *troupe*, *rangée*, *troupeau*, etc.)
Exemple : Un troupeau de brebis *paissait/paissaient* l'herbe tendre.

- ***Moins de deux* + verbe au pluriel.**

Exemple : Moins de deux mois me *suffiront* pour mener ce projet à bien.

- ***Peu* + verbe au pluriel.**

Exemple : Peu *accepteront* de la recevoir.
***Le peu de* (*ce peu de* ; *mon, son, ton, notre,* etc., *peu de*) + complément : accord du verbe avec *le peu* ou avec le complément selon le sens de la phrase.**
Exemple : Le peu d'égards qu'il a *eu* pour moi m'*a* beaucoup *affecté* ; Le peu d'*égards* qu'il a *eus* pour moi *sont parvenus* à me rasséréner.

***(Un) peu de* + complément : accord fréquent avec le complément.**
Exemples : Peu d'étudiants *échoueront* ; Un peu de boue *était tombée* sur ses chaussures.

- ***La plupart* + verbe au pluriel.**

Exemple : La plupart *sont partis* à l'heure.

***La plupart de* + *nom* : accord avec le nom.**
Exemple : La plupart de ces erreurs seront rectifiées.

- ***Plus d'un(e)* + verbe au singulier.**

Exemple : Plus d'un *échouera*.
(Le pluriel est obligatoire lorsque la formule est répétée : Plus d'un étudiant, plus d'un enseignant *se sont inquiétés*).

■ **Le pronom relatif *qui* est sujet : le verbe s'accorde en personne et en nombre avec le ou les antécédents.**
Exemples : C'est *moi* qui vous *ai appelé*; Est-ce *toi* qui l'*as accusé* ?; *Lui et moi* qui t'*avons* souvent *rencontrée*, nous trouvons que tu as beaucoup changé; C'est le *médecin* qui *avait soigné* sa mère.

■ **Sujets synonymes + verbe.**
Lorsque le sujet est composé de plusieurs termes synonymes, le verbe s'accorde avec le dernier d'entre eux. Exemple : Votre suffisance, votre fatuité m'*exaspère*.

2. Nature et fonction

A. Nature des mots

Un mot peut être *déterminant, nom, pronom, adjectif, verbe, adverbe, préposition, conjonction de coordination, conjonction de subordination* ou *interjection.*

a. Les déterminants

Ce sont des termes qui déterminent les noms qui les suivent.
Font partie des déterminants : les articles et les adjectifs démonstratifs, possessifs, indéfinis, interrogatifs, exclamatifs, numéraux cardinaux, relatifs.

■ **L'article**
L'article défini : *le, la, les*; l'article défini élidé : *l'*; l'article défini contracté : *au, aux, du, des.*
L'article indéfini : *un, une, des* (ou *de*); l'article indéfini élidé : *d'.*
L'article partitif : *du, de la, des, de*; les articles partitifs élidés : *de l', d'.*

■ **L'adjectif démonstratif** : *ce, cet, cette, ces.*

■ **L'adjectif possessif** : *mon, ma, mes, ton, ta, tes, son, sa, ses, notre, nos, votre, vos, leur, leurs.*

■ **L'adjectif indéfini** : *aucun, certain, chaque, différents, divers, maint, nul, plusieurs, quelque, tel, tout.*

■ **L'adjectif interrogatif et exclamatif** : *quel (quels, quelle, quelles).*

■ **L'adjectif numéral cardinal** : *un, deux, trois, quatre...*

■ **L'adjectif relatif** : *lequel (laquelle, lesquels, lesquelles, à laquelle, auquel, auxquels, auxquelles, de laquelle, duquel, desquels, desquelles).*

b. Les pronoms

Ce sont des termes qui jouent le rôle de noms.

■ **Le pronom personnel** : *je, me, moi, tu, te, toi, il, elle, le, la, lui, se, soi, nous, vous, ils, elles, les, leur, eux, elles.*

■ **Le pronom démonstratif** : *celui, celle, ceux* et *celles* – qui peuvent être renforcés par *ci* ou *là* –, *ce, ceci, cela, ça.*

- **Le pronom possessif** : *le mien, la mienne, les miens, les miennes, le tien, la tienne, les tiens, les tiennes, le sien, la sienne, les siens, les siennes, le nôtre, la nôtre, les nôtres, le vôtre, la vôtre, les vôtres, le leur, la leur, les leurs.*
- **Le pronom indéfini** : *aucun, autre, autrui, certains, chacun, maint, même, nul, on, personne, plusieurs, qui, tel, quelqu'un, quiconque, rien, tout, un.*
- **Le pronom interrogatif** : *qui, que, quoi, quel (quelle, quels, quelles), lequel (auquel, duquel...).*
- **Le pronom relatif** : *qui, que, quoi, dont, où, lequel (auquel, duquel...), quiconque.*
- **Le pronom numéral**

Sa forme est la même que celle de l'adjectif numéral : *un, deux, trois, quatre, cinq...*
Exemples : J'en veux *dix-sept* ; Il y en a *vingt*.

c. L'adjectif qualificatif

L'adjectif qualificatif indique la qualité, le trait caractéristique, d'un être ou d'un objet.
Exemples : J'ai rencontré un homme *malade* ; Cet homme est *malade* ; Je l'ai trouvé *malade* ; Cet homme, *malade*, a été hospitalisé.

d. L'adverbe

Il s'agit d'un mot invariable qui modifie le plus souvent le sens d'un verbe, d'un adjectif, d'une phrase entière ou d'un autre adverbe.
Exemples : Il parle *trop* fort (modifie le sens de l'adverbe *fort*) ; Elle est *extrêmement* rapide (modifie le sens de l'adjectif *rapide*) ; Ils marchent *lentement* (modifie le sens du verbe *marcher*).

e. La préposition

Il s'agit d'un mot invariable introduisant un complément : *à, après, avant, avec, chez, contre, dans, de, dedans, dehors, depuis, derrière, dès, dessous, dessus, devant, durant, en, entre, hormis, hors, malgré, outre, par, parmi, pendant, pour, sans, sauf, selon, sous, suivant, sur, vers, voici, voilà...*
Exemples : Je l'ai posé *sur* la table ; Il est arrivé *pendant* la nuit.

f. La conjonction de coordination

Il s'agit d'un élément joignant deux mots ou deux groupes de mots assurant une fonction identique : *mais, ou, et, donc, or, ni, car.*

g. La conjonction de subordination

Il s'agit d'un terme qui introduit une proposition subordonnée conjonctive. Les conjonctions de subordination sont au nombre de sept : *comme, lorsque, puisque, quand, que, quoique, si.*

On emploie l'expression de *locution conjonctive* pour désigner des expressions comme *avant que, bien que, pour que, quoi que, sans que...* qui ont le même emploi qu'une conjonction de subordination.

Cas particuliers

• ***Leur*** est adjectif possessif (on peut le remplacer par *sa* ou *son*) ou pronom personnel (on peut le remplacer par *lui*).
Exemples : *Leur* fils est très bien élevé ; Je ne *leur* en veux pas.
• ***Même*** est adjectif, pronom ou adverbe.
Quand *même* est adjectif, il est variable. Il précède le nom et a le sens de *pareil, identique, semblable, égal* ou suit le nom et a le sens de *exact, au plus haut degré*.
Quand *même* est pronom, c'est-à-dire quand il joue le rôle de nom, il est variable. Il est alors précédé des articles *le, la, les*.
Quand *même* est adverbe, il est invariable. Il a le sens de *aussi, exactement*.
Exemples : J'ai la *même* attitude (adjectif) ; Je veux *les mêmes* (pronom) ; *Même* elles sont fatiguées (adverbe).
• ***Tout*** est adjectif, pronom, adverbe ou nom.
Quand *tout* est adjectif, il s'accorde en genre et en nombre avec le nom qu'il précède.
Quand *tout* est pronom, il s'écrit *tout, tous* ou *toutes*.
Quand *tout* est adverbe – c'est-à-dire quand il a le sens de *tout à fait, entièrement* –, il est généralement invariable. Il varie cependant en genre et en nombre lorsqu'il est placé devant un adjectif féminin commençant par une consonne ou par un *h* aspiré.
Lorsque *tout* est un nom masculin, il prend, de façon tout à fait normale, un s au pluriel : *un tout, des touts*.
Exemples : Il a écouté *toute* mon histoire (adjectif) ; *Tout* ira bien (pronom) ; Elle est *tout* étonnée et *toute* pâle (adverbes) ; Le *tout* est à considérer très calmement (nom).

B. Fonction des mots

■ **Le sujet** (celui qui, dans la phrase active, accomplit l'action exprimée par le verbe) peut être un nom, un groupe nominal, un pronom, un adverbe, un adjectif, un infinitif ou encore une proposition.
Exemples : *Mentir* est des plus inutiles (infinitif) ; *Qu'il soit là* me comble d'aise (proposition) ; *Demain* est un autre jour (adverbe).

Les verbes impersonnels ou employés impersonnellement sont souvent suivis d'un ensemble d'éléments que l'on appelle *sujet réel* ou *sujet logique* par opposition au *il*, appelé *sujet apparent* ou *sujet grammatical*.
Exemple : Il est arrivé que je le rencontre (*il* : sujet apparent ou grammatical, *que je le rencontre* : sujet réel ou logique).

■ **L'attribut du sujet** apporte une indication sur le sujet auquel il est joint par le verbe *être* ou par un verbe d'état, tels *demeurer, rester, devenir, paraître*… Ce peut être un adjectif, un nom, un groupe nominal, un pronom, un infinitif, un groupe prépositionnel (introduit par une préposition) ou une proposition.
Exemples : Il a l'air *heureux* (adjectif) ; Est-il *maçon* ? (nom) ; Nous sommes *en retard* (groupe prépositionnel) ; L'important est *qu'il m'aime* (proposition).

■ **L'apposition** correspond à une fonction du nom ou du pronom (plus rarement de l'adjectif, de l'infinitif ou de la proposition) qui complète un nom, sachant que le nom complété et l'élément qui le complète renvoient au même être ou à la même chose.
Exemples : le mois de *mai* (mai est un mois) ; cet idiot de *Paul* (Paul est un idiot) ; la fête de *Noël* (Noël est une fête) ; Son père, *mécontent*, est sorti (son père est mécontent).

Certains refusent de considérer l'apposition comme une fonction possible de l'adjectif et le reconnaissent alors comme une épithète détachée.

■ **Le complément de nom** peut être un nom, un groupe nominal, un pronom, un infinitif, un adverbe ou encore une proposition. Il est souvent joint au nom par une préposition telle que *de*, *en*, *à*...
Exemples : la veste de *cette femme* (nom) ; un couteau à *poisson* (nom) ; la joie de *vivre* (infinitif) ; cette femme *qui est pianiste* (proposition).

■ **Le complément d'adjectif** peut être un nom, un groupe nominal, un pronom, un infinitif, un adverbe ou encore une proposition.
Exemples : Ils sont jaloux de *leurs enfants* (nom) ; Elle est prête à *partir* (infinitif) ; Ils sont fiers de *lui* (pronom).

■ **Le complément d'objet direct (COD)** est un complément du verbe répondant à la question *qui* ou *quoi ?* Ce peut être un nom, un groupe nominal, un pronom, un infinitif ou une proposition.
Exemples : J'ai rencontré *Jean* (nom) ; Je souhaite *que tu viennes* (proposition) ; Je *la* connais (pronom).

■ **L'attribut du COD** apporte une indication sur le COD. Il est construit directement ou joint au COD par une préposition. Ce peut être un adjectif, un nom, un groupe nominal, un pronom, un infinitif, un groupe prépositionnel ou une proposition.
Exemples : Je la trouve *jolie* (adjectif) ; Elles le tiennent pour *coupable* (adjectif) ; Je croyais ce médecin *à la retraite* (groupe prépositionnel) ; Elle l'a pris pour *mari* (nom).

■ **Le complément d'objet indirect (COI)** est un complément du verbe, introduit par une préposition, qui répond à la question *à qui ? de qui ? à quoi ? de quoi ? avec qui ? avec quoi ?...* (selon la préposition qui l'introduit). Ce peut être un nom, un groupe nominal, un pronom, un infinitif ou une proposition. Lorsqu'une phrase a deux compléments d'objet, on appelle *complément d'objet second* celui qui est introduit par une préposition.
Exemples : Je me souviens *de ce jeune étudiant* (groupe nominal) ; Elle ne s'attend pas *à ce qu'il revienne* (proposition) ; Croit-il *en Dieu* ? (nom).

■ **Le complément circonstanciel** est un complément répondant aux questions *quand ? où ? comment ? pourquoi ? combien ?* Ce peut être un adverbe, un nom, un groupe nominal, un pronom, une proposition, un infinitif ou un gérondif.
Exemples : Il est arrivé *pendant la nuit* (temps) ; Elle aimerait partir vivre *au Maroc* (lieu) ; Elle est morte *en dansant* (manière).

■ **Le complément d'agent** est un complément de la phrase passive qui est introduit par les prépositions *par* ou *de* ; il désigne l'être ou la chose accomplissant l'action exprimée par le verbe. Ce peut être un nom, un groupe nominal ou un pronom.
Exemples : Elle est entretenue *par cet homme* ; Il est aimé *de ses enfants*.

3. Phrases et propositions subordonnées

A. Types de phrases

Il existe quatre types de phrases :
La phrase déclarative : *Elle est partie sans argent.*
La phrase interrogative : *À quelle heure compte-t-elle revenir ?*
La phrase exclamative : *Et dire qu'il va la quitter !*
La phrase impérative : *Qu'il sorte !*

B. Types de propositions subordonnées

Il existe six types de propositions subordonnées, une proposition subordonnée étant une proposition qui dépend d'une autre proposition appelée *proposition principale*.

■ **La proposition relative** : elle est introduite par un pronom relatif (*qui*, *que*, *quoi*, *dont*, *où*, *lequel*, *quiconque*) ou par un adjectif relatif (*lequel*, *laquelle*...).
Exemples : Il lui a vendu une maison *qui présente des vices de construction* ; Il lui a vendu une maison, *laquelle maison présente des vices de construction*.

■ **La proposition conjonctive** : elle est introduite par une conjonction de subordination (*comme*, *lorsque*, *puisque*, *quand*, *que*, *quoique*, *si*) ou par une locution conjonctive (*après que*, *avant que*, *pour que*, *quoi que*, *sans que*...). On distingue *les complétives* – introduites par *que* – des *circonstancielles* introduites par une autre conjonction ou par une locution conjonctive.
Exemples : Je souhaite *que tu sois à l'heure* ; Je partirai *quand il sera endormi*.

■ **La proposition interrogative indirecte** : il s'agit d'une proposition subordonnée introduite par un mot interrogatif (*qui*, *lequel*, *quel*, *quand*, *où*, *comment*...).
Exemples : Je me demande *s'il viendra* ; Dis-moi *comment il va*.

■ **La proposition exclamative indirecte** : il s'agit d'une proposition subordonnée introduite par un mot exclamatif (*combien*, *comme*...).
Exemple : Regarde *comme il est sage*.

■ **La proposition infinitive** : elle est formée d'un verbe à l'infinitif et d'un sujet (celui qui fait l'action exprimée par le verbe à l'infinitif). Cette proposition apparaît après des verbes de perception tels *écouter*, *entendre*, *regarder*, *sentir*, *voir*, après *falloir*, *faire*, *laisser* ou encore après *voici*.
Exemples : J'entends *mes enfants chanter* ; Il *te* faudrait *travailler davantage*.

■ **La proposition participiale** : elle est formée d'un participe passé ou présent et d'un sujet.
Exemples : *Les enfants partis*, je reprendrai mon travail d'écriture ; *Le cas échéant*, je lui ferai part de ma situation.

Sujets d'entraînement

Sujet nº 1

Difficulté XXX	Durée 15 minutes

1 Repérez les formes verbales bien orthographiées :

- ❍ **a.** Elle tournoye
- ❍ **b.** Ils payent
- ❍ **c.** Il essuie
- ❍ **d.** Elles essaient

2 Parmi les mots suivants, lesquels sont de genre masculin ?

- ❍ **a.** Haltère
- ❍ **b.** Exorde
- ❍ **c.** Exergue
- ❍ **d.** Astérisque

3 Quels sont les verbes en *-eler* qui ne redoublent pas leur *l* ?

- ❍ **a.** Ciseler
- ❍ **b.** Congeler
- ❍ **c.** Craqueler
- ❍ **d.** Modeler

4 Repérez les adjectifs.

- ❍ **a.** Fatiguant
- ❍ **b.** Communicant
- ❍ **c.** Vacant
- ❍ **d.** Exigeant

5 Parmi les mots suivants, lesquels sont de genre féminin ?

- ❍ **a.** Abscisse
- ❍ **b.** Abside
- ❍ **c.** Acné
- ❍ **d.** Apogée

6 Complétez la phrase suivante : « Elle porte toujours des escarpins ... »

- ❍ **a.** bleus ciels
- ❍ **b.** bleus ciel
- ❍ **c.** bleu ciels
- ❍ **d.** bleu ciel

7 Parmi les propositions suivantes, laquelle est correctement orthographiée ?

- ❍ **a.** Des gardes-fous
- ❍ **b.** Des garde-fous
- ❍ **c.** Des gardes-fou
- ❍ **d.** Des garde-fou

8 Parmi les propositions suivantes, laquelle est correctement écrite ?

- ❍ **a.** Ne pars ni nue-tête ni pieds nus.
- ❍ **b.** Ne pars ni nu-tête ni pieds nus.
- ❍ **c.** Ne pars ni nue-tête ni pieds nu.
- ❍ **d.** Ne pars ni nue tête ni pieds-nus.

9 Parmi les mots suivants, lesquels sont correctement écrits ?

- ❍ **a.** Exhorter
- ❍ **b.** Exhorbité
- ❍ **c.** Exhausser
- ❍ **d.** Exhaustif

10 Quelle est la phrase correctement écrite ?

- ❍ **a.** Elle a osé laisser ses vêtements tels que !
- ❍ **b.** Elle a osé laisser ses vêtements tel quel !
- ❍ **c.** Elle a osé laisser ses vêtements tels quels !
- ❍ **d.** Elle a osé laisser ses vêtements tels quel !

11 Quel est le sens du mot *lai* ?

- ❍ **a.** Répugnant
- ❍ **b.** Poème
- ❍ **c.** Femelle du sanglier
- ❍ **d.** Bande de papier peint

12 Quelle est la phrase correctement écrite ?

- ❍ **a.** Es-tu certaine que nulle remords ne pèse sur sa conscience ?
- ❍ **b.** Es-tu certaine que nul remords ne pèse sur sa conscience ?
- ❍ **c.** Es-tu certaine que nuls remords ne pèse sur sa conscience ?
- ❍ **d.** Es-tu certaine que nul remord ne pèse sur sa conscience ?

13 Quelles sont les formes verbales incorrectement écrites ?

- ❍ **a.** Il feind
- ❍ **b.** Elle résoud
- ❍ **c.** Elle coud
- ❍ **d.** Je vaincs

14 Quelle est la phrase correctement écrite ?

- ❍ **a.** La neige tombe dru depuis une bonne demi-heure.
- ❍ **b.** La neige tombe dru depuis une bonne demie-heure.
- ❍ **c.** La neige tombe drue depuis une bonne demi-heure.
- ❍ **d.** La neige tombe drue depuis une bonne demie-heure.

Corrigé

❶ **b.**, **c.** et **d.** Il faut écrire *elle tournoie*. Les verbes en *-oyer* et les verbes en *-uyer* transforment leur *y* en *i* devant un *e* muet, c'est-à-dire devant un *e* qui ne se prononce pas. Les verbes en *-ayer* conservent leur *y* ou le transforment en *i* devant un *e* muet.

❷ **a.**, **b.**, **c.** et **d.**

❸ **a.**, **b.** et **d.** Il y a des verbes en *-eler* qui redoublent leur *l* quand on entend [ɛ] ; en d'autres termes, ils s'écrivent *-elle* à l'indicatif présent, au subjonctif présent, à l'impératif présent - 1re et 2e personnes du pluriel exceptées -, à l'indicatif futur simple et au conditionnel présent - à toutes les personnes. Les verbes suivants, en revanche, ne redoublent pas leur *l*, mais s'écrivent *-èle* : *agneler, celer, ciseler, congeler, déceler, décongeler, dégeler, démanteler, écarteler, geler, harceler, marteler, modeler, peler, receler, regeler, remodeler, surgeler.*

❹ **b.**, **c.** et **d.** Le mot *fatiguant* est le participe présent du verbe *fatiguer*, l'adjectif s'écrit *fatigant* ; *exigeant* est à la fois participe présent et adjectif ; notez que l'on écrit *exigeant*, mais *exigence*.

❺ **a.**, **b.** et **c.**

❻ **d.** Les adjectifs de couleur composés sont invariables.

❼ **b.**

❽ **b.** Quand *nu* précède un nom, il est invariable et est lié à ce nom par un trait d'union ; quand *nu* suit un nom, il s'accorde en genre et en nombre avec ce nom et n'est pas lié à lui par un trait d'union. Notez que le terme *nue-propriété* constitue une exception.

❾ **a.**, **c.** et **d.** On écrit *exorbité*.

❿ **c.** La locution *tel quel* signifie *tel qu'il est, dans l'état où il se trouve, sans arrangement* ; les deux éléments qui la composent s'accordent en genre et en nombre avec le nom qu'ils accompagnent.

⓫ **b.** La réponse **a.** correspond à *laid*, adj. ; la réponse **c.** correspond à *laie*, n. f. ; la réponse **d.** correspond à *lé*, n. m.

⓬ **b.** L'adjectif indéfini *nul* est généralement au singulier. Il s'emploie au pluriel lorsqu'il accompagne ou un nom qui n'existe qu'au pluriel ou un nom qui a, au pluriel, un sens particulier, ex. : *nuls frais, nulles fiançailles*. Or, le nom *remords* (qui s'écrit toujours avec un *s*) existe au singulier, c'est pourquoi il faut écrire *nul*.

⓭ **a.** et **b.** Les verbes en *-soudre* et en *-indre* conservent leur *d* uniquement au futur simple et au conditionnel présent, en d'autres termes quand on l'entend.

⓮ **a.** L'adjectif *demi* est invariable lorsqu'il précède un nom, il est alors lié à ce nom par un trait d'union. Le mot *dru* est ici un adverbe : on écrit *la neige est drue*, mais *la neige tombe dru*.

Sujet nº 2

Difficulté XXX	Durée 15 minutes

❶ Repérez les formes verbales correctes.

- ❍ **a.** Je lie
- ❍ **b.** Ayons
- ❍ **c.** Soyiez
- ❍ **d.** Concluerais

❷ Quels sont les participes présents ?

- ❍ **a.** Aimant
- ❍ **b.** Divagant
- ❍ **c.** Intriguant
- ❍ **d.** Zigzagant

❸ Quelles sont les phrases correctes ?

- ❍ **a.** Il faudrait qu'il ait davantage de courage.
- ❍ **b.** Manges-en.
- ❍ **c.** Nettoies ces ustensiles.
- ❍ **d.** Vas-y rapidement.

❹ Quel est le terme mal orthographié ?

- ❍ **a.** Velours
- ❍ **b.** Éperdument
- ❍ **c.** Hormi
- ❍ **d.** Pouls

❺ Quelles sont les phrases correctes ?

- ❍ **a.** Elle est toute surprise.
- ❍ **b.** Ils sont tout noirs.
- ❍ **c.** Elle est tout étonnée.
- ❍ **d.** Elles sont toutes honteuses.

❻ Quel est le mot correctement écrit ?

- ❍ **a.** Charriot
- ❍ **b.** Interpeler
- ❍ **c.** Hêler
- ❍ **d.** Procrastination

❼ Que signifie l'expression *ne pas laisser de* ?

- ❍ **a.** Ne pas oublier de
- ❍ **b.** Arrêter volontairement de
- ❍ **c.** Ne pas cesser de
- ❍ **d.** Dire des méchancetés de

8 Quel est le synonyme de *comminatoire* ?

- ❍ **a.** Menaçant
- ❍ **b.** Intègre
- ❍ **c.** Brillant
- ❍ **d.** Inutile

9 Parmi les propositions suivantes, laquelle est bien orthographiée ?

- ❍ **a.** Il y a quelques vingts coquilles dans cet ouvrage.
- ❍ **b.** Il y a quelque vingts coquilles dans cet ouvrage.
- ❍ **c.** Il y a quelque vingt coquilles dans cet ouvrage.
- ❍ **d.** Il y a quelques vingt coquilles dans cet ouvrage.

10 Quel est ou quels sont les verbes du deuxième groupe ?

- ❍ **a.** Finir
- ❍ **b.** Partir
- ❍ **c.** Venir
- ❍ **d.** Choisir

11 Parmi les phrases suivantes, laquelle est bien orthographiée ?

- ❍ **a.** Ils ont volés les bijoux puis se sont évanoui dans la nature.
- ❍ **b.** Ils ont volé les bijoux puis se sont évanouis dans la nature.
- ❍ **c.** Ils ont volés les bijoux puis se sont évanouis dans la nature.
- ❍ **d.** Ils ont volé les bijoux puis se sont évanoui dans la nature.

12 Quel est le verbe au futur antérieur ?

- ❍ **a.** Il eût chanté
- ❍ **b.** Elle eut chanté
- ❍ **c.** Nous aurions chanté
- ❍ **d.** Nous aurons chanté

13 Quelle est ou quelles sont les conjonctions de subordination ?

- ❍ **a.** Donc
- ❍ **b.** Quoique
- ❍ **c.** Que
- ❍ **d.** Car

14 Repérez les formes verbales correctes.

- ❍ **a.** Je soudoie
- ❍ **b.** Il geint
- ❍ **c.** Qu'il bâtît
- ❍ **d.** J'allai

Corrigé

❶ **a.** et **b.** Il faut écrire *soyez, conclurais*.

❷ **a.** et **c.** *Divagant* et *zigzagant* sont des adjectifs verbaux ; les participes présents correspondants sont *divaguant* et *zigzaguant*.

❸ **a.**, **b.** et **d.** On écrit *nettoie*. Les verbes en *-er* – excepté *aller* – ne prennent généralement pas de *s* à l'impératif, à la 2e personne du singulier. Un *s* n'apparaît que lorsque l'impératif est complété par les pronoms *y* et *en*. On écrit donc *mange*, mais *manges-en*, *cueille*, mais *cueilles-en*, *va*, mais *vas-y*.

❹ **c.** On écrit *hormis*, mais *parmi*.

❺ **a.**, **b.**, **c.** et **d.** Quand *tout* est adverbe – c'est-à-dire quand il a le sens de *tout à fait*, de *entièrement* –, il est généralement invariable. Il varie cependant en genre et en nombre lorsqu'il est placé devant un adjectif féminin commençant par une consonne ou par un *h* aspiré. Rappelons qu'un *h* est *aspiré* lorsqu'il ne permet ni liaison ni élision : le *h* de *honteux* est aspiré.

❻ **d.** On écrit *chariot, interpeller, héler*.

❼ **c.**

❽ **a.**

❾ **c.** On écrit toujours *quelque* quand ce terme peut être remplacé par *environ*. *Quelque* est un adverbe. Le nombre *vingt* ne prend la marque du pluriel que quand il est multiplié, comme dans *quatre-vingts*. Ce qui n'est pas le cas ici.

❿ **a.** et **d.** Les verbes du deuxième groupe sont des verbes en *-ir* dont le participe présent est en *-issant*.

⓫ **b.** Les verbes essentiellement pronominaux, dont fait partie *s'évanouir*, ont un participe passé qui s'accorde toujours avec le sujet.

⓬ **d.** Il eût chanté : conditionnel passé 2e forme ; elle eut chanté : indicatif passé antérieur ; nous aurions chanté : conditionnel passé 1re forme.

⓭ **b.** et **c.** *Donc* et *car* sont des conjonctions de coordination. Les conjonctions de subordination simples sont au nombre de sept : *comme, lorsque, puisque, quand, que, quoique* et *si*.

⓮ **a.**, **b.**, **c.** et **d.**

QCM

Connaissances générales

COEFFICIENT
1

DURÉE
1
heure
30

Planning de révision

Pour préparer une épreuve de culture générale, il est plus efficace d'approfondir un nombre restreint de thèmes plutôt que de se disperser dans toutes les directions. Les annales montrent qu'un certain nombre de thèmes sont récurrents dans les énoncés des questions posées : ces thèmes sont repris dans le présent ouvrage. On notera en particulier qu'un nombre de plus en plus important de questions concerne les institutions, et notamment les institutions européennes. Il y a également un grand nombre de questions concernant l'histoire mondiale contemporaine, la géographie, la littérature et les arts. Néanmoins, si certains thèmes sont moins fréquents (inventions, religions, etc.), il n'est pour autant pas souhaitable de les écarter des révisions.

Pour travailler de manière efficace, il faut absolument planifier son programme de révision. La préparation à l'épreuve de culture générale ne peut pas se faire en quelques jours ou quelques semaines : c'est un travail de longue haleine qui nécessite beaucoup de temps d'apprentissage, d'assimilation et de répétitions. Il est également important de travailler quotidiennement et régulièrement.

Un planning vous est proposé à titre indicatif afin de vous aider à préparer l'épreuve de culture générale. Ce planning est organisé de manière à marier les différents thèmes et il prévoit des temps de révision.

Il est très important de se renseigner le plus possible sur le concours et les épreuves, sur les modalités d'inscription, les dates des épreuves…

PÉRIODE	DURÉE	DOMAINE ABORDÉ	CONTENU DES RÉVISIONS
PÉRIODE 1	1 à 3 jours	**Annales**	**Faire différents tests issus des annales afin d'évaluer son niveau de connaissance**
PÉRIODE 2	3 à 5 jours	Mythologie	Principaux mythes et dieux et déesses grecs, romains, égyptiens, nordiques…
PÉRIODE 3	3 à 5 jours	Géographie de l'Europe	Pays, capitales, villes, monnaies, régimes politiques, mers, océans, montagnes, rivières, fleuves…
PÉRIODE 4	3 à 5 jours	Antiquité	Principaux événements politiques de l'Égypte ancienne, de la Grèce et de la Rome antiques
PÉRIODE 5	3 à 5 jours	Inventions et constructions	Principales inventions (dates, lieux, noms, inventeurs…)
PÉRIODE 6	1 semaine à 10 jours	Musique	Instruments, différents courants musicaux, compositeurs, œuvres, chanteurs, artistes…
PÉRIODE 7	1 semaine	**Révision**	**Révisions et tests dans toutes les matières abordées jusque-là**
PÉRIODE 8	1 SEMAINE À 10 JOURS	Histoire : le Moyen Âge	Principaux événements politiques, personnages célèbres, chevalerie, batailles, croisades, rois, chronologie…

PÉRIODE 9	1 SEMAINE À 10 JOURS	Institutions européennes	Fonctionnement et composition des principales institutions de l'Union européenne, cours de justice, personnalités politiques…
PÉRIODE 10	1 SEMAINE À 10 JOURS	Cinéma français et international	Films (dates, prix…), metteurs en scène, acteurs, actrices, oscars, césars, différents festivals…
PÉRIODE 11	3 À 5 JOURS	Géographie de l'Afrique	Pays, capitales, océans, montagnes…
PÉRIODE 12	1 SEMAINE	**Révision**	**Révisions et tests dans toutes les matières abordées jusque-là**
PÉRIODE 13	1 SEMAINE À 10 JOURS	Histoire : l'Ancien Régime	Principaux événements politiques, personnages célèbres, rois, guerres en France et en Europe, découverte du Nouveau Monde, révolution française, chronologie…
PÉRIODE 14	3 À 5 JOURS	Religions	Les courants des principales religions, les hommes et femmes importants, les livres saints, les fêtes…
PÉRIODE 15	3 À 5 JOURS	Sports et loisirs	Les règles des différents sports, les compétitions importantes, les sportifs, les records, les Jeux olympiques, les jeux de société, les jeux de cartes…
PÉRIODE 16	1 SEMAINE À 10 JOURS	Histoire de France : le XIXe siècle	Principaux événements politiques, personnages célèbres, régimes politiques, rois, guerres, révolution industrielle, chronologie…
PÉRIODE 17	1 SEMAINE	**Révision**	**Révisions et tests dans toutes les matières abordées jusque-là**
PÉRIODE 18	3 À 5 JOURS	Géographie de l'Amérique	Pays, capitales, océans, montagnes…
PÉRIODE 19	1 SEMAINE À 10 JOURS	Littérature	Auteurs, œuvres principales, prix littéraires, histoire des mouvements littéraires en France et en Europe du XVIIIe au XXe siècle
PÉRIODE 20	1 SEMAINE À 10 JOURS	Histoire : le XXe siècle	Principaux événements politiques, personnages célèbres, régimes politiques, guerres, colonisation, chronologie…
PÉRIODE 21	1 SEMAINE À 10 JOURS	Peinture et sculpture	Histoire des mouvements artistiques en France et en Europe de la Renaissance à nos jours, artistes, œuvres…
PÉRIODE 22	3 À 5 JOURS	Géographie de l'Asie et de l'Océanie	Pays, capitales, océans, montagnes…
PÉRIODE 23	1 SEMAINE	**Révision**	**Révisions et tests dans toutes les matières abordées jusque-là**
PÉRIODE 24	1 SEMAINE À 10 JOURS	Histoire de la construction européenne	Les différentes étapes de la fin de la Seconde Guerre mondiale à l'intégration de la Croatie
PÉRIODE 25	1 SEMAINE À 10 JOURS	Institutions françaises	Sachant que ces deux domaines sont ceux qui donnent lieu au plus grand nombre de questions, il convient de revenir dessus et de les réviser plus spécifiquement
PÉRIODE 26	3 À 5 JOURS	Géographie française	
PÉRIODE 27	JUSQU'AU CONCOURS	**Révision**	**Révisions et tests dans toutes les matières abordées jusque-là**
TOTAL	5 À 7 MOIS		

Méthodologie et conseils

L'absence de programme officiel de révision pour l'épreuve de QCM rend à première vue le travail de préparation infini et difficile à organiser. L'impossibilité de tout apprendre et l'ampleur de la tâche peuvent effrayer ou décourager le candidat. Toutefois, s'il est effectivement impossible de tout savoir dans tous les domaines que regroupe la culture générale, il est parfaitement réalisable d'améliorer de façon significative ses connaissances en appliquant une méthodologie d'apprentissage rigoureuse et ordonnée et en s'entraînant régulièrement à faire des tests de QCM. C'est pourquoi nous vous proposons dans cette partie une préparation uniquement sous forme d'entraînements.

Un des points essentiels à la préparation à l'épreuve de culture générale est l'entraînement aux QCM, et ce, pour plusieurs raisons :

- Plus un candidat fait des tests de QCM, plus il rencontre des questions de types différents et prend l'habitude de formulations variées.
- Le fait de multiplier les tests permet de se confronter à ses défaillances et de chercher à s'améliorer.
- S'exercer à répondre à des QCM permet également d'assimiler énormément de connaissances.
- Il est très important de noter que refaire plusieurs fois les mêmes QCM permet d'apprendre : il est donc conseillé de ne jamais répondre directement sur une feuille d'intitulé de QCM, mais plutôt sur une page à part afin de pouvoir refaire les tests quelques semaines plus tard.

L'épreuve de culture générale est une épreuve de précision où des connaissances approximatives ne seront d'aucune aide : il est indispensable d'apprendre un grand nombre d'informations par cœur (dates, noms, événements, œuvres, etc.).

Pour s'aider, le candidat doit utiliser des outils comme des chronologies, des cartes, des répertoires, des fiches, etc. Il convient de rappeler ici qu'il faut se méfier des informations trouvées sur Internet, car même les sites d'encyclopédie en ligne sont remplis d'erreurs. Enfin, le candidat doit se tenir au courant de l'actualité, car certaines questions concernent les événements récents.

QCM par thèmes

1 | Institutions françaises et européennes

1 Un président/un Premier ministre. Quelle est l'erreur ?

- ❍ **a.** Charles de Gaulle/Georges Pompidou
- ❍ **b.** Georges Pompidou/Valéry Giscard d'Estaing
- ❍ **c.** Valéry Giscard d'Estaing/Jacques Chirac
- ❍ **d.** François Mitterrand/Jacques Chirac

2 Quelles ont été les étapes de l'élargissement progressif de l'Union européenne ?

- ❍ **a.** Europe à 6, 9, 10, 12, 15, 25 et bientôt 27
- ❍ **b.** Europe à 6, 9, 10, 12, 15, 25 et 27
- ❍ **c.** Europe à 6, 9, 10, 12, 15, 25, 27 et bientôt 28
- ❍ **d.** Europe à 6, 9, 10, 12, 15, 25, 27 et 28

3 Combien de présidents se sont succédé à la tête de la Ve République ?

- ❍ **a.** Quatre
- ❍ **b.** Cinq
- ❍ **c.** Six
- ❍ **d.** Sept

4 Quelle est la durée du mandat des députés français ?

- ❍ **a.** 5 ans
- ❍ **b.** 6 ans
- ❍ **c.** 7 ans
- ❍ **d.** 8 ans

5 Parmi ces quatre institutions, laquelle n'est pas une institution de l'Union européenne ?

- ❍ **a.** La Commission européenne
- ❍ **b.** Le Conseil de l'Union européenne
- ❍ **c.** Le Conseil de l'Europe
- ❍ **d.** Le Parlement européen

6 Quel ministre est aussi appelé le garde des Sceaux ?

- ❍ **a.** Ministre de l'Intérieur
- ❍ **b.** Ministre de la Justice
- ❍ **c.** Premier ministre
- ❍ **d.** Ministre des Affaires étrangères

7 Qui n'a pas été le Premier ministre de François Mitterrand ?

- ❍ **a.** Édouard Balladur
- ❍ **b.** Jacques Chirac
- ❍ **c.** Laurent Fabius
- ❍ **d.** Lionel Jospin

8 Qui n'a pas le pouvoir de désigner les membres du Conseil constitutionnel en France ?

- ❍ **a.** Le président de l'Assemblée nationale
- ❍ **b.** Le président du Conseil constitutionnel
- ❍ **c.** Le président de la République
- ❍ **d.** Le président du Sénat

9 Au 1er janvier 2016, le Sénat est présidé par :

- ❍ **a.** Jean-Pierre Bel
- ❍ **b.** Claude Bartolone
- ❍ **c.** Gérard Larcher

10 Qui assure l'intérim en cas de vacance du président de la République ?

- ❍ **a.** Le Premier ministre
- ❍ **b.** Le président de l'Assemblée nationale
- ❍ **c.** Le président du Conseil constitutionnel
- ❍ **d.** Le président du Sénat

11 Quelle est la durée de mandat des conseillers régionaux ?

- ❍ **a.** 5 ans
- ❍ **b.** 6 ans
- ❍ **c.** 7 ans
- ❍ **d.** 8 ans

12 À quelle date l'euro a-t-il été mis en circulation ?

- ❍ **a.** 1er janvier 2000
- ❍ **b.** 1er janvier 2001
- ❍ **c.** 1er janvier 2002
- ❍ **d.** 1er janvier 2003

13 Qui élit-on à l'occasion des élections cantonales ?

- ❍ **a.** Les maires
- ❍ **b.** Les conseillers municipaux
- ❍ **c.** Les conseillers régionaux
- ❍ **d.** Les conseillers généraux

14 Institué à la demande de Napoléon Bonaparte en 1800, aujourd'hui nommé par le président de la République, il est responsable de l'ordre public. Il est le représentant direct du Premier ministre et de chaque ministre dans le département. Il s'agit du :

❍ **a.** député
❍ **b.** maire
❍ **c.** préfet
❍ **d.** sénateur

15 Où siègent les membres de l'Assemblée nationale ?

❍ **a.** Au Palais-Bourbon
❍ **b.** Au palais de l'Élysée
❍ **c.** Au palais Garnier
❍ **d.** Au palais du Luxembourg

16 Parmi ces circonscriptions administratives et territoriales, laquelle n'est pas une collectivité locale ?

❍ **a.** Un arrondissement
❍ **b.** Une commune
❍ **c.** Un département
❍ **d.** Une région

17 Sous quel président de la République française l'âge de la majorité a-t-il été abaissé de 21 à 18 ans ?

❍ **a.** Charles de Gaulle
❍ **b.** François Mitterrand
❍ **c.** Valéry Giscard d'Estaing
❍ **d.** Georges Pompidou

18 Quelle est la durée de mandat des sénateurs français ?

❍ **a.** 6 ans
❍ **b.** 7 ans
❍ **c.** 9 ans
❍ **d.** Les sénateurs sont nommés à vie

19 Par qui sont élus les maires ?

❍ **a.** Le peuple
❍ **b.** Les membres du conseil municipal
❍ **c.** Les membres du conseil général
❍ **d.** Les membres du conseil régional

20 Combien d'années dure le mandat du président de la République française ?

❍ **a.** 4 ans
❍ **b.** 5 ans
❍ **c.** 6 ans
❍ **d.** 7 ans

Corrigé

❶ **b.**

❷ **d.** En 1951, six pays (Allemagne, Belgique, France, Italie, Luxembourg, Pays-Bas) créèrent la CECA (Communauté européenne du charbon et de l'acier). En 1973, trois pays rejoignirent ce qui était devenu la CEE (Communauté économique européenne) : le Danemark, l'Irlande et le Royaume-Uni. En 1981, la Grèce devint également un État membre. En 1986, ce fut au tour de l'Espagne et du Portugal d'adhérer à la CEE. En 1995, trois nouveaux pays se joignirent à ce que l'on appelle désormais l'Union européenne (UE) : l'Autriche, la Finlande et la Suède. Les événements politiques, et notamment la chute du mur de Berlin le 9 novembre 1989, ont ouvert l'Europe vers les pays de l'Est et dix nouveaux pays adhérèrent à l'UE en 2004 : Chypre, l'Estonie, la Hongrie, la Lettonie, la Lituanie, Malte, la Pologne, la République tchèque, la Slovaquie et la Slovénie. Deux pays ont rejoint l'UE le 1er janvier 2007, à savoir la Bulgarie et la Roumanie. Enfin, la Croatie a adhéré à l'UE le 1er juillet 2013. D'autres pays ont fait des demandes d'adhésion et sont actuellement en négociation avec l'Union européenne : l'Albanie, la Macédoine, le Monténégro, la Serbie et la Turquie.

❸ **d.** Sous la Ve République, c'est-à-dire depuis la Constitution du 4 octobre 1958, sept présidents se sont succédé à la tête de l'État, à savoir : Charles de Gaulle (1959-1969), Georges Pompidou (1969-1974), Valéry Giscard d'Estaing (1974-1981), François Mitterrand (1981-1995), Jacques Chirac (1995-2007), Nicolas Sarkozy (2007-2012) et François Hollande (élu le 6 mai 2012).

❹ **a.** Les députés français sont élus au suffrage universel direct à deux tours pour un mandat de cinq ans renouvelable.

❺ **c.** La Commission européenne, instituée en 1967, a pour fonction principale de proposer et de mettre en œuvre les politiques communautaires. De plus, en tant que « gardienne des traités », elle veille à leur application. Le Conseil de l'Union européenne est une réunion qui regroupe les ministres des gouvernements de chacun des États membres de l'Union européenne. Chaque pays membre envoie un représentant, en lien avec l'ordre du jour de la réunion. Le Conseil de l'Europe, qui met en œuvre la Convention européenne des droits de l'homme, n'est pas une institution de l'UE. Le Parlement européen est le corps parlementaire de l'Union européenne (UE) directement élu par les citoyens. Depuis le 1er janvier 2007, il comporte 785 députés. Avec le Conseil des ministres, il compose la branche législative des institutions européennes. Le Parlement a son siège à Strasbourg, en France, mais ses commissions, ainsi que certaines séances plénières additionnelles se tiennent à Bruxelles. Son secrétariat général est installé à Luxembourg.

❻ **b.** La fonction de garde des Sceaux fut créée par Philippe-Auguste en 1203.

❼ **d.** Lionel Jospin a été Premier ministre de Jacques Chirac du 2 juin 1997 au 6 mai 2002.

❽ **b.** Les membres du Conseil constitutionnel en France, au nombre de neuf nommés pour neuf ans et renouvelés par tiers tous les trois ans, sont désignés par le président de la République, le président du Sénat et le président de l'Assemblée nationale, à raison d'un tiers chacun.

❾ **c.** Le 1er octobre 2014, Gérard Larcher, sénateur UMP (devenue Les Républicains le 30 mai 2015), redevient le président du Sénat (fonction qu'il avait déjà occupée de 2008 à 2011) et succède au socialiste Jean-Pierre Bel. Claude Bartolone est, quant à lui, le président de l'Assemblée nationale.

⑩ **d.** En cas de décès, de démission ou de destitution du président de la République, on désigne un président de la République par intérim afin qu'il n'y ait pas de vacance du pouvoir. La Constitution prévoit que ce soit le deuxième personnage de l'État qui soit désigné, à savoir le président du Sénat. Pendant cet intérim, il ne peut ni dissoudre l'Assemblée nationale, ni organiser un référendum. Sous la Ve République, on compte deux situations où l'on a eu recours à cette procédure : en 1969 lorsque Charles de Gaulle a démissionné et en 1974 lorsque Georges Pompidou est décédé. Dans les deux cas, c'est Alain Poher, alors président du Sénat, qui a assuré l'intérim.

⑪ **b.** Le conseil régional est l'assemblée délibérante de la région. Il est composé des conseillers régionaux et émet des avis sur les problèmes de développement et d'aménagement pour lesquels il doit être obligatoirement consulté.

⑫ **c.**

⑬ **d.** Les conseillers généraux sont élus au suffrage universel direct à deux tours pour un mandat de six ans renouvelable. Les conseils généraux sont renouvelés par moitié tous les trois ans.

⑭ **c.** Institués par Napoléon en 1800, les préfets ont vu leur rôle profondément transformé par la décentralisation. À l'origine, ils remplissaient une double mission à la tête du département : ils représentaient l'État et détenaient le pouvoir exécutif, mais en 1982, ils ont dû céder ce pouvoir aux collectivités territoriales. Leurs attributions ont été alors modifiées par la loi du 6 février 1992 et par le décret du 29 avril 2004. Le préfet reste le « dépositaire de l'autorité de l'État dans le département » et il demeure responsable de l'ordre public : il détient des pouvoirs de police qui font de lui une « autorité de police administrative ». Il est le représentant direct du Premier ministre et de chaque ministre dans le département. Il met en œuvre les politiques gouvernementales de développement et d'aménagement du territoire à l'échelle du département. Le maire est nommé par le conseil municipal d'une commune, le député est élu au suffrage universel direct et le sénateur est élu au suffrage universel indirect par 150 000 grands électeurs.

⑮ **a.** Le président de la République française habite au palais de l'Élysée situé au 55, rue du Faubourg-Saint-Honoré à Paris, dans le 8e arrondissement. Le palais Garnier abrite quant à lui l'Opéra de Paris. Enfin, le palais du Luxembourg est le siège du Sénat.

⑯ **a.** La région est divisée en départements eux-mêmes divisés en cantons qui sont quant à eux subdivisés en communes : l'arrondissement n'est pas une subdivision administrative. En France, seules les communes de Paris, Lyon et Marseille sont subdivisées en arrondissements.

⑰ **c.**

⑱ **a.** Jusqu'en 2004, les sénateurs étaient élus pour neuf ans et renouvelés par tiers tous les trois ans, mais aujourd'hui ils sont élus pour une durée de six ans au suffrage universel indirect par un collège électoral lui-même composé d'élus avec renouvellement par moitié tous les 3 ans.

⑲ **b.** En France, le maire est élu au second degré parmi les membres du conseil municipal.

⑳ **b.**

2 | Géographie

❶ Quelle est la plus petite région en France métropolitaine ?

❍ **a.** Corse
❍ **b.** Haute-Normandie
❍ **c.** Île-de-France
❍ **d.** Alsace

❷ L'endroit d'un désert présentant de la végétation due à la présence d'un point d'eau s'appelle :

❍ **a.** un oued
❍ **b.** une oasis
❍ **c.** une foggara

❸ De ces trois océans, lequel a la plus grande superficie ?

❍ **a.** L'océan Atlantique
❍ **b.** L'océan Pacifique
❍ **c.** L'océan Indien
❍ **d.** L'océan Antarctique

❹ Quel fleuve est le plus long ?

❍ **a.** Le Rhône
❍ **b.** La Loire
❍ **c.** La Saône
❍ **d.** La Seine

❺ Une de ces villes n'est pas une capitale de l'Union européenne :

❍ **a.** Ljubljana
❍ **b.** Berne
❍ **c.** Vilnius
❍ **d.** Budapest

❻ Combien la France compte-t-elle de départements d'outre-mer ?

❍ **a.** 2
❍ **b.** 3
❍ **c.** 4
❍ **d.** 5

❼ Quelle est la capitale du Danemark ?

❍ **a.** Stockholm
❍ **b.** Copenhague
❍ **c.** Helsinki
❍ **d.** Oslo

8 Quelle est la hauteur du mont Blanc ?

- ❍ **a.** 4 042 m
- ❍ **b.** 4 289 m
- ❍ **c.** 4 536 m
- ❍ **d.** 4 810 m

9 Quelle est la capitale du Maroc ?

- ❍ **a.** Rabat
- ❍ **b.** Casablanca
- ❍ **c.** Alger
- ❍ **d.** Tunis

10 Dans quelle mer se jette le Rhin ?

- ❍ **a.** La Manche
- ❍ **b.** La mer du Nord
- ❍ **c.** La mer Caspienne
- ❍ **d.** La Méditerranée

11 Quelle est la monnaie de l'Irlande ?

- ❍ **a.** La livre sterling
- ❍ **b.** L'euro
- ❍ **c.** Le dollar
- ❍ **d.** La couronne

12 Quel est le plus grand continent du monde ?

- ❍ **a.** L'Afrique
- ❍ **b.** L'Asie
- ❍ **c.** L'Europe
- ❍ **d.** L'Amérique

13 Lequel de ces États est canadien ?

- ❍ **a.** Ontario
- ❍ **b.** Alaska
- ❍ **c.** Nebraska
- ❍ **d.** Oregon

14 Quel est le nom du volcan situé sur l'île de la Réunion ?

- ❍ **a.** La Soufrière
- ❍ **b.** Le Piton de la Fournaise
- ❍ **c.** La montagne Pelée

15 Laquelle de ces capitales est située le plus au nord ?

- ❍ **a.** Madrid
- ❍ **b.** Rome
- ❍ **c.** Athènes
- ❍ **d.** Nicosie

16 Combien la France compte-t-elle (environ) de communes ?

❍ **a.** 29 000
❍ **b.** 36 000
❍ **c.** 43 000
❍ **d.** 48 000

17 Quel pays n'a pas de frontière avec l'Italie ?

❍ **a.** Slovénie
❍ **b.** France
❍ **c.** Autriche
❍ **d.** Allemagne

18 Quelle est la capitale des États-Unis ?

❍ **a.** New York
❍ **b.** Los Angeles
❍ **c.** Miami
❍ **d.** Washington

19 Combien de fleuves coulent en France ?

❍ **a.** 5
❍ **b.** 6
❍ **c.** 7
❍ **d.** 8

20 Quel pays de l'Union européenne possède une partie de la forêt amazonienne ?

❍ **a.** La Belgique
❍ **b.** La France
❍ **c.** L'Espagne
❍ **d.** L'Italie

Corrigé

❶ **d.**

❷ **b.** Un oued est un cours d'eau et une foggara est un canal souterrain aménagé.

❸ **b.** L'océan Pacifique fait 165 250 000 km², l'océan Atlantique 106 400 000 km², l'océan Indien 73 556 000 km² et l'océan Antarctique 20 327 000 km².

❹ **b.** La Seine est longue de 776 kilomètres, le Rhône de 812 kilomètres et la Loire de 1 012 kilomètres. La Saône n'est pas un fleuve, mais une rivière qui est longue de 480 kilomètres.

❺ **b.** Berne est la capitale de la Suisse ; or ce pays ne fait pas partie de l'Union européenne.

❻ **c.** Les départements d'outre-mer de la France sont la Martinique, la Guadeloupe, la Guyane et la Réunion.

❼ **b.** Stockholm est la capitale de la Suède, Helsinki celle de la Finlande et Oslo celle de la Norvège.

❽ **d.**

❾ **a.** Casablanca est une autre ville marocaine qui fait office de capitale économique. Alger est la capitale de l'Algérie et Tunis est celle de la Tunisie.

❿ **b.**

⓫ **b.** Depuis le 1er janvier 1999, l'Irlande a abandonné la livre irlandaise et a adopté l'euro comme monnaie nationale.

⓬ **b.** Avec 43 810 582 km² de terres et 4,3 milliards d'habitants, l'Asie est le plus grand continent (8,6 % de la surface totale terrestre ou 29,4 % des terres émergées) et le plus peuplé (environ 60 % de la population mondiale).

⓭ **a.**

⓮ **b.** La Soufrière est un volcan situé en Guadeloupe et la montagne Pelée est un volcan se trouvant sur l'île de la Martinique.

⓯ **b.** Rome est la capitale de l'Italie, Madrid celle de l'Espagne, Athènes celle de la Grèce et Nicosie celle de Chypre.

⓰ **b.**

⓱ **d.** L'Italie a une frontière avec quatre pays, à savoir l'Autriche, la France, la Slovénie et la Suisse, mais pas avec l'Allemagne.

⓲ **d.**

⓳ **a.** On compte cinq fleuves en France : le Rhin, le Rhône, la Loire, la Garonne et la Seine.

⓴ **b.** La forêt amazonienne est située en Amérique du Sud et s'étend sur environ 6 millions de km² ; elle chevauche neuf pays : essentiellement le Brésil (avec 60 % de la forêt), mais aussi l'Équateur, la Colombie, le Venezuela, la France (*via* le département de la Guyane), le Suriname, le Guyana, la Bolivie et le Pérou.

3 | Histoire

1 À quel âge Jeanne d'Arc prit-elle le commandement de l'armée du roi de France en 1429 ?

- ❍ **a.** 15 ans
- ❍ **b.** 17 ans
- ❍ **c.** 20 ans
- ❍ **d.** 24 ans

2 En quelle année Barack Obama a-t-il été élu président des États-Unis ?

- ❍ **a.** 2007
- ❍ **b.** 2008
- ❍ **c.** 2009
- ❍ **d.** 2010

3 Parmi ces personnages, lequel n'est pas mort guillotiné ?

- ❍ **a.** Louis XVI
- ❍ **b.** La Fayette
- ❍ **c.** Robespierre
- ❍ **d.** Danton

4 Surnommé « père de la désobéissance civile », cet homme a demandé à la population de tisser ses propres vêtements pour dénoncer le monopole anglais. Il a prôné la non-violence. Il a été assassiné par un fanatique. Qui est cet homme ?

- ❍ **a.** Malcolm X
- ❍ **b.** Martin Luther King
- ❍ **c.** Mehdi Ben Barka
- ❍ **d.** Mohandas Karamchand Gandhi

5 Quel roi fit de Versailles un château admiré dans le monde entier ?

- ❍ **a.** Louis XIII
- ❍ **b.** Louis XIV
- ❍ **c.** Louis XV
- ❍ **d.** Louis XVI

6 En quelle année les femmes françaises ont-elles obtenu le droit de vote ?

- ❍ **a.** 1943
- ❍ **b.** 1944
- ❍ **c.** 1945
- ❍ **d.** 1946

7 Quel explorateur français a fondé la ville de Québec au XVIIe siècle ?

- ❍ **a.** Samuel de Champlain
- ❍ **b.** Jacques Cartier
- ❍ **c.** René Robert Cavelier de La Salle
- ❍ **d.** Christophe Colomb

8 Le *New Deal* fut la politique économique de :

- ❍ **a.** Dwight David Eisenhower
- ❍ **b.** Franklin Delano Roosevelt
- ❍ **c.** Herbert Clark Hoover
- ❍ **d.** John Fitzgerald Kennedy

9 De quand date la création de la SNCF ?

- ❍ **a.** 1918
- ❍ **b.** 1928
- ❍ **c.** 1938
- ❍ **d.** 1948

10 En quelle année Bonaparte a-t-il été sacré empereur des Français ?

- ❍ **a.** 1800
- ❍ **b.** 1802
- ❍ **c.** 1804
- ❍ **d.** 1806

11 L'abolition définitive de l'esclavage en France et dans les colonies françaises date de :

- ❍ **a.** 1789
- ❍ **b.** 1793
- ❍ **c.** 1811
- ❍ **d.** 1848

12 La victoire française de la Marne a eu lieu en :

- ❍ **a.** 1914
- ❍ **b.** 1915
- ❍ **c.** 1916
- ❍ **d.** 1917

13 Dans quel ordre chronologique les dynasties suivantes ont-elles régné sur la France ?
1. Les Valois; **2.** Les Capétiens; **3.** Les Mérovingiens; **4.** Les Bourbons; **5.** Les Carolingiens.

- ❍ **a.** 5 - 3 - 2 - 1 - 4
- ❍ **b.** 3 - 5 - 1 - 4 - 2
- ❍ **c.** 3 - 5 - 2 - 1 - 4
- ❍ **d.** 2 - 5 - 3 - 1 - 4

14 Le commandant en chef de l'armée américaine durant la guerre d'Indépendance qui devint le premier président des États-Unis était :

- ❍ **a.** Thomas Jefferson
- ❍ **b.** Marie Joseph Motier, marquis de La Fayette
- ❍ **c.** Abraham Lincoln
- ❍ **d.** George Washington

15 Dans quelle ville Vercingétorix a-t-il été battu par les Romains ?

- ❍ **a.** Gergovie
- ❍ **b.** Lutèce
- ❍ **c.** Argentoratum
- ❍ **d.** Alésia

16 En quelle année fut détruit le mur de Berlin ?

- ❍ **a.** 1989
- ❍ **b.** 1990
- ❍ **c.** 1991
- ❍ **d.** 1992

17 Quelle proposition relie correctement ces événements historiques avec l'année durant laquelle ils se sont produits ?

A. Le massacre de la Saint-Barthélemy
B. L'assassinat de Henri IV
C. La signature de l'édit de Nantes
D. La signature de l'édit de Villers-Cotterêts
I. 1610
II. 1598
III. 1539
IV. 1572

- ❍ **a.** A/IV - B/I - C/II - D/III
- ❍ **b.** A/III - B/II - C/IV - D/I
- ❍ **c.** A/I - B/IV - C/III - D/II
- ❍ **d.** A/II - B/III - C/I - D/IV

18 En quelle année Adolf Hitler a-t-il accédé au pouvoir en Allemagne ?

- ❍ **a.** 1933
- ❍ **b.** 1936
- ❍ **c.** 1938
- ❍ **d.** 1940

19 En quelle année fut abolie la peine de mort en France ?

- ❍ **a.** 1980
- ❍ **b.** 1981
- ❍ **c.** 1982
- ❍ **d.** 1983

20 Charlemagne est le fils de :

- ❍ **a.** Charles Martel
- ❍ **b.** Pépin le Bref
- ❍ **c.** Dagobert Ier
- ❍ **d.** Clovis

Corrigé

❶ **b.** Jeanne d'Arc (1412-1431) était une jeune fille originaire du village de Domrémy en Lorraine qui disait entendre la voix de Dieu lui commandant de chasser les Anglais hors de France. Elle réussit à convaincre le roi Charles VII et prit à 17 ans le commandement des troupes françaises. Elle fit sacrer Charles VII à Reims et repoussa les Anglais hors de nombreuses villes, notamment Orléans. Elle fut finalement arrêtée par les Anglais, remise à un tribunal ecclésiastique et condamnée à être brûlée vive le 30 mai 1431.

❷ **b.** Barack Obama (né en 1961) est le 44e président des États-Unis d'Amérique. Il a été élu pour la première fois en novembre 2008 et a pris ses fonctions le 20 janvier 2009.

❸ **b.**

❹ **d.**

❺ **b.** À l'origine, Versailles n'était qu'un pavillon de chasse dans lequel le roi Louis XIII aimait à se reposer. Louis XIV, son fils, décida de faire de cet endroit un château propre à impressionner l'Europe entière et entreprit de grands travaux à compter de 1661. Le roi soleil emménagea au château de Versailles en 1682, alors que les travaux n'étaient pas encore terminés. Louis Le Vau fut l'architecte du château et André Le Nôtre s'occupa de l'aménagement des jardins du palais.

❻ **b.** C'est un décret du 21 avril 1944 qui accorda aux femmes françaises le droit de voter. Elles exercèrent ce droit pour la première fois lors des élections municipales du 29 avril 1945.

❼ **a.** La ville de Québec fut fondée par Samuel de Champlain (né entre 1567 et 1580 et mort en 1635) le 3 juillet 1608.

❽ **b.** Le président américain Franklin Delano Roosevelt a intitulé *New Deal* (« nouvelle donne ») sa politique mise en place entre 1933 et 1938 pour lutter contre les effets de la crise de 1929 et ses conséquences aux États-Unis par la mise en chantier de grands travaux et par la réforme des marchés financiers.

❾ **c.**

❿ **c.** Napoléon Bonaparte (1769-1821) fut général durant la Révolution et connut de nombreuses victoires militaires. C'est sur cette légitimité qu'il prit le pouvoir en 1799. Il mit en place un système politique fondé sur le principe des élections, mais il se fit rapidement couronner empereur des Français (2 décembre 1804) et réinstaura alors l'hérédité du pouvoir. Suite à de nombreuses défaites militaires, Napoléon Bonaparte fut exilé une première fois sur l'île d'Elbe en 1814 et après sa tentative de reprendre le pouvoir (les Cent-Jours), il fut exilé une seconde fois sur l'île Sainte-Hélène en 1815.

⓫ **d.** C'est Victor Schoelcher (1804-1893) qui est à l'origine du décret du 18 avril 1848 qui abolit définitivement l'esclavage dans les colonies françaises.

⓬ **a.** La bataille de la Marne se déroula du 5 au 12 septembre 1914 entre les armées françaises et allemandes.

⓭ **c.** Les Mérovingiens ont régné sur la France de 481 à 751, les Carolingiens de 751 à 987, les Capétiens de 987 à 1328, les Valois de 1328 à 1589 et les Bourbons de 1589 à 1792, puis de 1814 à 1830. Les Orléans régnèrent ensuite brièvement de 1830 à 1848.

⓮ **d.** Thomas Jefferson fut élu président des États-Unis en 1801. Le marquis de La Fayette prit part à la guerre d'Indépendance en Amérique. Abraham Lincoln fut président des États-Unis en 1860 et en 1864 avant d'être assassiné après la victoire des nordistes.

⑮ **d.** Vercingétorix (80-46 av J.C.) était un chef gaulois qui réussit à fédérer un grand nombre de peuples gaulois pour lutter contre l'invasion romaine menée par Jules César, appelée guerre des Gaules (58-51 av J.-C.). Il fut finalement vaincu à Alésia, emprisonné puis exécuté à Rome.

⑯ **a.** Le mur de Berlin a été construit dans la nuit du 12 au 13 août 1961 et a été détruit le 9 novembre 1989. Le mur séparait Berlin en deux secteurs (Berlin-Est et Berlin-Ouest) et symbolisait la guerre froide. Sa destruction a permis la réunification de l'Allemagne.

⑰ **a.** Le massacre de la Saint-Barthélemy est le massacre perpétré à Paris par les catholiques sur les protestants le 24 août 1572, jour de la Saint-Barthélemy. Henri IV (1553-1610) a été assassiné par François Ravaillac le 14 mai 1610. L'édit de Nantes autorise la liberté de culte pour les protestants. Il fut signé par Henri IV en 1598 et révoqué par Louis XIV en 1685. L'ordonnance de Villers-Cotterêts est un acte signé en 1539 qui réorganise la justice et l'administration. Elle est célèbre, car elle impose la langue française comme langue de rédaction des actes officiels, remplaçant ainsi le latin.

⑱ **a.** Adolf Hitler (1889-1945) est nommé à la Chancellerie de la République de Weimar le 30 janvier 1933. Il devient président en 1934, puis s'autoproclame Führer (guide). Il installe rapidement une dictature à la tête de l'Allemagne et déclenche la Seconde Guerre mondiale en 1939. Hitler est à l'origine du massacre d'un grand nombre de juifs, de tziganes, d'homosexuels, de malades mentaux et d'opposants politiques.

⑲ **b.**

⑳ **b.** Charlemagne (742-814) fut roi des Francs, de Lombardie, puis fut couronné empereur le 25 décembre 800. Il était le fils de Pépin le Bref et de Berthe de Laon (surnommée Berthe aux grands pieds) et le petit-fils de Charles Martel.

4 | Littérature

1 ***Le Hussard sur le toit*, de Jean Giono, relate :**

- ❍ **a.** L'histoire d'un conspirateur italien lors d'une épidémie de choléra en France
- ❍ **b.** Les combats d'un soldat de Napoléon pendant la campagne d'Italie
- ❍ **c.** L'ascension d'une famille de paysans italiens immigrés en Provence
- ❍ **d.** Les amours tourmentées entre un soldat italien et une provençale

2 **Qui a écrit *La Chartreuse de Parme* ?**

- ❍ **a.** Gustave Flaubert
- ❍ **b.** Victor Hugo
- ❍ **c.** Alfred de Vigny
- ❍ **d.** Stendhal

3 **Quel écrivain russe est l'auteur de *Crime et Châtiment* ?**

- ❍ **a.** Gogol
- ❍ **b.** Tourgueniev
- ❍ **c.** Dostoïevski
- ❍ **d.** Tolstoï

4 **Dans quelle fable de La Fontaine peut-on lire :**
« Tout flatteur vit aux dépens de celui qui l'écoute » ?

- ❍ **a.** *Le Renard et la Cigogne*
- ❍ **b.** *Le Rat de ville et le Rat des champs*
- ❍ **c.** *Le Corbeau et le Renard*
- ❍ **d.** *La Grenouille qui veut se faire aussi grosse que le Bœuf*

5 **Dans les aventures de *Tintin*, quel est le prénom du capitaine Haddock ?**

- ❍ **a.** Octave
- ❍ **b.** Marius
- ❍ **c.** Léon
- ❍ **d.** Archibald

6 **Dans quel poème Alphonse de Lamartine a-t-il écrit : « Ô temps ! suspends ton vol; et vous, heures propices ! / Suspendez votre cours : » ?**

- ❍ **a.** *Le Lac*
- ❍ **b.** *Le Vallon*
- ❍ **c.** *L'Automne*
- ❍ **d.** *L'Immortalité*

7 **Quel poète grec a écrit l'*Iliade* et l'*Odyssée* ?**

- ❍ **a.** Hésiode
- ❍ **b.** Héraclès
- ❍ **c.** Ulysse
- ❍ **d.** Homère

8 Parmi ces quatre propositions, laquelle n'est pas un prix littéraire ?

- ❍ **a.** Prix Renaudot
- ❍ **b.** Prix Médicis
- ❍ **c.** Prix Albert-Londres
- ❍ **d.** Prix Fémina

9 Qui a écrit *Le Rouge et le Noir* ?

- ❍ **a.** Gustave Flaubert
- ❍ **b.** Victor Hugo
- ❍ **c.** Émile Zola
- ❍ **d.** Stendhal

10 Parmi ces personnages, combien sont issus du roman *Les Trois Mousquetaires* : le cardinal Richelieu, le duc de Buckingham, d'Artagnan, Milady de Winter ?

- ❍ **a.** Un
- ❍ **b.** Deux
- ❍ **c.** Trois
- ❍ **d.** Quatre

11 Dans quelle pièce de Shakespeare l'expression « *To be or not to be* » commence-t-elle le monologue du héros ?

- ❍ **a.** *Othello*
- ❍ **b.** *Hamlet*
- ❍ **c.** *Le Roi Lear*
- ❍ **d.** *Macbeth*

12 Qui a écrit *Alice au pays des merveilles* ?

- ❍ **a.** Lewis Carroll
- ❍ **b.** Jonathan Swift
- ❍ **c.** Daniel Defoe
- ❍ **d.** Oscar Wilde

13 Quelle femme écrivain fut la première à être élue à l'Académie française ?

- ❍ **a.** Simone de Beauvoir
- ❍ **b.** Françoise Sagan
- ❍ **c.** Colette
- ❍ **d.** Marguerite Yourcenar

14 Quel ouvrage n'a pas été écrit par Victor Hugo ?

- ❍ **a.** *Mémoires d'outre-tombe*
- ❍ **b.** *Notre-Dame de Paris*
- ❍ **c.** *Les Misérables*
- ❍ **d.** *Les Contemplations*

15 Quel est le personnage célèbre d'Arthur Conan Doyle ?

- ❍ **a.** Arsène Lupin
- ❍ **b.** Joseph Rouletabille
- ❍ **c.** Sherlock Holmes
- ❍ **d.** Hercule Poirot

⑯ Comment s'appelle le cheval de Lucky Luke ?

❍ **a.** Jolly Jumper
❍ **b.** Joe Dalton
❍ **c.** Rantanplan
❍ **d.** Petit Tonnerre

⑰ Quel est le prénom de Mme Bovary dans le roman éponyme de Flaubert ?

❍ **a.** Léa
❍ **b.** Sarah
❍ **c.** Célia
❍ **d.** Emma

⑱ Quelle association entre un personnage et une pièce de théâtre de Molière est fausse ?

❍ **a.** Monsieur Jourdain / *Le Bourgeois gentilhomme*
❍ **b.** Harpagon / *L'Avare*
❍ **c.** Alceste / *Le Tartuffe*

⑲ Un conte n'est pas de Charles Perrault :

❍ **a.** *Barbe bleue*
❍ **b.** *La Belle et la Bête*
❍ **c.** *La Belle au bois dormant*
❍ **d.** *Peau d'âne*

⑳ Qui a créé *Boule et Bill* ?

❍ **a.** Franquin
❍ **b.** Roba
❍ **c.** Peyo
❍ **d.** Gotlib

Corrigé

❶ **d.**

❷ **d.** *La Chartreuse de Parme* est un roman de Stendhal, de son vrai nom Henri Beyle (1783-1842), paru en 1839.

❸ **c.** *Crime et Châtiment* est un roman de l'écrivain russe Fedor Dostoïevski (1821-1881), publié en 1866.

❹ **c.** Jean de La Fontaine (1621-1695) était un écrivain français principalement connu pour ses *Fables* (1668, 1678 et 1693) : celles-ci sont écrites en vers, mettent la plupart du temps en scène des animaux anthropomorphes et contiennent toutes une morale à la fin.

❺ **d.** *Les Aventures de Tintin et Milou* est une série de 24 albums de bandes dessinées (dont le dernier, *Tintin et l'Alph'Art*, est resté inachevé) créée par Hergé (de son vrai nom Georges Prosper Remi, 1907-1983) qui relate les aventures d'un reporter.

❻ **a.**

❼ **d.**

❽ **c.** Le prix Albert-Londres est un prix créé en 1932 et décerné pour la première fois en 1933 qui récompense le meilleur « Grand Reporter de la presse écrite ».

❾ **d.** *Le Rouge et le Noir* est un roman de Stendhal (de son vrai nom Marie-Henri Beyle) (1783-1842) paru en 1830 qui décrit l'ascension sociale de Julien Sorel, un jeune homme dont l'ambition le contraint au mensonge et à la dissimulation, mais qui dresse également un tableau très complet de la société française à la veille de la Révolution de 1830.

❿ **d.** *Les Trois Mousquetaires* est un roman d'Alexandre Dumas paru en 1844.

⓫ **b.**

⓬ **a.** *Alice au pays des merveilles* est un roman écrit par Lewis Carroll en 1865.

⓭ **d.** Marguerite Yourcenar, de son vrai nom Marguerite Cleenewerck de Crayencour (1903-1987), fut la première femme élue à l'Académie française en 1980.

⓮ **a.** *Mémoires d'outre-tombe* est une autobiographie de François-René de Chateaubriand.

⓯ **c.** Arsène Lupin est un gentleman cambrioleur de fiction créé par Maurice Leblanc, Joseph Rouletabille est un personnage de journaliste créé par Gaston Leroux et Hercule Poirot est un détective belge fictionnel créé par Agatha Christie.

⓰ **a.** Joe Dalton est le nom d'un bandit que Lucky Luke ne cesse de remettre en prison après ses multiples évasions. Rantanplan est un chien particulièrement idiot qui ne comprend pas que Lucky Luke ne veut pas qu'il l'accompagne. Petit Tonnerre est un personnage de cheval d'une autre bande dessinée, *Yakari*.

⓱ **d.** *Madame Bovary* (1857) est un roman de Gustave Flaubert (1821-1880) qui raconte l'histoire d'Emma, une jeune femme romantique et insatisfaite de sa vie étroite et sans relief auprès de son mari, Charles Bovary. Après de vaines liaisons extraconjugales et criblée de dettes, Emma se suicide à l'arsenic.

⓲ **c.** Alceste est un personnage du *Misanthrope ou l'Atrabilaire amoureux* (1666) et le personnage principal du *Tartuffe ou l'Imposteur* (1664), outre Tartuffe lui-même, est Orgon.

⓳ **b.** *La Belle et la Bête* est un conte de fées dont il existe de nombreuses versions. Il apparut pour la première fois en France sous la plume de Gabrielle-Suzanne de Villeneuve, en 1740, dans un recueil de contes *La Jeune Amériquaine et les Contes marins*, mais sa version la plus connue est celle de Jeanne-Marie Leprince de Beaumont dans son *Magasin des enfants* en 1757.

⓴ **b.** La bande dessinée *Boule et Bill* a été créée par Jean Roba en 1959.

5 | Musique et peinture

1 Quel est le musée le plus visité du monde ?

- ❍ **a.** Le *Metropolitan* à New York
- ❍ **b.** Le musée du Prado à Madrid
- ❍ **c.** Le *Museum of Modern Art* (MoMA) à New York
- ❍ **d.** Le musée du Louvre à Paris

2 Quel était le prénom de Mozart ?

- ❍ **a.** Franz
- ❍ **b.** Leopold
- ❍ **c.** Wolfgang
- ❍ **d.** Karl

3 À quelle époque Léonard de Vinci a-t-il peint *La Joconde* ?

- ❍ **a.** Au début du XIVe siècle
- ❍ **b.** Au début du XVe siècle
- ❍ **c.** Au début du XVIe siècle
- ❍ **d.** Au début du XVIIe siècle

4 Les chants d'inspiration religieuse nés dans la communauté noire des États-Unis se nomment :

- ❍ **a.** des chants jazz
- ❍ **b.** des polyphonies
- ❍ **c.** des gospels
- ❍ **d.** des chants grégoriens

5 À quel peintre du XIXe siècle doit-on *Le Déjeuner sur l'herbe* en 1863 ?

- ❍ **a.** Camille Pissaro
- ❍ **b.** Édouard Manet
- ❍ **c.** Edgar Degas
- ❍ **d.** Auguste Renoir

6 Parmi les monuments suivants, lequel ne figure pas parmi les Sept Merveilles du monde ?

- ❍ **a.** La tour de Pise
- ❍ **b.** Le colosse de Rhodes
- ❍ **c.** La statue de Zeus à Olympie
- ❍ **d.** Le phare d'Alexandrie

7 Qui a peint le plafond de l'Opéra de Paris en 1964 ?

- ❍ **a.** Chagall
- ❍ **b.** Picasso
- ❍ **c.** Braque
- ❍ **d.** Klimt

8 Quel célèbre musicien joua devant le mur de Berlin au moment de sa chute ?

❍ **a.** Sinatra
❍ **b.** Sting
❍ **c.** Menuhin
❍ **d.** Rostropovitch

9 Lequel de ces albums n'a pas été composé par les Beatles ?

❍ **a.** *Imagine*
❍ **b.** *Let it be*
❍ **c.** *Revolver*
❍ **d.** *Abbey Road*

10 Qui est le compositeur de *Pierre et le Loup* ?

❍ **a.** Vivaldi
❍ **b.** Prokofiev
❍ **c.** Stravinski
❍ **d.** Ravel

11 Qui a peint *Les Tournesols* ?

❍ **a.** Seurat
❍ **b.** Redon
❍ **c.** Van Gogh
❍ **d.** Cézanne

12 Par quels symboles les notes de musique sont-elles désignées dans les pays anglo-saxons ?

❍ **a.** Par les notes de musique traditionnelles (do, ré, mi...)
❍ **b.** Par les lettres de l'alphabet
❍ **c.** Par des chiffres romains
❍ **d.** Par des lettres de l'alphabet grec

13 Quelle est l'association inexacte ?

❍ **a.** *La Sonate au clair de lune* de Beethoven
❍ **b.** *Le Boléro* de Ravel
❍ **c.** *L'Apprenti Sorcier* de Dukas
❍ **d.** *La Lettre à Élise* de Mozart

14 *Les Amoureux des bancs publics* est le titre d'une chanson de :

❍ **a.** Jacques Brel
❍ **b.** Léo Ferré
❍ **c.** Jean Ferrat
❍ **d.** Georges Brassens

15 Que représente la toile *Guernica* peinte par Picasso ?

❍ **a.** Un soulèvement espagnol
❍ **b.** Une attaque de la flotte de Mussolini
❍ **c.** Un bombardement nazi
❍ **d.** Une manifestation nationaliste

⑯ Une antenne du Louvre a ouvert en décembre 2012 à :

- ❍ **a.** Marseille
- ❍ **b.** Metz
- ❍ **c.** Dubaï
- ❍ **d.** Lens

⑰ Dans quel musée parisien trouve-t-on la plus grande partie des toiles impressionnistes ?

- ❍ **a.** Le musée d'Orsay
- ❍ **b.** Le Louvre
- ❍ **c.** Le musée de Cluny
- ❍ **d.** Le musée du quai Branly

⑱ La voix d'homme la plus grave est la voix :

- ❍ **a.** du baryton
- ❍ **b.** du ténor
- ❍ **c.** de la basse
- ❍ **d.** de la contrebasse

⑲ Qui a peint *La Naissance de Vénus* ?

- ❍ **a.** Raphaël
- ❍ **b.** Botticelli
- ❍ **c.** Léonard de Vinci
- ❍ **d.** Michel-Ange

⑳ *L'Ode à la joie*, devenue hymne de l'Europe, se situe dans :

- ❍ **a.** la 4e symphonie de Brahms
- ❍ **b.** la 40e symphonie de Mozart
- ❍ **c.** la 9e symphonie de Beethoven
- ❍ **d.** le *Requiem* de Fauré

Corrigé

❶ **d.** Le musée du Louvre est le plus visité au monde avec 9,3 millions de visiteurs en 2014.

❷ **c.** Wolfgang Amadeus Mozart (1756-1791) était un compositeur autrichien qui a laissé une œuvre très importante (656 pièces répertoriées par Köchel). Considéré comme un génie précoce, Mozart a composé très jeune (6 ans) ses premiers morceaux et a immédiatement commencé à faire des tournées avec son père, Leopold, et sa sœur aînée, Anna-Maria. Il a écrit de nombreuses symphonies, plusieurs opéras (*Les Noces de Figaro, Cosi fan tutte, La Flûte enchantée*...) et énormément de concertos et de musique de chambre.

❸ **c.** Léonard de Vinci (1452-1519) peignit *La Joconde* au début du XVIe siècle, entre 1503 et 1507.

❹ **c.**

❺ **b.**

❻ **a.** Les Sept Merveilles du monde sont :
- la pyramide de Khéops (Gizeh, Égypte),
- les jardins suspendus de Babylone (Mésopotamie, Irak actuel),
- la statue chryséléphantine de Zeus (Olympie, Grèce),
- le temple d'Artémis (Éphèse, Turquie actuelle),
- le Mausolée (Halicarnasse, Turquie actuelle),
- la statue de bronze d'Hélios, dite le colosse de Rhodes (Grèce),
- le phare d'Alexandrie (Égypte).

❼ **a.** C'est André Malraux qui commanda à Marc Chagall une fresque destinée à orner le plafond de l'Opéra de Paris en 1964.

❽ **d.** Mstislav Rostropovitch (1927-2007) était un violoncelliste et un chef d'orchestre russe qui promut toute sa vie la liberté d'expression et la démocratie, ce qui lui valut quelques problèmes avec le régime soviétique. Le jour de la chute du mur de Berlin, le 9 novembre 1989, Rostropovitch tint à jouer une suite de Bach pour fêter cet événement.

❾ **a.** *Imagine* est un album solo de John Lennon.

❿ **b.** Sergueï Prokofiev (1891-1953) était un compositeur russe qui composa en 1936 *Pierre et le Loup*. Ce conte musical, où chaque personnage est représenté par un instrument de musique, est surtout destiné aux enfants.

⓫ **c.** Vincent Van Gogh (1853-1890) a peint plus de 850 toiles, mais n'en a vendu qu'une seule par l'intermédiaire de son frère Théo.

⓬ **b.**

⓭ **d.** *La Lettre à Élise* a été composée par Beethoven et non par Mozart.

⓮ **d.**

⓯ **c.** Le 1er mai 1937, des bombardiers nazis appelés par Franco ont détruit la ville de Guernica en Espagne, faisant 1 600 morts. Picasso peignit cette toile quelques mois plus tard.

⓰ **d.** En plus de celle de Lens, l'ouverture d'une autre antenne est prévue à Abou Dhabi le 2 décembre 2016.

⓱ **a.** Le Louvre est un musée qui abrite des œuvres d'art provenant de civilisations, de cultures et d'époques variées, le musée de Cluny recèle des œuvres du Moyen Âge et le musée du quai Branly est spécialisé en art africain, asiatique, américain et océanien.

⓲ **c.** Il existe quatre tessitures de voix chez l'homme : contre-ténor (voix aiguë utilisant la technique du fausset), ténor (voix la plus aiguë en poitrine), baryton (voix médium) et basse (voix grave). La contrebasse n'est pas une tessiture de voix, mais un instrument de musique.

⓳ **b.** *La Naissance de Vénus* a été peinte en 1485.

⓴ **c.**

6 | Cinéma

1 Quel film a obtenu le césar du meilleur film français en 2015 ?

- ❍ **a.** *La Famille Bélier* d'Éric Lartigau
- ❍ **b.** *Timbuktu* d'Abderrahmane Sissako
- ❍ **c.** *Saint-Laurent* de Bertrand Bonello
- ❍ **d.** *Sils Maria* d'Olivier Assayas

2 Quel humoriste a réalisé la comédie *Bienvenue chez les Ch'tis* ?

- ❍ **a.** Franck Dubosc
- ❍ **b.** Élie Semoun
- ❍ **c.** Dany Boon
- ❍ **d.** Jean-Marie Bigard

3 En quelle année est sorti *Le Dictateur*, célèbre film de Charlie Chaplin ?

- ❍ **a.** 1940
- ❍ **b.** 1942
- ❍ **c.** 1944
- ❍ **d.** 1946

4 Quand *Blanche-Neige et les 7 nains* de Walt Disney a-t-il été réalisé ?

- ❍ **a.** 1937
- ❍ **b.** 1947
- ❍ **c.** 1957
- ❍ **d.** 1967

5 Qui a obtenu l'oscar de la meilleure actrice en 2015 ?

- ❍ **a.** Felicity Jones
- ❍ **b.** Marion Cotillard
- ❍ **c.** Rosamund Pike
- ❍ **d.** Julianne Moore

6 Que font les Jets au début de *West Side Story* ?

- ❍ **a.** Ils claquent des doigts
- ❍ **b.** Ils font claquer leur langue
- ❍ **c.** Ils tapent du pied
- ❍ **d.** Ils fument

7 Quel est le premier film dans lequel Jamel Debbouze a joué ?

- ❍ **a.** *Le Fabuleux Destin d'Amélie Poulain*
- ❍ **b.** *Zonzon*
- ❍ **c.** *Le Ciel, les Oiseaux et ta mère !*
- ❍ **d.** *Astérix et Obélix : mission Cléopâtre*

8 Parmi ces films, lequel a été réalisé par Woody Allen ?

- ❍ **a.** *Annie Hall*
- ❍ **b.** *Metropolis*
- ❍ **c.** *Le Parrain*
- ❍ **d.** *Mort à Venise*

9 Qui joue le rôle principal dans *Casablanca*, aux côtés d'Ingrid Bergman ?

- ❍ **a.** William Forsythe
- ❍ **b.** James Stewart
- ❍ **c.** Humphrey Bogart
- ❍ **d.** Henry Fonda

10 Qui a reçu le césar du meilleur acteur en 2015 ?

- ❍ **a.** Romain Duris
- ❍ **b.** Pierre Niney
- ❍ **c.** Guillaume Canet
- ❍ **d.** Gaspard Ulliel

11 Le premier film réalisé au monde et présenté par les frères Lumière s'appelait :

- ❍ **a.** *L'Arroseur arrosé*
- ❍ **b.** *L'Arrivée d'un train en gare de La Ciotat*
- ❍ **c.** *Le Repas de bébé*
- ❍ **d.** *La Sortie des usines Lumière à Lyon*

12 Quel film n'a pas été réalisé par Martin Scorsese ?

- ❍ **a.** *Le Parrain*
- ❍ **b.** *Raging Bull*
- ❍ **c.** *Casino*
- ❍ **d.** *Taxi Driver*

13 Qui donne la réplique à Vivien Leigh dans *Autant en emporte le vent* ?

- ❍ **a.** Cary Grant
- ❍ **b.** Clark Gable
- ❍ **c.** James Stewart
- ❍ **d.** Montgomery Clift

14 Lequel de ces prix n'est pas lié au monde du cinéma ?

- ❍ **a.** La Palme d'or
- ❍ **b.** L'Emmy
- ❍ **c.** Le César
- ❍ **d.** L'Ours d'argent

15 Quel acteur a immortalisé la phrase : « T'as de beaux yeux tu sais » ?

- ❍ **a.** Jean Gabin
- ❍ **b.** Louis Jouvet
- ❍ **c.** Michel Simon
- ❍ **d.** Lino Ventura

16 Quel dessin animé n'a pas été réalisé par Hayao Miyazaki ?

- ○ **a.** *Princesse Mononoké*
- ○ **b.** *Le Voyage de Chihiro*
- ○ **c.** *Le Tombeau des lucioles*
- ○ **d.** *Nausicaa de la vallée du Vent*

17 Parmi ces quatre films, lequel n'a pas été réalisé par Claude Lelouch ?

- ○ **a.** *Itinéraire d'un enfant gâté*
- ○ **b.** *Un homme et une femme*
- ○ **c.** *Viva la vie*
- ○ **d.** *La Petite Voleuse*

18 Quel est le titre du premier film parlant ?

- ○ **a.** *Le Chanteur de jazz*
- ○ **b.** *Nosferatu le Vampire*
- ○ **c.** *Le Septième Ciel*
- ○ **d.** *La Veuve joyeuse*

19 Quelle est l'actrice principale du film *Jules et Jim* ?

- ○ **a.** Claudia Cardinale
- ○ **b.** Simone Signoret
- ○ **c.** Jeanne Moreau
- ○ **d.** Annie Girardot

20 Quel est le titre du premier James Bond ?

- ○ **a.** *James Bond contre Docteur No*
- ○ **b.** *Bons baisers de Russie*
- ○ **c.** *Goldfinger*
- ○ **d.** *On ne vit que deux fois*

Corrigé

1 d.

2 c.

3 a. Charlie Chaplin (1889-1977) a commencé ce film dès 1938 : il y montrait déjà l'horreur du régime nazi et le risque qu'éclate une nouvelle guerre.

4 a.

5 d. En 2015, l'oscar de la meilleure actrice a été attribué à Julianne Moore pour le rôle du Dr Alice Howland dans *Still Alice*.

6 a. *West Side Story* est un film musical de Robert Wise et Jerome Robbins avec Natalie Wood et Richard Beymer sorti en 1961.

7 b. Jamel Debbouze a joué dans *Zonzon* en 1998. Avant cela, il avait uniquement tourné dans de courts métrages.

8 **a.** *Mort à Venise* (1971) est un film de Luchino Visconti, *Le Parrain* (1972) est un film réalisé par Francis Ford Coppola et *Metropolis* (1927) est un film de Fritz Lang.

9 **c.** *Casablanca* est un film américain de 1942 réalisé par Michael Curtiz avec Humphrey Bogart et Ingrid Bergman. L'action se déroule pendant la Seconde Guerre mondiale dans la ville de Casablanca, alors contrôlée par le gouvernement de Vichy. Rick Blaine (Humphrey Bogart) doit choisir entre ses sentiments pour Ilsa Lund (Ingrid Bergman) et son besoin de faire ce qui est juste pour aider le mari de celle-ci, le héros de la Résistance, Victor Laszlo (Paul Henreid), qui doit fuir Casablanca pour continuer son combat contre les nazis.

10 **b.** Pierre Niney a obtenu le césar du meilleur acteur en 2015 pour son rôle d'Yves Saint-Laurent dans le film du même nom.

11 **d.** *La Sortie des usines Lumière à Lyon* est un film tourné par les frères Lumière en 1894 et présenté (avec neuf autres films) le 28 décembre 1895, au Salon Indien du Grand Café à Paris, lors de la première séance publique payante du cinématographe Lumière.

12 **a.** C'est Francis Ford Coppola qui a réalisé *Le Parrain* en 1972.

13 **b.** *Autant en emporte le vent* est un film américain de Victor Fleming sorti en 1939.

14 **b.** L'Emmy est un prix qui récompense les meilleures émissions et les meilleurs professionnels de la télévision américaine.

15 **a.** C'est pour Michèle Morgan que Jean Gabin a prononcé cette réplique dans *Quai des Brumes* de Marcel Carné (1938).

16 **c.** *Le Tombeau des lucioles* est un dessin animé d'Isao Takahata sorti en 1988.

17 **d.** *La Petite Voleuse* est un film de Claude Miller sorti en 1988 avec, dans le rôle principal, Charlotte Gainsbourg.

18 **a.** Le 6 octobre 1927 sort aux États-Unis le film d'Alan Crosland *Jazz singer (Le chanteur de jazz).* Il s'agit du premier film parlant, chantant et musical, avec en vedette le comédien Al Jolson. Le film exploite un procédé de sonorisation appelé *Vitaphone*. La bande sonore comporte seulement 354 mots, mais le succès est immédiat et permet une véritable révolution de l'industrie du cinéma.

19 **c.** *Jules et Jim* est un film de François Truffaut sorti en 1962. Il met en scène Jeanne Moreau, Oskar Werner et Henri Serre dans un triangle amoureux.

20 **a.** James Bond est un personnage créé par Ian Fleming (1908-1964) en 1952 qui en a fait le héros de douze romans et d'une série de nouvelles. Après la mort d'Ian Fleming, plusieurs autres auteurs ont écrit des aventures de l'agent secret. Parallèlement, 007 a fait l'objet d'une adaptation cinématographique à compter de 1962 (*James Bond contre Docteur No*). Plusieurs acteurs ont incarné James Bond : Sean Connery (six films), George Lazenby (un film), Roger Moore (sept films), Timothy Dalton (deux films), Pierce Brosnan (quatre films) et Daniel Craig (quatre films jusqu'à présent, dont *Spectre* qui est sorti en 2015). De 1962 à 2015, vingt-quatre films ont eu pour héros James Bond.

7 | Religions et mythologies

1 Comment s'appelle le roi des dieux dans la mythologie grecque ?

- ❍ **a.** Apollon
- ❍ **b.** Hercule
- ❍ **c.** Zeus
- ❍ **d.** Ulysse

2 Laquelle de ces divinités appartient à l'hindouisme ?

- ❍ **a.** Anubis
- ❍ **b.** Athéna
- ❍ **c.** Odin
- ❍ **d.** Shiva

3 Dans la religion juive, que représente la tradition du shabbat ?

- ❍ **a.** Un jour de jeûne
- ❍ **b.** L'extinction des lumières
- ❍ **c.** Un jour passé en prière
- ❍ **d.** Le jour de repos hebdomadaire

4 Où découvrit-on Moïse ?

- ❍ **a.** Dans les ruines d'un temple
- ❍ **b.** Au sommet d'une montagne
- ❍ **c.** Dans un berceau qui flottait sur le Nil
- ❍ **d.** Dans les fondations d'une pyramide

5 Où vit le pape ?

- ❍ **a.** À Vérone
- ❍ **b.** À Madrid
- ❍ **c.** À Rome
- ❍ **d.** Au Vatican

6 Qu'est-ce que le ramadan ?

- ❍ **a.** La rupture du jeûne
- ❍ **b.** Une grande fête
- ❍ **c.** Une période de jeûne de 29 jours
- ❍ **d.** Le nouvel an musulman

7 Comment se nommait l'épouse d'Ulysse ?

- ❍ **a.** Hélène
- ❍ **b.** Circé
- ❍ **c.** Nausicaa
- ❍ **d.** Pénélope

8 Dans la mythologie égyptienne, qui est la femme d'Osiris ?

❍ **a.** Isis
❍ **b.** Nekhbet
❍ **c.** Hathor
❍ **d.** Nout

9 Comment s'appelle le père de Jésus ?

❍ **a.** Paul
❍ **b.** Jean-Baptiste
❍ **c.** Joseph
❍ **d.** Balthazar

10 Dans la mythologie grecque, Poséidon est le dieu :

❍ **a.** de la mer
❍ **b.** des enfers
❍ **c.** du soleil
❍ **d.** de la guerre

11 Qui appelle à la prière dans la religion musulmane ?

❍ **a.** L'imam
❍ **b.** Le croyant
❍ **c.** Le muezzin
❍ **d.** Le cadi

12 Les êtres fabuleux mi-hommes et mi-chevaux sont :

❍ **a.** des Lapithes
❍ **b.** des centaures
❍ **c.** des sphinx
❍ **d.** des sirènes

13 Quelle correspondance entre dieux grecs et romains n'est pas correcte ?

❍ **a.** Aphrodite/Vénus
❍ **b.** Dionysos/Bacchus
❍ **c.** Athéna/Junon
❍ **d.** Cronos/Saturne

14 Que fête-t-on à Rosh Hashana ?

❍ **a.** Le pardon
❍ **b.** Le nouvel an
❍ **c.** La fin des récoltes

15 Qui était Bouddha ?

❍ **a.** Un homme qui aurait vécu au VIe siècle avant J.-C.
❍ **b.** Un dieu inca
❍ **c.** Un dieu indien
❍ **d.** Un dieu chinois

16 Comment appelle-t-on le paradis dans la mythologie nordique ?

❍ **a.** Jardin d'Eden
❍ **b.** Walhalla

- ❍ **c.** Au-delà
- ❍ **d.** Paradis des guerriers

17 Où est né Jésus-Christ ?

- ❍ **a.** À Jérusalem
- ❍ **b.** Au Caire
- ❍ **c.** À Bethléem
- ❍ **d.** À Gaza

18 D'après la légende, qui a fondé la ville de Rome ?

- ❍ **a.** Caïn et Abel
- ❍ **b.** Castor et Pollux
- ❍ **c.** Tic et Tac
- ❍ **d.** Remus et Romulus

19 Combien de travaux Hercule dut-il accomplir ?

- ❍ **a.** Sept
- ❍ **b.** Dix
- ❍ **c.** Douze
- ❍ **d.** Vingt

20 Où a-t-on placé les Tables de la Loi reçues par Moïse au mont Sinaï ?

- ❍ **a.** Dans une pyramide
- ❍ **b.** Au temple de Jérusalem
- ❍ **c.** Dans un vase
- ❍ **d.** Dans l'arche d'alliance

Corrigé

1 c.

2 d. Anubis est une divinité appartenant à la mythologie égyptienne, Athéna à la mythologie grecque et Odin à la mythologie nordique.

3 d.

4 c.

5 d.

6 c.

7 d. Pénélope était l'épouse d'Ulysse et l'attendit fidèlement pendant vingt ans : en effet, après avoir passé dix ans à faire la guerre à Troie, il mit plus de dix autres années à rentrer chez lui à Ithaque. Pour éviter de se remarier, elle repoussa les demandes de ses prétendants en prétextant la confection d'une toile destinée à devenir le linceul de son beau-père, Laërte. Pendant trois années, elle défit la nuit ce qu'elle tissait le jour. Pénélope est une figure qui incarne à la fois la beauté, l'ingéniosité et la fidélité.

8 a. Dans la mythologie égyptienne, Isis est à la fois la sœur et la femme d'Osiris. C'est d'ailleurs de ce mythe qu'est née la tradition de marier le pharaon à sa sœur. Isis symbolise à la fois la guérisseuse puisque c'est elle qui ramène Osiris à la vie, la femme et la mère : on la représente souvent en train d'allaiter Horus, le fils qu'elle a eu avec Osiris.

Nekhbet est une déesse représentée sous la forme d'un vautour : elle est la protectrice du pharaon. Hathor est la déesse de l'amour et des festivités représentée sous la forme d'une vache. Nout est la déesse du ciel représentée généralement sous forme humaine.

9 c.

10 a.

11 c. Le muezzin est l'homme chargé d'appeler les fidèles à la prière cinq fois par jour. Cet appel se fait généralement depuis le sommet d'un des minarets de la mosquée. Un imam est celui qui dirige la prière en commun. Un cadi est un magistrat qui juge les affaires civiles et religieuses.

12 b. Dans la mythologie grecque, les Lapithes étaient un peuple ennemi des centaures. Dans la mythologie égyptienne, le sphinx était un animal avec un corps de lion et une tête d'homme. Enfin, la sirène est une créature légendaire mi-femme mi-poisson, issue du folklore médiéval et scandinave; mais il est à noter qu'il existait également une sirène dans la mythologie grecque, créature mi-femme mi-oiseau.

13 c. Junon est l'équivalente de Héra chez les Grecs et Athéna est l'équivalente de Minerve chez les Romains.

14 b. Rosh Hashana est la célébration marquant le nouvel an du calendrier hébraïque.

15 a. Bouddha, de son nom d'origine Siddhartha Gautama, aurait vécu dans le nord de l'Inde aux environs du VIe siècle avant J.-C. et serait mort vers quatre-vingts ans (certains avancent les dates de 624 et 544 avant Jésus-Christ). De naissance princière au sein d'un clan de guerriers, il se maria et eut un fils. Profondément insatisfait de sa vie, il quitta un jour sa famille et se forma auprès d'un maître des austérités. Par la suite, il partit seul en forêt afin de méditer. Une nuit, il atteignit l'éveil total et parfait : il s'était élevé à la connaissance et à la lumière, avait surmonté toute souffrance et avait atteint un état de contentement absolu. Il passa les quarante-cinq dernières années de sa vie à enseigner les moyens – ou dharma – par lesquels d'autres pourraient à leur tour réaliser cette expérience.

16 b.

17 c.

18 d.

19 c. Héra, jalouse d'Hercule, poussa ce dernier, dans un moment de folie, à tuer sa femme et ses enfants. Pour expier sa faute, il dut se mettre au service de son pire ennemi, Eurysthée, et accomplir les douze travaux que ce dernier lui ordonna de faire, à savoir :
- Vaincre le lion de Némée à la peau impénétrable, et rapporter sa dépouille;
- Tuer l'hydre de Lerne, dont les têtes tranchées repoussaient sans cesse;
- Vaincre à la course la biche de Cérynie aux pieds d'airain, créature sacrée d'Artémis;
- Rapporter vivant l'énorme sanglier d'Érymanthe;
- Nettoyer les écuries d'Augias, qui ne l'avaient jamais été;
- Tuer les oiseaux aux plumes d'airain du lac Stymphale;
- Rapporter le taureau crétois du roi Minos, que celui-ci n'avait pas voulu rendre à Poséidon;
- Capturer les cavales de Diomède, juments carnivores et sauvages;
- Rapporter la ceinture d'Hippolyte, reine des Amazones;
- Voler les bœufs de Géryon et les ramener en Grèce;
- Rapporter les pommes d'or du jardin des Hespérides gardées par Ladon;
- Descendre aux Enfers pour y enchaîner Cerbère, le chien aux trois têtes qui gardait les Enfers.

20 d. L'arche d'alliance aurait disparu lors de la destruction du temple de Salomon par Nabuchodonosor.

8 | Sciences et inventions

1 Quel philosophe français a inventé la première machine à calculer ?

❍ **a.** Platon
❍ **b.** Descartes
❍ **c.** Pascal
❍ **d.** Cournot

2 Les dinosaures ont disparu il y a :

❍ **a.** 5 millions d'années
❍ **b.** 15 millions d'années
❍ **c.** 25 millions d'années
❍ **d.** 65 millions d'années

3 Le corps humain est composé de :

❍ **a.** 186 os
❍ **b.** 196 os
❍ **c.** 206 os
❍ **d.** 216 os

4 Le 3 avril 2007, le TGV a battu le record du monde de vitesse sur rail en roulant à :

❍ **a.** 518 km/h
❍ **b.** 574,8 km/h
❍ **c.** 554,8 km/h
❍ **d.** 592,3 km/h

5 Le compteur Geiger sert à quantifier :

❍ **a.** la radioactivité d'une substance
❍ **b.** le niveau de la mer
❍ **c.** la force du vent
❍ **d.** le niveau d'activité des volcans

6 Qu'est-ce qu'un hacker ?

❍ **a.** Un webmaster
❍ **b.** Un pirate informatique
❍ **c.** Le propriétaire d'un site Internet
❍ **d.** Le concepteur d'un blog

7 Parmi ces planètes, quelle est celle qui est la plus proche de la Terre ?

❍ **a.** Vénus
❍ **b.** Uranus
❍ **c.** Mercure
❍ **d.** Mars

8 Qu'est-ce que l'hémophilie ?

- ❍ **a.** L'impossibilité pour le sang de se coaguler
- ❍ **b.** Un autre nom pour la leucémie
- ❍ **c.** Une intoxication au plomb
- ❍ **d.** Une infection du sang

9 Comment nomme-t-on un polygone à sept côtés ?

- ❍ **a.** Octogone
- ❍ **b.** Pentagone
- ❍ **c.** Hexagone
- ❍ **d.** Heptagone

10 Qui, en 1800, inventa la pile électrique ?

- ❍ **a.** Watt
- ❍ **b.** Volta
- ❍ **c.** Ampère
- ❍ **d.** Ohm

11 Quel est le nom du fruit produit par le cacaoyer ?

- ❍ **a.** La fève
- ❍ **b.** Le grain
- ❍ **c.** La calebasse
- ❍ **d.** La cabosse

12 L'inventeur qui créa le télégraphe ainsi qu'un code qui permet de communiquer fut :

- ❍ **a.** Samuel Morse
- ❍ **b.** Alexander Graham Bell
- ❍ **c.** Antoine Barnay

13 Quel est le groupe sanguin le plus répandu dans le monde ?

- ❍ **a.** Le groupe O
- ❍ **b.** Le groupe A
- ❍ **c.** Le groupe B
- ❍ **d.** Tous les groupes sont équitablement répartis

14 Quels sont les os de l'avant-bras ?

- ❍ **a.** Tibia et radius
- ❍ **b.** Humérus et radius
- ❍ **c.** Cubitus et humérus
- ❍ **d.** Radius et cubitus

15 Dans quelle ville a été installé le premier métro ?

- ❍ **a.** Londres
- ❍ **b.** Paris
- ❍ **c.** New York
- ❍ **d.** Istanbul

16 Quelle est la vitesse du son dans l'air (en mètres/seconde) ?

❍ **a.** 330 000 m/s
❍ **b.** 33 000 m/s
❍ **c.** 3 300 m/s
❍ **d.** 330 m/s

17 Quelle est la couleur du rubis ?

❍ **a.** Violet
❍ **b.** Bleu
❍ **c.** Rouge
❍ **d.** Orange

18 Quelle est l'espèce d'arbre la plus répandue en France ?

❍ **a.** Platane
❍ **b.** Chêne
❍ **c.** Marronnier
❍ **d.** Peuplier

19 Qui est l'inventeur du phonographe ?

❍ **a.** Alexander Graham Bell
❍ **b.** James Brunot
❍ **c.** Thomas A. Edison
❍ **d.** William Edison

20 Combien de dents possède un adulte ?

❍ **a.** 28
❍ **b.** 30
❍ **c.** 32
❍ **d.** 34

Corrigé

❶ **c.** Blaise Pascal (1623-1662) était mathématicien, physicien, philosophe et théologien. À dix-huit ans (1641), Pascal construisit la Pascaline, qui était une machine à calculer capable d'effectuer des additions et des soustractions. Il en écrivit le mode d'emploi intitulé *Avis nécessaire à ceux qui auront la curiosité de voir ladite machine et s'en servir*. Cette invention fut un échec commercial en raison de son coût élevé (100 livres).

❷ **d.**

❸ **c.** À la naissance, un bébé a plus d'os qu'il n'en aura à l'âge adulte, à savoir environ 270, car plusieurs petits os fusionnent au niveau du crâne, de la colonne vertébrale, du coccyx et du bassin.

❹ **b.**

❺ **a.**

❻ **b.**

❼ **c.** Il existe huit planètes dans le système solaire, dans l'ordre à partir du Soleil : Mercure, Vénus, Terre, Mars, Jupiter, Saturne, Uranus et Neptune. En 2006, les scientifiques ont estimé que Pluton ne fait pas partie des planètes du système solaire, mais qu'elle est en réalité une planète naine.

❽ **a.**

❾ **d.** Un octogone a huit côtés, un pentagone en a cinq et un hexagone en a six.

❿ **b.** Allessandro Volta (1745-1827) était un physicien italien qui a inventé la pile électrique.

⓫ **d.**

⓬ **a.** Le Français Antoine Barnay inventa le cadran téléphonique en 1923 et l'Américain Alexander Graham Bell inventa le téléphone en 1876.

⓭ **a.** Les chiffres concernant la répartition des groupes sanguins varient sensiblement selon les sources. Toutefois, on peut estimer que 38 à 45 % de la population mondiale est du groupe O, 31 à 40 % sont du groupe A, 11 à 23 % sont du groupe B et 4 à 7 % sont du groupe AB.

⓮ **d.**

⓯ **a.** Le premier métro a été installé en 1863 à Londres grâce à Charles Pearson. À l'origine, il était tiré par des locomotives à vapeur. Par la suite, le métro a été adopté à Istanbul en 1871, à Budapest en 1896 et à Paris en 1900.

⓰ **d.**

⓱ **c.**

⓲ **b.**

⓳ **c.** Thomas A. Edison (1847-1931) inventa le phonographe en 1877. Il inventa également la poupée qui parle en 1880. Elle disait « Papa, maman » avec une véritable voix humaine. En 1879, il dépose le brevet de l'ampoule électrique à base de filament en bambou du Japon sous faible voltage dans une ampoule de verre sous vide.

⓴ **c.**

9 | Sports

1 Combien de joueurs compte une équipe de basket-ball ?

- ❍ **a.** Quatre
- ❍ **b.** Cinq
- ❍ **c.** Six
- ❍ **d.** Sept

2 Où auront lieu les Jeux olympiques d'été de 2016 ?

- ❍ **a.** Londres
- ❍ **b.** Pékin
- ❍ **c.** Athènes
- ❍ **d.** Rio de Janeiro

3 Au saut en longueur, l'athlète a droit à :

- ❍ **a.** un essai
- ❍ **b.** deux essais
- ❍ **c.** trois essais
- ❍ **d.** quatre essais

4 Le Tournoi des six nations met en compétition :

- ❍ **a.** La France, l'Eire, l'Ulster, l'Écosse, le Pays de Galles et l'Angleterre
- ❍ **b.** La France, l'Irlande, l'Écosse, l'Angleterre, le Pays de Galles et l'Italie
- ❍ **c.** La France, l'Écosse, l'Irlande, l'Espagne, le Pays de Galles et l'Angleterre

5 La longueur d'une piscine olympique est de :

- ❍ **a.** 25 mètres
- ❍ **b.** 50 mètres
- ❍ **c.** 75 mètres
- ❍ **d.** 100 mètres

6 Le jeu de paume est l'ancêtre :

- ❍ **a.** du basket-ball
- ❍ **b.** du lancer de poids
- ❍ **c.** de la pétanque
- ❍ **d.** du tennis

7 Parmi ces disciplines, laquelle ne figure pas au triathlon ?

- ❍ **a.** Natation
- ❍ **b.** Équitation
- ❍ **c.** Cyclisme
- ❍ **d.** Course à pied

8 Comment appelle-t-on un joueur de ping-pong ?

- ❍ **a.** Pongiste
- ❍ **b.** Ping-pong-man
- ❍ **c.** Ping-pongueur
- ❍ **d.** Joueur de ping-pong

9 Qui a remporté le championnat de France de football en 2015 ?

- ❍ **a.** L'Olympique lyonnais
- ❍ **b.** L'Olympique de Marseille
- ❍ **c.** L'AS Monaco FC
- ❍ **d.** Le Paris Saint-Germain

10 Le prix de l'Arc de triomphe est une course de chevaux qui se court sur :

- ❍ **a.** L'hippodrome de Longchamp
- ❍ **b.** L'hippodrome de Deauville
- ❍ **c.** L'hippodrome d'Auteuil
- ❍ **d.** L'hippodrome de Saint-Cloud

11 Quelle est la longueur d'un marathon ?

- ❍ **a.** 42,623 km
- ❍ **b.** 41,890 km
- ❍ **c.** 41,235 km
- ❍ **d.** 42,195 km

12 Qui a remporté la Coupe du monde de rugby à XV en 2015 ?

- ❍ **a.** La Nouvelle-Zélande
- ❍ **b.** L'Argentine
- ❍ **c.** L'Australie
- ❍ **d.** L'Afrique du Sud

13 Les boules de billard sont maintenant en résine synthétique. À l'origine, elles étaient faites en :

- ❍ **a.** Bois
- ❍ **b.** Ivoire
- ❍ **c.** Os
- ❍ **d.** Argile

14 Quelle ville accueillera les Jeux olympiques d'hiver de 2018 ?

- ❍ **a.** Turin, Italie
- ❍ **b.** Pyeongchang, Corée du Sud
- ❍ **c.** Vancouver, Canada
- ❍ **d.** Sotchi, Russie

15 Les anneaux olympiques sont de couleur bleue, rouge, verte, jaune et :

- ❍ **a.** Blanche
- ❍ **b.** Orange
- ❍ **c.** Noire
- ❍ **d.** Mauve

16 Quel est le revêtement d'un terrain de curling ?

- ❍ **a.** Glace
- ❍ **b.** Terre
- ❍ **c.** Herbe
- ❍ **d.** Sable

17 En boxe, à quoi correspond généralement un uppercut ?

- ❍ **a.** Un coup donné dans les côtes
- ❍ **b.** Un coup donné dans l'œil
- ❍ **c.** Un coup donné au menton
- ❍ **d.** Un coup donné sur la joue

18 Parmi les sports suivants, lequel est un sport nautique ?

- ❍ **a.** Rafting
- ❍ **b.** Curling
- ❍ **c.** Freebord
- ❍ **d.** Softball

19 De combien de joueurs est composée une équipe de volley-ball ?

- ❍ **a.** Cinq
- ❍ **b.** Six
- ❍ **c.** Sept
- ❍ **d.** Huit

20 Quelle joueuse de tennis a gagné le tournoi de Roland-Garros en 2015 ?

- ❍ **a.** Lucie Šafářová
- ❍ **b.** Maria Sharapova
- ❍ **c.** Simona Halep
- ❍ **d.** Serena Williams

Corrigé

❶ **b.**

❷ **d.** Les Jeux olympiques d'été de 2012 ont eu lieu à Londres. Pékin a accueilli les Jeux olympiques de 2008 et Athènes a organisé les Jeux en 2004.

❸ **c.**

❹ **b.** Le Tournoi des six nations est une compétition de rugby disputée chaque année par l'Angleterre, l'Écosse, la France, l'Irlande, l'Italie et le Pays de Galles. La première compétition a eu lieu en 1882-1883 et était initialement un tournoi purement britannique avec des matches qui opposaient l'Angleterre, l'Écosse, l'Irlande et le Pays de Galles. La France fut admise en 1910 et l'Italie en 2000.

❺ **b.** Une piscine olympique fait 50 mètres de long et 25 mètres de large.

❻ **d.** Le jeu de paume existe depuis plus d'un millénaire et consiste à se renvoyer la balle au-dessus d'un filet avec des raquettes.

❼ **b.**

❽ **a.**

❾ **d.**

❿ **a.**

⓫ **d.**

⓬ **a.**

⓭ **b.**

⓮ **b.** Turin (Italie) a organisé les Jeux olympiques d'hiver de 2006, Vancouver (Canada) en 2010 (en collaboration avec la ville de Whistler), Sotchi (Russie) en 2014 et Pyeongchang (Corée du Sud) le fera en 2018.

⓯ **c.** Le drapeau olympique est représenté par cinq anneaux entrelacés de différentes couleurs représentant les 5 continents, disposés au centre d'un fond blanc. Les couleurs des anneaux sont bleu, noir, rouge, jaune, vert. Les cinq anneaux représentent les cinq continents unis par l'olympisme, et les six couleurs (en comptant le blanc du drapeau) représentent toutes les nations. Ainsi ce drapeau est le symbole de l'universalité de l'esprit olympique.

⓰ **a.** Le curling est un sport inventé au XVIe siècle en Écosse et pratiqué sur la glace, dont le but est de placer des pierres en granite taillées et polies le plus près possible d'une cible dessinée sur la glace, appelée la maison.

⓱ **c.** Un uppercut est un coup de poing réalisé du bas vers le haut qui atteint généralement le menton de son adversaire.

⓲ **a.** Le rafting consiste à naviguer sur des portions de rivière comportant des rapides à bord d'un radeau pneumatique, soit seul à l'aide d'un aviron, soit à plusieurs équipiers maniant la pagaie.

⓳ **b.**

⓴ **d.**

10 | Divers

1 Qui a dit « On ne naît pas femme, on le devient » ?

- ❍ **a.** Simone de Beauvoir
- ❍ **b.** Coco Chanel
- ❍ **c.** Françoise Giroud
- ❍ **d.** Yvette Roudy

2 À quelle fête correspondent dix ans de mariage ?

- ❍ **a.** Les noces de porcelaine
- ❍ **b.** Les noces d'étain
- ❍ **c.** Les noces de coton
- ❍ **d.** Les noces de perle

3 Où a lieu le Festival international du film fantastique ?

- ❍ **a.** Cannes
- ❍ **b.** Avoriaz
- ❍ **c.** Cabourg
- ❍ **d.** Clermont-Ferrand

4 Pour être admis à se présenter à un concours de la fonction publique, il faut notamment :

- ❍ **a.** Être de nationalité française, jouir de l'intégralité de ses droits civiques
- ❍ **b.** Être de nationalité française, avoir fait son service militaire
- ❍ **c.** Être ressortissant d'un des États membres de l'Union européenne, jouir de l'intégralité de ses droits civiques
- ❍ **d.** Être ressortissant d'un des États membres de l'Union européenne, avoir fait son service militaire

5 De quand date la création de l'ONU ?

- ❍ **a.** 1945
- ❍ **b.** 1947
- ❍ **c.** 1951
- ❍ **d.** 1957

6 Que signifie « www » ?

- ❍ **a.** Wild Web World
- ❍ **b.** World's West Web
- ❍ **c.** World's War Web
- ❍ **d.** World Wide Web

7 On appelle un débardeur un « marcel » parce que :

- ❍ **a.** c'était le nom de la marque qui le commercialisait
- ❍ **b.** c'était le prénom masculin le plus porté au moment de sa création
- ❍ **c.** le boxeur Marcel Cerdan en fit la publicité
- ❍ **d.** c'était le prénom du fils du créateur du débardeur

8 Sur quelle place parisienne se trouve l'Obélisque ?

- ❍ **a.** Sur la place de la Concorde
- ❍ **b.** Sur la place de la Bastille
- ❍ **c.** Sur la place Vendôme
- ❍ **d.** Sur la place de la Nation

9 En quelle matière est la chaussure de Cendrillon ?

- ❍ **a.** En verre
- ❍ **b.** En fourrure
- ❍ **c.** En tissu
- ❍ **d.** En cuir

10 Combien la France compte-t-elle de jours fériés dans l'année ?

- ❍ **a.** 9
- ❍ **b.** 11
- ❍ **c.** 13
- ❍ **d.** 15

11 Quel numéro spécifique doit-on composer pour joindre les pompiers ?

- ❍ **a.** Le 15
- ❍ **b.** Le 17
- ❍ **c.** Le 18
- ❍ **d.** Le 112

12 Qu'est-ce que le Taj Mahal ?

- ❍ **a.** Une statue
- ❍ **b.** Un musée
- ❍ **c.** Une pierre précieuse
- ❍ **d.** Un mausolée

13 Quel était le nom de Paris dans la Gaule romaine ?

- ❍ **a.** Lugdunum
- ❍ **b.** Durocortorum
- ❍ **c.** Lutèce
- ❍ **d.** Burdigala

14 Quel est le montant du SMIC horaire brut depuis le 1er janvier 2016 ?

- ❍ **a.** 9,67 €
- ❍ **b.** 9 €
- ❍ **c.** 8,86 €
- ❍ **d.** 7,56 €

15 Que signifie *lol* ?

- ❍ **a.** *Love of life*
- ❍ **b.** *Lack of love*
- ❍ **c.** *Laughing out loud*
- ❍ **d.** *Lots of laughs*

16 Associez les plats suivants à leur région d'origine :

A. Flammekueche	**I.** Marseille
B. Tablier de sapeur	**II.** Savoie
C. Raclette	**III.** Lyon
D. Bouillabaisse	**IV.** Alsace

❍ **a.** A/II - B/IV - C/I - D/III
❍ **b.** A/IV - B/III - C/II - D/I
❍ **c.** A/IV - B/I -C/II - D/III
❍ **d.** A/II - B/III - C/IV - D/I

17 L'un de ces titres de presse est un quotidien. Lequel ?

❍ **a.** *Le Monde*
❍ **b.** *Le Point*
❍ **c.** *L'Express*
❍ **d.** *Marianne*

18 Dans la sitcom américaine *The Big Bang Theory*, qui est le colocataire de Sheldon ?

❍ **a.** Rajesh
❍ **b.** Leonard
❍ **c.** Penny
❍ **d.** Howard

19 Dans quelle ville a été créée *La Marseillaise* ?

❍ **a.** Marseille
❍ **b.** Paris
❍ **c.** Lille
❍ **d.** Strasbourg

20 Qu'est-ce qu'une « délocalisation » ?

❍ **a.** La rénovation d'un local
❍ **b.** Le changement de nom d'une région ou d'une ville
❍ **c.** Le déplacement d'une entreprise ou d'une administration
❍ **d.** Le transfert d'une somme d'argent

Corrigé

1 a. Simone de Beauvoir (1908-1986) était écrivain et philosophe. Elle a beaucoup œuvré pour l'évolution des droits des femmes et notamment à travers son livre *Le Deuxième Sexe* (1949).

2 b. Les noces de porcelaine célèbrent vingt ans de mariage, les noces de coton un an de mariage et les noces de perle trente ans de mariage.

3 b. Le festival de Cannes est un festival éclectique, celui de Cabourg est consacré au film romantique et celui de Clermont-Ferrand au court-métrage.

4 c.

5 a. L'Organisation des Nations unies (ONU ou encore Nations unies) est une organisation internationale fondée le 26 juin 1945 pour résoudre les problèmes internationaux.

6 d. Le World Wide Web signifie littéralement la « toile (d'araignée) mondiale ».

7 a. Le débardeur aurait été inventé au milieu du XIXe siècle par les manutentionnaires des Halles de Paris : pour dégager leurs bras tout en se protégeant les reins des courants d'air, ils ont créé un tee-shirt sans manches. À la suite de sa commercialisation par les « Établissements Marcel », de Marcel Eisenberg, le débardeur prend le prénom du fabricant.

8 a. L'Obélisque se trouvant actuellement sur la place de la Concorde se situait à l'origine dans le temple de Louxor. Il fut offert à la France en 1830 par Méhémet Ali, alors vice-roi d'Égypte. Il fut transporté en France en 1834 et c'est Louis-Philippe qui décida de l'installer sur la place de la Concorde.

9 b. Cendrillon porte des pantoufles de vair pour aller au bal (et non des pantoufles de verre). Or le vair est la fourrure de l'écureuil petit-gris de Russie.

10 b. En France, il y a 11 jours fériés : 5 jours sont liés à des fêtes civiles (1er janvier, 1er Mai, 8 Mai, 14 Juillet et 11 Novembre) et 6 à des fêtes religieuses (le lundi de Pâques, le jeudi de l'Ascension, le lundi de Pentecôte, l'Assomption, la Toussaint et Noël).

11 c. Le 15 est le numéro spécifique aux urgences médicales, le 17 celui de la police et le 18 celui des pompiers. Le 112 est un numéro d'urgence européen mis en place le 1er janvier 1997 qui concerne toutes les urgences (médicales, incendies, police...).

12 d. Le Taj Mahal est un mausolée élevé entre 1631 et 1641 près d'Agra en Inde par l'empereur Chah Djahan pour son épouse.

13 c. Lugdunum était le nom latin de Lyon, Durocortorum celui de Reims et Burdigala celui de Bordeaux.

14 a.

15 c.

16 b.

17 a.

18 b.

19 d. Le 25 avril 1792, le baron Frédéric de Dietrich, qui est le maire de Strasbourg, organise une fête patriotique à laquelle participe Rouget de Lisle qui est un officier de garnison, poète et violoniste amateur. Durant cette soirée, monsieur et madame de Dietrich ainsi que les généraux de l'armée du Rhin lui demandent de réaliser un chant de guerre pour encourager les troupes. Le soir même, Rouget de Lisle compose le *Chant de guerre pour l'armée du Rhin*. Il écrit six couplets et compose la musique sur son violon. Rouget de Lisle s'est inspiré d'une affiche des Amis de la Constitution, diffusée dans Strasbourg le 25 avril. Cette affiche commençait par les paroles : « Aux armes citoyens ! L'étendard de la guerre est déployé : le signal est donné. Aux armes ! Etc. ». Le lendemain Rouget de Lisle présente son chant au maire de Strasbourg qui l'approuve. Cet hymne se répand dans les réunions des officiers de la garnison et, le 29 avril 1792, il fut interprété publiquement devant l'Hôtel de ville de Strasbourg. Grâce aux officiers de passage et aux soldats de la garnison de Strasbourg allant vers d'autres frontières ou garnisons et des voyageurs de commerce, le *Chant de guerre* sera chanté à Lyon, Montpellier et dans toute la France. Ce chant sera répandu partout... C'est le 30 juillet 1792 qu'il sera rebaptisé *La Marseillaise* après avoir été entonné par les soldats républicains marseillais entrant dans Paris. *La Marseillaise* est déclarée chant national le 14 juillet 1795 et hymne national par une loi votée le 14 février 1879 sous la IIIe République.

20 c. La délocalisation économique est le transfert d'activités, de capitaux et d'emplois en des régions du pays ou du monde bénéficiant par exemple d'une main-d'œuvre moins coûteuse, d'un meilleur accès aux ressources naturelles, d'une fiscalité plus attractive, d'un environnement plus attrayant ou d'un marché local assurant des débouchés plus vastes ou intéressants.

Sujets d'entraînement

Sujet n° 1

Difficulté ✗✗✗	Durée 15 minutes

1 Chanter a cappella, c'est chanter :

- ○ **a.** un chant sacré dans une chapelle
- ○ **b.** sans accompagnement
- ○ **c.** à plusieurs voix

2 Le Manneken-Pis est une sculpture ornant une fontaine de :

- ○ **a.** Bruges
- ○ **b.** Liège
- ○ **c.** Bruxelles
- ○ **d.** Anvers

3 Qui a écrit *Le Petit Prince* ?

- ○ **a.** Marcel Aymé
- ○ **b.** Joseph Joffo
- ○ **c.** Antoine de Saint-Exupéry
- ○ **d.** Jacques Prévert

4 En France, quelle ville centralise toutes les lettres adressées au père Noël ?

- ○ **a.** Lille
- ○ **b.** Libourne
- ○ **c.** Paris
- ○ **d.** Strasbourg

5 La loi de finances prévoit et autorise les dépenses et les recettes annuelles de l'État. En France, cette loi est adoptée par :

- ○ **a.** la Cour des comptes
- ○ **b.** le ministre du Budget
- ○ **c.** le Parlement
- ○ **d.** le Premier ministre

6 Qu'appelle-t-on la Cène ?

- ○ **a.** Le baptême du Christ
- ○ **b.** La trahison de Judas
- ○ **c.** Le dernier repas de Jésus avec les 12 apôtres
- ○ **d.** Le procès de Jésus

7 Qui a été le dernier roi de France ?

- ❍ **a.** Charles X
- ❍ **b.** Louis-Philippe
- ❍ **c.** Louis XVI
- ❍ **d.** Louis XVIII

8 Où réside le Premier ministre français ?

- ❍ **a.** À l'Élysée
- ❍ **b.** Au Palais-Bourbon
- ❍ **c.** À Matignon
- ❍ **d.** Au palais du Luxembourg

9 Quel nom porte, en presse écrite, une faute de frappe qui substitue une lettre à une autre ?

- ❍ **a.** Une coquille
- ❍ **b.** Une épreuve
- ❍ **c.** Un marbre
- ❍ **d.** Un trou

10 Que signifie PIB ?

- ❍ **a.** Potentiel individuel de base
- ❍ **b.** Production interne de biens
- ❍ **c.** Produit intérieur brut
- ❍ **d.** Profit interbancaire

11 Dans quel album des aventures de Tintin celui-ci porte-t-il un kilt ?

- ❍ **a.** *L'Île noire*
- ❍ **b.** *Les 7 Boules de cristal*
- ❍ **c.** *Vol 714 pour Sydney*
- ❍ **d.** *Le Sceptre d'Ottokar*

12 Quels frères réussirent les premiers à faire monter un ballon dans les airs, le 14 décembre 1782 ?

- ❍ **a.** Goncourt
- ❍ **b.** Lumière
- ❍ **c.** Bogdanov
- ❍ **d.** Montgolfier

13 Quelle divinité égyptienne possède une tête de faucon ?

- ❍ **a.** Horus
- ❍ **b.** Osiris
- ❍ **c.** Anubis
- ❍ **d.** Thot

14 Combien d'arrondissements compte la ville de Paris ?

- ❍ **a.** 19
- ❍ **b.** 20
- ❍ **c.** 21
- ❍ **d.** 22

⑮ Quel aventurier effectua le premier tour du monde de 1519 à 1521, prouvant ainsi que la Terre est ronde ?

❍ **a.** Magellan
❍ **b.** Vasco de Gama
❍ **c.** Jacques Cartier

⑯ Quelle est la capitale de l'Irlande ?

❍ **a.** Belfast
❍ **b.** Édimbourg
❍ **c.** Dublin
❍ **d.** Glasgow

⑰ Quel événement s'est produit le 6 juin 1944 ?

❍ **a.** L'appel du général de Gaulle à ne pas capituler
❍ **b.** L'armistice de la Seconde Guerre mondiale
❍ **c.** La libération de Paris
❍ **d.** Le débarquement allié en Normandie

⑱ Le SMIC est le salaire minimum interprofessionnel :

❍ **a.** cumulé
❍ **b.** commun
❍ **c.** de croissance
❍ **d.** calculé

⑲ « C'est un pic, c'est un cap, que dis-je, c'est un cap, c'est une péninsule ! » Qui parle ainsi de son propre nez ?

❍ **a.** Le Cid
❍ **b.** Cyrano de Bergerac
❍ **c.** Hernani
❍ **d.** Gargantua

⑳ Comment sont surnommées les années d'expansion économique de 1945 à 1973 ?

❍ **a.** Les Années folles
❍ **b.** Les Années glorieuses
❍ **c.** Les Trente Folles
❍ **d.** Les Trente Glorieuses

Corrigé

❶ **b.**

❷ **c.** Le Manneken-Pis est une sculpture de Duquesnoy le Vieux (1619) qui représente un enfant en train d'uriner.

❸ **c.**

❹ **b.** Il est très simple d'écrire au père Noël : il suffit de mentionner le nom du père Noël sur l'enveloppe et, quelle que soit l'adresse, elle atterrira directement au secrétariat du père Noël basé à Libourne. En effet, depuis 1962, la Poste ouvre chaque année en novembre, à Libourne, en Gironde, son traditionnel secrétariat du père Noël pour recevoir les lettres des enfants et y répondre. En 2014, le père Noël a reçu environ 1,2 million de lettres en provenance de plus de cent vingt-six pays.

❺ **c.**

❻ **c.**

❼ **b.** Louis-Philippe Ier d'Orléans (1773-1850) fut le dernier roi de France : il régna de 1830 à 1848.

❽ **c.** L'hôtel de Matignon, qui se situe au 57 rue de Varenne dans le 7e arrondissement de Paris, est la résidence officielle du Premier ministre français. La maison est entourée d'un grand parc dans lequel chaque Premier ministre plante traditionnellement un arbre à son arrivée depuis que Raymond Barre y a planté un érable à sucre.

❾ **a.**

❿ **c.** Le produit intérieur brut ou PIB est la somme des valeurs ajoutées de toutes les entreprises situées sur le territoire national. Ces entreprises peuvent être françaises ou étrangères.

⓫ **a.** *L'Île noire* (1938) se déroule en Écosse.

⓬ **d.** Joseph et Étienne Montgolfier ont eu l'idée de tenter de s'élever dans l'atmosphère en renfermant dans une enveloppe d'un poids minimum un gaz plus léger que l'air, et c'est le 14 décembre 1782 que le premier essai eut lieu à Vidalon-lès-Annonay.

⓭ **a.** Anubis a une tête de chacal, Thot une tête d'ibis et Osiris a une apparence humaine.

⓮ **b.** Les arrondissements de Paris ont été créés en 1860 après un nouvel agrandissement de la ville.

⓯ **a.** Fernand de Magellan (1480-1521) était un navigateur et un explorateur portugais. Afin de prouver que la Terre est ronde, il débuta un tour du monde en 1519. Il mourut en 1521 lors de cette expédition.

⓰ **c.**

⓱ **d.**

⓲ **c.** Le SMIC ou salaire minimum interprofessionnel de croissance est, en France, le salaire minimum horaire en dessous duquel aucun salarié ne peut être payé.

⓳ **b.**

⓴ **d.**

Sujet n° 2

Difficulté ✗✗✗	Durée 15 minutes

1 La superficie de la France métropolitaine est d'environ :

- ❍ **a.** 250 000 km²
- ❍ **b.** 350 000 km²
- ❍ **c.** 550 000 km²
- ❍ **d.** 850 000 km²

2 Quel pharaon était aussi appelé Akhenaton ?

- ❍ **a.** Ramsès II
- ❍ **b.** Touthmôsis
- ❍ **c.** Aton
- ❍ **d.** Amenhotep IV

3 Qui élit-on à l'occasion des élections législatives ?

- ❍ **a.** Les députés
- ❍ **b.** Les sénateurs
- ❍ **c.** Les conseillers régionaux
- ❍ **d.** Les conseillers généraux

4 Quel est l'os le plus long du corps humain ?

- ❍ **a.** Le fémur
- ❍ **b.** L'humérus
- ❍ **c.** Le radius
- ❍ **d.** Le tibia

5 Quelle est la bonne terminaison de ce célèbre poème de Paul Verlaine *(Chanson d'automne)* ?

« Les sanglots longs
Des violons
De l'automne
Blessent mon cœur »

- ❍ **a.** « Et je pleure »
- ❍ **b.** « Pareil à la feuille morte »
- ❍ **c.** « Et je m'en vais »
- ❍ **d.** « D'une langueur monotone »

6 Le siège de la Cour de justice de l'Union européenne est situé à :

- ❍ **a.** Bruxelles
- ❍ **b.** Luxembourg
- ❍ **c.** La Haye
- ❍ **d.** Strasbourg

7 Qui n'était pas un apôtre de Jésus ?

- ❍ **a.** Judas
- ❍ **b.** Jude
- ❍ **c.** Timothée
- ❍ **d.** André

8 Quelle est la principale ville de la Guyane ?

- ❍ **a.** Pointe-à-Pitre
- ❍ **b.** Fort-de-France
- ❍ **c.** Cayenne
- ❍ **d.** Saint-Denis

9 Comment appelle-t-on le programme central assurant la gestion d'un ordinateur et de ses périphériques ?

- ❍ **a.** Le bureau
- ❍ **b.** Le lecteur de CD/DVD-ROM
- ❍ **c.** Le système d'exploitation
- ❍ **d.** Le traitement de texte

10 Qui a dit « Au fond, je n'ai qu'un rival international, c'est Tintin ! » ?

- ❍ **a.** Charles de Gaulle
- ❍ **b.** Valéry Giscard d'Estaing
- ❍ **c.** François Mitterrand
- ❍ **d.** Jacques Chirac

11 Quel phénomène naturel est à l'origine des marées ?

- ❍ **a.** L'inclinaison de l'axe de rotation de la Terre par rapport au Soleil
- ❍ **b.** La révolution terrestre
- ❍ **c.** Les courants marins
- ❍ **d.** La force de gravitation de la Lune et du Soleil sur la Terre

12 Qui a composé *Les Quatre Saisons* ?

- ❍ **a.** Wolfgang Amadeus Mozart
- ❍ **b.** Frédéric Chopin
- ❍ **c.** Ludwig van Beethoven
- ❍ **d.** Antonio Vivaldi

13 Avec combien d'États la France métropolitaine a-t-elle une frontière terrestre commune ?

- ❍ **a.** 5
- ❍ **b.** 6
- ❍ **c.** 7
- ❍ **d.** 8

14 En quelle année le Danemark a-t-il adhéré à la CEE ?

- ❍ **a.** 1957
- ❍ **b.** 1973
- ❍ **c.** 1981
- ❍ **d.** 1986

⑮ En hockey, le bâton utilisé pour frapper la balle se nomme :

❍ **a.** la crosse
❍ **b.** le club
❍ **c.** la chistera
❍ **d.** la raquette

⑯ Christophe Colomb a découvert l'Amérique en :

❍ **a.** 1472
❍ **b.** 1482
❍ **c.** 1492
❍ **d.** 1502

⑰ Qui était le frère de Poséidon ?

❍ **a.** Zeus
❍ **b.** Hermès
❍ **c.** Héphaïstos
❍ **d.** Hercule

⑱ Sur quelle ville japonaise a été lancée la première bombe atomique le 6 août 1945 ?

❍ **a.** Nagasaki
❍ **b.** Kyoto
❍ **c.** Hiroshima
❍ **d.** Tokyo

⑲ Sur quelle mer de la Lune les astronautes d'Apollo XI firent-ils leurs premiers pas ?

❍ **a.** La mer de la Tranquillité
❍ **b.** La mer de Glace
❍ **c.** La mer de Sable
❍ **d.** La mer Égée

⑳ Quel est l'auteur de *Knock ou le Triomphe de la médecine* ?

❍ **a.** Sacha Guitry
❍ **b.** Hervé Bazin
❍ **c.** Jules Romains
❍ **d.** Marcel Pagnol

Corrigé

❶ **c.** La superficie de la France est de 547 030 km² en métropole et de 670 922 km² en comptabilisant l'outre-mer.

❷ **d.** Amenhotep IV ou Akhenaton ou Aménophis IV était un pharaon (1372-1354 avant J.-C.) marié à Néfertiti. Il tenta d'imposer le culte du dieu unique Aton, mais sa réforme ne lui survécut pas.

❸ **a.** Les députés français sont actuellement au nombre de 577.

❹ **a.**

❺ **d.**

❻ **b.**

❼ **c.** Les douze apôtres de Jésus étaient : André, Barthélemy, Jean, Jude, Judas, Matthieu, Nathanaël, Pierre, Simon, Philippe, Thomas et Thaddée.

❽ **c.** Pointe-à-Pitre est la principale ville de la Guadeloupe, Fort-de-France celle de la Martinique et Saint-Denis celle de la Réunion.

❾ **c.**

❿ **a.** André Malraux rapporte dans *Les Chênes qu'on abat* cette boutade du général de Gaulle : « Au fond, vous savez, mon seul rival international, c'est Tintin ! » Hergé lui aurait répondu au nom de Tintin : « Je vous ai compris. »

⓫ **d.**

⓬ **d.**

⓭ **d.** La France a une frontière avec l'Allemagne, Andorre, la Belgique, l'Espagne, l'Italie, le Luxembourg, Monaco et la Suisse.

⓮ **b.**

⓯ **a.** En hockey, le bâton utilisé pour frapper la balle se nomme la crosse ou le stick. Le club est utilisé pour le golf. La chistera est la « raquette » en osier, en forme de gouttière recourbée, utilisée à la pelote basque.

⓰ **c.**

⓱ **a.**

⓲ **c.** La première bombe atomique fut envoyée sur Hiroshima le 6 août 1945 et la seconde sur Nagasaki le 9 août 1945.

⓳ **a.** La mer de la Tranquillité est en réalité une vaste plaine de basalte (roche volcanique) située sur la face de la Lune tournée vers la Terre.

⓴ **c.** *Knock ou le Triomphe de la médecine* est une pièce de théâtre de Jules Romains écrite en 1923.

QCM

Calcul

COEFFICIENT
1

DURÉE
1
heure
30

Planning de révision

PÉRIODE	DURÉE	CONTENU DES RÉVISIONS
PÉRIODE 1	1 à 3 jours	Lecture du programme et de l'organisation de l'épreuve de mathématiques. Repérage des points connus du programme
PÉRIODE 2	5 à 7 jours	Nombres et opérations ; les fractions
PÉRIODE 3	5 à 7 jours	Les puissances et les racines carrées
PÉRIODE 4	1 semaine	Revoir le cours, les exemples, et refaire des exercices des chapitres abordés jusque-là
PÉRIODE 5	5 à 7 jours	Calcul littéral ; équations du premier degré
PÉRIODE 6	5 à 7 jours	Systèmes de deux équations à deux inconnues ; résolution de problèmes
PÉRIODE 7	1 à 3 jours	Fonctions linéaires et fonctions affines
PÉRIODE 8	1 semaine	Revoir le cours, les exemples, et refaire des exercices des chapitres abordés jusque-là
PÉRIODE 9	5 à 7 jours	Organisation et gestion de données ; pourcentages
PÉRIODE 10	4 à 5 jours	Organisation et gestion de données ; éléments de statistiques
PÉRIODE 11	8 à 10 jours	Mesures et conversions ; calculs en géométrie ; théorèmes de Pythagore et de Thalès
PÉRIODE 12	1 à 2 semaines	Travail final de révision ; annales corrigées

Les mathématiques font partie des sciences dites « cumulatives ». Faire dans l'ordre proposé dans ce livre les différents chapitres ou paragraphes, même s'il s'agit de choses déjà connues, est important, les connaissances devant s'acquérir selon une progression précise. Par exemple, il n'est pas possible de travailler correctement l'algèbre si les techniques des différentes opérations sur les fractions ou les racines carrées sont mal maîtrisées.

La durée de chacune des périodes peut varier en fonction des connaissances déjà acquises.

Période 1 : C'est la plus courte, mais aussi l'une des plus importantes. Elle doit vous permettre de saisir les différents aspects du programme, de faire le point sur le travail qui vous attend. Pour cela, la lecture des annales est un précieux outil, surtout si vous n'avez pas l'habitude de passer de telles épreuves. La technique du QCM nécessite quelques explications données dans les conseils méthodologiques.

Période 2 : Nombres et opérations, les fractions. Il s'agit de connaissances de base, à ne pas négliger car elles sont nécessaires pour les calculs abordés dans les chapitres suivants.

Période 3 : Les puissances et les racines carrées : des formules à connaître et à savoir appliquer.

Période 5 : Calcul littéral et équations du premier degré : encore des formules à apprendre (identités remarquables…), mais surtout beaucoup d'exercices. Les techniques de résolution des équations vous seront nécessaires dans la résolution de problèmes, dans la recherche de valeurs. Il vous est recommandé de travailler avec un brouillon et de recommencer tous les exemples afin de vérifier votre compréhension du travail demandé et l'exactitude de vos résultats.

Période 6 : Systèmes de deux équations à deux inconnues et résolutions de problèmes. La connaissance de la présentation des calculs et des différentes techniques sont à savoir afin de ne pas perdre votre temps lors de l'épreuve.

Période 7 : Fonctions linéaires et fonctions affines : des définitions à connaître et des exercices assez simples.

Période 9 : Pourcentages. La connaissance des formules permettant de calculer l'évolution d'une valeur à l'aide d'un pourcentage est indispensable.

Période 10 : Éléments de statistiques. Un vocabulaire à maîtriser, des représentations graphiques à construire ou à interpréter.

Période 11 : Mesures et conversions, calculs en géométrie, théorèmes de Pythagore et de Thalès. Cette partie est composée de différents rappels sur les systèmes d'unités et les techniques de calcul et de conversions. Il est nécessaire que vous sachiez toutes les formules permettant de calculer le périmètre, l'aire ou le volume d'une figure usuelle.

Période 12 : Le travail final avec les annales va vous permettre de vérifier ce que vous avez acquis. Il ne faut pas hésiter à revenir sur certaines parties du cours afin de conforter vos connaissances.

Méthodologie et conseils

1. L'entraînement

Les mathématiques demandent un certain investissement. Il ne faut pas se contenter de mémoriser des formules ou des propriétés ; le plus important est de savoir quand et comment les utiliser. Rien ne remplace donc un entraînement régulier. Il n'est pas nécessaire de travailler durant plusieurs heures chaque jour ; vous progresserez en travaillant sérieusement et régulièrement. Il faut bien sûr connaître le cours, mais aussi l'appliquer à travers des exercices.

Le cours est souvent accompagné d'exemples corrigés. N'hésitez pas, après les avoir lus, à fermer votre livre et à recommencer l'exemple, même si celui-ci vous a paru simple.

Le jour de l'épreuve, généralement, l'usage des calculatrices sera interdit. Votre préparation doit donc se faire, dans la mesure du possible, sans calculatrice : cela vous permettra d'acquérir des habitudes et vous fera gagner du temps lors de l'épreuve.

2. L'épreuve : un QCM

L'épreuve prend la forme d'un questionnaire à choix multiples (QCM).

Un QCM est une épreuve comportant une question et plusieurs propositions de réponses.

Il est important de lire attentivement les questions, de repérer celles qui ne vous semblent pas aisées, marquer par un point d'interrogation celles qui ne sont pas claires, afin d'y revenir plus tard. Une lecture trop rapide peut entraîner un mauvais choix dans la (les) réponse(s).

Une question peut comporter parmi les solutions proposées plusieurs réponses exactes. Il est donc nécessaire de tester toutes les réponses proposées. Cependant, l'erreur à ne pas commettre est de cocher toutes les réponses en pensant qu'il y aura bien une réponse exacte. La moindre réponse fausse entraîne la nullité de la question. Soyez donc prudent. Certains barèmes comportent parfois des points négatifs afin de pénaliser les candidats donnant trop de réponses fausses.

Le cours

1 | Nombres et opérations

1. Addition de nombres relatifs

Un **nombre relatif** est composé de son signe (+ ou –) et de sa valeur absolue.
Exemple : + 2 ou – 7 sont des nombres relatifs.
Afin de simplifier les écritures, on peut supprimer le signe +.

A. Addition de nombres de même signe

Pour additionner deux nombres de même signe, on conserve leur signe et on ajoute leurs valeurs absolues.
Exemples : (+ 3) + (+ 21) = + 24
(– 8) + (– 17) = – 25

B. Addition de nombres de signes contraires

Pour additionner deux nombres de signes contraires, on conserve le signe du nombre dont la valeur absolue est la plus grande, puis on soustrait la plus petite de la plus grande.
Exemples : (+ 52) + (– 30) = + 22
(– 68) + (+ 12) = – 56

C. Simplification des écritures

Dans tous ces calculs, il faut remarquer que les signes « + » et « – » ont chacun deux significations différentes. Dans le calcul 36 + 8, le signe « + » est celui de l'addition. En revanche, lorsqu'on écrit + 19, le signe « + » marque le fait que le nombre est un nombre positif. Il en est de même pour le signe « – ».
Il est possible de ne pas écrire le signe « + » dans un calcul, lorsqu'il est suivi d'une parenthèse.
Exemples : (+ 52) + (+ 9) = 52 + 9 = 61
(+ 52) est l'équivalent de l'expression 0 + (+ 52).
(+ 16) + (– 22) = + 16 – 22 = – 6

2. Soustraction de nombres relatifs

A. Notion d'opposé

Deux nombres sont dits **opposés** si leur somme est 0.
Exemples : Puisque (+ 75) + (– 75) = 0, on en déduit que + 75 et – 75 sont deux nombres opposés. Puisque (– 5,2) + (+ 5,2) = 0, on en déduit que 5,2 et – 5,2 sont deux nombres opposés.

B. Soustraction

Pour soustraire un nombre relatif, on lui ajoute son opposé.
Exemples : (+ 15) – (+ 16) = (+ 15) + (– 16) = – 1
(– 21) – (+ 3) = (– 21) + (– 3) = – 24
(+ 65) – (– 87) = (+ 65) + (+ 87)
= + 152
= 152

ATTENTION On ne peut pas permuter les deux termes d'une soustraction.

C. Simplification des écritures

Puisque soustraire consiste à additionner, il est donc possible d'utiliser une écriture simplifiée. Dans un calcul on peut ne pas écrire le signe opératoire « – » à condition de changer le signe dans la parenthèse.
(+ 7) + (+ 12) – (– 9) = 7 + 12 + (+ 9) = 19 + 9 = 28
(+ 11) – (– 6) – (+ 8) = 11 + 6 – 8 = 9

3. Multiplication et division de nombres relatifs

A. Multiplication

Le produit de deux nombres relatifs de même signe est un nombre positif.
Le produit de deux nombres relatifs de signes contraires est un nombre négatif.
Exemples : (+ 3) × (+ 5) = + 15
(– 2) × (– 8) = + 16
(– 5) × (+ 3,5) = – 17,5
(+ 25) × (– 4) = – 100

REMARQUE Il est possible de déterminer le signe d'un produit sans effectuer l'opération. Il suffit de compter le nombre de facteurs négatifs. Si ce nombre est impair, alors le produit sera négatif ; si ce nombre est pair, le produit sera positif.

Exemples : (– 2) × (+ 10) × (+ 25) × (– 0,5) est un nombre positif (il y a 2 facteurs négatifs).
(+ 2) × (+ 3) × (– 4,5) × (– 12) × (– 15) est un nombre négatif (il y a 3 facteurs négatifs).

B. Division

La division suit la même règle que la multiplication.

Le quotient de deux nombres relatifs de même signe est un nombre positif.

Le quotient de deux nombres relatifs de signes contraires est un nombre négatif.

Exemples : (+ 15) ÷ (– 3) = – 5
(– 18) ÷ (– 2) = + 9 = 9
(+ 125) ÷ (+ 25) = + 5 = 5

C. Inverse d'un nombre

Deux nombres sont **inverses** si leur produit est égal à 1.

Soit x un nombre relatif **non nul**. L'inverse de x est $\frac{1}{x}$.
Un nombre et son inverse sont de même signe.

Exemple : L'inverse de 2 est $\frac{1}{2}$.

D. Priorité des opérations

Lorsqu'on effectue un calcul ne comportant pas de parenthèse, on effectue en premier lieu les multiplications et les divisions, puis on effectue les additions et les soustractions.

Exemple : 2 + 3 × (– 7) = 2 + (– 21) = 2 – 21 = – 19

Lorsqu'on effectue un calcul comportant des parenthèses, on effectue d'abord les calculs se trouvant délimités par des parenthèses, en commençant par les plus intérieures.

Exemples : 15 + (– 4 + 2 × 7) – 35 = 15 + (– 4 + 14) – 35 = 15 + (+ 10) – 35 = – 10

8 – (12 + 3 × (– 2,8)) + [– (2 + 2 × 5) – (2 + 4 × (– 1,1))]
= 8 – (12 + (– 8,4)) + [– (2 + 10) – (2 – 4,4)]
= 8 – (+ 3,6) + (– (+ 12) – (–2,4))
= 8 – 3,6 + (– 12 + 2,4)
= 8 – 3,6 + (– 9,6)
= 8 – 3,6 – 9,6
= – 5,2

Entraînement

Difficulté ✗✗✗ | Durée 30 min

Questions

❶ (- 57) + (- 6) + (+ 15) = ?

❍ a. - 48 ❍ b. 48 ❍ c. - 78

❷ L'inverse de 50 est :

❍ a. - 0,02 ❍ b. - 50 ❍ c. 0,02

❸ - 9 × (- 11) = ?

❍ a. - 99 ❍ b. - 20 ❍ c. 99

❹ 25 ÷ (- 5) × 2 = ?

❍ a. 10 ❍ b. - 10 ❍ c. - 8

Corrigé

❶ (- 57) + (- 6) + (+ 15) = - 57 - 6 + 15 = **- 48**

Réponse **a.**

❷ L'inverse de 50 est $\frac{1}{50}$ = **0,02**.

Réponse **c.**

❸ - 9 × (- 11) = + 99 = **99**

Réponse **c.**

❹ 25 ÷ (- 5) × 2 = - 5 × 2 = **- 10**

Réponse **b.**

2 | Fractions

1. Égalité de deux fractions

Si $\frac{a}{b} = \frac{c}{d}$, alors $a \times d = b \times c$ (avec $b \neq 0$ et $d \neq 0$).

Réciproquement, si $a \times d = b \times c$, alors $\frac{a}{b} = \frac{c}{d}$.

2. Simplification de fractions

Si $b \neq 0$ et $k \neq 0$ alors $\frac{a \times k}{b \times k} = \frac{a}{b}$.

Exemples : $\frac{14}{12} = \frac{7 \times 2}{6 \times 2} = \frac{7}{6}$

$\frac{-25}{35} = \frac{-5 \times 5}{7 \times 5} = \frac{-5}{7}$

On appelle **fraction irréductible** toute fraction non simplifiable.

3. Addition et soustraction de fractions

A. Addition et soustraction de fractions de même dénominateur

Soit a, b et c trois nombres relatifs (avec $c \neq 0$) :

$\frac{a}{c} + \frac{b}{c} = \frac{a+b}{c}$ et $\frac{a}{c} - \frac{b}{c} = \frac{a-b}{c}$.

Exemples : $\frac{7}{11} + \frac{9}{11} = \frac{16}{11}$

REMARQUE Un résultat doit toujours être donné sous sa forme irréductible.

$\frac{5}{8} + \frac{7}{8} = \frac{5+7}{8} = \frac{12}{8} = \frac{3 \times 4}{2 \times 4} = \frac{3}{2}$

$\frac{7}{13} - \frac{2}{13} = \frac{5}{13}$

CONSEIL Il ne faut pas hésiter à simplifier une fraction au début ou au cours d'un calcul.

$\frac{12}{22} + \frac{3}{11} = \frac{6 \times 2}{11 \times 2} + \frac{3}{11} = \frac{6}{11} + \frac{3}{11} = \frac{9}{11}$

B. Addition et soustraction de fractions avec des dénominateurs différents

Soit a, b, c et d quatre nombres relatifs (avec $c \neq 0$ et $d \neq 0$) :

$\frac{a}{c} + \frac{b}{d} = \frac{ad + bc}{cd}$ et $\frac{a}{b} - \frac{c}{d} = \frac{ad - bc}{bd}$.

Exemples : $\frac{3}{4} + \frac{5}{7} = \frac{3 \times 7 + 4 \times 5}{4 \times 7} = \frac{21 + 20}{28} = \frac{41}{28}$

$\frac{5}{7} + \frac{13}{3} = \frac{5 \times 3 + 7 \times 13}{7 \times 3} = \frac{15 + 91}{21} = \frac{106}{21}$

$\frac{6}{7} - \frac{7}{5} = \frac{6 \times 5 - 7 \times 7}{7 \times 5} = \frac{30 - 49}{35} = \frac{-19}{35}$

$7 + \frac{4}{3} = \frac{7}{1} + \frac{4}{3} = \frac{21 + 4}{3} = \frac{25}{3}$

4. Multiplication de fractions

Soit a, b, c et d quatre nombres relatifs (avec $b \neq 0$ et $d \neq 0$) :

$\frac{a}{b} \times \frac{c}{d} = \frac{a \times c}{b \times d}$.

Exemples : $\frac{5}{7} \times \frac{3}{4} = \frac{5 \times 3}{7 \times 4} = \frac{15}{28}$

$\frac{-11}{8} \times \frac{4}{-7} = \frac{-44}{-56} = \frac{11}{14}$ (simplification par – 4)

5. Division de fractions

Soit a, b, c et d quatre nombres relatifs (avec $b \neq 0$, $c \neq 0$ et $d \neq 0$) :

$\frac{a}{b} \div \frac{c}{d} = \frac{a}{b} \times \frac{d}{c} = \frac{a \times d}{b \times c}$.

Exemples : $\frac{4}{11} \div \frac{7}{6} = \frac{4}{11} \times \frac{6}{7} = \frac{24}{77}$

$\frac{12}{-7} \div \frac{5}{4} = \frac{12}{-7} \times \frac{4}{5} = \frac{48}{-35}$

ATTENTION Une notation doit être connue :

$$\frac{\frac{a}{b}}{\frac{c}{d}} = \frac{a}{b} \times \frac{d}{c}.$$

Exemple : $\frac{\frac{3}{4}}{\frac{5}{7}} = \frac{3}{4} \times \frac{7}{5} = \frac{21}{20}$

À retenir

La multiplication et la division sont « prioritaires » dans l'ordre des opérations.

$$\frac{2}{3} - \frac{5}{3} \times \frac{2}{7} = \frac{2}{3} - \frac{10}{21} = \frac{14}{21} - \frac{10}{21} = \frac{4}{21}$$

Commencer par effectuer $\frac{2}{3} - \frac{5}{3}$ conduirait à un résultat faux.

$$2 - \frac{5}{7} \div \frac{2}{3} - \frac{5}{3} = 2 - \frac{5}{7} \times \frac{3}{2} - \frac{5}{3} = 2 - \frac{15}{14} - \frac{5}{3} = \frac{2 \times 42 - 15 \times 3 - 14 \times 5}{42} = \frac{-31}{42}$$

$$\frac{\frac{2}{3} + \frac{3}{4}}{\frac{5}{3} - \frac{4}{7}} = \frac{\frac{17}{12}}{\frac{23}{21}} = \frac{17}{12} \times \frac{21}{23} = \frac{17 \times 3 \times 7}{3 \times 4 \times 23} = \frac{119}{92}$$

Entraînement

Difficulté ✗✗✗ | Durée 10 min

Questions

1. L'expression irréductible de $\frac{12}{18}$ est : ○ a. $\frac{6}{9}$ ○ b. $\frac{4}{6}$ ○ c. $\frac{2}{3}$

2. La fraction $\frac{7}{9}$ est égale à : ○ a. $\frac{8}{10}$ ○ b. $\frac{17}{19}$ ○ c. $\frac{21}{27}$

3. $\frac{7}{5} + \frac{4}{5} = ?$ ○ a. $\frac{11}{10}$ ○ b. $\frac{11}{5}$ ○ c. $\frac{57}{25}$

4. $\frac{11}{4} + \frac{3}{8} = ?$ ○ a. $\frac{14}{32}$ ○ b. $\frac{25}{8}$ ○ c. $\frac{19}{4}$

5. $\frac{12}{45} + \frac{16}{60} = ?$ ○ a. $\frac{28}{105}$ ○ b. $\frac{37}{120}$ ○ c. $\frac{8}{15}$

❻ $\frac{3}{7} \times \frac{4}{9} = ?$ ○ a. $\frac{55}{63}$ ○ b. $\frac{13}{16}$ ○ c. $\frac{4}{21}$

❼ $\frac{5}{7} + \frac{2}{7} \times \frac{11}{4} = ?$ ○ a. $\frac{11}{4}$ ○ b. $\frac{3}{2}$ ○ c. $\frac{39}{18}$

❽ $\dfrac{\frac{2}{5} - \frac{3}{10}}{\frac{7}{3} + \frac{-2}{5}} = ?$ ○ a. $\frac{3}{58}$ ○ b. 25 ○ c. $\frac{-45}{7}$

Corrigé

❶ $\frac{12}{18} = \frac{2 \times 2 \times 3}{3 \times 2 \times 3} = \mathbf{\frac{2}{3}}$

Réponse **c.**

❷ 7 × 27 = 9 × 21 = 189, on en déduit que

$\frac{7}{9} = \mathbf{\frac{21}{27}}$

Réponse **c.**

❸ $\frac{7}{5} + \frac{4}{5} = \frac{7 + 4}{5} = \mathbf{\frac{11}{5}}$

Réponse **b.**

❹ $\frac{11}{4} + \frac{3}{8} = \frac{22}{8} + \frac{3}{8} = \mathbf{\frac{25}{8}}$

Réponse **b.**

❺ $\frac{12}{45} + \frac{16}{60} = \frac{4}{15} + \frac{4}{15} = \mathbf{\frac{8}{15}}$

Réponse **c.**

❻ $\frac{3}{7} \times \frac{4}{9} = \frac{3 \times 4}{7 \times 3 \times 3} = \mathbf{\frac{4}{21}}$

Réponse **c.**

REMARQUE Il ne faut pas hésiter, dans la multiplication, à décomposer les nombres durant les calculs. Ceux-ci n'en seront que plus simples.

❼ $\frac{5}{7} + \frac{2}{7} \times \frac{11}{4} = \frac{5}{7} + \frac{22}{28} = \frac{5}{7} + \frac{11}{14}$

$= \frac{10}{14} + \frac{11}{14} = \frac{21}{14} = \mathbf{\frac{3}{2}}$

Réponse **b.**

À retenir

La multiplication/division a priorité sur l'addition/soustraction.

8 $$\frac{\frac{2}{5}-\frac{3}{10}}{\frac{7}{3}+\frac{-2}{5}}=\frac{\frac{4}{10}-\frac{3}{10}}{\frac{7\times5+3\times(-2)}{3\times5}}=\frac{\frac{1}{10}}{\frac{35-6}{15}}$$

$$=\frac{\frac{1}{10}}{\frac{29}{15}}=\frac{1}{10}\times\frac{15}{29}=\frac{1\times5\times3}{5\times2\times29}=\mathbf{\frac{3}{58}}$$

Réponse **a.**

3 | Puissances et racines carrées

1. Définition

Soit $\boldsymbol{a}$ un nombre réel et $\boldsymbol{n}$ un entier naturel :

$\boldsymbol{a^n = a \times a \times a \times \ldots \times a}$ **($\boldsymbol{n}$ fois)**

$\boldsymbol{a^1 = a}$

Soit $\boldsymbol{a}$ un nombre réel **non nul** et $\boldsymbol{n}$ un entier naturel :

$\boldsymbol{a^0 = 1}$

$\boldsymbol{a^{-n} = \dfrac{1}{a^n}}$

Exemples : $7^2 = 7 \times 7 = 49$

$2^5 = 2 \times 2 \times 2 \times 2 \times 2 = 32$

$\left(\dfrac{2}{7}\right)^3 = \dfrac{2}{7} \times \dfrac{2}{7} \times \dfrac{2}{7} = \dfrac{8}{343}$

$12{,}354^0 = 1$

$3^{-4} = \dfrac{1}{3^4} = \dfrac{1}{81}$

ATTENTION $(-5)^2 = (-5) \times (-5) = 25$, mais $-5^2 = -5 \times 5 = -25$.

2. Calculs avec des puissances

Soit $\boldsymbol{a}$ et $\boldsymbol{b}$ deux nombres réels non nuls, $\boldsymbol{n}$ et $\boldsymbol{p}$ deux nombres entiers relatifs.

$\boldsymbol{a^n \times a^p = a^{n+p}}$

$\boldsymbol{\dfrac{a^n}{a^p} = a^{n-p}}$

$\boldsymbol{(a^n)^p = a^{n \times p}}$

$\boldsymbol{(a \times b)^n = a^n \times b^n}$

$\boldsymbol{\left(\dfrac{a}{b}\right)^n = \dfrac{a^n}{b^n} \ (b \neq 0)}$

Exemples : $\boldsymbol{x^5 \times x^3 = x^{5+3} = x^8}$

$\boldsymbol{x^7 \times x^{-4} = x^{7+(-4)} = x^3}$

$\boldsymbol{x^{-9} \times x^{-4} = x^{-13}}$

$\boldsymbol{\dfrac{x^7}{x^3} = x^{7-3} = x^4}$

$$\frac{x^5}{x^{-2}} = x^{5-(-2)} = x^7$$

$$\frac{x^{-8}}{x^{-9}} = x^{-8-(-9)} = x^1 = x$$

$$(x^4)^3 = x^{12}$$

$$(y^{-5})^8 = y^{-40}$$

$$(z^{-2})^{-8} = z^{16}$$

$$(2x)^3 = 2^3 \times x^3 = 8x^3$$

$$\left(\frac{5}{x}\right)^3 = \frac{5^3}{x^3} = \frac{125}{x^3}$$

3. Définition

Soit a un nombre réel **positif**, on appelle « **racine carrée de a** » le nombre **positif** dont le carré est a. Ce nombre se note $\sqrt{a}$.

a étant un nombre positif : $(\sqrt{a})^2 = a$.

ATTENTION La racine carrée d'un nombre négatif n'existe pas.

Exemples : $\sqrt{36} = 6$

$\sqrt{1,21} = 1,1$

$\sqrt{\frac{9}{16}} = \frac{3}{4}$

$\sqrt{-9}$ n'existe pas.

4. Calculs avec des racines carrées

Soit a et b deux nombres réels positifs ou nuls.

$\sqrt{a} \times \sqrt{b} = \sqrt{a \times b}$

$\frac{\sqrt{a}}{\sqrt{b}} = \sqrt{\frac{a}{b}}$ $(b \neq 0)$

$\sqrt{a^{2n}} = \mathrm{a}^{\mathrm{n}}$

ATTENTION Il est faux de croire que $\sqrt{16} + \sqrt{9} = \sqrt{16+9}$.

En effet : $\sqrt{16+9} = \sqrt{25} = 5$ et $\sqrt{16} + \sqrt{9} = 4 + 3 = 7$.

D'où : $\sqrt{a} + \sqrt{b} \neq \sqrt{a+b}$.

En revanche : $5\sqrt{13} + 2\sqrt{13} = 7\sqrt{13}$.

Exemples : $\sqrt{5} \times \sqrt{3} = \sqrt{15}$

$\sqrt{6} \times \sqrt{7} = \sqrt{42}$

$\sqrt{21{,}5} \times \sqrt{3{,}4} = \sqrt{73{,}1}$

$\dfrac{\sqrt{50}}{\sqrt{2}} = \sqrt{\dfrac{50}{2}} = \sqrt{25} = 5$

$\sqrt{7^8} = 7^4$

$\sqrt{12^5} = \sqrt{12^4 \times 12^1} = \sqrt{12^4} \times \sqrt{12}$
$= 12^2 \times \sqrt{12} = 144\sqrt{12}$

$5\sqrt{48} = 5\sqrt{3 \times 16} = 5\sqrt{3 \times 4^2}$
$= 5 \times 4\sqrt{3} = 20\sqrt{3}$

$7\sqrt{12} - 3\sqrt{75} + 4\sqrt{108}$
$= 7\sqrt{4 \times 3} - 3\sqrt{25 \times 3} + 4\sqrt{2^2 \times 3^3}$
$= 7\sqrt{2^2 \times 3} - 3\sqrt{5^2 \times 3} + 4 \times 2\sqrt{3^2 \times 3}$
$= 7 \times 2\sqrt{3} - 3 \times 5\sqrt{3} + 8 \times 3\sqrt{3}$
$= 14\sqrt{3} - 15\sqrt{3} + 24\sqrt{3}$
$= 23\sqrt{3}$

Entraînement

Difficulté ✗✗✗ | Durée 10 min

Questions

❶ $4^3 = ?$

○ **a.** 12 ○ **b.** 64 ○ **c.** 32

❷ $\dfrac{5^5}{5^3} = ?$

○ **a.** 25 ○ **b.** 10 ○ **c.** 125

❸ $\left(\dfrac{2^8}{2^{10}}\right)^{-2} = ?$

○ **a.** 4 ○ **b.** 16 ○ **c.** 18

❹ Laquelle des propositions suivantes est fausse ?

○ **a.** $\sqrt{25} = 5$ ○ **b.** $-\sqrt{121} = -11$ ○ **c.** $\sqrt{-16} = 4$

❺ $(3\sqrt{2})^2 = ?$

○ **a.** 6 ○ **b.** 9 ○ **c.** 18

❻ $\sqrt{63} - 2\sqrt{28} + 5\sqrt{700} = ?$

○ **a.** $49\sqrt{7}$ ○ **b.** $13\sqrt{13}$ ○ **c.** Non calculable

Corrigé

❶ $4^3 = 4 \times 4 \times 4 = \mathbf{64}$

Réponse **b.**

❷ $\frac{5^5}{5^3} = 5^{5-3} = 5^2 = \mathbf{25}$

Réponse **a.**

❸ $\left(\frac{2^8}{2^{10}}\right)^{-2} = (2^{-2})^{-2} = 2^4 = \mathbf{16}$

Réponse **b.**

❹ La racine d'un nombre négatif n'existe pas.

Réponse **c.**

❺ $(3\sqrt{2})^2 = 3\sqrt{2} \times 3\sqrt{2} = 9\sqrt{2}^{\,2} = 9 \times 2 = \mathbf{18}$

Réponse **c.**

❻ $\sqrt{63} - 2\sqrt{28} + 5\sqrt{700}$

$= \sqrt{9 \times 7} - 2\sqrt{4 \times 7} + 5\sqrt{100 \times 7}$

$= \sqrt{3^2 \times 7} - 2\sqrt{2^2 \times 7} + 5\sqrt{10^2 \times 7}$

$= 3\sqrt{7} - 2 \times 2\sqrt{7} + 5 \times 10\sqrt{7}$

$= 3\sqrt{7} - 4\sqrt{7} + 50\sqrt{7} = \mathbf{49\sqrt{7}}$

Réponse **a.**

4 | Calcul littéral

Le calcul littéral est une forme d'écriture mathématique mélangeant nombres réels et lettres.
Exemples : $3x^2 - 8x + 13$ ou $(2x - 7)(x + 13)$ sont des expressions littérales.

1. Calcul de la valeur d'une expression littérale

Calculer la valeur d'une expression littérale signifie que, la valeur de la variable étant communiquée, il est demandé de calculer la valeur de l'expression algébrique en remplaçant la variable par sa valeur.
Exemple : Calculer la valeur de l'expression A définie par $A = 3x^2 + 2x - 30$ pour $x = 5$.

$A = 3x^2 + 2x - 30$ et $x = 5$
$A = 3 \times 5^2 + 2 \times 5 - 30$
$A = 3 \times 25 + 10 - 30$
$A = 75 - 20$
$A = \mathbf{55}$

2. Réduction d'une expression

Une même lettre utilisée plusieurs fois dans une même expression désigne le même nombre. Il est alors possible de « réduire » cette expression.
Exemples : $10x + 8x = 18x$
$5x + 3x - 2y - x + 10y = 7x + 8y$

3. Suppression de parenthèses

Pour supprimer une parenthèse dans une expression :
- on commence par retirer le signe devant la parenthèse ;
- si le signe supprimé était un « + », alors on réécrit l'intérieur de la parenthèse sans rien modifier ;
- si le signe supprimé était un « – », alors on réécrit l'intérieur de la parenthèse en changeant tous les signes.

Exemples : $155 + (4x^2 + 23x - 259) = 155 + 4x^2 + 23x - 259$
$= 4x^2 + 23x - 104$

$10x - (2x^2 - 4x + 8) = 10x - 2x^2 + 4x - 8 = -2x^2 + 14x - 8$

4. Développement

A. Distributivité simple

Soit a, x et y trois nombres relatifs :

$\boldsymbol{a(x + y) = ax + ay}$

$\boldsymbol{a(x - y) = ax - ay}$

Exemples : $2(x + 5) = 2x + 10$

$5(3x - 15) = 15x - 75$

$2x(3x - 7) - 5x(2x + 5) = 6x^2 - 14x - 10x^2 - 25x = -4x^2 - 39x$

$12(4x^2 - 8x + 2) - 5(x^2 - 13) = 48x^2 - 96x + 24 - 5x^2 + 65$

$= 43x^2 - 96x + 89$

B. Distributivité double

Soit a, b, x et y quatre nombres relatifs.

$\boldsymbol{(a + x)(b + y) = ab + ay + xb + xy}$

Exemples : $(x + 3)(2x - 7) = 2x^2 - 7x + 6x - 21 = 2x^2 - x - 21$

$(3x - 5)(2x - 9) = 6x^2 - 27x - 10x + 45 = 6x^2 - 37x + 45$

5. Identités remarquables

Soit a et b deux nombres relatifs.

$\boldsymbol{(a + b)^2 = a^2 + 2ab + b^2}$

$\boldsymbol{(a - b)^2 = a^2 - 2ab + b^2}$

$\boldsymbol{(a + b)(a - b) = a^2 - b^2}$

Exemples : $(x + 10)^2 = x^2 + 2 \times x \times 10 + (10)^2 = x^2 + 20x + 100$

$(3x - 5)^2 = 9x^2 - 30x + 25$

$(4x + 9)(4x - 9) = 16x^2 - 81$

6. Factorisation

Factoriser une expression exprimée sous la forme d'une somme de deux ou plusieurs éléments, c'est la transformer en un produit de deux ou plusieurs facteurs.

On recherche un diviseur commun à **tous** les termes de l'expression algébrique, puis on le « met en facteur ».

Exemples :

On peut mettre un nombre en facteur :

$2x + 2y + 2z = 2(x + y + z)$

$30x - 45y = 15(2x - 3y)$

On peut mettre une lettre en facteur :
$\boldsymbol{a}x + \boldsymbol{a}y = \boldsymbol{a}(x + y)$
$15x^3 + 20x^2 - 35x = 5x(3x^2 + 4x - 7)$

On peut mettre une expression en facteur :
$$\begin{aligned}(7x + 9)(2x - 11) + (7x + 9)(5x - 2) &= (7x + 9)[(2x - 11) + (5x - 2)]\\ &= (7x + 9)(2x - 11 + 5x - 2)\\ &= (7x + 9)(7x - 13)\end{aligned}$$

Entraînement	Difficulté XXX	Durée 15 min

Questions

❶ $10x + 6 - 2x + 24 = ?$

○ **a.** $12x + 30$ ○ **b.** $8x + 30$ ○ **c.** $4x + 22$

❷ $(x + 7)(5 - x) = ?$

○ **a.** $x^2 - 12x + 35$ ○ **b.** $-x^2 - 2x + 35$ ○ **c.** $2x^2 - 2x + 35$

❸ $(3x - 10)^2 = ?$

○ **a.** $9x^2 - 60x + 100$

○ **b.** $3x^2 - 30x + 100$

○ **c.** $9x^2 - 30x - 100$

❹ Calculer $A = 5x^2 - 8x + 10$ pour $x = -2$.

○ **a.** 40 ○ **b.** 46 ○ **c.** -13

❺ L'expression réduite, après suppression de parenthèses, de $2x^2 - (5x^2 - 12x + 8) + (-3x + 3x^2)$ est :

○ **a.** $7x^2 - 18x - 8$ ○ **b.** $x^2 + 9x - 8$ ○ **c.** $9x - 8$

❻ $(5x + \frac{3}{2})^2 = ?$

○ **a.** $25x^2 + 15x + \frac{9}{4}$

○ **b.** $25x^2 + \frac{9}{4}$

○ **c.** $25x^2 + 30x + \frac{9}{4}$

❼ $(8x + 2\sqrt{3})(8x - 2\sqrt{3}) = ?$

○ **a.** $64x^2 - 12$ ○ **b.** $64x^2 - 6$ ○ **c.** $16x^2 - 12$

❽ Factoriser l'expression suivante : $(2x + 3)^2 - (2x + 3)(5x - 7)$

○ **a.** $(2x + 3)(5x - 7)$

○ **b.** $(2x + 3)(5x - 7)$

○ **c.** $(2x + 3)(-3x + 10)$

❾ Factoriser l'expression suivante : $(5x - 7)(3x + 13) + 25x^2 - 49$

○ **a.** $4(5x - 7)(2x + 5)$

○ **b.** $(5x - 7)(3x - 9)$

○ **c.** $(5x - 7)(x + 8)$

Corrigé

❶ $10x + 6 - 2x + 24 = \mathbf{8x + 30}$

Réponse **b.**

❷ $(x + 7)(5 - x) = 5x - x^2 + 35 - 7x = \mathbf{-x2 - 2x + 35}$

Réponse **b.**

❸ Il s'agit d'une identité remarquable du type : $(a - b)^2 = a^2 - 2ab + b^2$.

$(3x - 10)^2 = (3x)^2 - 2 \times 3x \times 10 + 10^2 = \mathbf{9x^2 - 60x + 100}$

Réponse **a.**

❹ $A = 5x^2 - 8x + 10$ et $x = \mathbf{-2}$

$A = 5 \times (-2)^2 - 8 \times (-2) + 10 = 5 \times 4 + 16 + 10 = \mathbf{46}$

Réponse **b.**

❺ $2x^2 - (5x^2 - 12x + 8) + (-3x + 3x^2)$

$= 2x^2 - 5x^2 + 12x - 8 - 3x + 3x^2$

$= \mathbf{9x - 8}$

Réponse **c.**

❻ Il s'agit d'une identité remarquable du type : $(a + b)^2 = a^2 + 2ab + b^2$.

$\left(5x + \frac{3}{2}\right)^2 = (5x)^2 + 2 \times 5x \times \frac{3}{2} + \left(\frac{3}{2}\right)^2$

$= \mathbf{25x^2 + 15x + \frac{9}{4}}$

Réponse **a.**

❼ Il s'agit d'une identité remarquable du type : $(a + b)(a - b) = a^2 - b^2$

$(8x + 2\sqrt{3})(8x - 2\sqrt{3}) = (8x)^2 - (2\sqrt{3})^2$

$= 64x^2 - 2^2 \times (\sqrt{3})^2 = 64x^2 - 4 \times 3$

$= \mathbf{64x^2 - 12}$

Réponse **a.**

❽ $(2x + 3)^2 - (2x + 3)(5x - 7)$

$= (2x + 3)(2x + 3) - (2x + 3)(5x - 7)$

$= (2x + 3)[(2x + 3) - (5x - 7)]$

$= (2x + 3)(2x + 3 - 5x + 7)$

$= \mathbf{(2x + 3)(-3x + 10)}$

Réponse **c.**

❾ $(5x - 7)(3x + 13) + 25x^2 - 49$

$= (5x - 7)(3x + 13) + (5x)^2 - 7^2$

$= (5x - 7)(3x + 13) + (5x + 7)(5x - 7)$

$= (5x - 7)[(3x + 13) + (5x + 7)]$

$= (5x - 7)(8x + 20)$

$= \mathbf{4(5x - 7)(2x + 5)}$

Réponse **a.**

5 | Équations du premier degré

On appelle équation toute égalité comportant une ou plusieurs inconnues. Résoudre une équation consiste à déterminer la (ou les) valeur(s) qui rend(ent) vraie l'égalité.

Exemples :

$2x + 9 = 5x - 14$ est une équation à une inconnue.

$2x + 9$ est appelé le **membre** de gauche et $5x - 14$ est le membre de droite.

$12x - 17y = 28$ est une équation à deux inconnues.

REMARQUE

Soit l'équation : $5x + 1 = 2x + 7$. Le nombre 7 est-il solution ?
Si on remplace x par 7, alors :
$5x + 1 = 5 \times 7 + 1 = 36$ et $2x + 7 = 2 \times 7 + 7 = 21$.
Puisque $36 \neq 21$, alors le nombre 7 n'est pas la **solution** de l'équation $5x + 1 = 2x + 7$.
Soit la même équation : $5x + 1 = 2x + 7$. Le nombre 2 est-il solution ?
Si on remplace x par 2, alors :
$5x + 1 = 5 \times 2 + 1 = 11$ et $2x + 7 = 2 \times 2 + 7 = 11$.
Puisque le résultat trouvé est le même, alors on dit que 2 est la **solution** de l'équation $5x + 1 = 2x + 7$.
Cette méthode qui consiste à remplacer l'inconnue d'une équation par une ou plusieurs valeurs proposées afin de rechercher la(les) solution(s) est celle à utiliser dans un QCM; cependant la connaissance des techniques de résolution d'équations est nécessaire pour la résolution d'exercices dans les chapitres suivants.

Dans une équation, on peut additionner, soustraire ou multiplier les deux membres par un même nombre. De même, on peut diviser les deux membres de l'équation par un même nombre à la condition que celui-ci soit **non nul**.

Pour résoudre une équation, la méthode consiste généralement à isoler l'inconnue afin d'arriver à une situation du type : « $x = \ldots$ ».

Exemples :

$x + 7 = 13$	On soustrait 7 aux deux membres de l'égalité.
$x = 13 - 7$	On dit que 7 a été **transposé**. (On commence toujours par écrire le nombre **non** transposé.)
$x = 6$	La solution de l'équation est 6.

$y - 14 = 24$	
$y = 24 + 14$	Cette ligne a été obtenue en additionnant 14 aux deux membres.
$y = 38$	La solution de l'équation est 38.

$-3x = 42$	On transpose -3.
$x = \dfrac{42}{-3} = -14$	La solution de l'équation est -14.

(On présente toujours la solution d'une équation sous sa forme la plus simple, sans utiliser de valeur approchée.)

$\frac{z}{5} = 17$	On transpose 5 à l'aide d'une multiplication.
$z = 17 \times 5 = 85$	La solution de l'équation est 85.

$5x - 11 = 3$	On commence par transposer 11.
$5x = 3 + 11$	On transpose 5.
$x = \frac{14}{5}$	La solution de l'équation est $\frac{14}{5}$.

$8x - 13 = 19x + 9$	On transpose 19*x* à l'aide d'une soustraction.
$8x - 13 - 19x = 9$	On transpose 13.
$-11x = 9 + 13$	
$-11x = 22$	On transpose − 11.
$x = \frac{22}{-11} = -2$	La solution de l'équation est − 2.

$\frac{2x + 7}{4} = \frac{5x - 11}{3}$	On utilise la propriété « Si $\frac{a}{b} = \frac{c}{d}$, alors $a \times d = b \times c$ ».
$3(2x + 7) = 4(5x - 11)$	On utilise la distributivité simple.
$6x + 21 = 20x - 44$	
$6x - 20x = -44 - 21$	
$-14x = -65$	
$x = \frac{-65}{-14} = \frac{65}{14}$	La solution de l'équation est $\frac{65}{14}$.

Entraînement

Difficulté XXX | Durée 15 min

Questions

Déterminer la solution des équations proposées.

1. $5x - 4 = 13$
   - ○ a. $\frac{17}{5}$
   - ○ b. $\frac{11}{5}$
   - ○ c. $\frac{-3}{5}$
2. $7x + 18 = 2x - 22$
   - ○ a. $\frac{16}{3}$
   - ○ b. $\frac{40}{5}$
   - ○ c. -8
3. $12x - \frac{3}{4} = 5x + \frac{1}{2}$
   - ○ a. $\frac{-9}{5}$
   - ○ b. $\frac{5}{28}$
   - ○ c. $\frac{2}{8}$
4. $7x^2 - 18x + 5 = 7x^2 + 7x + 10$
   - ○ a. 5
   - ○ b. $-\frac{1}{5}$
   - ○ c. pas de solution

❺ $\frac{4}{5}x = \frac{8}{13}$

❍ **a.** 2 ❍ **b.** $\frac{5}{4}$ ❍ **c.** $\frac{10}{13}$

❻ $\frac{2x-5}{8} = 3$

❍ **a.** $\frac{29}{2}$ ❍ **b.** 12 ❍ **c.** $\frac{19}{8}$

❼ $5(2x + \sqrt{3}) = 15\sqrt{3}$

❍ **a.** 35 ❍ **b.** $-2\sqrt{3}$ ❍ **c.** $\sqrt{3}$

❽ De quelle équation le nombre 7 est-il solution ?

❍ **a.** $2x - 5 = 14$

❍ **b.** $x^2 - 2x - 35 = 0$

❍ **c.** $-5x^2 + 3 = 19$

Corrigé

❶ $5x - 4 = 13$

$5x = 13 + 4$

$x = \frac{17}{5}$ Réponse **a.**

❷ $7x + 18 = 2x - 22$

$7x - 2x = -22 - 18$

$5x = -40$

$x = \frac{-40}{5} = -8$ Réponse **c.**

❸ $12x - \frac{3}{4} = 5x + \frac{1}{2}$

$12x - 5x = \frac{1}{2} + \frac{3}{4}$

$7x = \frac{5}{4}$

$x = \frac{5}{28}$ Réponse **b.**

❹ $7x^2 - 18x + 5 = 7x^2 + 7x + 10$

$7x^2 - 18x - 7x^2 - 7x = 10 - 5$

$-25x = 5$

$x = \frac{5}{-25} = -\frac{1}{5}$ Réponse **b.**

❺ $\frac{4}{5}x = \frac{8}{13}$

$$x = \frac{\frac{8}{13}}{\frac{4}{5}} = \frac{8}{13} \times \frac{5}{4} = \frac{2 \times 4 \times 5}{13 \times 4} = \frac{10}{13}$$

Réponse **c.**

6 $\frac{2x-5}{8} = 3$

$2x - 5 = 3 \times 8$

$2x = 24 + 5$

$2x = 29$

$x = \frac{29}{2}$

Réponse **a.**

7 $5(2x + \sqrt{3}) = 15\sqrt{3}$

$10x + 5\sqrt{3} = 15\sqrt{3}$

$10x = 15\sqrt{3} - 5\sqrt{3}$

$10x = 10\sqrt{3}$

$x = \sqrt{3}$

Réponse **c.**

8 Si $x = 7$, alors $2x - 5 = 2 \times 7 - 5 = 14 - 5 = 9$ ($\neq 14$).

Le nombre 7 n'est pas solution de l'équation $2x - 5 = 14$

Si $x = 7$, alors $x^2 - 2x - 35 = 7^2 - 2 \times 7 - 35 = 49 - 14 - 35 = 0$

Le nombre 7 est solution de l'équation $x^2 - 2x - 35 = 0$

Si $x = 7$, alors $-5x^2 + 3 = -5 \times 7^2 + 3 = -5 \times 49 + 3 = -242$ ($\neq 19$)

Le nombre 7 n'est pas solution de l'équation. $-5x^2 + 3 = 19$

Réponse **b.**

6 | Systèmes de deux équations à deux inconnues

Résoudre un système de deux équations à deux inconnues, c'est trouver le couple de valeurs qui vérifient les deux équations.

Exemple : $\begin{cases} 3\boldsymbol{x} + 2\boldsymbol{y} = 16 \\ 7\boldsymbol{x} - 4\boldsymbol{y} = -6 \end{cases}$ est un système de deux équations à deux inconnues.

REMARQUE Pour répondre au QCM, il vous suffira de tester les couples de solutions proposés.

Exemple : Soit le système : $\begin{cases} 3\boldsymbol{x} + 2\boldsymbol{y} = 16 \\ 7\boldsymbol{x} - 4\boldsymbol{y} = -6 \end{cases}$

Le couple $x = 2$ et $y = 5$ est-il solution de ce système ?
Si $x = 2$ et $y = 5$ alors $3x + 2y = 3 \times 2 + 2 \times 5$
$= 6 + 10 = 16$. La première ligne est vérifiée.
Si $x = 2$ et $y = 5$ alors $7x - 4y = 7 \times 2 - 4 \times 5$
$= 14 - 20 = -6$. La seconde ligne est elle aussi vérifiée.
Le couple $x = 2$ et $y = 5$ est solution de ce système.

Il existe deux méthodes pour résoudre un système de deux équations à deux inconnues.

1. Méthode de résolution par combinaison

La technique consiste à multiplier les deux lignes du système par des nombres de façon à pouvoir supprimer une des deux inconnues par addition ou par soustraction.

Exemple : Soit le système : $\begin{cases} 2\boldsymbol{x} + 5\boldsymbol{y} = 17 \\ 7\boldsymbol{x} - 3\boldsymbol{y} = -2 \end{cases}$

On multiplie **toute** la première ligne par 7 (coefficient de x de la seconde ligne) et **toute** la seconde ligne par 2 (coefficient de x de la première ligne).

REMARQUE Une des fautes les plus courantes est d'oublier de multiplier aussi les seconds membres des égalités.

La présentation avec les accolades est fortement recommandée afin d'éviter des erreurs de calcul.

On obtient alors :

$$\begin{cases} 14x + 35y = 119 \\ 14x - 6y = -4 \end{cases}$$

On calcule la première ligne ôtée de la seconde et on garde une des deux lignes de l'énoncé :

$$\begin{cases} (14x + 35y) - (14x - 6y) = 119 - (-4) \\ 2x + 5y = 17 \end{cases}$$

On supprime les parenthèses :

$$\begin{cases} 14x + 35y - 14x + 6y = 123 \\ 2x + 5y = 17 \end{cases}$$

On effectue les calculs :

$$\begin{cases} 41y = 123 \\ 2x + 5y = 17 \end{cases}$$

$$\begin{cases} y = \dfrac{123}{41} = 3 \\ 2x + 5y = 17 \end{cases}$$

On remplace dans la seconde ligne y par 3 :

$$\begin{cases} y = 3 \\ 2x + 15 = 17 \end{cases}$$

$$\begin{cases} y = 3 \\ 2x = 2 \end{cases}$$

$$\begin{cases} y = 3 \\ x = 1 \end{cases}$$

Les solutions de l'équation sont $x = 1$ et $y = 3$.

2. Méthode de résolution par substitution

La méthode par substitution consiste à isoler une des 2 inconnues dans une des 2 lignes et à la remplacer par la valeur trouvée dans la seconde ligne. Cette méthode est souvent très longue, propice aux erreurs. Cependant elle peut s'avérer efficace lorsque l'une des 2 inconnues a 1 comme coefficient.

Exemple : Soit le système : $\begin{cases} 5x + y = 12 \\ 3x + 2y = -4 \end{cases}$

On **isole** l'inconnue y.

$$\begin{cases} y = 12 - 5x \\ 3x + 2y = -4 \end{cases}$$

On remplace y dans la seconde ligne par l'expression trouvée en l'isolant dans la première ligne.

$$\begin{cases} y = 12 - 5x \\ 3x + 2(12 - 5x) = -4 \end{cases}$$

On effectue le calcul.

$$\begin{cases} y = 12 - 5x \\ 3x + 24 - 10x = -4 \end{cases}$$

On calcule x.

$$\begin{cases} y = 12 - 5\boldsymbol{x} \\ -7\boldsymbol{x} = -28 \end{cases}$$

$$\begin{cases} y = 12 - 5\boldsymbol{x} \\ \boldsymbol{x} = \dfrac{-28}{-7} = 4 \end{cases}$$

On calcule y en remplaçant x par 4.

$$\begin{cases} y = 12 - 20 = -8 \\ \boldsymbol{x} = 4 \end{cases}$$

Les solutions de l'équation sont $x = 4$ et $y = -8$.

Entraînement

Difficulté XXX | Durée 20 min

Questions

Rechercher les couples solutions des systèmes proposés.

1 $\begin{cases} 2x + 7y = 32 \\ -4x + 3y = -30 \end{cases}$

○ **a.** $x = 2 ; y = 8$ ○ **b.** $x = 9 ; y = 1$ ○ **c.** $x = 9 ; y = 2$

2 $\begin{cases} x + y = 17 \\ 9x - 2y = -1 \end{cases}$

○ **a.** $x = 2 ; y = 15$ ○ **b.** $x = 20 ; y = -7$ ○ **c.** $x = 3 ; y = 14$

3 $\begin{cases} -2x + 7y = -24 \\ 9x + 5y = 35 \end{cases}$

○ **a.** $x = 3 ; y = 15$ ○ **b.** $x = 5 ; y = -2$ ○ **c.** $x = 10 ; y = -2$

4 Résoudre le système suivant en utilisant la méthode par combinaison.

$\begin{cases} 9x + 6y = 45 \\ 4x + 7y = 7 \end{cases}$

○ **a.** $x = 7 ; y = -3$ ○ **b.** $x = 2 ; y = 1$ ○ **c.** $x = 12 ; y = -5$

5 Résoudre le système suivant en utilisant la méthode par substitution.

$\begin{cases} x + 3y = 5 \\ 3x + 2y = 8 \end{cases}$

○ **a.** $x = 3 ; y = 1$ ○ **b.** $x = 2 ; y = 1$ ○ **c.** $x = 3 ; y = -5$

Corrigé

1 $\begin{cases} 2x + 7y = 32 \\ -4x + 3y = -30 \end{cases}$

a. Si $x = 2$ et $y = 8$, alors $2x + 7y = 2 \times 2 + 7 \times 8 = 60$ ($\neq 32$)

Le couple $x = 2$ et $y = 8$ n'est pas solution.

b. Si $x = 9$ et $y = 1$, alors $2x + 7y = 2 \times 9 + 7 \times 1 = 25$ ($\neq 32$)

Le couple $x = 9$ et $y = 1$ n'est pas solution.

c. Si $x = 9$ et $y = 2$, alors $2x + 7y = 2 \times 9 + 7 \times 2 = 32$

Si $x = 9$ et $y = 2$, alors $-4x + 3y = -4 \times 9 + 3 \times 2 = -36 + 6 = -30$

Le couple $x = 9$; $y = 2$ est solution du système.

Réponse **c.**

2 $\begin{cases} x + y = 17 \\ 9x - 2y = -1 \end{cases}$

a. Si $x = 2$ et $y = 15$ alors $x + y = 17$

Si $x = 2$ et $y = 15$ alors $9x - 2y = 9 \times 2 - 2 \times 15 = 18 - 30 = -12$ ($\neq -1$)

Le couple $x = 2$ et $y = 15$ n'est pas solution.

b. Si $x = 20$ et $y = -7$ alors $x + y = 13$ ($\neq 17$)

Le couple $x = 20$ et $y = -7$ n'est pas solution.

c. Si $x = 3$ et $y = 14$ alors $x + y = 17$

Si $x = 3$ et $y = 14$ alors $9x - 2y = 9 \times 3 - 2 \times 14 = 27 - 28 = -1$

Le couple $x = 3$; $y = 14$ est solution du système.

Réponse **c.**

3 $\begin{cases} -2x + 7y = -24 \\ 9x + 5y = 35 \end{cases}$

a. Si $x = 3$ et $y = 15$, alors $-2x + 7y = -3 \times 2 + 7 \times 15 = -6 + 105 = 99$ ($\neq -24$)

Le couple $x = 3$ et $y = 15$ n'est pas solution.

b. Si $x = 5$ et $y = -2$, alors $-2x + 7y = -2 \times 5 + 7 \times (-2) = -10 - 14 = -24$

Si $x = 5$ et $y = -2$, alors $9x + 5y = 9 \times 5 + 5 \times (-2) = 45 - 10 = 35$

Le couple $x = 5$; $y = -2$ est solution du système.

Réponse **b.**

4 $\begin{cases} 9x + 6y = 45 \\ 4x + 7y = 7 \end{cases}$

Afin de simplifier les calculs, on peut diviser la première ligne par 3.

$$\begin{cases} 3x + 2y = 15 \\ 4x + 7y = 7 \end{cases}$$

On multiplie la première ligne par 4 et la seconde par 3.

$$\begin{cases} 12x + 8y = 60 \\ 12x + 21y = 21 \end{cases}$$

On soustrait la première ligne par la seconde.

$$\begin{cases} (12x + 8y) - (12x + 21y) = 60 - 21 \\ 3x + 2y = 15 \end{cases}$$

On retire les parenthèses.

$$\begin{cases} 12x + 8y - 12x - 21y = 39 \\ 3x + 2y = 15 \end{cases}$$

$$\begin{cases} -13y = 39 \\ 3x + 2y = 15 \end{cases}$$

$$\begin{cases} y = \dfrac{39}{-13} = -3 \\ 3x + 2 \times (-3) = 15 \end{cases}$$

$$\begin{cases} y = -3 \\ 3x = 15 + 6 \end{cases}$$

$$\begin{cases} y = -3 \\ x = \dfrac{21}{3} = 7 \end{cases}$$

La solution du système est le couple $x = 7$ et $y = -3$.

Réponse **a.**

❺ $$\begin{cases} x + 3y = 5 \\ 3x + 2y = 8 \end{cases}$$

$$\begin{cases} x = 5 - 3y \\ 3(5 - 3y) + 2y = 8 \end{cases}$$

$$\begin{cases} x = 5 - 3y \\ 15 - 9y + 2y = 8 \end{cases}$$

$$\begin{cases} x = 5 - 3y \\ -7y = 8 - 15 \end{cases}$$

$$\begin{cases} x = 5 - 3y \\ x = \dfrac{-7}{-7} = 1 \end{cases}$$

$$\begin{cases} x = 5 - 3 \times 1 = 2 \\ y = 1 \end{cases}$$

La solution du système est le couple $x = 2$ et $y = 1$.

Réponse **b.**

7 | Résolution de problèmes

La résolution d'un problème s'effectue en suivant cinq étapes.

Étape 1 : le choix de l'inconnue.

On choisit généralement comme inconnue la valeur demandée. Si la question est : « Quel le prix du réfrigérateur… », alors on écrira « Soit x le prix du réfrigérateur ».

Étape 2 : la mise en équation du problème.

On traduit l'énoncé du problème en langage mathématique.

Il faut se rappeler que la conjonction « et » se traduit généralement par un signe + et que derrière la préposition « de » se cache souvent une multiplication.

Étape 3 : résolution du problème.

On résout l'équation (ou les équations).

Étape 4 : la conclusion.

On apporte une solution au problème. Il faut toujours apporter sa solution au problème par une phrase rédigée.

Étape 5 : la vérification.

On reprend les données initiales du problème et on vérifie que la solution trouvée vérifie bien la (ou les) équation(s) posée(s).

Exemple : Une association obtient une subvention pour contribuer au réaménagement de ses locaux. Les $\frac{2}{3}$ de cette somme sont consacrés au financement des travaux nécessaires pour la mise en conformité du réseau électrique. Les 450 euros restants sont attribués à l'achat de nouveaux équipements.

Quel est le montant de la subvention touchée par l'association ?

Choix de l'inconnue : soit x le montant de la subvention.

Mise en équation : puisque les $\frac{2}{3}$ de la somme sont consacrés aux travaux d'électricité, cela signifie que 450 euros restants correspondent à $\frac{1}{3}$ de la subvention.

On en déduit :

$\frac{1}{3}x = 450.$

Résolution de l'équation :

$\frac{1}{3}x = 450$

$x = 450 \times 3$

$x = 1\ 350$

Conclusion : la subvention attribuée à l'association est d'un montant de 1 350 euros.

Vérification : $\frac{1}{3} \times 1\ 350 = \frac{1\ 350}{3} = 450.$

Entraînement

Difficulté XXX | Durée 10 min

Questions

❶ Le prix de 4 stylos et de 5 gommes est de 11 euros, le prix de 2 stylos et de 7 gommes est de 9,1 euros. Déterminer le prix d'un stylo et le prix d'une gomme.

❷ Un matin, un atelier fabrique 6 pièces A et 4 pièces B pour un coût total de 260 €. L'après-midi, le même atelier fabrique 25 pièces A et 7 pièces B pour un coût total de 890 €.

Quels sont les coûts de fabrication d'une pièce A et d'une pièce B ?

Corrigé

❶ Choix de l'inconnue :

Soit x le prix d'un stylo et y le prix d'une gomme.

Mise en équation du problème :

$$\begin{cases} 4x + 5y = 11 \\ 2x + 7y = 9{,}1 \end{cases}$$

Résolution :

$$\begin{cases} 4x + 5y = 11 \\ 2x + 7y = 9{,}1 \end{cases}$$

On multiplie par 2 la seconde ligne.

$$\begin{cases} 4x + 5y = 11 \\ 4x + 14y = 18{,}2 \end{cases}$$

On soustrait la première ligne de la seconde afin d'éviter les signes « - ».

$$\begin{cases} (4x + 14y) - (4x + 5y) = 18{,}2 - 11 \\ 4x + 5y = 11 \end{cases}$$

$$\begin{cases} 14y - 5y = 7{,}2 \\ 4x + 5y = 11 \end{cases}$$

$$\begin{cases} 9y = 7{,}2 \\ 4x + 5y = 11 \end{cases}$$

$$\begin{cases} y = \dfrac{7{,}2}{9} = 0{,}8 \\ 4x + 5 \times 0{,}8 = 11 \end{cases}$$

$$\begin{cases} y = 0{,}8 \\ x = \dfrac{7}{4} = 1{,}75 \end{cases}$$

Solution :

Le prix d'un stylo est de 1,75 euros, le prix d'une gomme est de 0,80 euro.

Vérification :

$4 \times 1{,}75 + 5 \times 0{,}8 = 11$

$2 \times 1{,}75 + 7 \times 0{,}8 = 9{,}1$

❷ Choix de l'inconnue :

Soit x le coût de fabrication de la pièce A et y le coût de fabrication de la pièce B.

Mise en équation du problème :

$$\begin{cases} 6x + 4y = 260 \\ 25x + 7y = 890 \end{cases}$$

Résolution :

$$\begin{cases} 6x + 4y = 260 \\ 25x + 7y = 890 \end{cases}$$

On multiplie par 7 la première ligne et par 4 la seconde ligne.

$$\begin{cases} 42x + 28y = 1\,820 \\ 100x + 28y = 3\,560 \end{cases}$$

On soustrait la première ligne à la seconde et on conserve une des deux lignes de la mise en équation.

$$\begin{cases} (100x + 28y) - (42x + 28y) = 3\,560 - 1\,820 \\ 6x + 4y = 260 \end{cases}$$

$$\begin{cases} 100x + 28y - 42x - 28y = 1\,740 \\ 6x + 4y = 260 \end{cases}$$

$$\begin{cases} 58x = 1\,740 \\ 6x + 4y = 260 \end{cases}$$

$$\begin{cases} x = \dfrac{1\,740}{58} = 30 \\ 6 \times 30 + 4y = 260 \end{cases}$$

$$\begin{cases} x = 30 \\ x = \dfrac{(260 - 180)}{4} = 20 \end{cases}$$

Solution :

Le coût de fabrication d'une pièce A est de 30 euros, le coût de fabrication d'une pièce B est de 20 euros.

Vérification :

$6 \times 30 + 4 \times 20 = 260$

$25 \times 30 + 7 \times 20 = 890$

8 | Fonctions linéaires et fonctions affines

Lorsqu'à un nombre x on associe un autre nombre y, on crée une fonction.

Par exemple, si le prix d'un litre d'essence est de 1,40 €, il vous faudra payer 14 € si vous achetez 10 litres d'essence, 28 € pour 20 litres…
Mathématiquement, on considère qu'à partir d'un nombre x (le nombre de litres d'essence) on associe un autre nombre y (le prix à payer) calculé à partir de la formule $y = 1{,}4 \times x$.

En supposant que nous nommions f la fonction définie précédemment, alors la phrase : « Soit f la fonction qui au nombre x associe le nombre y qui se calcule en multipliant x par 1,4 » se note :
$f : x \mapsto y = 1{,}4x$.
f est le nom attribué à la fonction.
y s'appelle l'**image** de x par f et se note parfois $f(x)$.
x s'appelle la variable de la fonction f ; on dit aussi que x est l'**antécédent** de y par f.

Dans un repère (O, I, J), la représentation graphique d'une fonction est constituée par les points de coordonnées $(x ; y)$ avec $y = f(x)$.

1. Fonctions linéaires

On appelle fonction linéaire toute fonction du type $f : x \mapsto y = ax$.
a s'appelle le **coefficient directeur** de la fonction linéaire.
Exemple : La fonction $f : x \mapsto y = 1{,}4x$ est une fonction linéaire.

La représentation graphique d'une fonction linéaire est **une droite passant par l'origine du repère.**

Exemple : Tracer la représentation graphique de la fonction $f : x \mapsto y = 2x$.
Puisque la représentation graphique de la fonction f est une droite passant par l'origine, il suffit de connaître un seul autre point de la droite cherchée. On choisit alors une valeur quelconque pour x.
Soit $x = 2$, alors $y = 4$.
La droite passe par l'origine O et par le point A (2 ; 4).

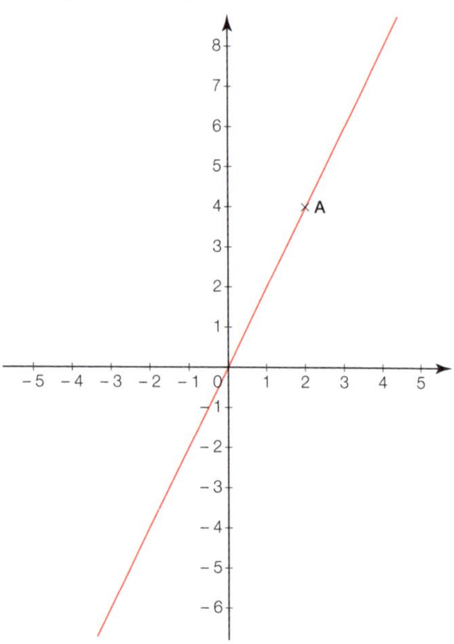

2. Fonctions affines

On appelle fonction affine toute fonction du type $\boldsymbol{f} : x \mapsto y = \boldsymbol{a}x + \boldsymbol{b}$.
$\boldsymbol{a}$ s'appelle le **coefficient directeur** et $\boldsymbol{b}$ l'**ordonnée** à l'**origine**.
Exemple : La fonction $\boldsymbol{g} : x \mapsto y = 3x - 2$ est une fonction affine.

La représentation graphique d'une fonction affine est une droite.
Exemple : Tracer la représentation graphique de la fonction $\boldsymbol{g} : x \mapsto y = 3x - 2$.
Puisque la représentation graphique de la fonction f est une droite, il est nécessaire de connaître deux points de la droite cherchée. On choisit alors deux valeurs quelconques pour x.
Soit $x = 3$, alors $y = 3 \times 3 - 2 = 7$.
Soit $x = -1$, alors $y = 3 \times (-1) - 2 = -5$.
La droite passe par le point A (3 ; 7) et par le point B (– 1 ; – 5).

REMARQUE Cette droite ne passe pas par l'origine du repère.

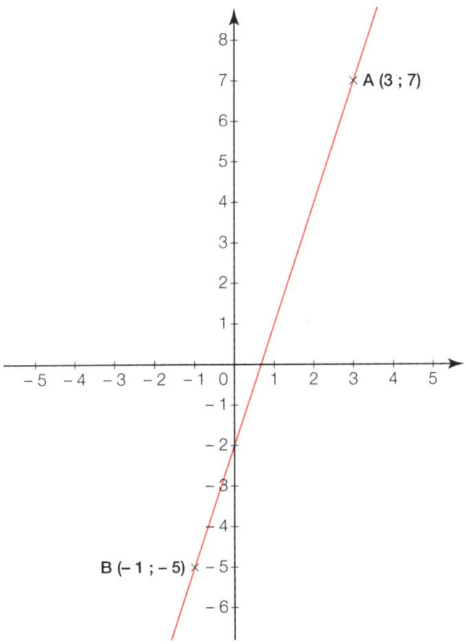

Entraînement | Difficulté XXX | Durée 10 min

Questions

❶ La fonction $f : x \mapsto y = x + 3\,(2x - 3)$ est-elle une fonction linéaire ?

○ **a.** Oui ○ **b.** Non

❷ La fonction $g : x \mapsto y = (3x + 5)^2 - 9(x^2 - 2)$ est-elle une fonction affine ?

○ **a.** Oui ○ **b.** Non

❸ Soit la fonction affine $h : x \mapsto y = 5x - 1$. Déterminer l'image de 8.

❍ **a.** $y = 58$ ❍ **b.** $y = 112$ ❍ **c.** $y = 39$

❹ Soit la fonction i : $x \mapsto y = 7x - 2$. Déterminer l'antécédent de 4.

❍ **a.** $x = \frac{3}{4}$ ❍ **b.** $x = \frac{6}{7}$ ❍ **c.** $x = \frac{-11}{7}$

❺ La représentation graphique de la fonction : $j : x \mapsto y = 5x - 9$ passe par le point de coordonnées :

❍ **a.** A (2 ; 0) ❍ **b.** B (1 ; 2) ❍ **c.** C (3 ; 6)

Corrigé

❶ $y = x + 3(2x - 3) = x + 6x - 9 = 7x - 9$

La fonction f n'est pas une fonction linéaire.

Réponse **b.**

❷ $y = (3x + 5)2 - 9(x^2 - 2)$

$y = 9x^2 + 30x + 25 - 9x^2 + 18$

$y = 30x + 43$

La fonction g est une fonction affine.

Réponse **a.**

❸ Si $x = 8$, alors $y = 5 \times 8 - 1 = 39$.

Réponse **c.**

❹ Si $y = 4$, alors $7x - 2 = 4$

$7x = 4 + 2$

$x = \frac{6}{7}$

Réponse **b.**

❺ Si $x = 2$, alors $y = 5 \times 2 - 9 = 1$ ($\neq 0$).

Le point A n'appartient pas à la représentation graphique de j.

Si $x = 1$, alors $y = 5 \times 1 - 9 = -4$ ($\neq 2$).

Le point B n'appartient pas à la représentation graphique de j.

Si $x = 3$, alors $y = 5 \times 3 - 9 = 6$.

Le point C appartient à la représentation graphique de j.

Réponse **c.**

9 | Proportionnalité

Deux suites de nombres sont appelées suites proportionnelles si tous les nombres d'une des deux suites sont obtenus en multipliant tous les nombres de l'autre suite par le même nombre.
Exemple : Le prix d'un stylo est 12 €, deux stylos coûtent 24 €, trois stylos coûtent 36 € et x stylos coûtent $12 \times x$ €. On construit ainsi deux suites de nombres : 1 ; 2 ; 3 ; … ; x et 12 ; 24 ; 36 ; … ; $12x$ qui sont appelées suites de nombres proportionnelles car on peut obtenir les nombres de la seconde suite en multipliant ceux de la première suite par le même nombre, en l'occurrence : 12.

À partir de l'exemple donné ci-dessus, nous pouvons construire le tableau de proportionnalité suivant :

Nombre de stylos	0	1	2	3	…	x	…
Prix (en €)	0	12	24	36	…	$12x$	…

(× 12)

12 s'appelle le coefficient de proportionnalité.

REMARQUE On construit la seconde ligne du tableau en multipliant les nombres de la première ligne par 12 ; de même, on peut construire la première ligne de ce tableau en divisant les nombres de la seconde ligne par 12.

Dans un tableau de proportionnalité, on peut additionner deux colonnes entre elles pour en former une nouvelle ; on peut également multiplier les deux nombres d'une même colonne pour en créer une autre.

Puisque 2 + 3 = 5, le nombre correspondant à 5 dans la seconde ligne sera 24 + 36 = 60.

Dans un tableau de proportionnalité, les « produits en croix » sont égaux.
Exemple : La construction de 12 km d'une route nécessite 90 tonnes d'un produit. Quelle quantité de ce même produit sera nécessaire pour la construction de 150 km de route ?
Type même d'une situation de proportionnalité, ce problème se résout en construisant un tableau et en se servant de la propriété précédente.

Distance à construire (en km)	12	150
Produit à prévoir (en tonnes)	90	x

« Dans un tableau de proportionnalité, les produits en croix sont égaux », d'où $90 \times 150 = 12 \times x$

$$x = \frac{13\,500}{12} = 1\,125$$

1 125 tonnes du produit seront nécessaires pour construire 150 km de route.
Cette propriété porte aussi le nom de « règle de trois ».

Entraînement

Difficulté XXX | Durée 10 min

Questions

❶ Un automobiliste parcourt 90 km. Quelle longueur, en cm, représente cette distance sur une carte au $\frac{1}{400\,000}$?

❍ **a.** 225 cm ❍ **b.** 2 250 cm ❍ **c.** 22,5 cm

❷ Un commerçant commande un lot de 350 ampoules électriques au prix de 1 400 euros. Combien paiera-t-il une commande de 475 ampoules ?

❍ **a.** 1 900 € ❍ **b.** 2 700 € ❍ **c.** 2 750 €

❸ Pour faire un gâteau pour 6 personnes, un pâtissier a besoin de 450 grammes de farine. De quelle quantité de farine aura-t-il besoin pour faire le même gâteau pour 8 personnes ?

❍ **a.** 500 g ❍ **b.** 550 g ❍ **c.** 600 g

❹ Un automobiliste roule à la vitesse de 100 km/h. Quelle distance va-t-il parcourir en roulant à la même vitesse durant 2 heures 15 minutes ?

❍ **a.** 200 km ❍ **b.** 215 km ❍ **c.** 225 km

Corrigé

❶ L'automobiliste a parcouru : 90 km = 9 000 000 cm

Distance sur le plan = $\frac{1}{400\,000} \times 9\,000\,000 =$ **22,5 cm**

Réponse **c.**

❷ On peut résoudre l'exercice en utilisant un tableau de proportionnalité et en appelant x le prix recherché.

NOMBRE D'AMPOULES	350	475
PRIX (EN EUROS)	1 400	x

On en déduit que :

$350 \times x = 1\,400 \times 475$

$x = \frac{665\,000}{350} = 1\,900$

Le lot de 450 ampoules coûtera 1 900 euros.

Réponse **a.**

❸ En appelant x la quantité de farine cherchée, on obtient le tableau de proportionnalité suivant :

QUANTITÉ DE FARINE (EN G)	450	x
NOMBRE DE PERSONNES	6	8

On en déduit que :

$6 \times x = 450 \times 8$

$x = \frac{3\,600}{6} = 600$

La quantité de farine nécessaire sera de 600 g.
Réponse **c.**

❹ En appelant x la distance parcourue en 2 h 15 min (2 h 15 min = 2 × 60 + 15 min = 135 min) on obtient le tableau de proportionnalité suivant :

Distance parcourue (en km)	100	x
Durée (en minutes)	60	135

On en déduit que :

$60 \times x = 100 \times 135$

$x = \frac{13\,500}{60} = 225$

L'automobiliste va parcourir 225 km en 2 h 15 min.
Réponse **c.**

10 | Pourcentage

1. Calcul d'un pourcentage

Calculer les p % d'un nombre, c'est multiplier ce nombre par $\frac{p}{100}$.

Exemples :

Un coffret de 7 DVD coûte 42 euros. Son prix augmente de 5 %. Quel est le montant de l'augmentation ?

Calcul de l'augmentation : $\frac{5}{100} \times 42 = \frac{5 \times 42}{100} = \frac{210}{100} = 2{,}10$ euros.

Le prix d'un objet coûtant 520 euros augmente de 62,40 euros. Calculer l'augmentation du prix en pourcentage.

Soit x le pourcentage cherché.

$\frac{x}{100} \times 520 = 62{,}40$

$\frac{x}{100} = \frac{62{,}4}{520}$

$x = 0{,}12 \times 100 = 12$

L'augmentation est de 12 %.

2. Calcul d'une nouvelle quantité ou d'un nouveau prix

Dans le cas d'une augmentation, les calculs peuvent se faire à partir de la formule $y = \left(1 + \frac{p}{100}\right)x$, et dans le cas d'une réduction on utilise la formule $y = \left(1 - \frac{p}{100}\right)x$ où x représente l'ancienne quantité, y la nouvelle quantité et p le pourcentage.

Exemples :

- Le budget d'un service administratif était de 152 000 euros. Il est prévu une baisse de ce budget de 5 %. Quel sera le montant du nouveau budget ?

Puisqu'il s'agit d'une réduction, on utilise la formule $y = \left(1 - \frac{p}{100}\right)x$ avec :
$x = 152\,000$ et $p = 5$.

$y = \left(1 - \frac{5}{100}\right) \times 152\,000 = 0{,}95 \times 152\,000 = 144\,400$

Le nouveau montant du budget sera de 144 400 euros.

- La population d'une ville est de 132 210 habitants après une augmentation de 13 %. Quel était le nombre d'habitants de cette ville ?

Puisqu'il s'agit d'une augmentation, on utilise la formule $y = \left(1 + \frac{p}{100}\right)x$ avec :
$y = 132\,210$ et $p = 13$

$132\,210 = \left(1 + \frac{13}{100}\right) \times x$

$132\,210 = 1{,}13 \times x$

$x = \frac{132\,210}{1{,}13} = 117\,000$

Le nombre d'habitants était de 117 000 avant l'augmentation.

■ Un livre, dont le prix était de 15 euros, est proposé à la vente au nouveau prix de 15,90 euros. Quel est le pourcentage de l'augmentation ?

Puisqu'il s'agit d'une augmentation, on utilise la formule $y = \left(1 + \frac{p}{100}\right)x$ avec : $x = 15$ et $y = 15{,}9$.

$15{,}9 = \left(1 + \frac{p}{100}\right) \times 15$

$\frac{15{,}9}{15} = 1 + \frac{p}{100}$

$1{,}06 - 1 = \frac{p}{100}$

$0{,}06 = \frac{p}{100}$

$p = 0{,}06 \times 100 = 6$

Le prix du livre a augmenté de 6 %.

Entraînement

Difficulté ✗✗✗ | Durée 10 min

Questions

❶ Calculer les 17,5 % de 3 700.

❍ **a.** 647,5 ❍ **b.** 129 ❍ **c.** 17,5

❷ Le prix d'un objet coûtant 24,5 euros baisse de 4 %. Quel est le nouveau prix de l'objet ?

❍ **a.** 23,52 € ❍ **b.** 20,5 € ❍ **c.** 4,32 €

❸ Un livre dont le prix était de 24 euros est vendu, après une réduction, au prix de 22,80 €. Quel est le pourcentage de réduction ?

❍ **a.** 2 % ❍ **b.** 9 % ❍ **c.** 5 %

❹ Le prix d'un pull-over est de 45 euros. Il augmente de 4 %. Quel est le nouveau prix ?

❍ **a.** 46,80 € ❍ **b.** 46,37 € ❍ **c.** 49 €

Corrigé

❶ $\frac{17{,}5 \times 3\,700}{100} = \mathbf{647{,}5}$.

Réponse **a.**

❷ Deux calculs différents sont possibles :

On calcule d'abord l'augmentation : $\frac{4 \times 24{,}5}{100} = 0{,}98$;
puis on la retranche de l'ancien prix :

$24{,}5 - 0{,}98 = 23{,}52$.

Ou on utilise la formule $y = \left(1 - \frac{p}{100}\right)x$ avec $x = 24{,}5$ et p = 4.

$y = \left(1 - \frac{4}{100}\right) \times 24{,}5 = 0{,}96 \times 24{,}5 = 23{,}52$

Son nouveau prix est de 23,52 €.

Réponse **a.**

❸ On utilise la formule $y = \left(1 - \frac{p}{100}\right)x$ avec $x = 24$ et $y = 22{,}8$.

$22{,}8 = \left(1 - \frac{p}{100}\right) \times 24$

$\frac{22{,}8}{24} = 1 - \frac{p}{100}$

$0{,}95 = 1 - \frac{p}{100}$

$\frac{p}{100} = 1 - 0{,}95 = 0{,}05$

$p = 0{,}05 \times 100 = \mathbf{5}$

Réponse **c.**

❹ On utilise la formule $y = \left(1 + \frac{p}{100}\right)x$ avec $x = 45$ et $p = 4$.

$y = \left(1 + \frac{p}{100}\right)x = \left(1 + \frac{4}{100}\right) \times 45 = 1{,}04 \times 45 = 46{,}8$

Le nouveau prix du pull-over est de 46,80 euros.

Réponse **a.**

11 | Éléments de statistiques

1. Vocabulaire et calculs

Dans le langage des statistiques, une **population** est un ensemble qui peut être relatif à :

– des êtres humains (élèves d'un lycée, employés d'une société…) ;
– des êtres vivants (animaux, plantes…) ;
– des objets (meubles, voitures…) ;
– des concepts (rendement à l'hectare, budget…).

Un **échantillon** est une partie (un sous-ensemble) qui peut être représentative d'une population.

Un caractère est un **critère** qui permet de classer les différents éléments d'une population (la taille, la couleur…).

Un caractère est qualifié de **discret** s'il ne peut prendre que certaines valeurs (faces d'un dé…).

Dans le cas contraire, le caractère est qualifié de **continu**.

L'**effectif** est le nombre d'éléments pour un caractère donné.

Deux sortes d'effectifs doivent être distinguées :

– l'effectif total qui est le nombre total d'éléments dans une population ;
– l'effectif d'un caractère qui est le nombre d'éléments pour un caractère donné.

Fréquences : deux types de fréquences peuvent être demandés :

– la fréquence : $F = \dfrac{\text{effectif partiel}}{\text{effectif total}}$;
– la fréquence en pourcentage :
$F = 100 \times \dfrac{\text{effectif partiel}}{\text{effectif total}}$.

Exemples :

■ Cas d'un caractère discret : on lance un dé à plusieurs reprises et on note les résultats obtenus dans un tableau.

Faces du dé	1	2	3	4	5	6	Total
Effectifs	32	25	31	25	28	29	?

L'effectif de l'événement « le résultat est 5 » est 28.
L'effectif total est 170.
En considérant le tableau ci-dessus, on en déduit que la fréquence de l'événement « le résultat est 4 » est : $F = \dfrac{25}{170} = \dfrac{5}{34} \approx 0{,}15$.

■ Cas d'un caractère continu : une société fait une étude statistique sur l'âge de ses employés. Afin d'organiser les résultats, on les range dans des classes du type [40 ; 50[où on indique le nombre d'employés dont l'âge est compris entre 40 ans (compris) et 50 ans (non compris). À partir des effectifs, on peut établir le tableau suivant :

Âges	Effectifs	Effectifs cumulés croissants	Fréquences (à 0,01 près)	Fréquences cumulées croissantes	Fréquences cumulées décroissantes	Centre des classes
[20 ; 30[	42	42	0,19	0,19	1	25
[30 ; 40[	58	100	0,26	0,45	0,81	35
[40 ; 50[	75	175	0,33	0,78	0,55	45
[50 ; 60[	43	218	0,19	0,97	0,22	55
[60 ; 70[	7	225	0,03	1	0,03	65
Total	225		1			

La **moyenne** d'une série statistique est le quotient de la somme des valeurs par l'effectif total. La moyenne se note $\overline{m}$.

L'**étendue** d'une série statistique est la différence entre la plus grande et la plus petite valeur de cette série.

La **médiane** d'une série statistique est le nombre qui partage cette série en deux groupes de même effectif. La médiane se note ***m***.

Exemple : Un élève a obtenu les notes suivantes :
12 ; 15 ; 6 ; 13,5 ; 8 ; 9,5 et 13.
Quelle est sa moyenne ?

$$\overline{m} = \frac{12 + 15 + 6 + 13,5 + 8 + 9,5 + 13}{7} = \frac{77}{7} = 11$$

Quelle est l'étendue de cette série ?
E = 15 – 6 = 9
Quelle est la médiane de cette série ?
Dans un premier temps, on ordonne la suite dans l'ordre croissant : 6 ; 8 ; 9,5 ; 12 ; 13 ; 13,5 ; 15.
Dans un second temps, on détermine le nombre qui partage la série en deux séries de même effectif : la médiane de cette série est le nombre 12.
Si la série n'avait été constituée que de 6 éléments, par exemple : 6 ; 8 ; 9,5 ; 12 ; 13 ; 13,5 la médiane aurait été : $\frac{9,5 + 12}{2} = \frac{21,5}{2} = 10,75$.

2. Représentations graphiques

A. Diagramme en bâtons

Cette représentation est généralement utilisée lorsque le caractère étudié est discret.
Exemple : Dans le cas du dé à six faces (*cf.* ci-avant) :

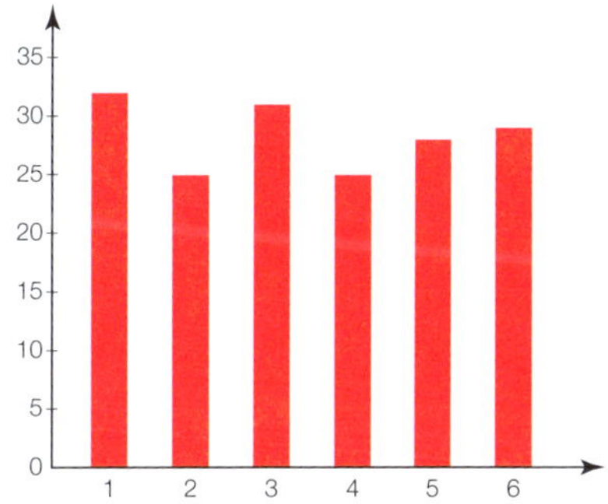

B. Histogramme

Cette représentation est généralement utilisée lorsque le caractère étudié est continu.

Exemple : L'histogramme suivant représente les effectifs de l'étude statistique sur l'âge des employés (*cf.* l'exemple ci-avant). Il est obtenu en choisissant une unité sur l'axe des abscisses pour représenter les classes, puis une unité sur l'axe des ordonnées afin de pouvoir représenter les effectifs.

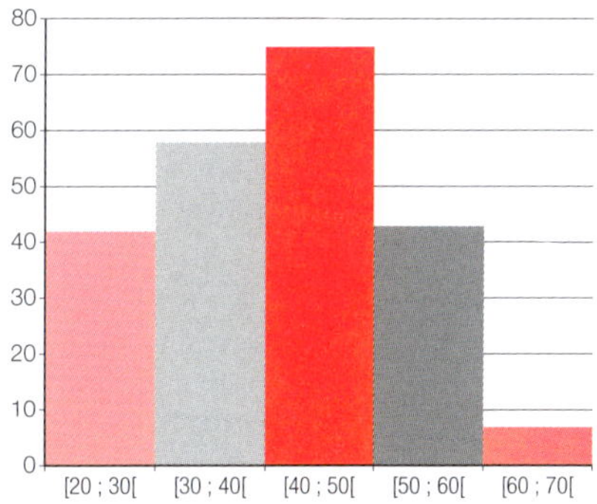

C. Diagramme circulaire ou semi-circulaire

Exemple : Soit les résultats d'une élection où cinq partis se sont présentés.

Parti A : 2 300 voix
Parti B : 7 000 voix
Parti C : 13 000 voix
Parti D : 2 000 voix
Parti E : 5 700 voix

On veut représenter ces résultats sous la forme d'un diagramme circulaire (mesures des angles arrondis à l'unité).

On appelle ***a***, ***b***, ***c***, ***d*** et ***e*** les mesures d'angle cherchées.

	Parti A	Parti B	Parti C	Parti D	Parti E	Total
Nombre de voix	2 300	7 000	13 000	2 000	5 700	30 000
Angles (en degrés)	a	b	c	d	e	360

$$a = \frac{2\ 300 \times 360}{30\ 000} \approx 28 \qquad b = \frac{7\ 000 \times 360}{30\ 000} = 84$$

$$c = \frac{13\ 000 \times 360}{30\ 000} = 156 \qquad d = \frac{2\ 000 \times 360}{30\ 000} = 24$$

$$e = \frac{5\ 700 \times 360}{30\ 000} \approx 68$$

REMARQUE Ces calculs ont été faits en vue de construire un diagramme circulaire. Pour un diagramme semi-circulaire la totalité se calcule non plus avec 360° mais avec 180°.

Tableau récapitulatif :

	Parti A	Parti B	Parti C	Parti D	Parti E	Total
Angles (en degrés)	28	84	156	24	68	360

On obtient le diagramme circulaire suivant.

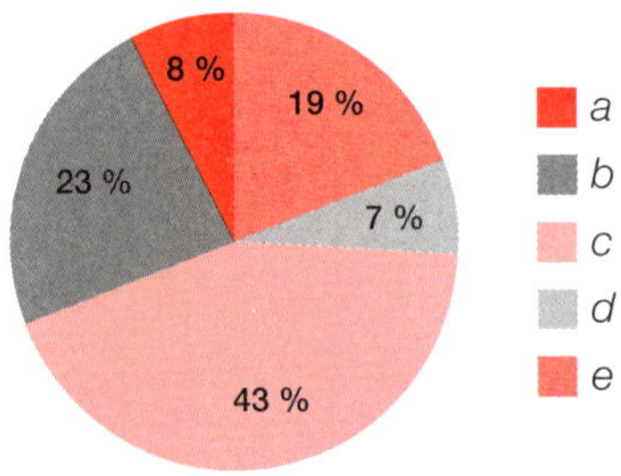

Entraînement

Difficulté ✗✗✗ | Durée 10 min

Questions

❶ Un élève a obtenu les 4 notes suivantes en mathématiques : 10; 12; 6; 14.
Quelle cinquième note doit-il obtenir afin que sa moyenne soit de 11 ?

○ **a.** 12 ○ **b.** 13 ○ **c.** 13,5

❷ Une enquête statistique réalisée sur un ensemble formé de 80 enfants a pour objet d'évaluer le temps passé chaque jour devant la télévision. On a résumé les réponses obtenues dans le tableau suivant :

Temps en heures	0 ≤ t , 0,5	0,5 ≤ t , 1	1 ≤ t , 1,5	1,5 ≤ t , 2	2 ≤ t
Nombre d'enfants	2	8	25	31	14

1) Quel pourcentage d'enfants regardent la télévision plus de 2 heures ?

○ **a.** 24 % ○ **b.** 17,5 % ○ **c.** 16 %

2) Combien d'enfants passent moins d'une heure et trente minutes devant la télévision ?

❍ **a.** 25 ❍ **b.** 10 ❍ **c.** 35

3) Combien d'enfants passent plus d'une heure devant la télévision ?

❍ **a.** 70 ❍ **b.** 45 ❍ **c.** 10

Corrigé

1 Soit x la note cherchée.

$$\frac{10 + 12 + 6 + 14 + x}{5} = 11$$

$42 + x = 11 \times 5 = 55$

$x = 55 - 42 = 13$

La note cherchée est 13.

Réponse **b.**

2 **1)** Le nombre (l'effectif) total d'enfants est de 80.

Le nombre d'enfants regardant la télévision plus de 2 heures est de 14.

La fréquence en pourcentage est :

$$F = 100 \times \frac{14}{80} = 17{,}5$$

Dans la population choisie, il y a 17,5 % d'enfants qui regardent la télévision plus de 2 heures.

Réponse **b.**

2) Le nombre d'enfants passant moins d'une heure et trente minutes devant la télévision s'obtient en additionnant les effectifs des 3 premières classes.

$2 + 8 + 25 = 35$

Le nombre d'enfants passant moins d'une heure et trente minutes devant la télévision est de 35.

Réponse **c.**

3) Le nombre d'enfants passant plus d'une heure devant la télévision s'obtient en additionnant les effectifs des 3 dernières classes.

$25 + 31 + 14 = 70$

Le nombre d'enfants passant plus d'une heure devant la télévision est de 70.

Réponse **a.**

12 | Éléments de probabilités

Exemple : Lors du lancement d'un dé à six faces :
– « on obtient 2 » est un **événement élémentaire** ;
– « on obtient un nombre impair » est un **événement** (on peut y distinguer plusieurs événements élémentaires : « on obtient 1 », « on obtient 3 » et « on obtient 5 »).
Le résultat d'un lancer de dé est dû uniquement au hasard : on parle alors d'**expérience aléatoire**.

À retenir

On appelle fréquence d'un événement le rapport $\frac{\text{effectif partiel}}{\text{effectif total}}$.
Dans le cas d'un lancer de dé qui a été effectué 45 fois, si l'événement « on obtient 5 » a été observé 6 fois, sa fréquence est de $\frac{6}{45} = \frac{2}{15} \approx 0{,}13$ (arrondi au centième).

Pour un petit nombre de lancers, cette fréquence peut varier, cependant lorsque le nombre de lancers devient « important », alors cette fréquence tend à se rapprocher d'un nombre p, **compris entre 0 et 1**. Ce nombre est appelé **probabilité de l'événement.** Dans le cas de l'exemple précédent, la probabilité de l'événement élémentaire « on obtient 5 » est de $\frac{1}{6}$ ($\approx 0{,}17$).

D'une façon générale, la probabilité d'un événement est la somme des probabilités des événements élémentaires qui le composent.

La somme de tous les événements élémentaires d'un événement est 1.

Exemple : Dans le cas du lancement d'un dé la probabilité de l'événement élémentaire « on obtient 5 » est $\frac{1}{6}$. La probabilité de l'événement « on obtient un nombre impair » est obtenue en additionnant les probabilités des événements qui le composent : $\frac{1}{3} + \frac{1}{3} + \frac{1}{3} = \frac{6}{6} = \frac{1}{2}$. Soit A l'événement : « on obtient un nombre impair », on écrit $p(A) = \frac{1}{2}$.

Un événement dont la probabilité est 0 est un événement impossible.

Un événement dont la probabilité est 1 est un événement certain.

Lorsque tous les événements élémentaires ont la même probabilité, la situation est équiprobable.

Soit n le nombre d'événements élémentaires d'une expérience en situation d'équiprobabilité. La probabilité d'un événement élémentaire est de $\frac{1}{n}$.

Exemple : Dans le cas d'un lancement de dé à 6 faces, la probabilité d'un événement élémentaire est de $\frac{1}{6}$. Dans le cas d'un tirage à pile ou face, la probabilité de l'événement élémentaire « on obtient pile » est de $\frac{1}{2}$.

L'**événement contraire** d'un événement A est celui qui se réalise quand l'événement A ne se réalise pas. On le note $\overline{A}$. Dans ce cas, la somme des probabilités des deux événements est 1.

$$p(A) + p(\overline{A}) = 1$$

Exemple : Dans le cas d'un tirage à pile ou face, les deux événements « on obtient pile » et « on obtient face » sont deux événements contraires.

Entraînement

Difficulté ✗✗✗ | Durée 15 min

Questions

1 On tire au hasard une carte dans un jeu de 52 cartes. Quelle est la probabilité de l'événement « la carte tirée est un roi » ? Quelle est la probabilité de l'événement « la carte tirée est un cœur » ?

2 Une expérience aléatoire admet 5 événements élémentaires A, B, C, D et E aléatoires. Sachant que $p(A) = \frac{1}{2}$, $p(B) = \frac{1}{4}$, $p(C) = \frac{1}{8}$ et $p(D) = \frac{1}{16}$, calculez $p(E)$.

3 Dans un sac noir, on a placé 5 boules rouges, 3 boules jaunes et 2 boules bleues.
Quelle est la probabilité de tirer une boule jaune ?

4 Dans une urne se trouvent 40 jetons. Il y a 15 jetons rouges, 17 jetons bleus, 3 jetons verts et le reste est composé de jetons noirs.

a. Combien y a-t-il de jetons noirs ?

b. On tire un jeton. Quelle est la probabilité p(n) pour que ce soit un jeton noir ?

On replace le jeton dans le sac.

c. On tire à nouveau un jeton. Quelle est la probabilité *p* pour que ce ne soit pas un jeton bleu ?

5 On considère une classe de 34 élèves, dont 22 garçons. On sait que 10 filles et 19 garçons possèdent un smartphone.

a. Complétez le tableau suivant :

	Garçons	Filles	Total
Ont un smartphone	19	10	
N'ont pas de smartphone			
Total	22		34

b. Quelle est la probabilité qu'un élève pris au hasard soit une fille ne possédant pas de smartphone ?

Corrigé

❶ **p(« la carte tirée est un roi ») = $\frac{4}{52} = \frac{\mathbf{1}}{\mathbf{13}}$**

p(« la carte tirée est un cœur ») = $\frac{13}{52} = \frac{\mathbf{1}}{\mathbf{4}}$

❷ Puisque les événements élémentaires sont aléatoires, alors :

$p(E) = 1 - [p(A) + p(B) + p(C) + p(D)]$

$p(E) = 1 - [\frac{1}{2} + \frac{1}{4} + \frac{1}{8} + \frac{1}{16}] = 1 - \frac{15}{16}$

$p(E) = \frac{1}{16}$

❸ Il y a en tout 10 boules.

La probabilité de tirer une boule jaune est : $\frac{3}{10}$ = **0,3**.

❹ **a.** Il y a 40 - (15 + 17 + 3) = 5 jetons noirs.

b. $p(n) = \frac{5}{40} = \frac{1}{8}$ = **0,125**

c. 23 jetons ne sont pas bleus.

$p = \frac{23}{40}$ = **0,575**

❺ **a.**

	Garçons	Filles	Total
Ont un smartphone	19	10	**29**
N'ont pas de smartphone	3	2	5
Total	22	12	34

b. $p = \frac{2}{34} = \frac{\mathbf{1}}{\mathbf{17}}$

13 | Mesures et conversions

1. Mesure des longueurs

L'unité de mesure des longueurs est le **mètre** (m). Les multiples du mètre sont le décamètre (dam), l'hectomètre (hm) et le kilomètre (km). Les sous-multiples du mètre sont le décimètre (dm), le centimètre (cm) et le millimètre (mm).

KM	HM	DAM	M	DM	CM	MM

Exemples : 100 m = 1 hm
250 dam = 25 000 dm
5 m = 0,005 km
62 cm = 0,62 m

2. Mesure des aires

L'unité de mesure des aires est le **mètre carré** (m^2). Les multiples du mètre carré sont le décamètre carré (dam^2), l'hectomètre carré (hm^2) et le kilomètre carré (km^2). Les sous-multiples du mètre carré sont le décimètre carré (dm^2), le centimètre carré (cm^2) et le millimètre carré (mm^2).

ATTENTION Les unités agraires sont également utilisées pour mesurer des surfaces. Il faut connaître en particulier l'are (a) et l'hectare (ha) : 1 a = 100 m^2 et 1 ha = 100 a = 10 000 m^2.

Le tableau de conversion comporte deux chiffres par colonne.

KM²		HM²		DAM²		M²		DM²		CM²		MM²	
			HA		A								

Exemples : 3 km^2 = 3 000 000 m^2
350 ha = 35 000 a = 3 500 000 m^2
8 cm^2 = 0,08 dm^2

3. Mesure des volumes

L'unité de mesure des volumes est le **mètre cube** (m^3). Les multiples du mètre cube sont le décamètre cube (dam^3), l'hectomètre cube (hm^3) et le kilomètre cube (km^3). Les sous-multiples du mètre cube sont le décimètre cube (dm^3), le centimètre cube (cm^3) et le millimètre cube (mm^3).

Le tableau de conversion comporte trois chiffres par colonne.

KM^3			HM^3			DAM^3			M^3			DM^3			CM^3			MM^3		

Exemples : 5,3 dam^3 = 5 300 m^3
25 cm^3 = 0,025 dm^3
8 560 hm^3 = 8,56 km^3

4. Mesure des capacités

L'unité de mesure des capacités est le **litre** (L). Les multiples du litre sont le décalitre (daL) et l'hectolitre (hL). Les sous-multiples du litre sont le décilitre (dL), le centilitre (cL) et le millilitre (mL).

(kL)	hL	daL	L	dL	cL	mL

ATTENTION Le kilolitre n'est plus une unité officiellement reconnue.

Exemples : 25 L = 2 500 cL
5 mL = 0,005 L
3,59 daL = 359 dL

Une égalité est très importante à connaître : **1 dm^3 = 1 L.**

Il est possible de faire un tableau commun regroupant les unités de mesure des volumes et des capacités.

KM^3			HM^3			DAM^3			M^3			DM^3			CM^3			MM^3		
												hL	daL	L	dL	cL	mL			

Exemples : 3 L = 3 000 cm^3
52 m^3 = 52 000 L
6 500 mm^3 = 0,065 dL

5. Mesure des masses

L'unité de mesure des masses est le **gramme** (g). Les multiples du gramme sont le décagramme (dag), l'hectogramme (hg) et le kilogramme (kg). Les sous-multiples du gramme sont le décigramme (dg), le centigramme (cg) et le milligramme (mg).

KG	HG	DAG	G	DG	CG	MG

ATTENTION Vous pouvez rencontrer d'autres unités de masses, comme la tonne.
1 tonne (t) représente 1 000 kilogrammes.
Le quintal (q) n'est plus une unité autorisée. Vous devez toutefois savoir qu'un quintal est égal à 100 kilogrammes.

Exemples : 1 250 g = 1,25 kg
25 q = 25 000 hg
625 dg = 0,625 hg
6,2 dag = 62 000 mg

6. Mesure du temps

L'unité de mesure du temps est la **seconde** (s) :
60 s = 1 min (minute)
60 min = 1 h (heure)
24 h = 1 j (jour)

ATTENTION Il peut arriver qu'une mesure de temps apparaisse sous une forme décimale. Ainsi 1,5 heure est égale à 1 heure et 30 minutes.

Exemples : 52 min = 3 120 s
2 h 15 min = 135 min
8 950 s = 149 min 10 s = 2 h 29 min 10 s

Entraînement | Difficulté XXX | Durée 10 min

Questions

❶ Parmi les propositions suivantes, lesquelles sont exactes ?

❍ **a.** 500 000 m^2 = 5 km^2

❍ **b.** 0,5 dm^3 = 500 cm^3

❍ **c.** 32 cL = 320 cm^3

❍ **d.** 3,982 hg = 3 982 000 mg

❷ 2 kg + 830 dag + 53 dg =

❍ **a.** 2,835 3 kg

❍ **b.** 10,305 3 kg

❍ **c.** 10,883 kg

❸ 51 hL =

❍ **a.** 5,10 m^3

❍ **b.** 510 m^3

❍ **c.** 0,51 m^3

❹ Un train arrive à 15 h 45 min après avoir effectué un trajet de 1 h 55 min. Le train est parti à :

❍ **a.** 1 h 45 min

❍ **b.** 14 h 05 min

❍ **c.** 13 h 50 min

Corrigé

❶ 500 000 m^2 = 0,5 km^2

0,5 dm^3 = 500 cm^3

32 cL = 320 cm^3

3,982 hg = 398 200 mg

Réponses **b.** et **c.**

❷

KG	HG	DAG	G	DG	CG	MG
2 8	3	0	 5	 3		
10	3	0	5	3		

2 kg + 830 dag + 53 dg
= 2 kg + 8,3 kg + 0,005 3 kg
= 10,305 3 kg
Réponse **b.**

❸ 51 hL = 5,1 m^3
Réponse **a.**

❹ 15 h 45 min - 1 h 55 min
= 14 h 105 min - 1 h 55 min
= 13 h 50 min
Réponse **c.**

14 | Calculs en géométrie

1. Les calculs de périmètre et d'aire

		Périmètre	Aire
Triangle B un côté h la hauteur relative	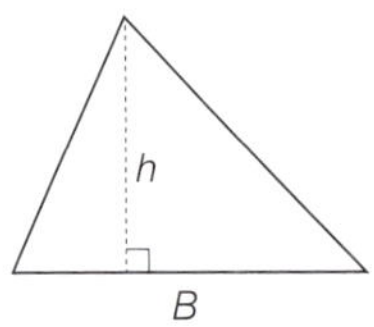	p = somme des 3 côtés	$\mathcal{A} = \dfrac{B \times h}{2}$
Trapèze b le petit côté B le grand côté h la hauteur	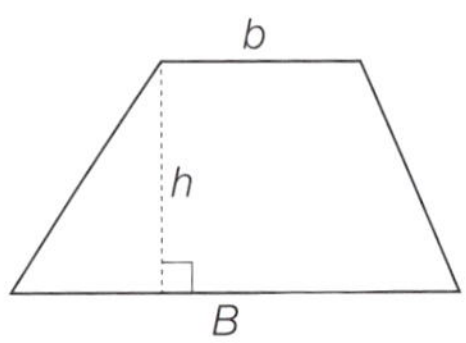	p = somme des 4 côtés	$\mathcal{A} = \dfrac{(b + B) \times h}{2}$
Losange c un côté D une diagonale d l'autre diagonale	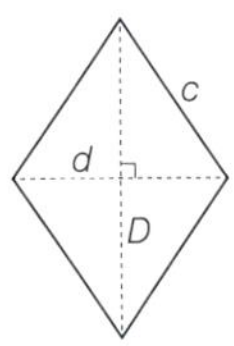	$p = 4 \times c$	$\mathcal{A} = \dfrac{D \times d}{2}$
Rectangle L la longueur l la largeur	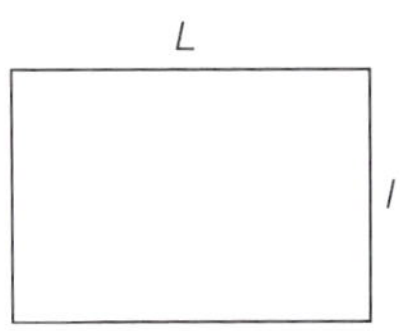	$p = 2(L + l)$	$\mathcal{A} = L \times l$
Carré c le côté	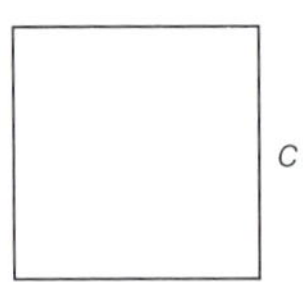	$p = 4 \times c$	$\mathcal{A} = c^2$
Cercle, Disque r le rayon du cercle	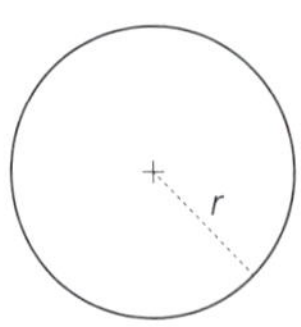	$p = 2 \times \pi \times r$	$\mathcal{A} = \pi \times r^2$

2. Les calculs de volume

		Volume
Prisme $\mathcal{A}_{base}$ l'aire de la base h la hauteur	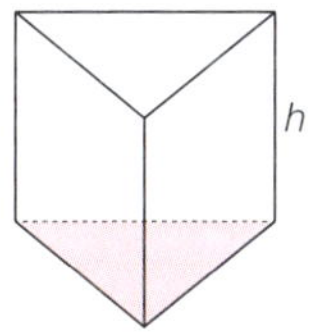	$\mathcal{V} = \mathcal{A}_{base} \times h$
Parallélépipède rectangle L la longueur l la largeur h la hauteur	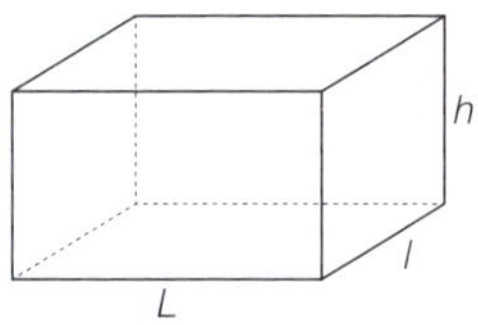	$\mathcal{V} = L \times l \times h$
Cube c le côté	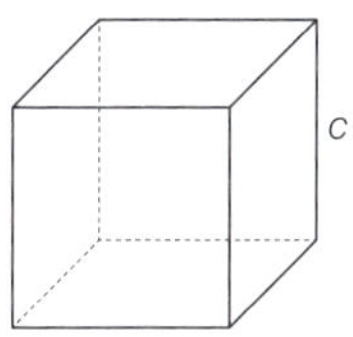	$\mathcal{V} = c^3$
Cylindre h la hauteur r le rayon de la base	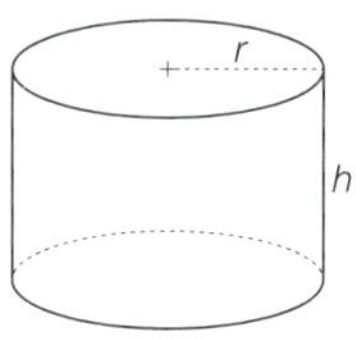	$\mathcal{V} = \pi \times r^2 \times \text{h}$
Cône de révolution h la hauteur r le rayon de la base	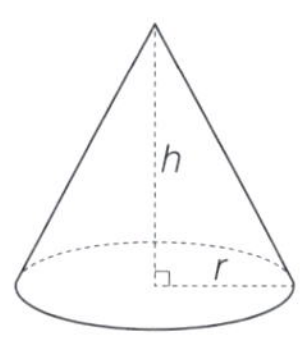	$\mathcal{V} = \dfrac{\pi \times r^2 \times h}{3}$
Pyramide à base carrée h la hauteur c le côté du carré	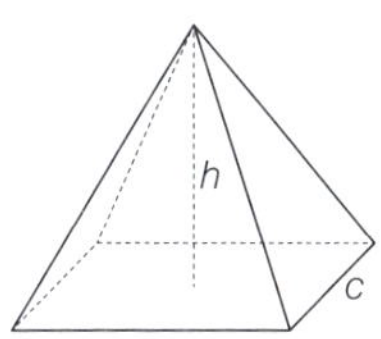	$\mathcal{V} = \dfrac{c^2 \times h}{3}$
Sphère r le rayon de la sphère	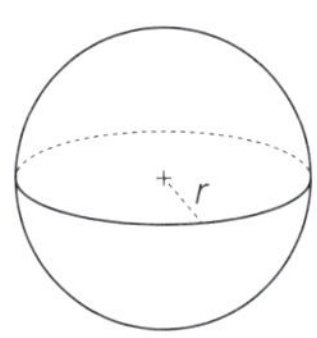	$\mathcal{V} = \dfrac{4 \times \pi \times r^3}{3}$

Entraînement | Difficulté XXX | Durée 10 min

Questions

❶ Quelle est l'aire d'un disque de 10 cm de diamètre ? (on prendra $\pi \approx 3{,}14$)

❍ **a.** 78,5 cm² ❍ **b.** 314 cm² ❍ **c.** 31,4 cm²

❷ Quel est le volume d'un cube de 6 cm d'arête ?

❍ **a.** 48 dm³ ❍ **b.** 2,16 dm³ ❍ **c.** 216 cm³

❸ Calculer la hauteur d'un parallélépipède rectangle sachant que sa longueur est de 5 m, que sa largeur est de 3 m et que son volume est de 30 m³.

❍ **a.** 20 m ❍ **b.** 200 cm ❍ **c.** 0,2 m

❹ Calculer la contenance en litres d'un aquarium de 1 m de long, 50 cm de large et 7,5 dm de hauteur.

❍ **a.** 37,5 L ❍ **b.** 420 L ❍ **c.** 375 L

Corrigé

❶ La formule permettant de calculer l'aire d'un disque est $\mathcal{A} = \pi \times r^2$. Puisque le diamètre est 10 cm, on en déduit que $r = 5$ cm.

$\mathcal{A} = \pi \times r^2 \approx 3{,}14 \times 5^2$

$\mathcal{A} \approx 78{,}5$ cm²

Réponse **a.**

❷ Si c est la mesure d'un côté, le volume $\mathcal{V}$ du cube est $\mathcal{V} = c^3$.

Puisque $c = 6$ cm, alors $\mathcal{V} = 6^3 = 216$ cm³.

Réponse **c.**

❸ Le volume $\mathcal{V}$ d'un parallélépipède rectangle se calcule en utilisant la formule $\mathcal{V} = L \times l \times h$.

Puisque $\mathcal{V} = 30$ m³, $L = 5$ m et $l = 3$ m, alors :

$5 \times 3 \times h = 30$

$h = \frac{30}{15} = 2$

La hauteur cherchée est $h = 2$ m = 200 cm.

Réponse **b.**

❹ Sachant que 1 dm³ = 1 L, le dm est l'unité à choisir pour les calculs. L'aquarium a pour longueur 10 dm, pour largeur 5 dm et 3 dm pour hauteur.

Soit $\mathcal{V}$ le volume cherché :

$\mathcal{V} = 10 \times 5 \times 7{,}5 = 375$ dm³ = 375 L.

La contenance de l'aquarium est 375 L.

Réponse **c.**

15 | Théorèmes de Pythagore et de Thalès

1. Théorème de Pythagore

A. Théorème

Si un triangle est un triangle rectangle, alors le carré de la mesure de l'hypoténuse est égal à la somme des carrés des mesures des deux autres côtés.

Exemple : Soit un triangle ABC rectangle en A tel que AB = 7 cm et AC = 11 cm. Calculer BC.

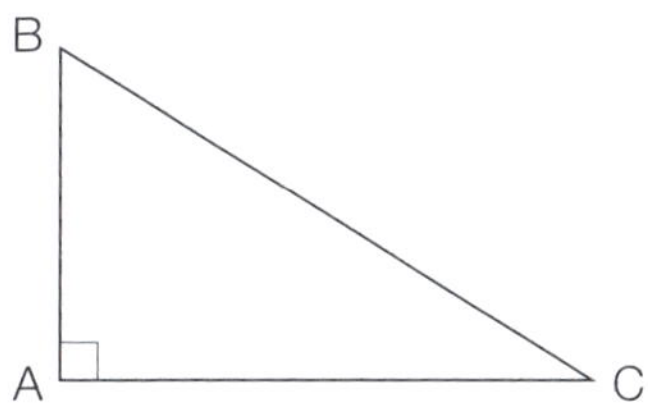

D'après le théorème de Pythagore : $BC^2 = AB^2 + AC^2$

$BC^2 = 7^2 + 11^2$

$BC^2 = 49 + 121 = 170$

$BC = \sqrt{170}$

La mesure du segment [BC] est $\sqrt{170}$ cm.

REMARQUE Le théorème de Pythagore s'utilise généralement dans le cas où, dans un triangle rectangle, deux côtés étant connus, on souhaite calculer la mesure du troisième côté.

B. Réciproque du théorème de Pythagore

Dans un triangle, si le carré de la mesure d'un côté est égal à la somme des carrés des mesures des deux autres côtés, alors ce triangle est un triangle rectangle.

Exemple : Soit un triangle RST tel que RS = 6 cm, ST = 8 cm et RT = 10 cm. Le triangle RST est-il un triangle rectangle ?

Dans ce type d'exercice, il faut commencer par repérer le plus grand des trois côtés du triangle qui, si le triangle est un triangle rectangle, est l'hypoténuse.

$RT^2 = 10^2 = 100$

$RS^2 + ST^2 = 6^2 + 8^2 = 36 + 64 = 100$

Puisque $RT^2 = RS^2 + ST^2$, en utilisant la réciproque du théorème de Pythagore, on peut en déduire que le triangle est un triangle rectangle en S (puisque RT est l'hypoténuse).

2. Théorème de Thalès

A. Théorème

Si : A, M et B sont trois points alignés et distincts, A, N et C sont trois points alignés et distincts, les droites (MN) et (BC) sont parallèles, alors : $\frac{AM}{AB} = \frac{AN}{AC} = \frac{MN}{BC}$.

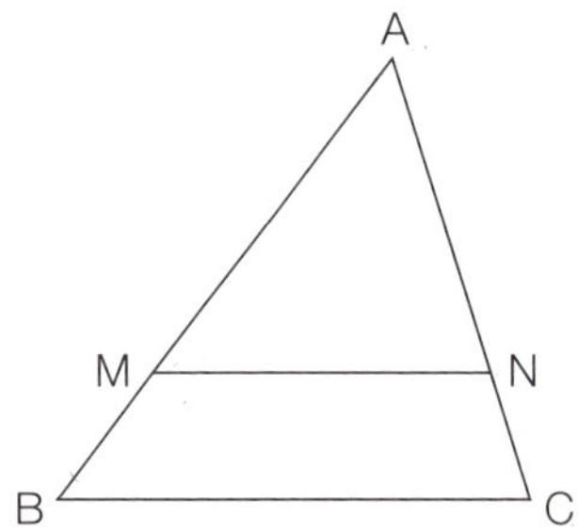

Exemple : Soit un triangle ABC, M un point de (AB), N un point de (AC). Sachant que les droites (MN) et (BC) sont parallèles, que AM = 12 cm, AB = 15 cm et AN = 10 cm, calculer AC.

Puisque A, M et B sont trois points alignés et distincts, que A, N et C sont trois points alignés et distincts, les droites (MN) et (BC) sont parallèles, alors d'après le théorème de Thalès :

$\frac{AM}{AB} = \frac{AN}{AC} = \frac{MN}{BC}$

d'où : $\frac{12}{15} = \frac{10}{AC}$

$12 \times AC = 15 \times 10$

$AC = \frac{150}{12} = 12{,}5$

La mesure du segment [AC] est 12,5 cm.

B. Réciproque du théorème de Thalès

Si A, M et B sont trois points alignés et distincts, A, N et C sont trois points alignés et distincts dans le même ordre que les trois points précédents, $\frac{AM}{AB} = \frac{AN}{AC}$, alors les droites (MN) et (BC) sont parallèles.

Entraînement

Difficulté ✗✗✗ | Durée 10 min

Questions

1 Lequel des triangles est rectangle ?

❍ **a.** le triangle ABC avec AB = 4 cm, AC = 4 cm et BC = 6 cm

❍ **b.** le triangle MNO avec MN = 8 cm, MO = 10 cm et NO = 3 cm

❍ **c.** le triangle RST avec RS = 3 cm, ST = 5 cm et RT = 4 cm

2 Le triangle ABC est rectangle en A. AB = 8 cm et BC = 10 cm. Quelle est la mesure du côté [AC] ?

❍ **a.** 5 cm ❍ **b.** 7 cm ❍ **c.** 6 cm

3 Soit le triangle ABC dans lequel RB = 5; AS = 7,5; SC = 3.

On sait que les droites (SR) et (CB) sont parallèles. Quelle est la mesure de [AR] ?

❍ **a.** 12 ❍ **b.** 12,5 ❍ **c.** 9.5

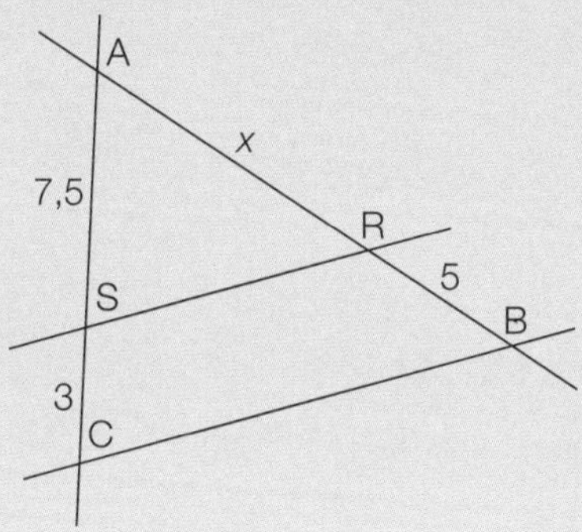

Corrigé

1 **a.** Le plus grand côté d'un triangle rectangle est l'hypoténuse. On commence par calculer BC^2 puis la somme $AB^2 + AC^2$

$BC^2 = 6^2 = 36$.

$AB^2 + AC^2 = 4^2 + 4^2 = 16 + 16 = 32$.

Puisque $AB^2 \neq AB^2 + AC^2$, le triangle ABC n'est pas un triangle rectangle.

REMARQUE Le triangle ABC est un triangle isocèle. Un triangle peut être rectangle et isocèle.

b. Le plus grand côté du triangle MNO est [MO].

$MO^2 = 10^2 = 100$

$MN^2 + NO^2 = 8^2 + 3^2 = 64 + 9 = 73$

Puisque $MO^2 \neq MN^2 + NO^2$, le triangle MNO n'est pas un triangle rectangle.

c. Le plus grand côté du triangle RST est [ST].

$ST^2 = 25$

$RS^2 + RT^2 = 9 + 16 = 25$

$ST^2 = RS^2 + RT^2$, donc, d'après la réciproque du théorème de Pythagore, le triangle RST est un triangle rectangle en R.

Réponse **c.**

❷ Dans le triangle ABC rectangle en A, d'après le théorème de Pythagore : $BC^2 = AB^2 + AC^2$.

$AC^2 = BC^2 - AB^2$

$AC^2 = 100 - 64 = 36$

$AC = 6$

Le côté [AC] mesure 6 cm.

Réponse **c.**

❸ Soit x la mesure du segment [AR].

Puisque : les points A, R, B sont alignés et distincts les points A, S, C sont alignés et distincts les droites (RS) et (CB) sont parallèles alors il est possible d'utiliser le théorème de Thalès :

$$\frac{AS}{AC} = \frac{AR}{AB} = \frac{SR}{CB}$$

$$\frac{7{,}5}{10{,}5} = \frac{x}{x+5}$$

$7{,}5(x + 5) = 10{,}5x$

$7{,}5x + 37{,}5 = 10{,}5x$

$37{,}5 = 10{,}5x - 7{,}5x$

$37{,}5 = 3x$

$$\frac{37{,}5}{3} = x$$

$x = 12{,}5$

Réponse **b.**

QCM
Raisonnement

COEFFICIENT
1

DURÉE
1
heure
30

Planning de révision

PÉRIODE	DURÉE	CONTENU DES RÉVISIONS
		MAÎTRISE DU FRANÇAIS
PÉRIODE 1	5 À 7 JOURS	Énigmes et devinettes
		APTITUDES NUMÉRIQUES et RAISONNEMENT LOGIQUE
PÉRIODE 2	5 À 7 JOURS	Séries et suites logiques
PÉRIODE 3	5 À 7 JOURS	Suites de nombres
PÉRIODE 4	5 À 7 JOURS	Dominos
PÉRIODE 5	5 À 7 JOURS	Cartes à jouer
		RAISONNEMENT LOGIQUE
PÉRIODE 6	5 À 7 JOURS	Suites logiques graphiques

Méthodologie et conseils

Les tests dits « psychotechniques » sont des épreuves servant à mesurer les aptitudes logiques, verbales et numériques d'une personne.

Grâce à ces tests, les jurys de concours ou les recruteurs peuvent évaluer de manière rapide et relativement fiable les capacités d'un(e) candidat(e) en termes d'observation, de concentration, de mémoire, de raisonnement logique ou de résolution de problème.

On trouve principalement des tests psychotechniques concernant :

- la **maîtrise du français** (vocabulaire, définitions, grammaire, jeux de mots, proverbes à compléter, lecture attentive, compréhension de texte, capacité à résumer ou synthétiser...) ;
- les **aptitudes numériques et mathématiques** (calculs, suites de nombres, règles de géométrie, unités de mesure...) ;
- les capacités de **raisonnement logique** (suites de figures géométriques, de dominos, de cartes à jouer, comparaisons de formes, carrés magiques, sudokus, Mastermind...).

1. S'entraîner pour réussir

Entraînez-vous régulièrement aux différents tests pour vous sentir de mieux en mieux préparé et ne pas être déstabilisé ou bloqué par l'effet de surprise ou le stress le jour du concours.

Par cette **régularité** de l'entraînement, vous apprendrez à vous concentrer, à focaliser votre attention et à exercer de manière de plus en plus automatique vos compétences de raisonnement logique.

Ce faisant, vous serez progressivement de plus en plus performant. La **performance** consistant à « faire rapidement les bonnes choses de la bonne façon et à moindre coût pour obtenir le meilleur résultat possible ».

Munissez-vous d'un crayon de papier et d'une gomme pour **faire les exercices**. C'est en vous exerçant que vous allez progresser.

Revenez régulièrement sur les exercices déjà effectués et vous constaterez alors que votre aisance et votre rapidité s'améliorent, vous saurez de mieux en mieux sur quoi concentrer votre attention, quels mécanismes logiques activer, comment organiser votre travail, gagner du temps, etc.

Car c'est là l'objectif principal : **vous aider concrètement à être plus efficace et plus confiant** face aux différents tests.

En plus de l'esprit logique, ces tests sont à réaliser dans un temps imparti et servent donc aussi à évaluer les aptitudes d'organisation, de gestion du temps et de rapidité d'évaluation des situations.

2. Les différents types de tests

- Les **énigmes** et **devinettes** demandant notamment de faire des calculs (généralement à partir des quatre opérations de base : addition, soustraction, multiplication, division).
- Les **séries** et les **suites** (de mots, de chiffres, présentées en ligne ou en carré, les mots mélangés, les anagrammes, etc.).
- Les **suites graphiques à compléter**, les **figures ressemblantes**, les **dominos** ou les **cartes à jouer**.

3. Quelques conseils

- **Bien lire** et même relire **la consigne** ou la question posée afin d'éviter des oublis ou des erreurs d'interprétation.
- Donnez-vous un maximum de **3 à 5 minutes pour répondre à chaque question**.
- Bien sûr, certaines questions seront plus rapides ou plus longues à traiter que les autres. Faites plutôt en premier celles qui vous paraissent les plus faciles, afin de réaliser votre « tour de chauffe des neurones » dans les meilleures conditions. Gagnez ainsi du temps et de la confiance pour celles qui vous paraissent plus difficiles.
- Ne vous bloquez pas sur une question, vous risquez d'y perdre trop de temps et de vous stresser au lieu de passer aux questions suivantes. Revenez à la question difficile après coup.
- Donnez-vous des plages d'entraînement de **20 à 30 minutes** (2 à 3 fois par semaine pendant 4 mois avant le concours…= 16 à 24 heures d'entraînement progressif…= comme si vous aviez déjà fait des dizaines de fois l'épreuve !).
- Entraînez-vous au calcul mental, révisez vos tables de multiplication (!), jouez au sudoku, au jeu « des chiffres et des lettres », faites des mots croisés, mêlés ou fléchés, jouez au Scrabble, etc. Tous ces jeux exercent utilement votre cerveau et vous procurent des automatismes pour le jour du concours.
- Attention à ne pas vouloir tout faire de tête. Posez tranquillement les éléments sur une feuille de brouillon (exemple : 2 qui montent, 3 qui descendent, 1 qui reste, etc.). Garder trop d'informations en même temps en mémoire peut tout rendre confus et embrouillé, surtout lors d'une épreuve chronométrée qui peut être stressante.
- N'oubliez pas de **vérifier votre résultat**.
- Méfiez-vous (lors des énigmes particulièrement) car les histoires proposées ont tendance à vous placer dans la peau d'un des personnages pour mieux vous représenter la scène. Mais vous risquez ainsi d'oublier de le compter dans le calcul final.

Exemple :

« En se rendant à un point d'eau dans la savane, un zèbre croise 6 girafes.
Chaque girafe transporte 3 singes sur son dos.
Chaque singe a 2 oiseaux perchés sur son épaule.
Combien d'animaux se rendent au point d'eau ? »
Attention ici à ne pas oublier le zèbre !…
Au total, cela fait donc 1 zèbre + 6 girafes + 18 (3 × 6) singes + 36 (2 × 18) oiseaux = 1 + 6 + 18 + 36 = **61 animaux**.

- Pensez à passer parfois du mode « calcul mental » au mode « attention auditive ».

Exemple :

1
11
21
1211
…
Le résultat était : **111221**
Et la suite logique était : 312211, 13112221…
Comment ça marche ? Il faut momentanément oublier de calculer et commencer à lire à haute voix ce que vous voyez (« un un », « deux uns », « un deux, un un », « un un, un deux, deux uns », etc.).
Puis, il ne vous reste plus qu'à transcrire tout cela en chiffres.
Cela peut avoir l'air un peu tiré par les cheveux mais… c'est néanmoins un entraînement du cerveau qui consiste à savoir passer d'un registre à l'autre pour s'adapter.

Le cours

1 | Les énigmes et devinettes

■ Les **énigmes** sont des jeux d'esprit mettant à l'épreuve notre perspicacité pour trouver la réponse à une interrogation dont le sens est caché.

■ Les **devinettes** sont des questions présentées de manière ludique et qui demandent une certaine réflexion pour y répondre.

Les énigmes et devinettes font appel à notre sens de la logique mais aussi à notre capacité à penser « autrement », c'est-à-dire à sortir des sentiers battus de la pensée pour trouver la réponse.

Exemples :

■ **Quel jour était-on hier, si jeudi était quatre jours avant après-demain ?**

Cette devinette est assez simple et demande principalement de faire preuve de méthode pour poser tranquillement les jours les uns après les autres :
1. Jeudi était « 4 jours avant après-demain ».
2. Donc, jeudi était 3 jours avant demain ou 2 jours avant aujourd'hui ou 1 jour avant hier.
3. Et puisque c'est « hier » que nous cherchons, la bonne réponse est donc vendredi (jeudi étant bien un jour avant).

■ **Au rez-de-chaussée se trouvent 3 interrupteurs de type on/off. L'un d'eux permet d'allumer une ampoule au 1er étage. Les 2 autres sont sans effet. Au rez-de-chaussée, on ne distingue rien de l'étage au dessus.**

Sachant qu'on a le droit de se déplacer une seule fois au 1er étage, comment manipuler (sans les démonter) les boutons on/off de telle sorte qu'on puisse désigner le bon interrupteur ?

– Actionner le bouton 1. Attendre suffisamment longtemps (10 min) pour faire chauffer l'ampoule si c'est le bon. Puis, le remettre en place.
– Actionner le bouton 2.
– Aller dans la pièce.
– Si la lampe est allumée : le bouton 2 est le bon.
– Si la lampe est éteinte : ce n'est pas le bouton 2.
– Si la lampe est chaude, c'est donc le bouton 1.
– Si la lampe est froide, c'est le bouton 3… et voilà !

2 | Les séries et les suites logiques

Permettant de tester à la fois les capacités d'observation et de déduction, les séries et suites logiques sont très fréquemment employées dans les concours de la fonction publique. Elles consistent en des suites de nombres, de mots, parfois un mélange des deux, des dominos, des cartes à jouer, des figures géométriques, etc. Elles demandent notamment de combiner plusieurs facteurs ensemble (mouvements, couleurs, calcul mental, vocabulaire…).

Exemples de suites de nombres ou de mots :

- **7 – 13 – 19 – 25 – ? – ?**

Ici, la réponse est assez simple puisqu'il suffit d'ajouter « + 6 » au fur et à mesure de la progression. La bonne réponse est donc 31 – 37.

- **7 – 14 – 9 – 16 – 11 – 18 – 13 – ? – ?**

Ici, la progression est de « + 2 » mais un chiffre sur deux. La bonne réponse est donc 20 – 15.

- **sept4 – trois5 – un2 – quatre6 – neuf?**

Pas de calculs compliqués, il suffit de comprendre que le chiffre indique le nombre de lettres contenues dans chaque mot. La bonne réponse est donc 4.

- **A9 – D13 – G17 – J21 – ?**

Les lettres progressent de 3 et les chiffres progressent de 4 à chaque fois. Le résultat est donc M25.

- **CAROTTE = DBSPUUF ; GUEPARD = ?**

Chaque lettre est remplacée par sa suivante dans l'alphabet, la bonne réponse est donc HVFQBSE.

On le voit, plusieurs méthodes peuvent coexister pour décrypter le code utilisé.

ATTENTION Ne vous focalisez pas sur une seule méthode. D'où l'importance de s'entraîner préalablement.

3 | Les suites de nombres

Les suites peuvent être considérées comme des listes ordonnées de nombres. Elles peuvent être croissantes ou décroissantes ou encore les 2 à la fois. Elles suivent généralement des types de progressions logiques qu'il faut préalablement décoder pour découvrir le nombre suivant.

Exemples :

- « 1, 2, 3, 4, 5, 6, ? » suit une progression arithmétique de + 1, le chiffre suivant sera donc en tout état de cause 7.

- « 1, 1, 2, 3, 5, 8, 13, ? » suit à présent une logique différente puisque chaque nouveau nombre est l'addition des deux nombres qui le précèdent (3 = 2 + 1 ; 5 = 3 + 2 ; 8 = 5 + 3, etc.), le chiffre suivant sera donc 21.

- « 17, 11, 19, 13, 21, 15, 23, ? » paraît au départ être une suite un peu plus compliquée car sa progression est tantôt croissante, tantôt décroissante, mais le code reste néanmoins assez simple puisqu'il est question soit de retirer 6 soit d'ajouter 8 au chiffre précédent, les deux prochains nombres seront donc 17 et 25.

Toutes les opérations peuvent être utilisées pour fabriquer des suites de nombres et ceux-ci peuvent aussi être négatifs.

Souvent, il est demandé de trouver le dernier nombre, mais il se peut aussi qu'il y en ait plusieurs à trouver ou que le nombre recherché soit le premier de la liste ou encore au milieu de celle-ci.

4 | Les dominos

ATTENTION Il ne s'agit pas ici de savoir jouer aux dominos selon les règles classiques de ce jeu. Les dominos sont un prétexte au raisonnement logique.

Il y a dans un jeu 28 dominos différents. Les dominos sont des rectangles scindés en deux parties qui ont chacune une valeur semblable ou différente de l'autre partie. Les valeurs vont de zéro (blanc) à six et sont représentées par des points. Après le 6 vient le zéro (blanc) puis le 1 et ainsi de suite.

L'épreuve consiste principalement à trouver les valeurs manquantes dans le dernier domino de la liste.

Souvent, il faut trouver l'ordre de progression des valeurs (croissante, décroissante), pas forcément identique pour chacune des parties des dominos.

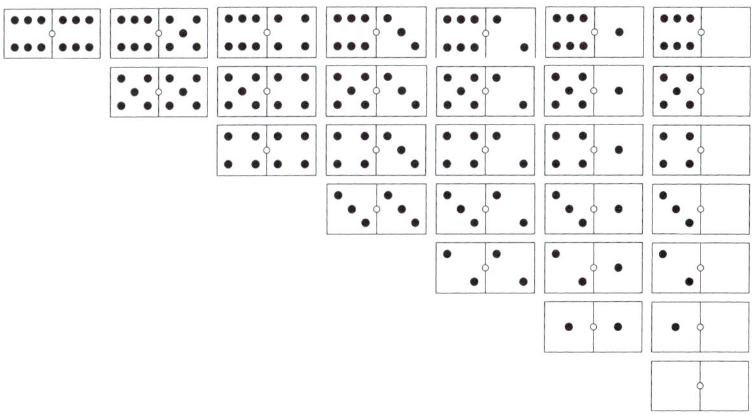

Exemples :

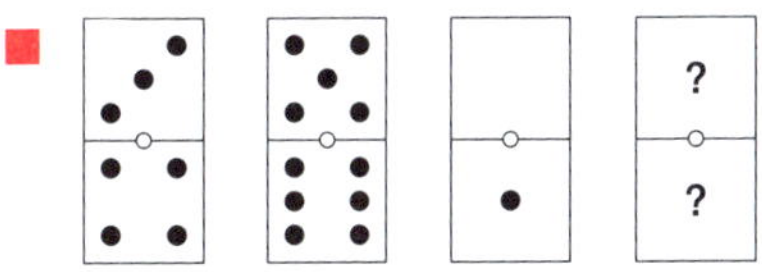

Ici, la progression se fait en ajoutant + 2 dans chacune des parties du domino. Le dernier domino sera donc :

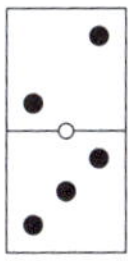

- La progression peut être légèrement plus compliquée :

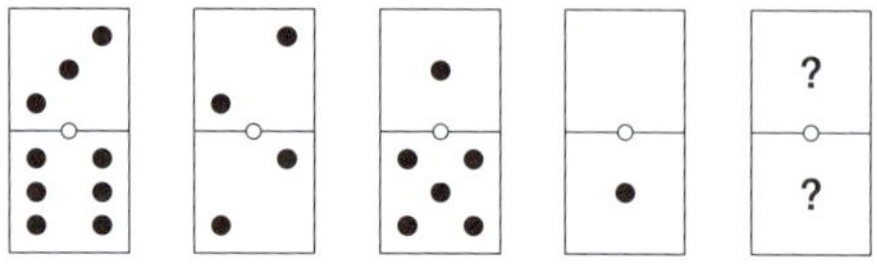

Ici, la progression se fait en enlevant – 1 en haut et en ajoutant + 3 en bas. Ce qui donne :

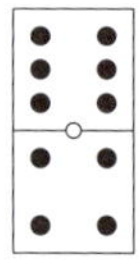

- 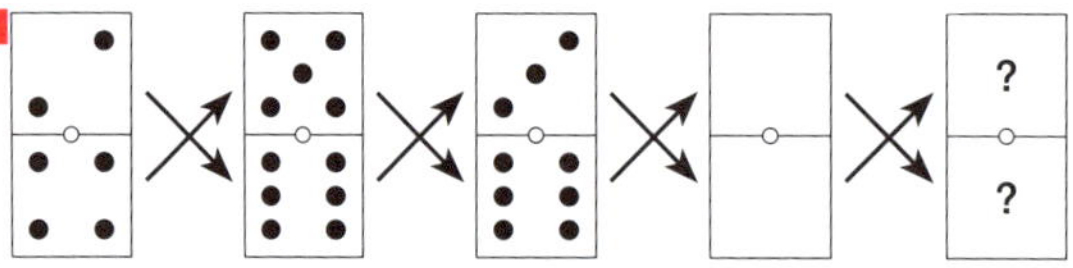

Ici, la progression est croisée, on prend la partie du haut du 1er domino (2) et on y ajoute + 4 pour former la partie basse du deuxième domino (= 6), puis à nouveau + 4 pour la partie haute du troisième domino (= 3) et ainsi de suite. Quant à la partie basse du 1er domino, il faut ajouter + 1 en direction de la partie haute du deuxième domino et ainsi de suite. Ce qui donne au final :

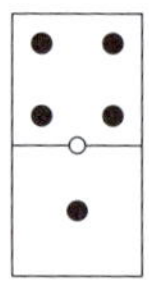

5 | Les cartes à jouer

Les combinaisons logiques à partir des cartes à jouer suivent le même principe général que pour les dominos. La difficulté réside dans le fait qu'au-delà des valeurs de chaque carte, il faut aussi prendre en compte sa « couleur » (pique, trèfle, cœur, carreau).

Exemples :

- Il peut y avoir des systèmes d'addition simple :

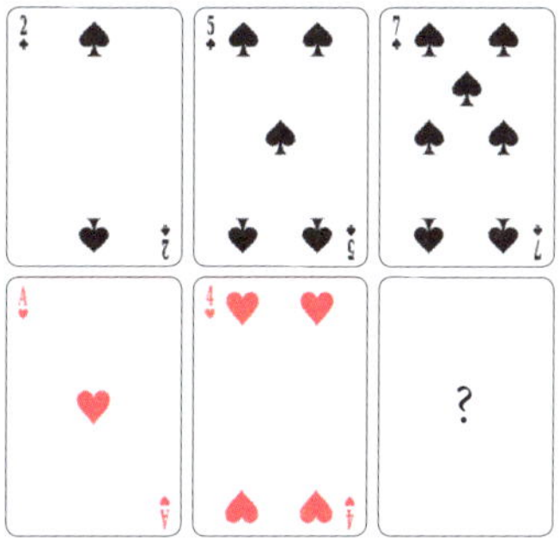

Ici, la bonne réponse sera le 5 de cœur puisqu'il s'agit, dans la même couleur, d'additionner les cartes précédentes.

Ce type de combinaison peut aussi se faire en soustraction, en colonnes verticales au lieu des lignes horizontales, etc.

- Parfois, il faudra regarder les cartes autrement et prendre en compte plusieurs facteurs :

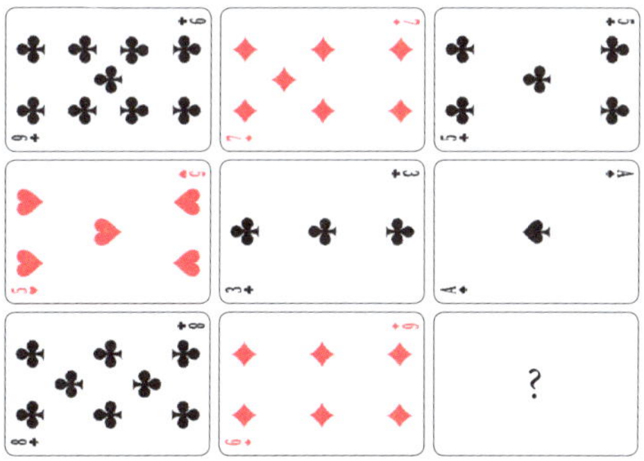

Ici, on peut constater que sur chaque ligne, quelle que soit la couleur, on soustrait – 2 en allant de gauche à droite. Concernant le choix de la couleur, seules les diagonales respectent la même couleur, en l'occurrence le trèfle. Donc, la carte manquante est :

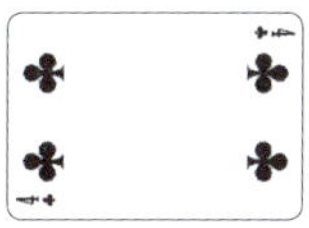

6 | Les suites logiques graphiques

Les tests basés sur des suites logiques de graphiques ou figures géométriques sont de plus en plus utilisés en concours et en recrutement. Ils sont censés rendre compte du fameux facteur G ou aptitude intellectuelle générale de Spearman et qui serait le cœur de notre intelligence logique.

Ces tests mettent en action des lois de mouvement des objets et font très peu appel à la culture ou aux aptitudes verbales et numériques. Pour cette raison, ils sont très prisés aussi lors d'études interculturelles.

Ils fonctionnent principalement par raisonnement « analogique », il faut découvrir par induction les ressemblances, les différences, les relations et les règles de construction et de déplacement des objets.

Exemples :

■ 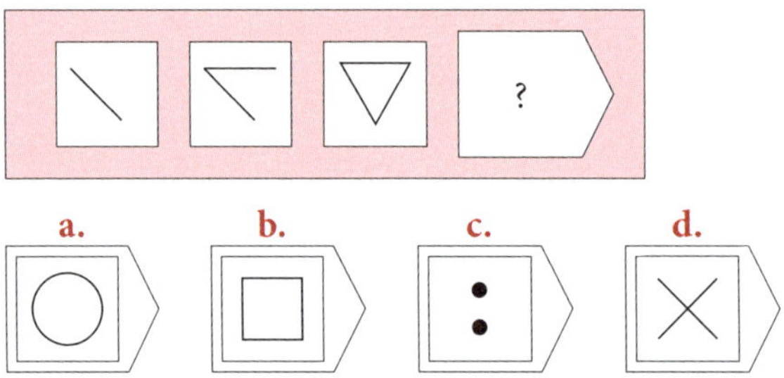

La réponse est **b.**, le nombre de traits augmente d'une unité à chaque fois.

Pour trouver la solution, il faut donc percevoir et comprendre les liens logiques entre les figures, repérer les changements, isoler les constantes et les variables et tester parfois différentes combinaisons.

Au quotidien, cela correspond peu ou prou à notre capacité à utiliser nos connaissances et expériences tout en les adaptant et modifiant pour résoudre de nouveaux problèmes.

Enfin, ces tests font bien sûr appel à notre intelligence visuelle et spatiale décrite par H. Gardner.

■ L'un des tests de logique basé sur des figures parmi les plus anciens est le test des « matrices progressives » du psychologue John Carlyle Raven, élève de Spearman. Ce test est souvent appelé dans le jargon « PM 38 » (*Progressive Matrices*, 1938).

Il s'agit de choisir la figure manquante parmi les propositions :

a. **b.** **c.** **d.**

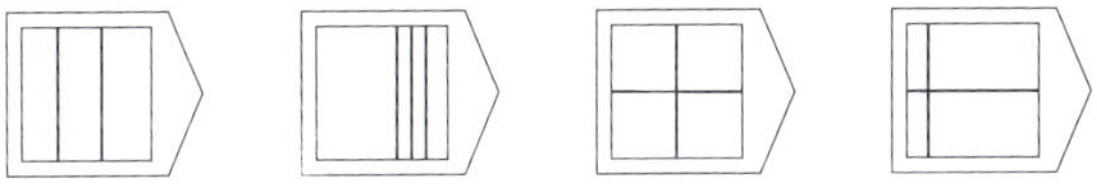

Ici la réponse **b.** (*modus ponens*).

On les appelle « matrices progressives » parce qu'elles sont présentées sous forme de tableaux de données (plusieurs lignes et plusieurs colonnes) et qu'elles sont généralement proposées selon un mode de complexité croissante. Elles servent largement lors des tests de QI.

Ces épreuves sont généralement chronométrées et globalement vous disposez en moyenne de 30 à 50 secondes par item pour répondre (environ 30 minutes pour 40 questions).

- Parfois, l'observation graphique est couplée avec des rapports croisés entre les figures.

a. **b.** **c.** **d.**

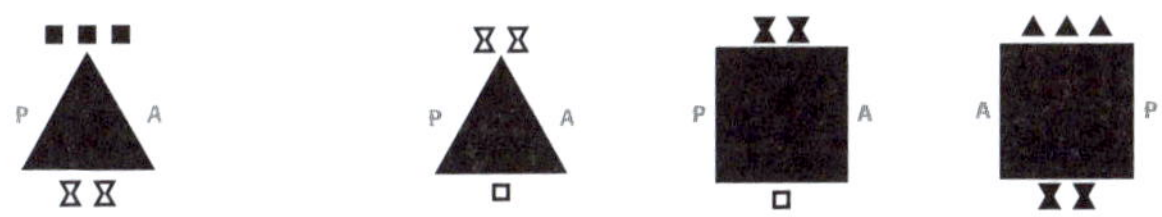

Ici, la bonne réponse est **b.** À vous de trouver pourquoi…

- Autre façon de tester le raisonnement logique, les figures graphiques ou géométriques font appel autant à l'observation qu'à la déduction. On cherche à trouver soit une suite logique à compléter, soit des comparaisons à effectuer entre les formes.

a. **b.** **c.**

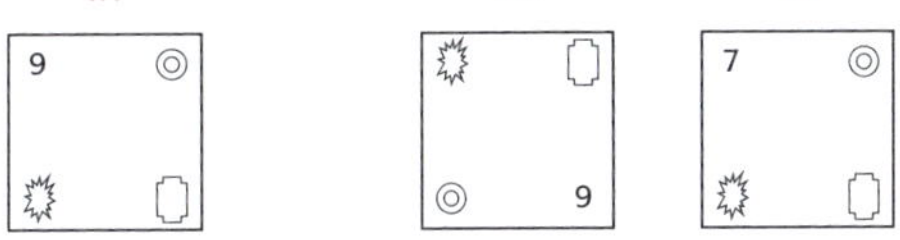

Dans ce cas, toutes les formes et symboles tournent en même temps dans le sens des aiguilles d'une montre d'une figure à l'autre et, de plus, la lettre ou le chiffre augmente de 3 unités (de W à Z = + 3 lettres, ce qui induit 6 + 3 = 9). La bonne réponse est donc ici la réponse **a.**

■ Quelles lettres devront figurer dans les cases vides ?

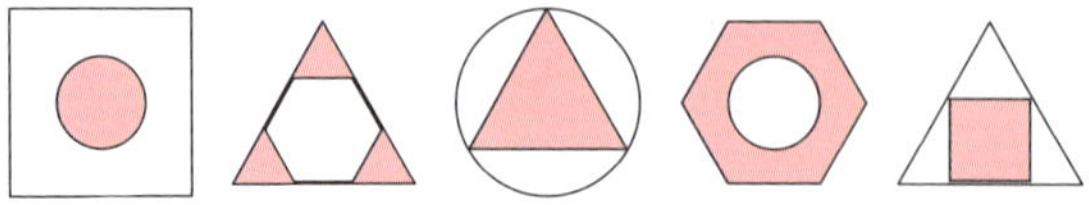

S - W - H	**B - L - O**	**W - B - H**	**L - W - O**	**? - ? - ?**

Dans cette suite, il s'agit de trouver le code qui se cache derrière les lettres.

Cela est possible en observant leur récurrence et en les associant aux figures. Par exemple, le S ne se retrouve qu'une seule fois, tout comme le carré (sauf dans la figure à découvrir). On peut donc faire l'hypothèse que la 1re lettre désigne la figure extérieure.

Dans ce cas il faudra vérifier si ça marche en prenant par exemple le cas des autres figures : si B = le triangle ou W = le rond, est-ce vérifiable sur les différentes propositions ? Cette vérification nous permet de découvrir par la même occasion que la deuxième lettre correspond à la figure intérieure.

Reste à décoder la signification de la troisième lettre. On se rend vite compte qu'il n'y a que 2 lettres qui reviennent à cette 3e place, H et O. Or il y a bien 4 figures différentes représentées mais une variable est organisée en 2 catégories : la couleur. Soit la figure est rosée (ou pleine) soit elle est blanche (ou vide). On peut donc aisément voir que le H correspond à la couleur blanche et le O à la couleur rosée.

La bonne réponse est donc : **B - S - H**

Sujets d'entraînement

Sujet n° 1

Difficulté ✗✗✗	Durée 10 min

❶ Certains mois ont 31 jours. Combien en ont 28 ?

❷ Quelle est la figure manquante ?

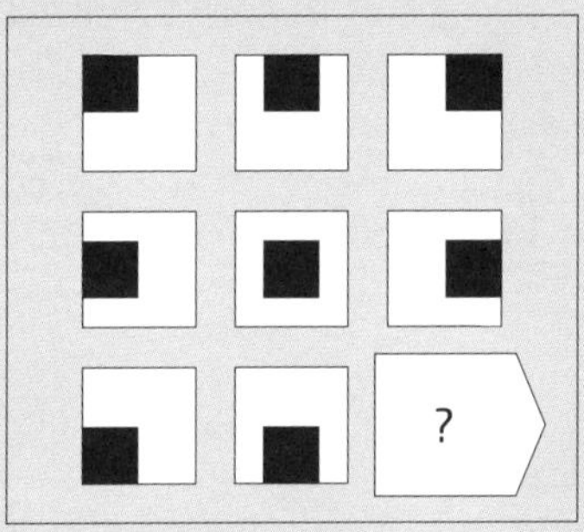

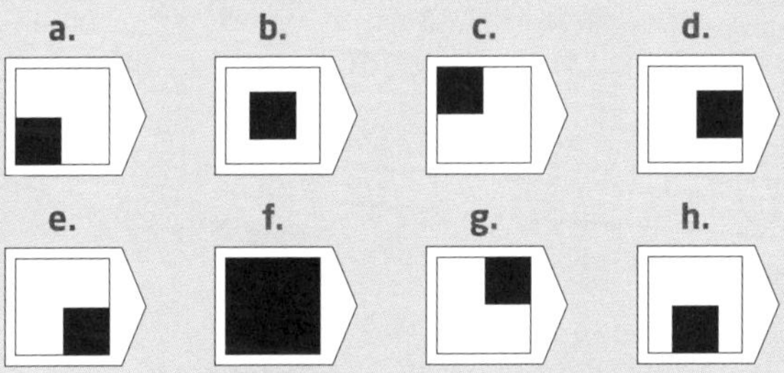

❸ Voici une suite logique de nombres : 1, 1, 2, 3, 5, 8, 13,... Quel est le nombre suivant ?

❹ Arthur a 2 ans de plus que Thomas. Pierre a 5 ans de moins que Paul. Lise a 6 ans de moins que Thomas. Paul a 16 ans. Thomas a 8 ans de moins que Paul. Quel est le plus jeune de ces enfants ?

❺ Franck, Alain, Patrice et Sandra comparent une liste de courriers : Franck en a plus qu'Alain et Sandra. Alain en a moins que Sandra et Franck en a moins que Patrice. Qui a la plus grosse charge de travail ?

Corrigé

❶ A priori, cette devinette est une blague, mais combien de candidats ont pu tomber dans le panneau en allant trop rapidement à une conclusion erronée ?

Le piège était bien entendu de faire trop vite l'amalgame « 28 jours = février ! ».

Évidemment, **TOUS** les mois du calendrier ont « au moins » 28 jours, il fallait donc répondre **12**.

❷ Structure classique de figures à compléter en observant et déduisant la suite logique.

On peut observer ici que sur une ligne horizontale les carrés intérieurs (toujours de même dimension) se décalent de gauche à droite.

Sur le plan vertical cette fois, les carrés intérieurs suivent un mouvement du haut vers le bas.

La figure conforme comportera donc un carré intérieur de même dimension en bas et à droite : réponse **e.**

❸ Ici, l'objectif était de comprendre le mode de calcul à l'origine de la croissance des nombres (de 1 à 13). Comme la croissance est uniquement positive (sauf pour le 2e nombre), l'opération est a priori soit une addition soit une multiplication.

Mais si un nombre est le résultat d'une multiplication, on peut inversement le diviser pour revenir au nombre initial. Or 2, 3, 5 et 13 ne sont divisibles que par 1 et par eux-mêmes. On dit que ce sont des « nombres premiers », ils ne sont donc pas le résultat d'une multiplication.

Reste alors l'addition et à trouver la formule qui permet de rendre compte de l'évolution progressive.

Comment par exemple obtenir 13 avec les chiffres présents ? On s'aperçoit vite que l'addition de 8 et de 5 permet ce résultat. Cela signifie donc qu'en additionnant les deux nombres précédents on puisse répondre à la commande. Il suffit ensuite de réitérer l'opération avec 8 pour vérifier la règle : 3 + 5 = 8. L'ensemble de la chaîne correspond donc à cette règle simple. Pour trouver le nombre suivant tel que demandé dans la question, il faut donc additionner 13 et 8, ce qui donne comme bonne réponse **21**.

❹ Pour ne pas s'embrouiller, il convient ici de poser sur une feuille de brouillon les données objectives fournies dans la question, comme par exemple que « Paul a 16 ans », ce qui est un bon point de départ :

- Paul = 16 ans.

Puis de noter les indices qui mettent en relation Paul avec les autres enfants :

- Pierre a 5 ans de moins que Paul, donc **Pierre** a **11 ans**.
- Thomas a 8 ans de moins que Paul, donc **Thomas** a **8 ans**.

Ensuite, il convient de retrouver l'âge des deux derniers (Arthur et Lise) en les comparant aux âges respectifs de Pierre et de Thomas :

- Arthur a 2 ans de plus que Thomas, donc **Arthur** a **10 ans**.
- Lise a 6 ans de moins que Thomas, donc Lise a 2 ans et c'est elle la plus jeune !

❺ Même fonctionnement que pour la question 4 sauf qu'ici aucun élément stable n'est donné, tout réside dans les comparaisons successives entre les 4 protagonistes de l'histoire.

Il convient donc de suivre une méthode étape par étape en posant clairement les éléments :

1. Franck > Alain 2. Franck > Sandra 3. Sandra > Alain 4. Patrice > Franck

Ainsi, Franck a plus de travail qu'Alain et Sandra mais comme Patrice a plus de travail que Franck, **Patrice** est donc celui qui logiquement a la plus grosse charge de travail puisque personne n'en a plus que lui !

Sujet n° 2

Difficulté ✗✗✗	Durée 15 min

❶ Dix ouvriers mettent 5 jours pour creuser une tranchée, combien faut-il d'ouvriers pour creuser une tranchée en une journée ?

❷ Complétez l'anagramme suivant : Loupe - poule - lampe - palme - chien - ?

❸ Au 2 de la rue Henri-Martin, il y a, en plus des habitants, deux poissons rouges, un chien, un chat et un lapin. Au total dans cette maison, il y a 18 yeux et 10 paires de pattes. Combien d'êtres humains vivent au 2 rue Henri-Martin ?

❹ Quel est le nombre manquant ? 41 - 62 - 83 - 104 - 125 - ???

❺ Un nénuphar se trouve dans un lac. Tous les jours, il double de taille. Au bout de 15 jours, il fait la moitié du lac. Au bout de combien de temps recouvrira-t-il le lac entièrement ?

❻ Une pendule retarde de 2 secondes toutes les 12 minutes. Quel sera son retard au bout de 24 heures ?

❼ Dans un poulailler, il y a 270 poules et 3 coqs. Tous les matins, vers 8 heures, les œufs sont ramassés, chaque poule en pond un. Après 1 heure de ramassage, tous ces œufs sont mis dans des boîtes de 6. Cela prend encore 40 minutes. Une fois terminé, toutes les boîtes d'œufs sont amenées à la coopérative du village. Cela se fait du lundi au dimanche.

Combien de boîtes sont remplies chaque semaine ?

❽ Reportez sur votre copie le schéma ci-dessous en le complétant par les chiffres de 1 à 9 manquants pour que le total de chaque addition soit juste :

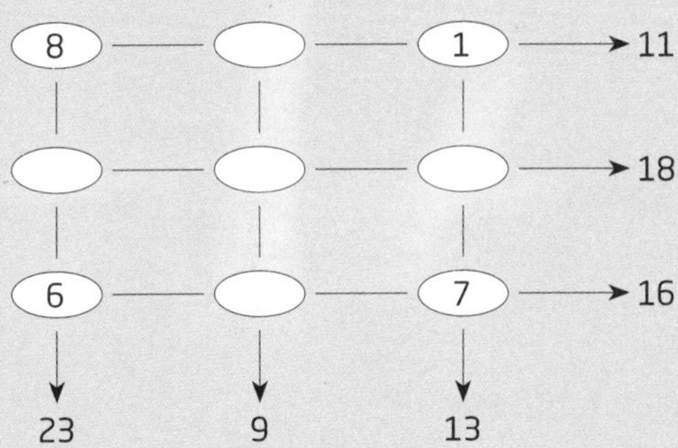

❾ Quelle est la position du trait dans la figure 4 ? Choisissez parmi la deuxième série de figures, la figure manquante et indiquez le numéro choisi sur votre copie.

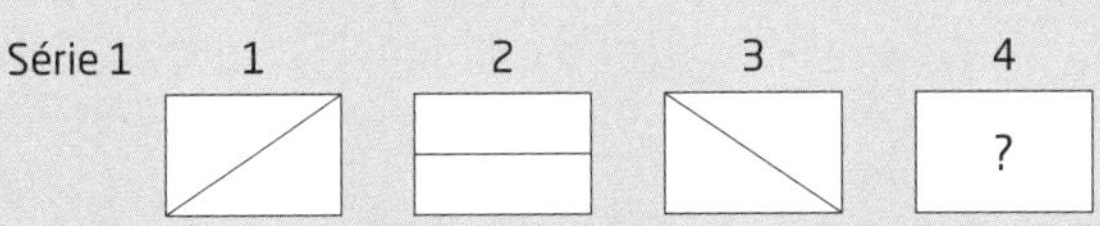

Série 2

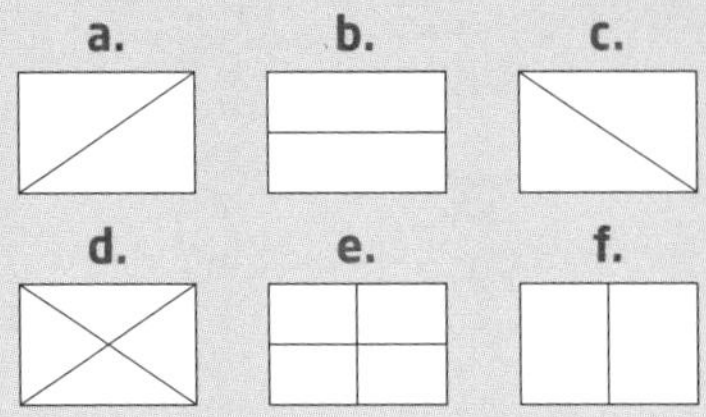

⓾ Trouvez la suite des dominos. Recopiez ensuite sur votre copie le domino complété.

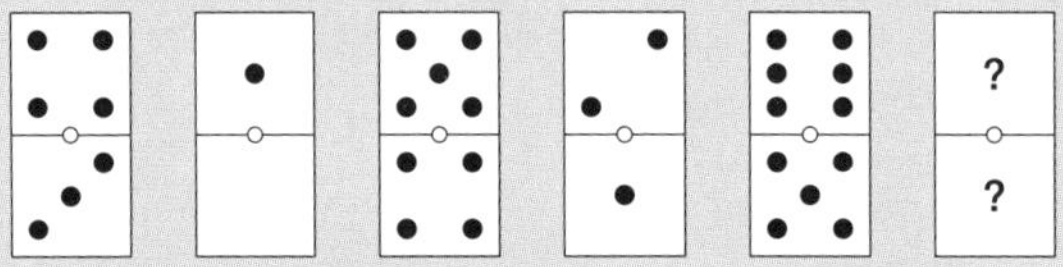

Corrigé

❶ Si 10 ouvriers mettent 5 jours pour creuser 1 tranchée, on peut donc calculer qu'un seul ouvrier mettrait 10 fois plus de temps = 50 jours.

Pour tout faire en une seule journée, il faudrait aller 50 fois plus vite qu'un seul ouvrier = 50 ouvriers.

Donc, il faut **50 ouvriers pour percer une tranchée en une seule journée**.

REMARQUE Bien sûr, c'est sans compter sur les rythmes différents des uns et des autres, on suppose que le rythme de travail est identique pour chaque ouvrier.

❷ Une anagramme est un jeu de mots qui consiste à inverser ou permuter les lettres d'un mot ou d'un groupe de mots pour en extraire un sens ou un mot nouveau. Par exemple, avec les lettres d' « anagramme » (3 a, 2 m, 1 e, 1 g, 1 n, 1 r) on peut construire « gare maman ».
Ici, avec les lettres du mot « chien », on peut construire le mot « niche ».

La bonne réponse est donc **NICHE**

❸ Pour faciliter le calcul, on peut faire un petit tableau avec les données existantes :

	PATTES	YEUX
2 poissons rouges	0	4
1 chien	4	2
1 chat	4	2
1 lapin	4	2
TOTAL	12	10

L'histoire dit qu'il y a au total 18 yeux. Ici, l'ensemble des créatures possède au total 10 yeux. Il en manque donc 8 (18 - 10 = 8). Et 8 yeux = 4 paires ou 4 personnes.
Vérifions avec les « pattes » : 12 pattes = 6 paires. Or l'énoncé dit qu'il y a au total 10 paires de pattes. Il en manque donc 4 là aussi.
La réponse semble logiquement être : **4 humains vivent au 2 Henri-Martin**.

REMARQUE Il subsiste néanmoins une ambiguïté dans la formulation de la devinette car on ne parle pas de « pattes » pour les êtres humains mais de « jambes ». Si l'on attribue les 4 paires de pattes à 2 animaux qui n'auraient pas été cités (4 pattes chacun) et qu'on leur fournit une paire d'yeux chacun (= 4 yeux), il reste encore 4 yeux à placer sur des visages. La réponse serait alors « 2 êtres humains au 2 Henri-Martin ». Mais dans le doute, il vaut mieux considérer que le rédacteur de la question a mis les humains sur des... « pattes ».

❹ Ici, une série de nombres à compléter. Il faut trouver la récurrence, c'est-à-dire la répétition de quelque chose qui servirait de lien entre chaque nombre. On constate rapidement que 125 - 104 = 21 ; 104 - 83 = 21, etc. Il y a donc une augmentation de 21 à chaque fois.
Donc, la bonne réponse est 125 + 21 = **146**.

❺ Si nous sommes tous d'accord pour considérer que le « double de la moitié » d'une surface correspond à la totalité de cette surface, si le nénuphar en question double bien de taille tous les jours, et si le 15e jour il couvre la moitié de la surface du lac, il remplira donc toute la surface du lac le lendemain, c'est-à-dire qu'il lui faudra au total 16 jours.
Le nénuphar recouvrera le lac entièrement au bout de 16 jours.

REMARQUE Encore une fois l'énoncé est ambigu... En effet, répondre « 16 jours » parait la bonne réponse mais à la question « nous sommes le 15e jour et le nénuphar couvre la moitié du lac, combien de temps pour qu'il recouvre la totalité ? », la bonne réponse pourrait aussi être « 1 journée »... Car il ne lui faut plus qu'une journée pour passer de la moitié à la totalité... De meilleures formulations auraient été par exemple « combien de temps encore pour qu'il recouvre la totalité ? » (= 1 journée), ou « combien de jours au total lui faut-il pour recouvrir la totalité ? » (= 16 jours). Il semble parfois plus difficile de rédiger les questions que d'y répondre...

❻ Il y a 5 fois 12 min dans 1 heure (= 60 mn).
La pendule retarde donc de 5 fois 2 secondes toutes les heures = 10 secondes par heure.
Si l'on multiplie ces 10 secondes par 24 heures, cela nous donne 240 secondes au total ou encore 4 minutes (240 ÷ 60).
Au bout de 24 heures, la pendule aura donc un retard de 4 minutes.

❼ Premièrement, le nombre de coqs ne nous intéresse absolument pas ! Ni d'ailleurs le temps de ramassage et de mise en boîtes… Ce sont des informations inutiles à la résolution du problème posé.

Reprenons. Tous les matins, il y a donc 270 œufs pondus (1 par poule).

Ces 270 œufs sont à mettre dans des boîtes de 6, ce qui fait 270 ÷ 6 = 45 boîtes par jour.

L'opération est renouvelée tous les jours de la semaine = 7 jours × 45 boîtes = **315**.

Nous aurions aussi pu calculer le nombre d'œufs pondus en une semaine (270 × 7 = 1 890 œufs) puis diviser ce nombre par 6 pour avoir le nombre de boîtes (1 890 ÷ 6 = 315 boîtes).

En une semaine dans ce poulailler, 315 boîtes de 6 œufs sont donc remplies.

❽ C'est grosso modo le principe du sudoku.

Il faut, bien sûr, commencer par les colonnes (à la verticale) ou les lignes (à l'horizontale) où 2 chiffres sont déjà présents.

Ainsi, sur la ligne du haut, il y a déjà 8 et 1 (= 9), et la somme finale est de 11, la case du milieu comportera donc 2.

Et ainsi de suite :

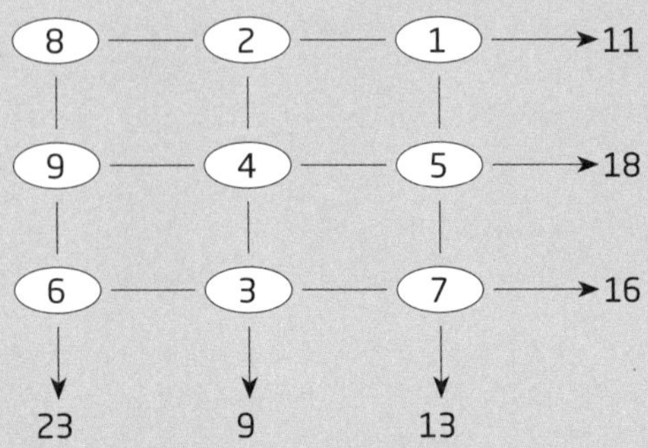

❾ Le trait à l'intérieur du rectangle effectue un quart de tour dans le sens des aiguilles d'une montre au fur et à mesure des figures.

La bonne réponse est donc la figure **f.**

❿ Ici, les dominos sont intercalés. Le 1er domino est en lien avec le 3e et le 5e ; le 2e avec le 4e et le 6e (celui qui nous intéresse).

Les récurrences sont les suivantes :

+ 1 en haut (4-5-6 pour les dominos nos 1, 3 et 5 ; 1-2 pour les dominos nos 2 et 4).

+ 1 en bas (3-4-5 pour les dominos nos 1, 3 et 5 ; 0-1 pour les dominos nos 2 et 4).

Donc, si nous nous concentrons à présent uniquement sur les dominos nos 2, 4 et 6, la progression logique donnera pour le 6e domino :

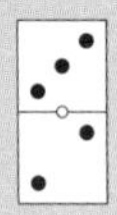

Sujet n° 3

Difficulté ✗✗✗	Durée 35 min

❶ Je vends une paire de chaussures à 30 euros. L'acheteur ne dispose que d'un billet de 50 euros. N'ayant pas de monnaie, je vais voir la voisine qui me fait de la monnaie sur les 50 euros. Je rends la monnaie à l'acheteur. Une demi-heure plus tard la voisine m'annonce que le billet de 50 euros est faux ; l'acheteur s'est envolé... Honteux, je lui rends 50 euros. Combien ai-je perdu au total ?

❷ Paul et Bernard sont dans un restaurant. Sachant que Paul a commandé 2 fois et Bernard 4 fois (chacun pour eux, sans rien commander pour l'autre).
À chaque commande, Bernard prend 3 petites frites et 1 hamburger tandis que Paul prend 1 grande frite et 3 hamburgers.
Sachant qu'une grande frite vaut 2 petites frites mais qu'à chaque fois que Bernard commande, Paul lui pique un paquet de frites et à chaque fois que Paul commande, Bernard lui prend un hamburger, lequel a mangé le plus ?

❸ Trois hommes se présentent dans un hôtel et demandent une chambre, qui coûte 30 euros. Ils donnent chacun 10 euros et montent dans leur chambre. Le portier s'aperçoit qu'en fait la chambre vaut 25 euros ; un dilemme se présente à lui, comment partager 5 euros ? Il décide donc de donner 1 euro à chacun des trois hommes et de garder 2 euros. Maintenant les trois hommes ont payé chacun 10 - 1 euros, donc 9 euros. Conclusion : 9 × 3 = 27 ; 1 × 3 = 3 + 2 = 5 ; 27 + 5 = 32 euros... Comment est-il possible qu'on se retrouve avec 2 euros de trop ?

❹ Si 2 + 3 = 10, 6 + 5 = 66, 3 + 4 = 21, 7 + 2 = 63 combien font 9 + 7 ?

❺ Trouvez, parmi les propositions suggérées, la ou les lettres qui complètent la série proposée.

○ **a.** a g b h c ?	c	d	f	h	i	g			
○ **b.** a b d e h i m n ?	o	p	q	r	s	t			
○ **c.** c d d e e e f f f ?	e	f	g	h	i	j			
○ **d.** a b c c d e f f g ?	e	f	g	h	i	j			
○ **e.** b c b d e d f g f h i ?	f	g	h	i	j	k			
○ **f.** e f g h j k l n o ?	o	p	q	r	s	t			
○ **g.** z e i y f j x g ? ?	h	i	j	k	l	m	w	r	
○ **h.** k s j t i u h ? ?	u	v	w	x	y	z	e	f	g
○ **i.** n j f m i e l ?	c	d	h	i	j	m			
○ **j.** j f m a m j j ? ?	a	v	j	d	e	g	s	o	

ÉPREUVE DE PRÉADMISSIBILITÉ
QCM - Raisonnement

6 Lors d'un concours de caissières au Japon, en 6 minutes 2 caissières ont encaissé 12 clients mais l'une d'entre elles a encaissé 5 fois plus de clients que l'autre. Combien de clients sont passés par la caisse de la perdante pendant ces 6 minutes ?

7 Le directeur d'un magasin décide de répartir une prime de 530 € entre trois vendeurs selon leurs résultats. Le premier (A) aura 90 € de plus que le second (B) et le deuxième aura 50 € de moins que le troisième (C). Quelle sera en euros la part de chacun ?

8 Au marché, Céline achète 3 kg de pommes de terre et 5 kg de tomates. Le kilogramme de tomates coûte 1,5 € de plus que celui de pommes de terre. Elle paie en tout 15,10 €. Quel est le prix d'un kilogramme de pommes de terre et d'un kilogramme de tomates ?

9 Trouvez le domino qui complète la série proposée.

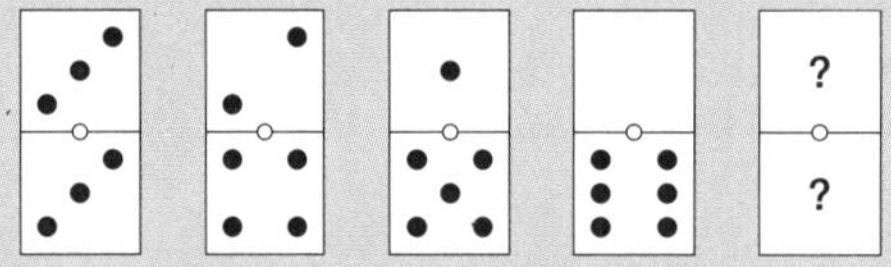

10 Complétez cette suite de nombres : 9 - 27 - 81 - 243 - ? - ?

- a. 486 - 972
- b. 729 - 2 187
- c. 279 - 481
- d. 342 - 684

11 Complétez cette suite de nombres : 79 - 74 - 68 - 61 - 53 - ? - ?

- a. 51 - 47
- b. 47 - 41
- c. 44 - 24
- d. 44 - 34

12 Complétez cette suite de nombres : 15 - 27 - 42 - ? - 96 - 108 - 204

- a. 54
- b. 64
- c. 74
- d. 57

13 Complétez cette suite de nombres : 1 - 11 - 21 - 1211 - 111221 - ?

- a. 12121221
- b. 121111221
- c. 332211
- d. 312211

14 Complétez cette suite de nombre : 9 - 72 - 36 - 36 - 144 - 18 - ? - ?

- a. 18 - 483
- b. 576 - 9
- c. 9 - 72
- d. 288 - 36

⓯ Magali est passionnée par son nouveau roman policier. Elle a lu 130 pages en 3 jours. Le deuxième jour elle a lu deux fois plus de pages que le premier jour et le troisième jour 20 pages de plus que le deuxième jour. Combien a-t-elle lu de pages le premier jour ?

⓰ Sophie a 38 ans et sa fille Zelda a 13 ans. Dans combien d'années Sophie aura-t-elle le double de l'âge de sa fille ?

⓱ Une caravane dans le désert est composée de chameaux et de dromadaires, de loin vous observez 28 têtes et 45 bosses. Combien cela fait-il de dromadaires et de chameaux ?

⓲ Trouvez les nombres manquants, sachant que toutes les lignes, colonnes et diagonales ont au final la même somme :

7		
	8	13
14	1	

⓳ Trouvez les nombres manquants, sachant que toutes les lignes, colonnes et diagonales ont au final la même somme :

16		12
6	10	
	18	

⓴ Parmi les différentes propositions, trouvez la figure manquante :

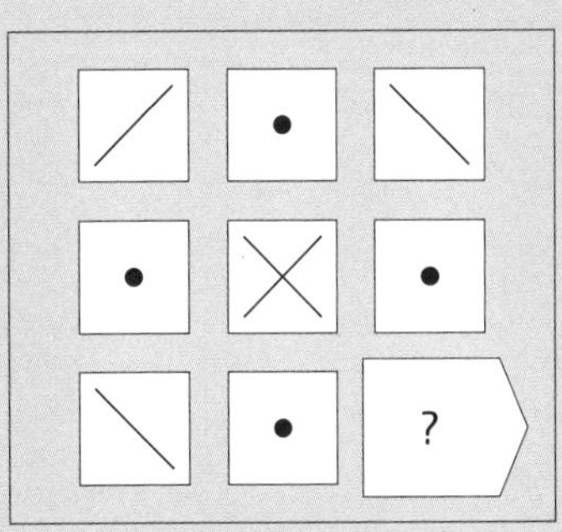

a.

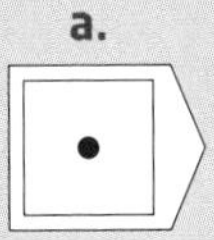

b.

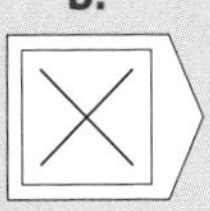

c.

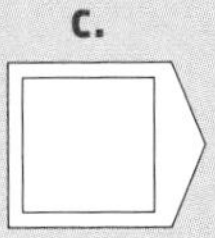

d.

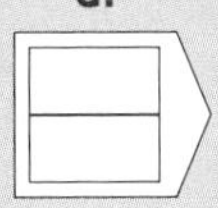

e.

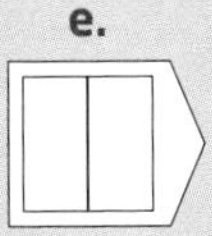

f.

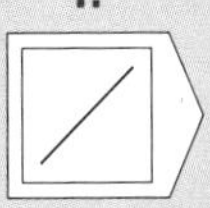

g.

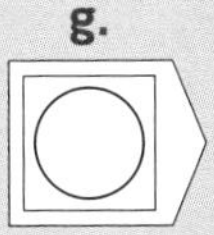

h.

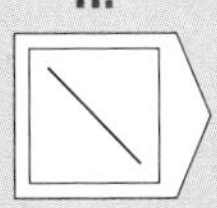

㉑ Parmi les différentes propositions, trouvez la figure manquante :

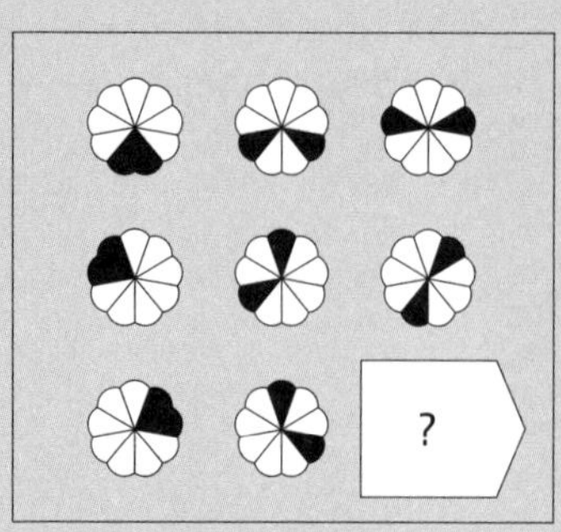

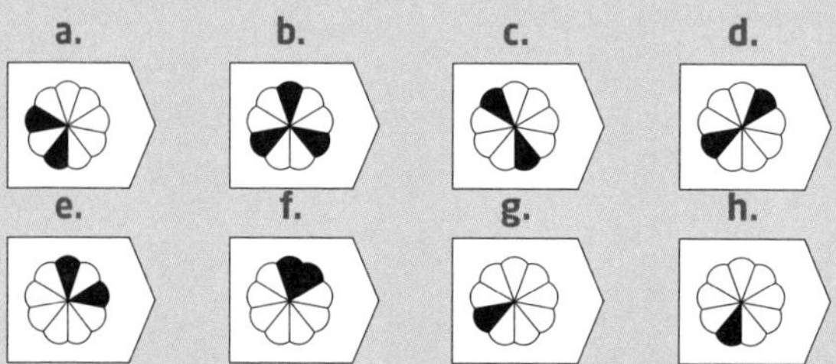

㉒ Parmi les différentes propositions, trouvez la figure manquante :

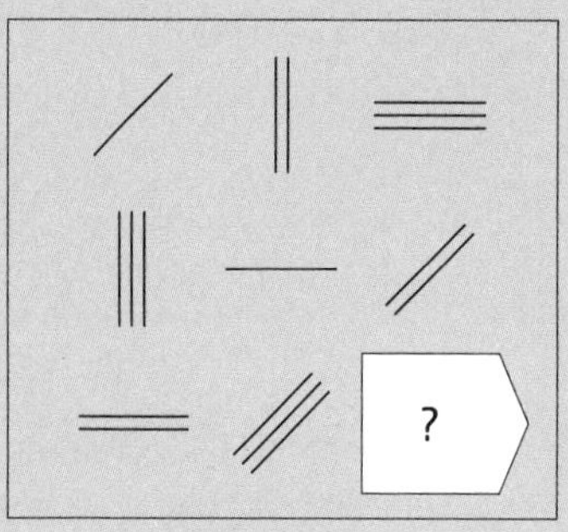

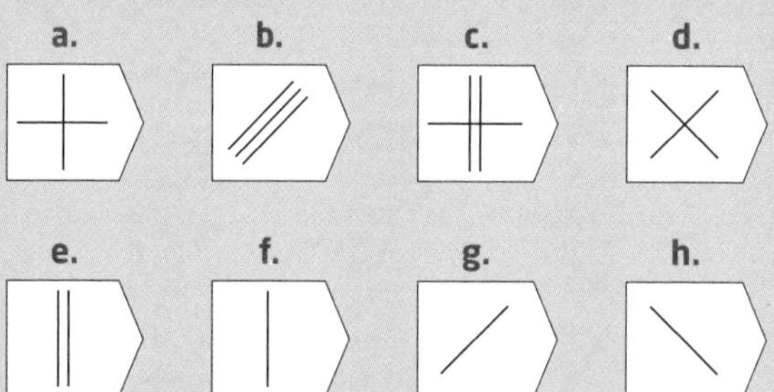

23 Parmi les différentes propositions, trouvez la figure manquante :

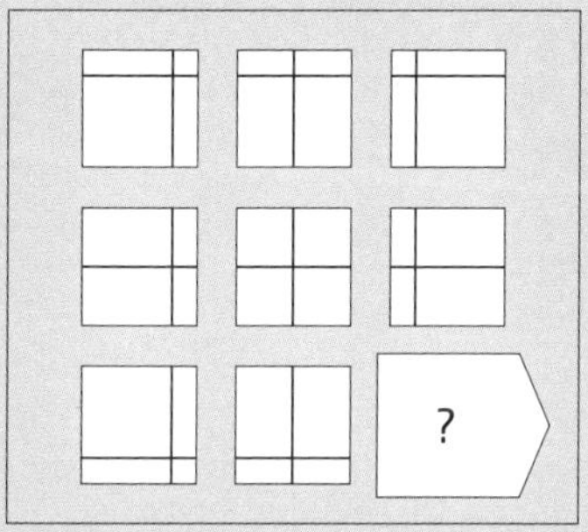

a.
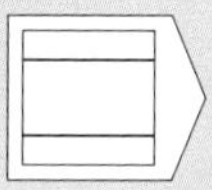

b.
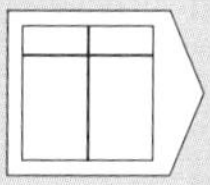

c.
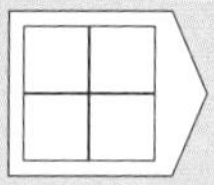

d.
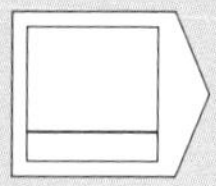

e.
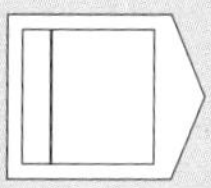

f.
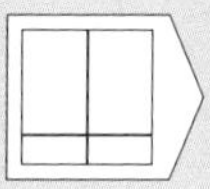

g.
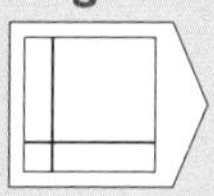

h.
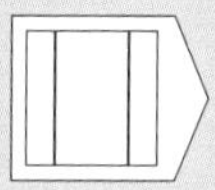

24 Parmi les différentes propositions, trouvez la figure manquante :

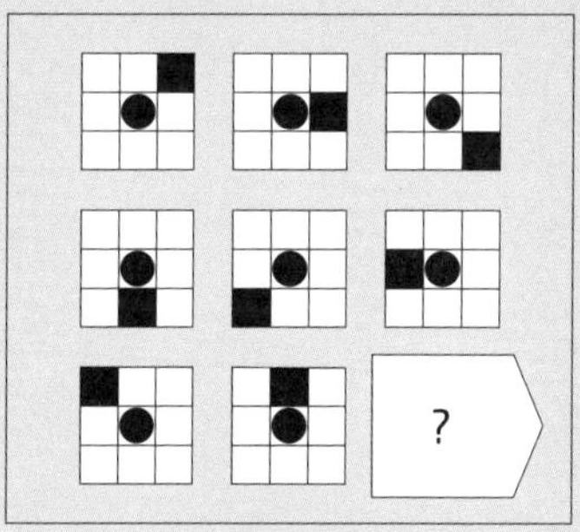

a.
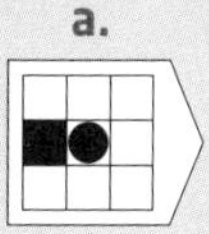

b.
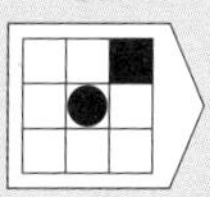

c.
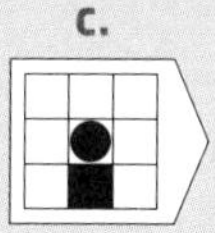

d.
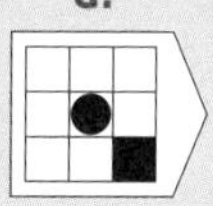

e.
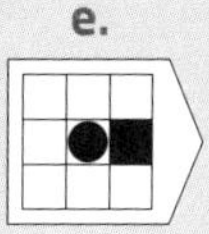

f.
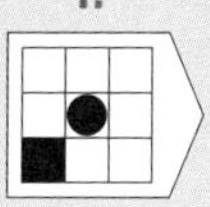

g.
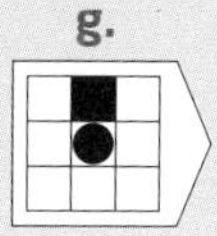

h.
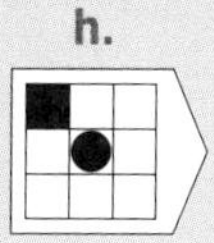

Corrigé

❶ J'ai perdu 20 euros et une paire de chaussures que je vendais 30 euros, soit **50 euros**.
Ce problème est équivalent à dire que l'acheteur ne donne rien (c'est un faux billet) et le vendeur lui rend 20 euros de monnaie (puisque la paire coûte 30 euros).

❷ Ils ont tous les 2 mangé l'équivalent de 8 petites frites. Mais Bernard a mangé 6 hamburgers alors que Paul en a mangé 4.
Par conséquent, **c'est Bernard qui a mangé le plus**.

❸ Il faut déjà savoir ce qu'on cherche avant de se lancer dans les calculs... L'erreur est d'additionner les 27 euros et les 2 euros, puisque les 2 euros sont compris dans les 27 : les hommes ont effectivement dépensé 27 euros (25 pour la chambre + 2 pour le portier). Et si l'on cherche à retrouver les 30 euros, il faut additionner les 27 euros aux 3 remboursés.

❹ 9 + 7 = **144**
(2 + 3) × 2 = 10
(6 + 5) × 6 = 66
(3 + 4) × 3 = 21
(7 + 2) × 7 = 63 et (9 + 7) × 9 = 144

❺ **a. i** : croissance d'1 lettre sur 2 (a → b → c et g → h → i).
b. s : croissance de plus en plus importante (ab + 2 = d ; de + 3 = h ; hi + 4 = m ; mn + 5 = s).
c. f : croissance progressive (1c → 2d → 3e → 4f).
d. h : abc → cdef → fghij (redémarrage avec la dernière lettre de la série précédente et ajout d'une lettre).
e. h : bcb → ded → fgf → hih.
f. q : efgh → (i) → jkl → (m) → no → (p) → q.
g. kw : sauts de 3 lettres avec 3 séries imbriquées (z → y → x → w... ; e → f → g... ; i → j → k...).
h. vg : sauts de 2 lettres avec 2 séries imbriquées dont l'une en croissance et l'autre en décroissance (k → j → i → h → g... et s → t → u → v...).
i. h : sauts de 3 lettres avec 3 séries imbriquées en décroissance (n → m → l... ; j → i → h... ; f → e → d...).
j. as : un classique. Après juillet, viennent évidemment août (a) et septembre (s) !

❻ La perdante n'a encaissé que 2 clients pendant ces 6 minutes, alors que la gagnante en a encaissé 10, donc 5 fois plus. Mais l'histoire ne dit pas combien d'articles avaient les 2 clients de la perdante !

❼ Le vendeur A aura une prime de 220 €, le vendeur B de 130 euros et le vendeur C de 180 euros.

❽ 0,95 € le kilo de pommes de terre et 2,45 € le kilo de tomates.

❾ La progression est de - 1 sur les faces supérieures et de + 1 sur les faces inférieures.

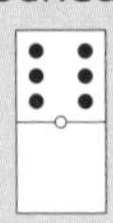

❿ La série est croissante. Il faut multiplier le nombre précédent par 3. On obtient alors 729 (243 × 3) et 2 187 (72 × 93), réponse **b.**

⓫ C'est une série de plus en plus décroissante, il faut enlever 5 puis 6 puis 7 puis 8 puis 9 puis 10 au nombre précédent, ce qui donnera donc : 44 - 34, réponse **c.**

12 Cette série est croissante et comporte deux types de progression : une progression par 12 (15 + 12 = 27 ; 96 + 12 = 108) une fois sur deux, et une progression en additionnant les deux nombres qui précèdent (27 + 15 = 42 ; 108 + 96 = 204). Les deux progressions se font alternativement. Dès lors, si l'on ajoute 12 à 42, cela donne 54. Voyons maintenant si en additionnant 54 à 42 cela forme bien 96... et c'est exactement cela. La bonne réponse est donc 54, réponse **a.**

13 Il s'agit de la fameuse suite de Conway, du nom du mathématicien John Horton Conway. Cette suite est aussi appelée « audioactive » car l'astuce consiste ici à dire ce que l'on voit pour établir les liens et proposer la suite logique. Ainsi, tout commence par « un un » (que l'on notera « 11 »), puis ensuite « deux uns » (que l'on notera 21), « un deux, un un » (1211), « un un, un deux, deux uns » (111221), etc.
La dernière suite de chiffres proposée est 111221 que l'on lira comme suit : trois uns, deux deux, un un et qui donnera 312211, réponse **d.**

14 Cette série est piégée car tous les nombres proposés sont des multiples de 3 et de 9, il est donc spontanément logique de chercher un fil conducteur à toute la ligne. Sauf que cette fois encore une série peut en cacher une autre ! Il y a donc 2 séries : « 9 - 36 - 144 » qui est une série croissante bénéficiant d'un facteur multiplicateur de 4 (4 × 9 = 36 ; 4 × 36 = 144) et « 72 - 36 - 18 » qui est une série décroissante avec à chaque fois une division par 2 (72 ÷ 2 = 36 ; 36 ÷ 2 = 18). C'est pour cette raison que les 2 nombres manquants sont 576 et 9, réponse **b.**

15 Magali a lu 22 pages le premier jour, 44 le deuxième et 64 le troisième, ce qui fait **130 pages au total en 3 jours**.

16 Dans **12 ans**, quand Sophie aura 50 ans et Zelda 25, puisqu'elles ont 25 ans de différence.

17 17 chameaux (17 × 2 bosses = 34 bosses) et 11 dromadaires (= 11 bosses) ; ce qui fait bien **28 têtes et 45 bosses**.

18

7	15	2
3	8	13
14	1	9

19

16	2	12
6	10	14
8	18	4

20 Réponse **f.** Pour une question de symétrie visuelle d'ensemble. 

21 Réponse **c.** Les formes noires avancent ensemble d'une case. 

22 Réponse **f.** 3 fois 1, 2 et 3 lignes, horizontal, vertical et oblique. 

23 Réponse **g.** La barre horizontale descend tandis que la barre verticale glisse de droite à gauche. 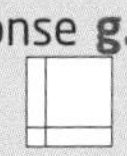

24 Réponse **b.** Le point reste fixe, seul le carré noir bouge, dans le sens des aiguilles d'une montre autour du point. 

Sujet n° 4

Difficulté XXX	Durée 20 min

❶ Combien de secondes y a-t-il dans 10 heures et 15 minutes ?

❷ Quel nombre est le dixième du quart de la moitié de 1 200 ?

❸ Mathieu se rend en avion à Madrid. Il part de Bâle à 7 h 15 et, après un vol d'1 heure et 20 minutes, se pose à Lyon pour une escale de 45 minutes. Il redécolle avec 30 minutes de retard pour atterrir à Madrid à 11 heures et 10 minutes.

À quelle heure décolle-t-il de Lyon ? Et quelle est la durée du vol Lyon-Madrid ?

❹ Marc a passé la moitié de ses vacances en Bretagne, un quart à Paris et sept jours à l'étranger. Quelle est la durée totale de ses vacances ?

❺ Quel est le 35e nombre impair ?

❻ Un produit a vu son prix de vente passer de 200 euros à 600 euros. Quel est le pourcentage d'augmentation ?

❼ Vous cherchez un nombre composé de 3 chiffres. Vous avez les indications suivantes :

- Les trois chiffres additionnés donnent 18
- Le premier chiffre est la moitié du deuxième et le tiers du troisième

Quel est ce nombre ?

❽ Quels sont les chiffres manquants à la série suivante ?

8, 1, 9 - 6, 3, 8 - 4, 5, 7 - 2, 7, 6 - ?, ?, ?

❾ Trouvez le chiffre manquant.

16	25			
7	?	16		
4	3	6	10	
3	1	2	4	6

❿ Complétez la série suivante : F3 ; L9 ; R15 ; W20 ; J?

Corrigé

❶ Simple calcul du temps.

10 heures et 15 minutes = (10 × 60 min) + 15 min = 600 min + 15 min = 615 min

615 min × 60 secondes = **36 900 secondes**

❷ Pour bien réussir ce calcul, il faut partir du dernier nombre, 1 200.

Quelle est la moitié de 1 200 ? 1 200 ÷ 2 = 600.

Quel est le quart de 600 ? 600 ÷ 4 = 150.

Quel est le dixième de 150 ? 150 ÷ 10 = 15.

Donc, la bonne réponse est 15.

❸ Procédons par ordre.

L'avion part de Bâle à 7 h 15 et met 1 h 20 pour arriver à Lyon à 8 h 35 (7 h 15 + 1 h 20 = 8 h 35).

L'escale est de 45 minutes + les 30 minutes de retard = 75 minutes ou 1 h 15. L'avion redécolle donc de Lyon à 9 h 50 (8 h 35 + 1 h 15 = 9 h 50).

Comme il arrive à 11 h 10 à Madrid, il a mis 1 h 20 de Lyon à Madrid (9 h 50 + 1 h 20 = 11 h 10).

Les bonnes réponses sont donc :

- L'avion décolle de Lyon à 9 h 50.

- La durée du vol Lyon-Madrid est d'1 heure et 20 minutes.

❹ Nous pouvons considérer que la durée totale de ses vacances est égale à 100 %, la partie passée en Bretagne est de 50 % (la moitié) et celle à Paris de 25 % (un quart). Il nous reste à trouver le pourcentage des 7 jours à l'étranger :

100 % - (50 % + 25 %) = 100 % - 75 % = 25 % (un quart des vacances).

Et si 7 jours = 25 % de la durée totale, alors 100 % = 4 × 7 = 28 jours.

La durée totale des vacances de Marc est donc de 28 jours.

❺ 1-3-5-7-9 : le cinquième est 9

11-13-15-17-19 : le dixième est 19

Par déduction, le quinzième est 29, le vingtième est 39, le vingt-cinquième est 49, le trentième 59 et le trente-cinquième... 69 !

La bonne réponse est donc **69**.

❻ 100 % de 200 euros = 200 euros

200 % de 200 euros = 400 euros.

Si un produit coûte au départ 200 euros et qu'on lui applique une augmentation de 200 % (= 400 euros), il coûtera au final 600 euros (200 + 400).

Le pourcentage d'augmentation est donc de **200 %**.

❼ Par déduction, on suppose que le 1er chiffre est de faible valeur (puisque le 2e sera son double, le 3e son triple et la somme totale des 3 fera 18).

On peut essayer les chiffres de 1 à 4 par exemple :

- Si l'on prend 1, cela donne 1 + 2 + 3 = 6... Trop court.
- Si l'on prend 4, cela donne 4 + 8 + 12 = 24... Trop loin.
- Si l'on prend 3, cela donne 3 + 6 + 9 = 18... Gagné !

En effet, si l'on additionne les trois chiffres : 3 + 6 + 9 = 18
Et 3 est bien la moitié de 6 et le tiers de 9.

La bonne réponse est donc **369**.

❽ Dans cette série, on peut observer que les chiffres placés en 1re, 2e et 3e position suivent une même logique d'évolution en fonction justement de leur position.

Ainsi, les chiffres placés en 1re position perdent 2 unités à chaque fois (8-6-4-2- ?).

Les chiffres placés en 2e position gagnent 2 unités à chaque fois (1-3-5-7- ?).

Les chiffres placés en 3e position perdent 1 unité à chaque fois (9-8-7-6- ?).

On peut donc déduire que la bonne réponse est **0, 9, 5**.

❾ Le mécanisme de calcul est le suivant :

Tout d'abord, commençons par additionner les cellules du bas, de droite à gauche (exemple : 6 + 4).

La somme se trouve alors dans la cellule située au-dessus (dans cet exemple, le nombre 10, qui est bien la somme de 6 + 4).

Tout le tableau fonctionne de cette manière. Prenons par exemple le nombre 10 que nous venons de trouver et additionnons-le avec le chiffre 6 à sa gauche, cela donne bien 16, situé au-dessus.

Pour trouver le chiffre manquant, il suffit alors de prendre le résultat de l'addition 16 + ? (= 25) et de soustraire le nombre 16 (25 - 16 = 9).

Nous pouvons vérifier par l'addition des 2 chiffres des cellules en-dessous (6 + 3), ce qui donne bien 9.

La bonne réponse est donc **9**.

❿ La logique est la suivante :

Tout d'abord, considérons que chaque lettre a une place dans l'alphabet qui est aussi une valeur numérique (exemple : A = 1, B = 2, C = 3, etc.).

Ensuite, il faut à chaque fois soustraire 3 à la valeur numérique de la lettre :

F = 6e lettre de l'alphabet - 3 = 3 (F3)
L = 12e lettre de l'alphabet - 3 = 9 (L9)
R = 18e lettre de l'alphabet - 3 = 15 (R15)
W = 23e lettre de l'alphabet - 3 = 20 (W20)
J = 10e lettre de l'alphabet - 3 = 7 (J7)

La bonne réponse est donc **J7**.

QCM

Annales corrigées

COEFFICIENT
1

DURÉE
1 heure 30

Annales
corrigées

Sujet n° 1

Session 2015

Durée 1 heure 30

Orthographe, vocabulaire et grammaire

1 Les mots « effraction » et « infraction » sont :

- ○ **a.** des antonymes
- ○ **b.** des homonymes
- ○ **c.** des paronymes
- ○ **d.** des synonymes

2 Parmi les mots suivants, lequel est de genre « masculin » ?

- ○ **a.** Hypoténuse
- ○ **b.** Lyre
- ○ **c.** Quinoa
- ○ **d.** Velléité

3 Comment se conjugue le verbe « percevoir » à la 1re personne du pluriel du passé simple de l'indicatif ?

- ○ **a.** Nous eûmes perçu
- ○ **b.** Nous percevions
- ○ **c.** Nous perçûmes
- ○ **d.** Nous perçussions

4 Quel mot répond à la définition : « Recevoir le paiement d'une somme due » ?

- ○ **a.** Liquider
- ○ **b.** Mandater
- ○ **c.** Recouvrer
- ○ **d.** Recouvrir

5 Quelle est, à l'imparfait, la conjugaison incorrecte ?

- ○ **a.** Nous balayions
- ○ **b.** Nous conseillions
- ○ **c.** Nous distraiions
- ○ **d.** Nous riions

6 Lequel de ces mots est mal orthographié ?

- ○ **a.** Avènement
- ○ **b.** Collègien
- ○ **c.** Credo
- ○ **d.** Méprise

7 Complétez la phrase suivante : « Les fraises que j'ai ... ».

- ❍ **a.** mangé
- ❍ **b.** mangées
- ❍ **c.** manger
- ❍ **d.** mangés

8 Quel est le participe présent du verbe « astreindre » ?

- ❍ **a.** Astreignant
- ❍ **b.** Astreintant
- ❍ **c.** Astringant
- ❍ **d.** Astringeant

9 Quelle phrase comporte une confusion entre adverbe et adjectif ?

- ❍ **a.** Le peuple, les paysans mêmes, ne connaissaient que la faim.
- ❍ **b.** Les guerres, même justes, sont toujours regrettables.
- ❍ **c.** Les mêmes causes produisent les mêmes effets.
- ❍ **d.** Nous sommes venus nous-mêmes.

10 Parmi les propositions suivantes, laquelle est bien orthographiée ?

- ❍ **a.** Des cheveux châtain clair
- ❍ **b.** Des cheveux châtains clairs
- ❍ **c.** Des cheveux châtains clair
- ❍ **d.** Des cheveux châtain clairs

11 À quel mot correspond la définition : « Se dit des animaux dont les femelles pondent des œufs » ?

- ❍ **a.** Ovins
- ❍ **b.** Ovipares
- ❍ **c.** Ovovivipares
- ❍ **d.** Vivipares

12 Parmi les propositions suivantes, laquelle est mal orthographiée ?

- ❍ **a.** Est-il blessé ?
- ❍ **b.** Où va-t-on ?
- ❍ **c.** Regardera-t-il par ici ?
- ❍ **d.** Reste-il du pain ?

13 Quelle est la phrase dans laquelle la règle de la concordance des temps n'est pas respectée ?

- ❍ **a.** Je t'ai déjà dit que je viderai la poubelle demain.
- ❍ **b.** Je te dis que je viderai la poubelle demain.
- ❍ **c.** Je viderais la poubelle si elle était pleine.
- ❍ **d.** Demain, je viderai la poubelle.

14 Quel est le mot mal orthographié ?

- ❍ **a.** Faux-monayeur
- ❍ **b.** Monétaire
- ❍ **c.** Monétiser
- ❍ **d.** Monnaie

Connaissances générales

15 Quelle est la capitale du Qatar ?

❍ a. Abu Dhabi
❍ b. Amman
❍ c. Doha
❍ d. Dubaï

16 Lequel de ces États ne fait pas partie de l'Union européenne ?

❍ a. Croatie
❍ b. Lituanie
❍ c. Malte
❍ d. Norvège

17 En France, quelle institution certifie les comptes de l'État ?

❍ a. La Cour de cassation
❍ b. La Cour des comptes
❍ c. Le Conseil constitutionnel
❍ d. Le Conseil d'État

18 En France, un projet de loi est une initiative législative :

❍ a. gouvernementale inscrite à l'ordre du jour du Parlement
❍ b. gouvernementale qui génère automatiquement un référendum populaire
❍ c. parlementaire inscrite à l'ordre du jour du Parlement
❍ d. parlementaire qui entraîne systématiquement la réunion du Parlement en congrès à Versailles

19 En France, la loi du 1er juillet 1901 est relative :

❍ a. à la laïcité
❍ b. à la séparation des Églises et de l'État
❍ c. au travail dominical
❍ d. aux associations

20 En France, le déficit public prévisionnel de l'État représente environ, en 2015 :

❍ a. 4 % du PIB
❍ b. 20 % du PIB
❍ c. 52 % du PIB
❍ d. 90 % du PIB

21 En France, par qui est perçu l'impôt sur le revenu ?

❍ a. La direction du budget
❍ b. La direction générale du Trésor
❍ c. La direction générale des douanes et droits indirects
❍ d. La direction générale des finances publiques

22 En France, quel événement historique célèbre-t-on le 11 novembre ?

❍ a. L'armistice de la Première Guerre mondiale
❍ b. L'armistice de la Seconde Guerre mondiale

❍ **c.** L'institution de la Communauté économique européenne
❍ **d.** Le débarquement allié sur les plages de Normandie

㉓ Quel président américain a démissionné après le scandale du Watergate en 1974 ?

❍ **a.** Dwight D. Eisenhower
❍ **b.** George H. W. Bush
❍ **c.** Gerald Ford
❍ **d.** Richard Nixon

㉔ La convention internationale dénommée « protocole de Kyoto » est un accord :

❍ **a.** destiné à relancer la croissance dans le monde après la crise économique et financière de 1929
❍ **b.** mettant fin à la guerre de Corée
❍ **c.** prévoyant la capitulation de l'armée japonaise à la fin de la Seconde Guerre mondiale
❍ **d.** visant à la réduction des émissions de gaz à effet de serre

㉕ Laquelle des inventions suivantes doit-on à Alfred Nobel ?

❍ **a.** La dynamite
❍ **b.** La machine à vapeur
❍ **c.** L'électricité
❍ **d.** Le téléphone

㉖ En quelle année a eu lieu le premier Tour de France cycliste ?

❍ **a.** 1875
❍ **b.** 1903
❍ **c.** 1945
❍ **d.** 1960

㉗ Qui a peint le tableau *Guernica* ?

❍ **a.** Salvador Dalí
❍ **b.** Francisco de Goya
❍ **c.** Henri Matisse
❍ **d.** Pablo Picasso

㉘ Qui est le réalisateur du film *Avatar* (2009) ?

❍ **a.** George Lucas
❍ **b.** James Cameron
❍ **c.** Luc Besson
❍ **d.** Ron Howard

Calcul

㉙ Une voiture parcourt 145 km en 1 h 15. Quelle est, arrondie à l'unité la plus proche, sa vitesse moyenne ?

❍ **a.** 76 km/h
❍ **b.** 110 km/h
❍ **c.** 116 km/h
❍ **d.** 126 km/h

30 Une cuve de 40 litres pleine d'eau laisse fuir 1,5 litre d'eau en 45 minutes. Au bout de combien de temps la cuve sera-t-elle à moitié vide ?

- ❍ **a.** 4 h 30
- ❍ **b.** 7 h 30
- ❍ **c.** 9 h
- ❍ **d.** 10 h

31 Un père a 35 ans de plus que son fils et l'âge du fils correspond aux $\frac{3}{10}$ de celui du père. Quels sont les âges du père et du fils ?

- ❍ **a.** Père = 35 ans et fils = 10 ans
- ❍ **b.** Père = 50 ans et fils = 15 ans
- ❍ **c.** Père = 55 ans et fils = 20 ans
- ❍ **d.** Père = 70 ans et fils = 21 ans

32 J'ai jeté 99 fois une pièce de monnaie parfaitement équilibrée et j'ai obtenu 99 fois pile. Si je jette cette pièce une centième fois :

- ❍ **a.** j'obtiendrai nécessairement face
- ❍ **b.** j'ai plus de chances d'obtenir pile que face
- ❍ **c.** j'ai plus de chances d'obtenir face que pile
- ❍ **d.** j'ai une chance sur deux d'obtenir face

33 En période de soldes, un magasin affiche les prix de ses articles après une première réduction de 15 %. Pour l'achat d'un pantalon, une seconde démarque de 25 % est appliquée. Le pantalon a bénéficié d'une réduction totale de :

- ❍ **a.** 18,75 %
- ❍ **b.** 23,88 %
- ❍ **c.** 36,25 %
- ❍ **d.** 40 %

34 Une facture de téléphone s'élève à 98 € hors taxes. Sachant que le taux de TVA s'élève à 20 % et qu'aucune autre taxe n'est prélevée sur cette facture, quel est le montant TTC de la facture ?

- ❍ **a.** 78,40 €
- ❍ **b.** 117,20 €
- ❍ **c.** 117,60 €
- ❍ **d.** 118,60 €

35 Soit le triangle ABC rectangle en A tel que AB = 5 et AC = 4. Quelle est la longueur de BC ?

- ❍ **a.** 20
- ❍ **b.** 41^2
- ❍ **c.** $2\sqrt{5}$
- ❍ **d.** $\sqrt{41}$

36 De quelle longueur faut-il diminuer le côté d'un carré qui a pour périmètre 40 cm pour que son aire diminue de 36 cm² ?

- ❍ **a.** 2 cm
- ❍ **b.** 4 cm
- ❍ **c.** 6 cm
- ❍ **d.** 8 cm

37 Quelle est la superficie réelle d'une pièce représentée sur un plan à l'échelle 1/100 par un rectangle de longueur 6 cm et de largeur 1,5 cm ?

- ❍ **a.** 7,5 cm²
- ❍ **b.** 9 cm²
- ❍ **c.** 7,5 m²
- ❍ **d.** 9 m²

38 Quel est le plus grand diviseur commun de 420 et 780 ?

- ❍ **a.** 5
- ❍ **b.** 15
- ❍ **c.** 30
- ❍ **d.** 60

39 La fraction réduite de $-\left(\frac{2}{7} + \frac{4}{7} \times \frac{5}{7}\right)$ est :

- ❍ **a.** $\frac{30}{49}$
- ❍ **b.** $-\frac{34}{49}$
- ❍ **c.** $-\frac{30}{7}$
- ❍ **d.** $\frac{6}{49}$

40 Quelle est l'expression simplifiée de : $\frac{x^3}{x^{-2}}$?

- ❍ **a.** x
- ❍ **b.** x^{-1}
- ❍ **c.** x^5
- ❍ **d.** x^{-6}

41 Quelle est la forme développée réduite de l'expression $(2x + 3)^2 - (5 - x)^2$?

- ❍ **a.** $5x^2 - 1$
- ❍ **b.** $3x^2 + 22x + 16$
- ❍ **c.** $3x^2 + 22x - 16$
- ❍ **d.** $5x^2 + 16x + 16$

42 Quel est le résultat de l'opération $\sqrt{3} + \sqrt{3}$?

- ❍ **a.** $2\sqrt{3}$
- ❍ **b.** 3
- ❍ **c.** $\sqrt{3^2}$
- ❍ **d.** $\sqrt{6}$

Raisonnement

43 Maxence dit à Flore : « Donne-moi cinq de tes disques et nous en aurons autant l'un que l'autre ». Flore répond : « Donne-moi dix disques et j'en aurai le double de ce qu'il te restera ».
À eux deux, Maxence et Flore possèdent :

- ❍ **a.** 15 disques
- ❍ **b.** 40 disques

- ○ **c.** 50 disques
- ○ **d.** 90 disques

44 **Dans un ensemble de nombres entiers relatifs, tous différents les uns des autres, 48 % sont strictement positifs et 48 % sont strictement négatifs. Combien de nombres contient l'ensemble ?**

- ○ **a.** 25
- ○ **b.** 34
- ○ **c.** 41
- ○ **d.** 54

45 **Parmi les propositions suivantes, laquelle remplace le point d'interrogation ?**

- ○ **a.** 
- ○ **b.** 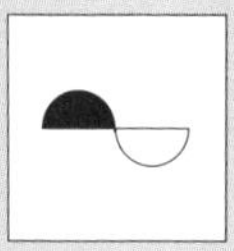
- ○ **c.** 
- ○ **d.** 

46 **Dans le village de Z, tous les électeurs inscrits sur la liste électorale ont exprimé leur suffrage. Lors du second tour de scrutin ne figuraient plus que 2 listes. La liste 1 est arrivée avec 7 voix d'avance sur la liste 2. Combien de voix, au minimum, auraient dû se reporter sur la liste 2 pour qu'elle remporte l'élection ?**

- ○ **a.** 3
- ○ **b.** 4
- ○ **c.** 7
- ○ **d.** 14

47 **Parmi les propositions suivantes, laquelle remplace le X ?**
ÉMEU - KOALA - CHAT - GORILLE - X

- ○ **a.** ÉLÉPHANT
- ○ **b.** HIPPOPOTAME
- ○ **c.** OTARIE
- ○ **d.** SOURIS

48 Parmi les propositions suivantes, quelle lettre remplace le point d'interrogation ?
403 (Q) - 657 (S) - 595 (C) - 124 (?) - 324 (T)

- ❍ **a.** B
- ❍ **b.** D
- ❍ **c.** U
- ❍ **d.** V

49 Dans un tiroir j'ai 24 chaussettes rouges et 24 chaussettes vertes; dans l'obscurité totale, combien dois-je en choisir au minimum pour être certain d'avoir 2 chaussettes de couleur différente ?

- ❍ **a.** 2
- ❍ **b.** 3
- ❍ **c.** 24
- ❍ **d.** 25

50 Parmi les propositions suivantes, quel chiffre remplace le point d'interrogation ?
Mardi [1] Jeudi [3] Lundi [5] Dimanche [?] Mercredi

- ❍ **a.** 0
- ❍ **b.** 1
- ❍ **c.** 2
- ❍ **d.** 3

51 Complétez la suite logique suivante :

(1 - GRAMME) - (0,01 CENTIGRAMME) - (0,1 DÉCIGRAMME) - (1 000 - X)

- ❍ **a.** DÉCIGRAMME
- ❍ **b.** HECTOGRAMME
- ❍ **c.** KILOGRAMME
- ❍ **d.** MILLIGRAMME

52 Si LUCAS = 12 + 19 = 31 ; JADE = 10 + 5 = 15 ; HUGO = 8 + 15 = 23
Alors CHARLOTTE = ? + ? = ?

- ❍ **a.** 3 + 5 = 8
- ❍ **b.** 4 + 5 = 9
- ❍ **c.** 2 + 9 = 11
- ❍ **d.** 3 + 9 = 12

53 Trois boîtes à chaussures contiennent respectivement une paire de chaussures de sport, une paire d'escarpins et une paire de ballerines. La paire de ballerines est à droite de la boîte orange. La boîte orange est à droite de la paire d'escarpins. La paire de chaussures de sport est à gauche de la paire de ballerines. La boîte mauve est à gauche de la boîte rouge. Dans quelle boîte est la paire d'escarpins ?

- ❍ **a.** La boîte orange
- ❍ **b.** La boîte mauve
- ❍ **c.** La boîte rouge
- ❍ **d.** Une information manque pour pouvoir répondre

54 Quel domino complète la suite ?

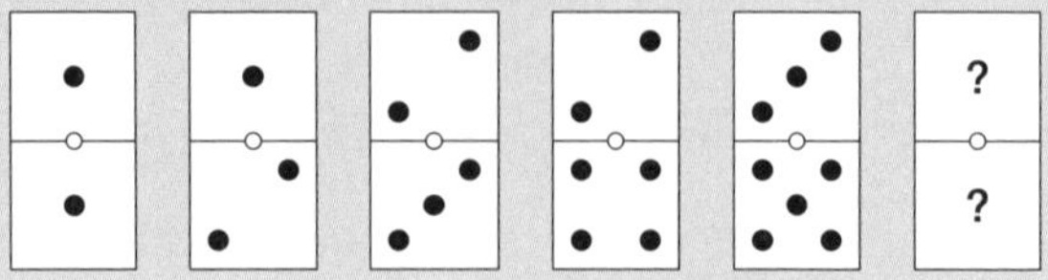

○ **a.** 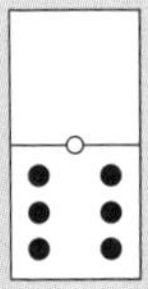

○ **b.** 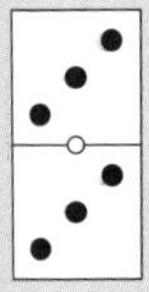

○ **c.** 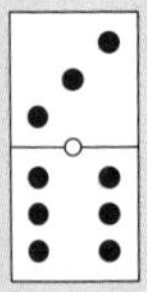

○ **d.** 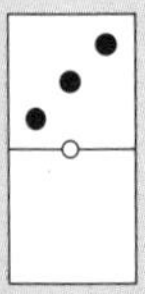

55 Lorsque 703 jours se seront écoulés après le lundi 5 octobre 2015, quel jour serons-nous ?

○ **a.** Un lundi
○ **b.** Un mercredi
○ **c.** Un jeudi
○ **d.** Un samedi

56 Quel est le nombre manquant ?

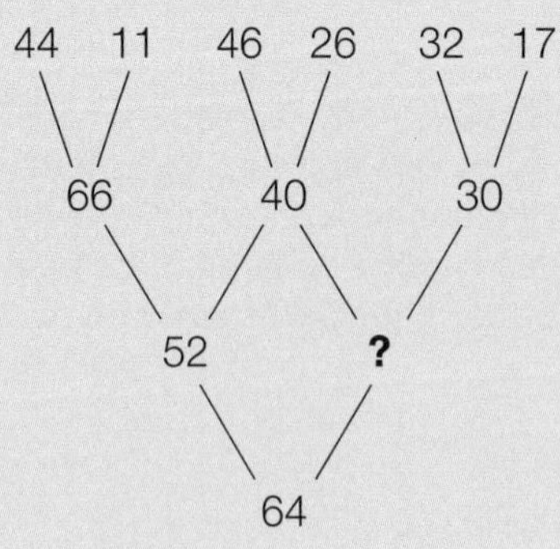

○ **a.** 3
○ **b.** 20
○ **c.** 70
○ **d.** 100

Corrigé

Orthographe, vocabulaire et grammaire

1 c. Des antonymes sont des mots de sens contraire, ex. : *gentil/méchant*; des homonymes sont des mots qui se prononcent de la même façon, ex. : *prémices/prémisse*; des synonymes sont des mots qui ont un même sens, ex. : *honnête/probe*.

2 c.

3 c. Nous eûmes perçu : indicatif passé antérieur; nous percevions : indicatif imparfait; que nous perçussions : subjonctif imparfait.

4 c. Le verbe *recouvrer* a deux sens : il signifie *recevoir le paiement d'une somme due* et *posséder de nouveau une chose qu'on n'avait plus*; on peut recouvrer un impôt, une créance, un bien, mais aussi la santé, ses forces, la raison, la vue, la parole, l'espoir, la liberté, la sérénité, l'estime, l'amitié, les bonnes grâces de quelqu'un, etc.

5 c. Nous distrayions.

6 b. Collégien.

7 b. Le participe passé employé avec l'auxiliaire *avoir* s'accorde avec le COD qui précède le verbe; le participe passé est en revanche invariable si le COD suit le participe ou si le verbe n'a pas de COD, ex. : *j'ai mangé, j'ai mangé des fraises*.

8 a.

9 a. En **a**, on pourrait aussi lire : « le peuple, les paysans même »; en effet, quand *même* suit immédiatement un nom ou un pronom démonstratif, il peut être considéré comme un adjectif, et donc varier, ou comme un adverbe et donc être invariable; en **b**, *même* est adverbe; en **c** et en **d**, *même* est un adjectif indéfini.

10 a. Un adjectif de couleur composé est invariable.

11 b.

12 d. On doit écrire : « Reste-t-il du pain ? »; on place un *t* encadré de traits d'union entre les verbes finissant par *a*, *e* ou *c* et les pronoms sujets *il*, *elle* ou *on* qui les suivent; c'est un *t* euphonique, c'est-à-dire un *t* qui facilite la prononciation.

13 a. On doit écrire : « Je t'ai déjà dit que je viderais la poubelle demain »; le conditionnel présent est un futur dans le passé.

14 a. Faux-monnayeur.

Connaissances générales

15 c. Amman est la capitale de la Jordanie; Abu Dhabi et Dubaï sont des capitales d'émirats des Émirats arabes unis.

16 d. La procédure d'adhésion de la Norvège à l'Union européenne est une des trois procédures (avec celles de la Suisse et de l'Islande) qui n'ont pas abouti. Par deux fois, en 1972 et 1994 et par voie référendaire, le peuple norvégien a refusé l'adhésion du pays à l'Union européenne.

17 b.

18 a.

19 d. Selon l'article premier de la loi du 1er juillet 1901 : « L'association est la convention par laquelle deux ou plusieurs personnes mettent en commun, d'une façon permanente, leurs connaissances ou leur activité dans un but autre que de partager des bénéfices. Elle est régie, quant à sa validité, par les principes généraux du droit applicable aux contrats et obligations. » Le régime mis en place par cette loi est très souple et laisse une grande liberté de création et de gestion des associations. On note qu'une association ayant son siège social en Alsace ou en Moselle ne relève pas de la loi du 1er juillet 1901 mais des articles 21 à 79 du code civil local et éventuellement des autres dispositions de ce droit local pouvant lui être appliquées. Les différences sont néanmoins purement administratives.

⑳ **a.**

㉑ **d.**

㉒ **a.** La fin des combats de la Première Guerre mondiale (1914-1918) est marquée par la signature de l'armistice le 11 novembre 1918.

㉓ **d.** Le scandale du Watergate est une affaire d'espionnage politique qui aboutit, en 1974, à la démission du président des États-Unis, Richard Nixon. Pendant la campagne pour les élections présidentielles de 1972, cinq hommes sont arrêtés en train d'« inspecter » dans les locaux du Parti démocrate, l'immeuble Watergate à Washington. Deux journalistes du *Washington Post* ont démontré, avec l'aide d'un mystérieux informateur connu sous le nom de Deep Throat (gorge profonde), qu'il existait des liens entre ces cambrioleurs et la présidence des États-Unis. Leurs enquêtes conduiront à l'inculpation de cinq collaborateurs de Richard Nixon, puis à la création, en février 1973, d'une commission d'enquête sénatoriale. Accusé d'avoir entravé l'action de la justice, Nixon sera contraint de démissionner (août 1974).

㉔ **d.** Le protocole de Kyoto est un accord international signé le 11 décembre 1997 à Kyoto, au Japon et entré en vigueur le 16 février 2005. Il visait à réduire, entre 2008 et 2012, d'au moins 5 % par rapport au niveau de 1990 les émissions de six gaz à effet de serre : le dioxyde de carbone, le méthane, le protoxyde d'azote et trois substituts des chlorofluorocarbones.

㉕ **a.**

㉖ **b.** Le 1er juillet 1903, soixante coureurs prennent le départ du premier Tour de France de cyclisme; seuls vingt d'entre eux franchiront la ligne d'arrivée le 18 juillet. Le cycliste Maurice Garin fut le vainqueur avec près de trois heures d'avance sur ses concurrents.

㉗ **d.** Le 1er mai 1937, des bombardiers nazis appelés par Franco ont détruit la ville de Guernica, faisant plus de 1 600 morts. Picasso peignit cette toile quelques mois plus tard.

㉘ **b.**

Calcul

㉙ **c.** Afin de convertir 1 h 15 min du système sexagésimal vers le système décimal, on peut utiliser le tableau de proportionnalité suivant :

Système décimal	1	x
Système sexagésimal	60	15

et on utilise la propriété des « produits en croix ».

$60 \times x = 1 \times 15$

$x = 15 \div 60 = 0{,}25$

1 h 15 min s'écrit 1,25 h en écriture décimale.

La formule reliant la distance (x), la vitesse (v) et la durée (t) est $x = v \times t$ ou $v = \frac{x}{t}$ si on recherche la vitesse.

$v = \frac{145}{1{,}25} =$ **116 km/h.**

30 d. La cuve à moitié vide aura perdu 20 litres. On peut alors utiliser le tableau de proportionnalité suivant :

Quantité d'eau (en litres)	1,5	20
Durée (en minutes)	45	x

et on utilise la propriété des « produits en croix ».

$x = 20 \times 45 \div 1{,}5 = 600$ minutes, soit **10 h.**

31 b. Deux âges sont demandés. Soit x l'âge du père et y l'âge du fils. On va établir un système de deux équations à deux inconnues.

Dire que le père a 35 ans de plus que le fils se traduit par $x - y = 35$.

Dire que l'âge du fils correspond aux $\frac{3}{10}$ de l'âge du père se traduit par $y = \frac{3}{10}x$.

On obtient alors le système suivant :

$$\begin{cases} x - y = 35 \\ y = \frac{3}{10}x \end{cases}$$

À partir de là on peut :

- soit tester les différentes réponses proposées (il faut alors le faire **dans les deux équations**) et seule la réponse b est acceptable;
- soit résoudre le système.

$$\begin{cases} x - y = 35 \\ y = \frac{3}{10}x \end{cases}$$

On remplace dans la première équation y par $\frac{3}{10}x$.

$$\begin{cases} x - \frac{3}{10}x = 35 \\ y = \frac{3}{10}x \end{cases}$$

On multiplie la première ligne par 10 afin d'éliminer la fraction.

$$\begin{cases} 10x - 3x = 350 \\ y = \frac{3}{10}x \end{cases}$$

On résout la première équation et on remplace x dans la seconde équation par la valeur trouvée.

$$\begin{cases} x = \frac{350}{7} = 50 \\ y = \frac{3}{10} \times 50 = 15 \end{cases}$$

Le père a 50 ans et le fils 15 ans.

32 d. Les différents tirages sont indépendants les uns des autres. À **chaque** tirage, il y a une chance sur deux d'obtenir face.

33 c. La formule à utiliser afin d'obtenir un nouveau prix y après une réduction de p % appliquée sur un prix x est : $y = (1 - \frac{p}{100})\,x$.

Après une réduction de 15 % sur un prix x, le nouveau prix y est : $y = (1 - \frac{15}{100})\,x = 0{,}85x$.

Après une réduction de 25 % sur un prix y, le nouveau prix z est : $z = (1 - \frac{25}{100})\,y = 0{,}75y$.

D'où $z = 0{,}75 \times 0{,}85x = 0{,}6375x$.

La réduction est de $1 - 0{,}6375 = 0{,}3625$ soit **36,25 %.**

34 **c.** On peut calculer d'abord le montant de la TVA et l'ajouter au prix HT afin d'obtenir le prix TTC ou utiliser la formule $y = \left(1 + \frac{p}{100}\right) x$, y étant la nouvelle quantité obtenue après une augmentation de p % appliquée à une ancienne quantité x.

Le prix TTC est de $(1 + \frac{20}{100}) \times 98 = 1{,}2 \times 98 =$ **117,60 euros.**

35 **d.** Puisque ABC est un triangle rectangle **en A**, alors, en utilisant le théorème de Pythagore, on en déduit que : $BC^2 = AB^2 + AC^2$.

$AB^2 = 5^2 = 25$ et $AC^2 = 4^2 = 16$. On peut alors écrire :

$BC^2 = AB^2 + AC^2 = 25 + 16 = 41$.

BC = $\sqrt{41}$**.**

36 **a.** Si un carré a comme périmètre 40 cm, alors cela signifie que son côté mesure $\frac{40}{4} = 10$ cm.

En diminuant son aire de 36 cm², celle-ci mesure alors 100 - 36 = 64 cm².

Si un carré a pour aire 64 cm², alors cela signifie que son côté mesure $\sqrt{64} = 8$ cm.

Il faut diminuer la mesure du côté de **2 cm.**

37 **d.** Les calculs utilisant la notion d'échelle ne s'appliquent qu'aux longueurs, en aucun cas aux aires ou aux volumes.

Afin de calculer des longueurs réelles ou « sur plan », on peut utiliser les tableaux de proportionnalité.

Longueur sur plan (en cm)	1	6	1,5
Longueur réelle (en cm)	100	x	y

On utilise la propriété dite des « produits en croix ».

$1 \times x = 6 \times 100$, d'où $x = 600$

$1 \times y = 1{,}5 \times 100$, d'où $y = 150$

La longueur de la pièce est de 600 cm ou 6 m.

La largeur de la pièce est de 150 cm ou 1,5 m.

La superficie réelle de la pièce rectangulaire et de 6 × 1,5 = **9 m².**

38 **d.** Rechercher le PGCD (plus grand commun diviseur) de deux nombres est un exercice qui peut être assez long lors d'un concours. Cependant, le QCM qui vous est proposé vous donne le choix entre quatre réponses possibles. Il est alors plus rapide de tester ces réponses en commençant par le nombre le plus grand.

420 = 60 × 7 et 780 = 60 × 13.

60 est le PGCD de 420 et de 780.

39 **b.** $-\left(\frac{2}{7} + \frac{4}{7} \times \frac{5}{7}\right) = -\left(\frac{2}{7} + \frac{20}{49}\right) = -\frac{14 + 20}{49} = -\frac{34}{49}$

REMARQUE Ne pas oublier la priorité de la multiplication sur l'addition.

40 **c.** La formule à connaître est $a \neq 0$, $n \in \mathbb{Z}$ et $p \in \mathbb{Z}$, $\frac{a^n}{a^p} = a^{n-p}$.

$\frac{x^3}{x^{-2}} = x^{3-(-2)} = x^{3+2} = x^5$

41 c. En utilisant les formules $(a + b)^2 = a^2 + 2ab + b^2$ et $(a - b)^2 = a^2 - 2ab + b^2$, on peut écrire :

$(2x + 3)^2 - (5 - x)^2 = 4x^2 + 12x + 9 - (25 - 10x + x^2)$

$= 4x^2 + 12x + 9 - 25 + 10x - x^2$

$= \mathbf{3x^2 + 22x - 16}$.

42 a. $\sqrt{3} + \sqrt{3} = 2\sqrt{3}$.

REMARQUE Il n'existe pas de formule pour additionner des racines carrées de nombres différents, cependant : $a\sqrt{x} + b\sqrt{x} = (a + b)\sqrt{x}$ avec $x \neq 0$.

Raisonnement

43 d. Soient M le nombre de disques de Maxence et F le nombre de disques de Flore.

Lorsque Maxence dit à Flore « donne-moi cinq de tes disques et nous en aurons autant l'un que l'autre », on peut écrire l'équation suivante :

M + 5 = F - 5

M = F - 10

F = M + 10

Lorsque Flore répond à Maxence « donne-moi dix disques et j'en aurai le double de ce qu'il te restera », on peut écrire l'équation suivante :

F + 10 = 2(M - 10)

Or, F = M + 10.

M + 10 + 10 = 2(M - 10)

M + 20 = 2M - 20

20 + 20 = 2M - M

40 = M

Maxence possède 40 disques. Et comme F = M + 10, Flore possède 40 + 10 = 50 disques.

À eux deux, Flore et Maxence possèdent donc **90 disques**.

44 a. L'entier relatif « zéro » est le seul nombre à la fois positif et négatif.

Si 48 % + 48 % = 96 % sont soit positifs soit négatifs, il reste 100 % - 96 % = 4% de « zéro ».

Si 1 zéro représente 4 % de l'ensemble des nombres, alors $\frac{96}{4} = 24$ autres nombres représentent 96 %, dont 12 d'entre eux sont strictement positifs et 12 d'entre eux sont strictement négatifs. Au total, cela fait 1 + 24 = **25 nombres**.

45 d. La forme bouge d'un quart de tour dans le mouvement inverse des aiguilles d'une montre.

46 b. Pour simplifier, nous allons prendre une base 100.

Imaginons que la liste 1 soit arrivée en tête avec 100 voix.

La liste 2 aura alors 100 - 7 = 93 voix.

Testons à présent les réponses proposées.

Proposition **a** (3). Liste 1 = 100 - 3 = 97 et liste 2 = 93 + 3 = 96. La liste 1 remporte l'élection.

Proposition **b** (4). Liste 1 = 100 - 4 = 96 et liste 2 = 93 + 4 = 97. La liste 2 remporte l'élection.

Les autres réponses proposent un nombre de voix plus élevé. La bonne réponse est donc **4**.

47 **a.** Un code permet de comprendre la liste. Il faut compter le nombre de consonnes de chaque nom d'animal.

ÉMEU : 1 consonne (M)

KOALA : 2 consonnes (K et L)

CHAT : 3 consonnes (C, H et T)

GORILLE : 4 consonnes (G, R, L et L)

Le dernier nom d'animal doit donc comporter 5 consonnes.

Proposition **a.** ÉLÉPHANT : 5 consonnes (L, P, H, N et T).

Proposition **b.** HIPPOPOTAME : 6 consonnes (H, P, P, P, T et M).

Proposition **c.** OTARIE : 2 consonnes (T et R).

Proposition **d.** SOURIS : 3 consonnes (S, R et S).

La bonne réponse est donc **ÉLÉPHANT**.

48 **c.** La lettre entre parenthèses correspond à la première lettre du premier chiffre du nombre.

403 = quatre (Q); 657 = six (S); 595 = cinq (C); 324 = trois (T).

La bonne réponse est donc : 124 = un (**U**).

49 **d.** Il faut choisir 25 chaussettes au minimum pour être sûr de ne pas en choisir 24 identiques à la suite.

50 **c.** Le chiffre entre crochets correspond au nombre de jours intercalés entre les différentes journées de la semaine.

Entre le mardi et le jeudi, 1 jour est intercalé : le mercredi.

Entre le jeudi et le lundi, 3 jours sont intercalés : le vendredi, le samedi et le dimanche.

Entre le dimanche et le mercredi, 2 jours sont intercalés : le lundi et le mardi.

La bonne réponse est donc **2**.

51 **c.** La suite est une sorte de tableau de conversion des mesures de masse. Le nombre est l'équivalent en gramme de l'unité de mesure écrite en majuscules.

« 1 » est l'équivalent de 1 « GRAMME. « 0,01 » est l'équivalent de 1 « CENTIGRAMME ». « 0,1 » est l'équivalent de 1 « DÉCIGRAMME ».

« 1 000 » est l'équivalent en grammes de 1 kilogramme. La bonne réponse est donc **KILO-GRAMME**.

52 **a.** Le premier nombre de l'addition est le rang de la première lettre du prénom dans l'alphabet. Le deuxième nombre est celui de la dernière lettre du prénom.

LUCAS = 12 (L) + 19 (S) = 31

JADE = 10 (J) + 5 (E) = 15

HUGO = 8 (H) + 15 (O) = 23

On en déduit : CHARLOTTE = 3 (C) + 5 (E) = 8.

La bonne réponse est donc **3 + 5 = 8**.

53 **b.** C'est un exercice de représentation spatiale. Il est conseillé de schématiser l'énoncé sur une feuille à part.

« La paire de ballerines est à droite de la boîte orange. »

... (Orange)	**Ballerines** (...)

« La boîte orange est à droite de la paire d'escarpins. »

Escarpins (…)	**…** (Orange)	**Ballerines** (…)

« La paire de chaussures de sport est à gauche de la paire de ballerines. »

Escarpins (…)	**Chaussures de sport** (Orange)	**Ballerines** (…)

« La boîte mauve est à gauche de la boîte rouge. »

Escarpins (Mauve)	**Chaussures de sport** (Orange)	**Ballerines** (Rouge)

La paire d'escarpins est dans la boîte **mauve**.

54 **c.** La suite de dominos est composée de deux suites qui ont leur propre logique.

La première suite concerne la partie haute des dominos. Elle progresse en répétant 1 fois le même chiffre puis en augmentant d'un point : 1 - 1 - 2 - 2 - 3 - X.

La seconde suite concerne la partie basse des dominos. Elle progresse en augmentant d'un point à chaque fois : 1 - 2 - 3 - 4 - 5 - X.

On en déduit que le dernier domino possède **3 points** dans sa partie haute et **6 points** dans sa partie basse.

55 **c.** 703 jours = 100 semaines de 7 jours + 3 jours.

Le troisième jour qui suit lundi est **jeudi** (mardi, mercredi, jeudi).

56 **b.** La pyramide est descendante. Le nombre à la jonction de deux branches est la différence entre les deux nombres au-dessus de lui, multipliée par deux. Par exemple, 44 - 11 = 33 ; 33 × 2 = 66.

Le nombre manquant est donc : 40 - 30 = 10 ; 10 × 2 = **20**.

Sujet n° 2

Session 2014

Durée 1 heure 30

Orthographe, vocabulaire et grammaire

1 Comment se conjugue le verbe « s'asseoir » à la 3e personne du singulier du présent de l'indicatif ?

- ○ **a.** Il s'assied
- ○ **b.** Il s'assit
- ○ **c.** Il s'assoie
- ○ **d.** Il s'est assis

2 Quel est le mode verbal utilisé après la conjonction « afin que » ?

- ○ **a.** Conditionnel
- ○ **b.** Impératif
- ○ **c.** Indicatif
- ○ **d.** Subjonctif

3 Complétez la phrase suivante : « Les dossiers qu'elle a ... passer ».

- ○ **a.** vu
- ○ **b.** vue
- ○ **c.** vus
- ○ **d.** vut

4 Complétez la phrase suivante : « Les gouvernements qui se sont ... ».

- ○ **a.** succédé
- ○ **b.** succédés
- ○ **c.** sucédé
- ○ **d.** sucédés

5 Parmi les mots suivants, lequel est du genre féminin ?

- ○ **a.** Éclair
- ○ **b.** Emplâtre
- ○ **c.** Éphéméride
- ○ **d.** Esclandre

6 Parmi les propositions suivantes, laquelle est correctement orthographiée ?

- ○ **a.** Des demi-finales
- ○ **b.** Des demies-finales
- ○ **c.** Des demis-finale
- ○ **d.** Des demis-finales

7 « Quoique » est une conjonction qui exprime :

- ○ **a.** la cause
- ○ **b.** la conséquence
- ○ **c.** le but
- ○ **d.** l'opposition

8 Complétez la phrase suivante : « Il ne reviendra pas de ... ».

- ❍ **a.** si tôt
- ❍ **b.** sitot
- ❍ **c.** sitôt
- ❍ **d.** si tot

9 Complétez la phrase suivante : « Quelqu'un est entré et m'a volé des bijoux, mais il n'y a pas eu ... ».

- ❍ **a.** effraction
- ❍ **b.** efraction
- ❍ **c.** inffraction
- ❍ **d.** extraction

10 Complétez la phrase suivante : « Ah ! c'est vrai ? Je me suis trompé, ... ».

- ❍ **a.** au tant pour moi
- ❍ **b.** au temps pour moi
- ❍ **c.** aux temps pour moi
- ❍ **d.** ôtant pour moi

11 Lequel de ces mots est mal orthographié ?

- ❍ **a.** Aggio
- ❍ **b.** Agglomération
- ❍ **c.** Agglutiner
- ❍ **d.** Aggraver

12 Quelle est l'orthographe correcte ?

- ❍ **a.** Tranquilité
- ❍ **b.** Tranquilitée
- ❍ **c.** Tranquillité
- ❍ **d.** Tranquillitée

13 Parmi les propositions suivantes, laquelle est correctement orthographiée ?

- ❍ **a.** Des laisser-passer
- ❍ **b.** Des laissés-passer
- ❍ **c.** Des laissez-passer
- ❍ **d.** Des laissez-passez

14 Un arraisonnement est l'action :

- ❍ **a.** de charger la cargaison d'un navire
- ❍ **b.** de convaincre quelqu'un par de bonnes raisons
- ❍ **c.** de procéder au contrôle d'un navire en mer
- ❍ **d.** d'interpeller un individu pour un contrôle d'identité

Connaissances générales

⓯ Parmi ces quatre pièces de théâtre, laquelle n'a pas été écrite par Molière ?

❍ **a.** *Le Jeu de l'amour et du hasard*
❍ **b.** *Le Malade imaginaire*
❍ **c.** *Le Tartuffe*
❍ **d.** *Les Femmes savantes*

⓰ Quelle est la capitale du Brésil ?

❍ **a.** Brasilia
❍ **b.** Rio de Janeiro
❍ **c.** Salvador de Bahia
❍ **d.** São Paulo

⓱ De ces quatre villes, laquelle est la plus orientale ?

❍ **a.** Besançon
❍ **b.** Lyon
❍ **c.** Nancy
❍ **d.** Nice

⓲ Quelle autre ville française après Paris est dotée d'un Centre Pompidou ?

❍ **a.** Lens
❍ **b.** Metz
❍ **c.** Nancy
❍ **d.** Strasbourg

⓳ Comment sont actuellement désignés les conseillers communautaires auprès des établissements publics de coopération intercommunale (EPCI) ?

❍ **a.** Au suffrage universel direct
❍ **b.** Au suffrage universel indirect
❍ **c.** Par décision du président du conseil communautaire
❍ **d.** Par tirage au sort parmi les conseillers municipaux

⓴ Le Chemin des Dames est une bataille de :

❍ **a.** la guerre de Cent Ans
❍ **b.** la guerre de 1870
❍ **c.** la Première Guerre mondiale
❍ **d.** la Seconde Guerre mondiale

㉑ La loi de séparation des Églises et de l'État a été adoptée en France en :

❍ **a.** 1805
❍ **b.** 1901
❍ **c.** 1905
❍ **d.** 1945

㉒ En France, la taxe foncière constitue un impôt perçu au profit :

❍ **a.** de la Sécurité sociale
❍ **b.** de l'État

- ❍ **c.** de l'Union européenne
- ❍ **d.** des collectivités territoriales

㉓ Quel est le point commun entre ces quatre personnalités : Geneviève de Gaulle-Anthonioz, Marie Curie, Germaine Tillion, Sophie Berthelot ?

- ❍ **a.** Elles ont été choisies pour entrer au Panthéon
- ❍ **b.** Elles ont fait d'importantes découvertes scientifiques
- ❍ **c.** Elles ont occupé un portefeuille ministériel
- ❍ **d.** Elles se sont illustrées par des actes de résistance pendant la Seconde Guerre mondiale

㉔ Quelle est, en euros, la principale production agricole française en 2012 ?

- ❍ **a.** Le lait
- ❍ **b.** Les céréales
- ❍ **c.** Les fruits et légumes
- ❍ **d.** Les vins

㉕ Que signifie l'abréviation CEDEX ?

- ❍ **a.** Courrier d'entreprise à distribution exceptionnelle
- ❍ **b.** Courrier entre départements exclus
- ❍ **c.** Courrier envoyé aux départements en exclusivité
- ❍ **d.** Courrier exceptionnel distribué en express

㉖ Dans la série américaine *24 heures chrono*, quel est le nom du personnage principal ?

- ❍ **a.** Jack Bauer
- ❍ **b.** Jack Ryan
- ❍ **c.** Jack Sparrow
- ❍ **d.** Jack Reachel

㉗ Qui a réalisé le film *2001, l'odyssée de l'espace* ?

- ❍ **a.** George Lucas
- ❍ **b.** Luc Besson
- ❍ **c.** Stanley Kubrick
- ❍ **d.** Steven Spielberg

㉘ De quelle nationalité sont les membres du groupe Daft Punk ?

- ❍ **a.** Belge
- ❍ **b.** Britannique
- ❍ **c.** Canadienne
- ❍ **d.** Française

Calcul

㉙ Quel est le résultat de l'opération (1 - 2) - (3 - 4) - (5 - 6) ?

- ❍ **a.** - 2
- ❍ **b.** - 1
- ❍ **c.** 1
- ❍ **d.** 2

30 **Une allée est, sur un côté, bordée de neuf réverbères. La distance entre deux réverbères voisins est de 8 mètres. Jason décide de sauter à cloche-pied du premier au dernier réverbère. Combien de mètres va-t-il parcourir à cloche-pied ?**

❍ **a.** 56
❍ **b.** 64
❍ **c.** 72
❍ **d.** 80

31 **Je lance un dé numéroté de 1 à 6. Quelle est la probabilité d'obtenir un nombre premier pair ?**

❍ **a.** 0
❍ **b.** $\frac{1}{6}$
❍ **c.** $\frac{1}{3}$
❍ **d.** $\frac{2}{3}$

32 **Pour un triangle équilatéral, laquelle de ces propriétés est fausse ?**

❍ **a.** A trois angles égaux.
❍ **b.** A trois côtés égaux.
❍ **c.** A un angle droit.
❍ **d.** Est un polygone.

33 **Camille habite avec son père, sa mère, son frère et aussi un chien, deux chats, deux perroquets et quatre poissons rouges. Quand ils sont ensemble dans la maison, combien de pattes et jambes y a-t-il en tout ?**

❍ **a.** 22
❍ **b.** 24
❍ **c.** 28
❍ **d.** 32

34 **Un avion part le lundi à 13 h 45 de Paris pour Katmandou. La durée du voyage est de 9 h 30. Sachant que le décalage horaire est de + 5 h 45, à quelle heure locale arrive l'avion ?**

❍ **a.** Le lundi à 23 h 15
❍ **b.** Le mardi à 5 h
❍ **c.** Le mardi à 6 h
❍ **d.** Le mardi à 23 h 15

35 **Soient les points A (4, 1) et B (- 3, 1). Quel est le coefficient directeur de la droite (AB) ?**

❍ **a.** -1
❍ **b.** 0
❍ **c.** 1
❍ **d.** 7

36 Marie a repéré une robe à 100 euros, soldée à - 30 %. Grâce à sa carte de fidélité, elle bénéficie d'une remise supplémentaire de 5 % sur le prix soldé. Quel est le pourcentage de remise totale dont elle va bénéficier ?

- ○ **a.** 33,5
- ○ **b.** 35
- ○ **c.** 40
- ○ **d.** 65

37 En roulant à 120 km/h, on parcourt 90 km en :

- ○ **a.** 40 min
- ○ **b.** 45 min
- ○ **c.** 1 h 20 min
- ○ **d.** 1 h 33 min

38 Appliquer une diminution de 4 % revient à multiplier par un coefficient égal à :

- ○ **a.** 0,04
- ○ **b.** 0,96
- ○ **c.** 1,04
- ○ **d.** 1,4

39 Quel est le plus grand diviseur commun de 64 et 20 ?

- ○ **a.** 1
- ○ **b.** 2
- ○ **c.** 4
- ○ **d.** 6

40 2^{-3} est égal à :

- ○ **a.** - 8
- ○ **b.** - 6
- ○ **c.** $\frac{1}{8}$
- ○ **d.** $\frac{1}{6}$

41 Vous décidez de changer de véhicule, mais vous ne disposez que de 1 160 euros. Vous vendez celui en votre possession pour 4 300 euros et vous empruntez la somme manquante au taux annuel de 8,5 %. L'intérêt annuel de cet emprunt est de 268,60 euros. Quel est le prix d'achat de votre nouveau véhicule ?

- ○ **a.** 6 460 euros
- ○ **b.** 7 460 euros
- ○ **c.** 8 620 euros
- ○ **d.** 8 640 euros

42 Résoudre le système d'équations suivant : $\begin{cases} 2x + \frac{3}{2}y = 18 \\ 5y - 9x = 13 \end{cases}$

- ○ **a.** $x = 2$ et $y = 5$
- ○ **b.** $x = 3$ et $y = 8$
- ○ **c.** $x = 5$ et $y = 9$
- ○ **d.** $x = 8$ et $y = 3$

Raisonnement

43 **Remplacer les points d'interrogation par les nombres manquants :**

13	11	18
19	?	?
10	17	15

- ❍ **a.** [8 ; 17]
- ❍ **b.** [16 ; 8]
- ❍ **c.** [14 ; 9]
- ❍ **d.** [13 ; 5]

44 **L'âge moyen de la grand-mère, du grand-père et de leurs sept petits-enfants est de 28 ans. L'âge moyen des sept petits-enfants est de 15 ans.**

Quel est l'âge du grand-père, sachant qu'il a 3 ans de plus que la grand-mère ?

- ❍ **a.** 72
- ❍ **b.** 73
- ❍ **c.** 75
- ❍ **d.** 78

45 **Élodie a oublié un code confidentiel. Heureusement, elle avait noté une méthode pour le retrouver :**

- le chiffre des dizaines fait 5 de plus que le chiffre des unités ;

- le chiffre des centaines fait 8 de moins que celui des dizaines.

Quel est le code d'Élodie ?

- ❍ **a.** 072
- ❍ **b.** 085
- ❍ **c.** 194
- ❍ **d.** 195

46 **Vous avez 159 perles et vous savez fabriquer des colliers de 17 et 13 perles. Sachant qu'un collier de 17 perles se vend 20 euros et qu'un collier de 13 perles se vend 15 euros, combien de colliers allez-vous fabriquer pour que la vente génère le maximum de profits ?**

- ❍ **a.** 3 colliers de 17 perles et 8 colliers de 13 perles
- ❍ **b.** 4 colliers de 17 perles et 7 colliers de 13 perles
- ❍ **c.** 5 colliers de 17 perles et 5 colliers de 13 perles
- ❍ **d.** 9 colliers de 17 perles et 1 collier de 13 perles

47 **Le but du jeu est de trouver le code caché de l'adversaire qu'il a réalisé avec des billes de couleur. Il y a 4 billes en tout et aucune restriction quant à l'utilisation de plusieurs billes de même couleur dans une combinaison. Pour découvrir le code de l'adversaire, vous avez droit à 5 coups. Après chacun d'eux, vous recevez la correction de votre proposition.**

- **B = Bleu**
- **J = Jaune**
- **M = Mauve**
- **R = Rouge**
- **V = Vert**

Numéro du coup	Propositions				Corrections
5	?	?	?	?	4 billes de bonne couleur et bien positionnées
4	B	R	B	J	1 bille de bonne couleur et bien positionnée 3 billes de bonne couleur mais mal positionnées
3	R	J	B	B	1 bille de bonne couleur et bien positionnée 3 billes de bonne couleur mais mal positionnées
2	B	V	R	M	2 billes de bonne couleur mais mal positionnées
1	R	V	B	J	1 bille de bonne couleur et bien positionnée 2 billes de bonne couleur mais mal positionnées

Les 4 premiers coups de la partie ont été joués. À vous de trouver la combinaison finale.

- ○ **a.** B B J R
- ○ **b.** J B B R
- ○ **c.** J R B B
- ○ **d.** R B B J

48 Trouver l'intrus parmi ces anagrammes :

NHCEE - BALERE - NEFRE - ETOILLE

- ○ **a.** NHCEE
- ○ **b.** BALERE
- ○ **c.** NEFRE
- ○ **d.** ETOILLE

49 Dans 8 litres d'eau du robinet, on fait dissoudre 1 kg de sucre.

Combien faut-il ajouter de litres d'eau pour qu'il n'y ait plus que 100 g de sucre par litre ?

- ○ **a.** 2
- ○ **b.** 3
- ○ **c.** 4
- ○ **d.** 5

50 À 14 heures dans le port de Capbreton, l'eau arrive au niveau du deuxième barreau en partant du bas de l'échelle d'un bateau. Les échelons au nombre de 10 sont espacés de 15 cm et, avec la marée, l'eau monte de 5 cm toutes les dix minutes.

À 16 heures, à quel barreau, en partant du bas de l'échelle, sera le niveau de la mer ?

- ○ **a.** 2^{e}
- ○ **b.** 3^{e}
- ○ **c.** 4^{e}
- ○ **d.** 6^{e}

51 La ville de Paris commande des plaques pour numéroter une rue de 1 à 100. Pour cela elle commande 100 plaques.

Combien de fois le chiffre 9 apparaîtra-t-il sur ces plaques ?

❍ **a.** 9
❍ **b.** 10
❍ **c.** 15
❍ **d.** 20

52 Si « toniques » est associé à « question », « réacteur » est associé à :

❍ **a.** créateur
❍ **b.** tracteur
❍ **c.** traction
❍ **d.** réaction

53 Parmi les propositions suivantes, quel nombre remplace le point d'interrogation ?

VILLAGE 34 - VILLE 23 - HAMEAU 42 - BOURG ?

❍ **a.** 23
❍ **b.** 24
❍ **c.** 32
❍ **d.** 43

54 Complétez la suite.

ROUGE 25 - VERT 60 - JAUNE 24 - BLANC ?

❍ **a.** 20
❍ **b.** 31
❍ **c.** 41
❍ **d.** 15

55 Quelle conclusion peut-on tirer des deux affirmations suivantes ?

• Tous les frais professionnels sont déductibles de l'impôt sur le revenu.

• Mais certaines dépenses vestimentaires ne sont pas déductibles de cet impôt.

❍ **a.** Aucune dépense déductible de l'impôt sur le revenu n'est un frais professionnel.
❍ **b.** Aucune dépense vestimentaire n'est un frais professionnel.
❍ **c.** Certaines dépenses déductibles de l'impôt ne sont pas des dépenses vestimentaires.
❍ **d.** Certaines dépenses déductibles de l'impôt ne sont pas des frais professionnels.

56 On grave des initiales sur le tronc d'un jeune arbre à 1 m 60 du sol.

Trente ans plus tard, sachant que l'arbre a poussé de 5 cm chaque année, à quelle hauteur seront les initiales ?

❍ **a.** 1 m 60
❍ **b.** 2 m
❍ **c.** 2 m 50
❍ **d.** 3 m 10

Corrigé

Orthographe, vocabulaire et grammaire

1 a. On écrit à l'indicatif présent *il s'assied* ou *il s'assoit*; *il s'assit* : indicatif passé simple; *qu'il s'assoie* : subjonctif présent; *il s'est assis* : passé composé.

2 d. Les locutions *afin que* et *pour que* sont suivies du subjonctif. Retenez que la locution *avant que* est suivie du subjonctif, alors qu'on doit faire suivre *après que* de l'indicatif.

3 c. Lorsqu'un participe passé employé avec *avoir* est suivi d'un infinitif, le plus simple est de se demander si le nom précédant *que* accomplit ou non l'action exprimée par l'infinitif. Si c'est le cas, le participe s'accorde en genre et en nombre avec ce nom; si ce n'est pas le cas, le participe se met au masculin singulier. Ce sont les dossiers qui passent, le participe s'accorde donc. On écrira en revanche : « les dossiers qu'elle a vu jeter ».

4 a. Le participe passé de *se succéder* est invariable. Il en est de même du participe passé des verbes suivants : *se convenir, se nuire, s'entre-nuire, se mentir, se parler - parler à quelqu'un -, se plaire, se complaire, se déplaire, se ressembler, se rire de, se sourire, se suffire, se survivre, s'en vouloir.*

5 c.

6 a. L'adjectif *demi* est invariable lorsqu'il précède un nom. Il est alors lié à ce nom par un trait d'union.

7 d. On pourrait aussi parler de concession.

8 c. La locution adverbiale *pas de sitôt* se rencontre uniquement dans des phrases négatives; elle signifie *pas avant longtemps.*

9 a. Ne confondez pas *effraction* et *infraction*; effraction, n. f. : bris de serrures ou de clôture commis afin d'entrer dans une propriété; infraction, n. f. : délit, manquement.

10 b. Il convient de distinguer *au temps pour moi*, expression empruntée à la langue militaire, qui signifie : « Je reconnais que je me suis trompé, je vais reprendre les choses à leur commencement », et *autant pour moi* qui ne s'emploie que s'il est question d'une même chose ou d'une quantité identique.

11 a. Il faut écrire *agio*. Trois verbes commencent par *agg-* : *agglomérer, agglutiner* et *aggraver.*

12 c. Les noms féminins finissant en *-té* [te] ou en *-tié* [tje] ne prennent pas de *e*. Exceptions : *abattée, actée, batée, battée, bractée, butée, compotée, déculottée, dentée, dictée* - et *autodictée* -, *frottée, futée, jetée, montée, nuitée, pâtée, pontée, portée, potée, remontée, tétée, tripotée*, termes auxquels il faut ajouter les noms désignant un contenu (*assiettée, brouettée, charretée, jattée, litée, marmitée, pelletée, platée, pochetée*).

13 c.

14 c.

Connaissances générales

15 a. *Le Jeu de l'amour et du hasard* est une comédie en trois actes de Marivaux, représentée pour la première fois le 23 janvier 1730.

16 a.

17 d. La partie orientale d'un territoire est la partie la plus à l'est de ce territoire.

18 b. Le Centre Pompidou-Metz est une décentralisation d'un établissement public culturel national, le Centre Pompidou (Centre national d'art et de culture Georges-Pompidou) qui se situe à Paris. Le Centre Pompidou-Metz a été inauguré en 2010 et reçoit environ 350 000 visiteurs chaque année, ce qui en fait le musée français le plus visité hors de Paris.

19 a. Les conseillers communautaires sont élus pour la même durée, selon le même mode de scrutin et par un même vote que les conseillers municipaux.

20 c. La bataille du Chemin des Dames se déroule dans l'Aisne pendant la Première Guerre mondiale le 16 avril 1917. Elle a été une tentative de rupture du front allemand entre Soissons et Reims vers Laon, sous les ordres du général Nivelle qui a lancé son fameux : « L'heure est venue, confiance, courage et vive la France ! ».

21 c.

22 d. En France, on appelle communément « taxe foncière » l'ensemble des sommes figurant sur l'avis d'imposition correspondant. Cet avis peut, en réalité, comporter trois impôts différents : la taxe foncière sur les propriétés bâties (TFPB), la taxe foncière sur les propriétés non bâties (TFPNB) et la taxe d'enlèvement des ordures ménagères (TEOM). Ces taxes contribuent à la formation des ressources fiscales des communes, départements, régions et des groupements de communes dits établissements publics de coopération intercommunale (EPCI), tels que les métropoles, communautés urbaines, communautés d'agglomération et communautés de communes.

23 a.

24 b. Production des céréales : 15,4 milliards.

Production de vin : 9,5 milliards.

Production de lait : 9,4 milliards.

Production de fruits et légumes : 8,1 milliards.

25 a.

26 a.

27 c.

28 d. Daft Punk est un groupe français de musique électronique, originaire de région parisienne.

Calcul

29 c. (1 - 2) - (3 - 4) - (4 - 5) = (-1) - (-1) - (-1) = - 1 + 1 + 1 = **1.**

30 b. Il y a 8 intervalles entre les 9 réverbères.

Jason va parcourir : 8 × 8 = **64 m**.

31 b. Le **seul** nombre premier pair (entre 1 et 6) est 2.

La probabilité d'obtenir ce nombre lors d'un lancer de dé est : $\frac{1}{6}$.

32 c. Un triangle équilatéral est un polygone possédant trois angles égaux (60° chacun) ainsi que trois côtés égaux. **Il n'a pas d'angle droit.**

33 b. Camille, son père, sa mère et son frère possèdent chacun 2 jambes, son chien et ses deux chats possèdent chacun 4 pattes. Les perroquets en possèdent 2 chacun, quant aux poissons rouges...

Quand ils sont ensemble dans la maison, il y a 4 × 3 + 2 × 6 = 12 + 12 = **24 pattes et jambes.**

34 b. L'avion arrive à : 13 h 45 + 9 h 30 = 22 h 75 = 23 h 15 (heure de Paris).

Son arrivée à l'heure locale sera : 23 h 15 + 5 h 45 = 28 h 60 = 29 h = 24 h + 5 h.

L'avion arrivera à Katmandou le mardi à 5 h 00 (heure locale).

35 b. La formule qui permet de connaître le coefficient directeur a d'une droite passant par deux points A et B de coordonnées connues est : $a = \frac{y_B - y_A}{x_B - x_A}$. Cependant on remarque que les deux points A et B ont la même ordonnée : $y = 1$. La droite (AB) est alors parallèle à l'axe des abscisses et **son coefficient directeur a est nul**.

36 a. Les formules qui permettent de calculer le résultat d'une augmentation ou d'une réduction en pourcentage sont respectivement : $y = (1 + \frac{p}{100}) \times x$ et $y = (1 - \frac{p}{100}) \times x$.

Le nouveau prix d'une robe de 100 euros soldée à 30 % est $y = (1 - \frac{30}{100}) \times 100 = 0{,}7 \times 100 =$ 70 euros.

Après une remise supplémentaire de 5 %, le prix définitif sera de $y = (1 - \frac{5}{100}) \times 70 = 0{,}095 \times 70 = 66{,}5$ euros soit **une réduction de 33,5 %**.

Autre technique : un prix obtenu après une réduction de $\frac{p}{100}$ correspond à une multiplication de l'ancien prix par $1 - \frac{p}{100}$.

Un nouveau prix obtenu après une réduction de 30 % suivie d'une autre réduction de 5 % s'obtient en multipliant l'ancien prix par $(1 - \frac{30}{100}) \times (1 - \frac{5}{100}) = 0{,}7 \times 0{,}95 = 0{,}665$, ce qui correspond à **une réduction de 33,5 %**. Cette méthode, plus rapide, permet de calculer directement une nouvelle quantité après des augmentations et/ou des réductions successives.

37 b. On peut utiliser le tableau de proportionnalité suivant :

Distance parcourue (en km)	120	90
Durée (en minutes)	60	x

On utilise ensuite la propriété dite des « produits en croix » :

$120 \times x = 60 \times 90$

$x = 5\,400 \div 120 =$ **45 min**.

38 b. Appliquer une réduction de 4 % correspond à multiplier l'ancienne quantité par $1 - \frac{4}{100}$ = **0,96**.

39 c. Les deux nombres 64 et 20 n'étant pas trop grands, on peut établir la liste des diviseurs de ces deux nombres afin de dégager la réponse.

D(20) = {1 ; 2 ; **4** ; 5 ; 10 ; 20}

d(64) = {1 ; 2 ; **4** ; 8 ; 16 ; 32 ; 64}

Le PGCD de 64 et de 20 est 4.

REMARQUE On peut également tester les différentes solutions proposées en commençant par la plus grande : 6 ne divise pas 20 ; 4 divise 20 et 64.

40 c. Si $a \neq 0$ alors $a^{-n} = \frac{1}{a^n}$. On en déduit que : $2^{-3} = \frac{1}{2^3} = \frac{1}{8}$.

41 c. Soit x la somme, en euros, empruntée.

$\frac{x \times 8{,}5}{100} = 268{,}60$, d'où : $x = \frac{268{,}60 \times 100}{8{,}5} = 3\,160$ euros.

Le prix total du véhicule acheté est 1 160 + 4 300 + 3 160 = **8 620 euros**.

42 b. Soit à résoudre le système :

$$\begin{cases} 2x + \frac{3}{2}y = 18 \\ 5y - 9x = 13 \end{cases}$$

Première méthode : puisqu'il s'agit d'un QCM, on peut remplacer **dans les deux lignes** les inconnues x et y par les solutions proposées afin de vérifier si on a bien des égalités « vraies ». Il n'est pas sûr qu'ici, sans calculatrice, ce soit la méthode la plus rapide.

Seconde méthode :

$$\begin{cases} 2x + \frac{3}{2}y = 18 \\ 5y - 9x = 13 \end{cases}$$

On multiplie la première ligne par 2 afin d'éliminer la fraction et on réorganise la seconde ligne.

$$\begin{cases} 4x + 3y = 36 \\ -9x + 5y = 13 \end{cases}$$

On multiplie la première ligne par 9 et la seconde ligne par 4 afin d'avoir le même coefficient pour x.

$$\begin{cases} 36x + 27y = 324 \\ -36x + 20y = 52 \end{cases}$$

On additionne les deux lignes et on conserve une équation simple.

$$\begin{cases} 27y = 376 \\ 4x + 3y = 36 \end{cases}$$

On calcule y, puis on le remplace dans la seconde ligne par la valeur trouvée.

$$\begin{cases} y = \frac{376}{47} = 8 \\ 4x + 24 = 36 \end{cases}$$

On termine la résolution du système.

$$\begin{cases} y = 8 \\ x = \frac{12}{4} = 3 \end{cases}$$

La solution est $x = 3$ et $y = 8$.

Vérification (si vous avez le temps) :

$$\begin{cases} 2x + \frac{3}{2}y = 18 \\ 5y - 9x = 13 \end{cases}$$

avec $x = 3$ et $y = 8$.

$2 \times 3 + \frac{3}{2} \times 8 = 6 + 12 = 18$.

$5 \times 8 - 9 \times 3 = 40 - 27 = 13$.

Le système est vérifié.

Raisonnement

43 c. La somme des nombres sur la ligne 1 est 42 (13 + 11 + 18 = 42). La somme des nombres sur la ligne 3 est 42 (10 + 17 + 15 = 42). La somme des nombres dans la colonne 1 est 42 (13 + 19 + 10 = 42). Il semble donc logique de chercher à atteindre la somme de 42 sur la ligne 2 et dans les colonnes 2 et 3.

Dans la colonne 2, on a : 11 + 17 = 28. On en déduit que le nombre manquant est : 42 - 28 = 14.

Dans la colonne 3, on a : 18 + 15 = 33. On en déduit que le nombre manquant est : 42 - 33 = 9.

Les deux nombres manquants sont donc **14** et **9**.

44 c. Soient x l'âge du grand-père, y l'âge de la grand-mère et z l'âge moyen de leurs sept petits-enfants.

D'après l'énoncé, l'âge moyen de la grand-mère, du grand-père et de leurs sept petits-enfants est de 28 ans. On a donc :

$$\frac{x + y + z}{1 + 1 + 7} = 28$$

L'énoncé précise que $z = 15$. On a donc :

$$\frac{x + y + 15 \times 7}{9} = 28$$

L'énoncé précise que $x = y + 3$. On a donc : $\frac{y + 3 + y + 105}{9} = 28$

$$\frac{2y + 108}{9} = 28$$

$2y + 108 = 28 \times 9$

$2y = 252 - 108$

$$y = \frac{144}{2}$$

$y = 72$

On en déduit que $x = 72 + 3 = 75$.

Le grand-père a donc **75 ans**.

45 c. Parmi les quatre codes proposés, le code d'Élodie est celui respecte les deux règles énoncées dans la méthode.

Première règle : « Le chiffre des dizaines fait 5 de plus que le chiffre des unités. »

Proposition **a** : 072 (7 = 2 + 5). Le code respecte la première règle.

Proposition **b** : 085 (8 = 5 + 3). Le code ne respecte pas la première règle.

Proposition **c** : 194 (9 = 4 + 5). Le code respecte la première règle.

Proposition **d** : 195 (9 = 5 + 4). Le code ne respecte pas la première règle.

Seules les réponses **a** et **c** respectent la première règle. Les deux autres réponses **b** et **d** peuvent être éliminées.

Seconde règle : « Le chiffre des centaines fait 8 de moins que celui des dizaines ».

Proposition **a** : 072 (7 - 8 = - 1). Le code ne respecte pas la seconde règle.

Proposition **c** : 194 (9 - 8 = 1). Le code respecte la seconde règle.

Le code d'Élodie est donc **194**.

46 b. On va vérifier que le nombre de perles utilisées ne dépasse pas 159 et calculer les recettes de chaque proposition de réponse.

Proposition **a** : 3 colliers de 17 perles et 8 colliers de 13 perles :

(3 × 17) + (8 × 13) = 51 + 104 = 155 perles ;

3 × 20 € + 8 × 15 € = 60 € + 120 € = 180 €.

Proposition **b** : 4 colliers de 17 perles et 7 colliers de 13 perles :

(4 × 17) + (7 × 13) = 68 + 91 = 159 perles ;

4 × 20 € + 7 × 15 € = 80 € + 105 € = 185 €.

Proposition **c** : 5 colliers de 17 perles et 5 colliers de 13 perles :

(5 × 17) + (5 × 13) = 85 + 65 = 150 perles ;

5 × 20 € + 5 × 13 € = 100 € + 65 € = 165 €.

Proposition **d** : 9 colliers de 17 perles et 1 collier de 13 perles :

(9 × 17) + (1 × 13) = 153 + 13 = 166.

Le nombre de perles est supérieur à 159.

La plus grosse recette générée avec 159 perles est de 185 €. La bonne réponse est donc **4 colliers de 17 perles et 7 colliers de 13 perles**.

47 b. D'après la correction du coup n° 2 (BVRM), 2 billes sont mal positionnées. Comme il n'y a dans les autres réponses proposées ni bille verte (V) ni bille mauve (M), on sait que les 2 bonnes billes sont B et R mais qu'elles sont mal positionnées. La bille B n'est donc pas en 1re position, **ce qui exclut la réponse a (BBJR)**.

Les trois propositions restantes placent une bille B en 3e position. Or, d'après la correction du coup n° 1 (RVBJ), 1 bille est de bonne couleur et bien positionnée, et 2 billes sont de bonne couleur mais mal positionnées. On en déduit que c'est la bille B (3e position) qui est bien positionnée, et que les billes R (en 1re position) et J (4e position) sont les 2 billes mal positionnées, **ce qui exclut la réponse d (RBBJ)**.

D'après la correction du coup n° 3 (RJBB), une seule bille est bien positionnée. On sait à présent que c'est la bille B en 3e position. Ce n'est donc pas la bille B en 4e position, **ce qui exclut la réponse c (JRBB)**.

La combinaison finale est donc **JBBR**.

48 c. Une anagramme est un mot formé en changeant l'ordre des lettres d'un autre mot. Pour retrouver le mot caché, il faut changer l'ordre des lettres.

a. NHCEE = CHENE

b. BALERE = ERABLE

c. ETOILLE = OEILLET

d. NEFRE = FRENE

a, **b** et **d** sont des arbres alors que **c** est une fleur. L'intrus est donc la fleur.

49 a. 100 g de sucre par litre d'eau est équivalent à 1 kg de sucre pour 10 litres d'eau. Comme il y a déjà 8 litres d'eau, il suffit d'en ajouter **2**.

50 a. Ce n'est pas parce que la marée monte que le bateau s'enfonce dans l'eau ! La coque du bateau et son échelle vont rester au **même niveau**.

51 d. Attention à ne pas oublier la série des 90 :

9, 19, 29, 39, 49, 59, 69, 79, 89, 90, 91, 92, 93, 94, 95, 96, 97, 98, 99.

Le chiffre 9 apparaîtra 20 fois.

52 a. « Toniques » est l'anagramme de « question ». « Réacteur » est l'anagramme de « **créateur** ».

53 a. Les nombres qui suivent les mots sont des codes. Le 1er chiffre est égal au nombre de voyelles dans le mot. Le second chiffre est égal au nombre de consonnes.

Dans « VILLAGE », il y a 3 voyelles et 4 consonnes, soit le nombre 34.

Dans « BOURG », il y a 2 voyelles et 3 consonnes, soit le nombre **23**.

54 **b.** Les nombres sont à nouveau des codes. Ils correspondent à l'addition du rang des consonnes dans l'alphabet.

ROUGE = R + G = 18 + 7 = 25

BLANC = B + L + N + C = 2 + 12 + 14 + 3 = 31

55 **c.** La proposition **a** est contradictoire avec la 1re affirmation.

La proposition **b** est une généralisation abusive, car dans la 2e affirmation on peut lire « certaines » dépenses vestimentaires et non « aucune ».

La proposition **c** n'est pas fausse, car il est évident que certaines dépenses professionnelles déductibles ne sont pas des dépenses vestimentaires.

La proposition **d** est une possibilité mais les deux affirmations proposées ne disent rien à ce sujet.

La bonne réponse est donc la réponse **c**, **« certaines dépenses professionnelles déductibles de l'impôt ne sont pas des dépenses vestimentaires »**.

56 **a.** Les arbres poussent principalement vers le haut. Des initiales gravées dans le tronc d'un jeune arbre vont grossir avec l'épaisseur du tronc mais ne vont pas monter (ou très peu). Des gravures dans des troncs datant de plusieurs décennies sont couramment observées, elles restent à hauteur d'homme même si l'arbre a grandi de plusieurs mètres ou dizaines de mètres.

Sujet n° 3

Session 2013

Durée 1 heure 30

Orthographe, vocabulaire et grammaire

1 Lequel de ces mots est correctement orthographié ?

- ❍ **a.** Un huluberlu
- ❍ **b.** Un hurluberlu
- ❍ **c.** Un uluberlu
- ❍ **d.** Un urluberlu

2 Lequel de ces mots est correctement orthographié ?

- ❍ **a.** Opprobe
- ❍ **b.** Opprobre
- ❍ **c.** Oprobe
- ❍ **d.** Oprobre

3 Parmi ces sept mots, combien prennent une cédille ?

Menacer, hamecon, francais, lionceau, balancoire, glacon, commercant.

- ❍ **a.** 4
- ❍ **b.** 5
- ❍ **c.** 6
- ❍ **d.** 7

4 Parmi les mots suivants, lequel est du genre masculin ?

- ❍ **a.** Arpège
- ❍ **b.** Autoroute
- ❍ **c.** Câpre
- ❍ **d.** Orbite

5 Quel est le pluriel de « porte-monnaie » ?

- ❍ **a.** Porte-monnaie
- ❍ **b.** Porte-monnaies
- ❍ **c.** Portes-monnaie
- ❍ **d.** Portes-monnaies

6 Quelle expression est correctement orthographiée ?

- ❍ **a.** Cou de pompe
- ❍ **b.** De plein-pied
- ❍ **c.** D'ores et déjà
- ❍ **d.** Rester coie

7 Compléter la phrase suivante :
« Leurs ... m'ont ... pendant mon travail. »

- ❍ **a.** apartés incessants ... gêné
- ❍ **b.** apartés incessants ... géné

❍ **c.** apartées incessantes ... gêné
❍ **d.** appartées incessantes ... géné

8 Compléter la phrase suivante :
- Vous n'avez plus d'ennuis ?
- Je n'en ai jamais ...

❍ **a.** eu
❍ **b.** eues
❍ **c.** eus
❍ **d.** eut

9 Un miroir qui permet de voir sans être vu est dit :

❍ **a.** Sans tain
❍ **b.** Sans tein
❍ **c.** Sans teint
❍ **d.** Sans tint

10 La définition « qui s'est instruit par lui-même » correspond au mot :

❍ **a.** Autocentré
❍ **b.** Autochtone
❍ **c.** Autodidacte
❍ **d.** Autographe

11 Laquelle de ces propositions est le futur simple de « prévoir » ?

❍ **a.** Il prévoiera
❍ **b.** Il prévoira
❍ **c.** Il prévoirât
❍ **d.** Il prévoirra

12 Quel est l'infinitif du verbe conjugué dans l'expression « il tint pour acquis » ?

❍ **a.** Teindre
❍ **b.** Tenir
❍ **c.** Tenter
❍ **d.** Tinter

13 Quelle phrase est correctement orthographiée à l'impératif ?

❍ **a.** Ne te retourne pas, va
❍ **b.** Ne te retourne pas, vas
❍ **c.** Ne te retournes pas, va
❍ **d.** Ne te retournes pas, vas

14 Un prodigue :

❍ **a.** Est un précurseur
❍ **b.** Fait des dépenses excessives
❍ **c.** Montre des talents extraordinaires
❍ **d.** Prédit l'avenir

Connaissances générales

15 Qui est l'auteur du roman *La Guerre des Mondes* publié en 1898 ?

- ❍ **a.** Aldous Huxley
- ❍ **b.** H. G. Wells
- ❍ **c.** Jules Verne
- ❍ **d.** J. R. R. Tolkien

16 Qui a écrit le roman *La Bête humaine* ?

- ❍ **a.** Émile Zola
- ❍ **b.** Gustave Flaubert
- ❍ **c.** Guy de Maupassant
- ❍ **d.** Victor Hugo

17 La Patagonie est une région géographique qui s'étend sur deux pays d'Amérique du Sud. Lesquels ?

- ❍ **a.** Brésil et Bolivie
- ❍ **b.** Chili et Argentine
- ❍ **c.** Uruguay et Paraguay
- ❍ **d.** Venezuela et Colombie

18 Quelle est la capitale de Chypre ?

- ❍ **a.** La Valette
- ❍ **b.** Larnaca
- ❍ **c.** Limassol
- ❍ **d.** Nicosie

19 Dans quelle discipline scientifique n'existe-t-il pas d'attribution du prix Nobel ?

- ❍ **a.** Chimie
- ❍ **b.** Mathématiques
- ❍ **c.** Médecine
- ❍ **d.** Physique

20 Le palais du Louvre n'a jamais été :

- ❍ **a.** Un hôtel de ville
- ❍ **b.** Un ministère
- ❍ **c.** Un musée
- ❍ **d.** Une résidence royale

21 Qui élit le maire d'une commune en France ?

- ❍ **a.** Le conseil municipal
- ❍ **b.** Le préfet
- ❍ **c.** Les adjoints
- ❍ **d.** Les électeurs de la commune

22 Quel est le nom du premier homme ayant marché sur la lune en juillet 1969 ?

- ❍ **a.** Buzz Aldrin
- ❍ **b.** John Glenn
- ❍ **c.** Neil Armstrong
- ❍ **d.** Pete Conrad

23 Quelle est actuellement, en montant, la recette fiscale la plus importante dans le budget de l'État en France ?

❍ **a.** La contribution sociale généralisée
❍ **b.** La taxe sur la valeur ajoutée
❍ **c.** L'impôt sur le revenu
❍ **d.** L'impôt sur les sociétés

24 Quelle association est incorrecte ?

❍ **a.** Corto Maltese et Enki Bilal
❍ **b.** Iznogoud et Goscinny
❍ **c.** Spirou et Franquin
❍ **d.** Titeuf et Zep

25 Laquelle de ces missions n'est pas assurée par la direction générale des douanes et droits indirects ?

❍ **a.** Contrôler les déclarations d'impôts sur les sociétés
❍ **b.** Établir les statistiques du commerce international
❍ **c.** Participer à la lutte contre le travail illégal
❍ **d.** Percevoir la TVA sur les produits pétroliers

26 Une fois adopté en Conseil des ministres, à quelle institution est soumis, obligatoirement et en premier lieu, un projet de loi de finances ?

❍ **a.** L'Assemblée nationale
❍ **b.** La Cour des comptes
❍ **c.** Le Conseil constitutionnel
❍ **d.** Le Sénat

27 Jackson Pollock est :

❍ **a.** Un ancien Premier ministre australien
❍ **b.** Un cinéaste anglais
❍ **c.** Un peintre américain
❍ **d.** Un sportif sud-africain

28 Lequel de ces organismes n'est pas une institution de l'Union européenne ?

❍ **a.** La Commission européenne
❍ **b.** Le Conseil de l'Europe
❍ **c.** Le Conseil européen
❍ **d.** Le Parlement européen

Calcul

29 Écrire sous la forme d'une seule puissance : $\frac{(-8)^{-3}}{(-8)^{5}}$

❍ **a.** $(1)^{-3/5}$
❍ **b.** $(-8)^{2}$
❍ **c.** $(-8)^{-3/5}$
❍ **d.** $(-8)^{-8}$

30 **Développer et réduire : $(3 + \sqrt{2})^2$**

- a. $9 + 6\sqrt{2}$
- b. $9 + 7\sqrt{2}$
- c. 11
- d. $11 + 6\sqrt{2}$

31 **En 2012, une entreprise comptait 1 100 salariés. En 2013, les effectifs diminuent de 20 %. Ils augmenteront de 25 % en 2014. Le nombre de salariés sera alors de :**

- a. 990
- b. 1 045
- c. 1 100
- d. 1 105

32 **Une voiture roule à la vitesse constante de 90 km/h. Quelle distance parcourt-elle en 3 secondes ?**

- a. 25 mètres
- b. 75 mètres
- c. 250 mètres
- d. 750 mètres

33 **Hier, Franck a acheté 3 croissants et 5 pains au chocolat pour 11,40 euros. Aujourd'hui, il a acheté 5 croissants et 3 pains au chocolat pour 9,40 euros. Quel est le prix d'un croissant et celui d'un pain au chocolat ?**

- a. croissant = 0,9 € et pain au chocolat = 1,7 €
- b. croissant = 1 € et pain au chocolat = 1,6 €
- c. croissant = 0,8 € et pain au chocolat = 1,8 €
- d. croissant = 1,1 € et pain au chocolat = 1,5 €

34 **Factoriser l'expression suivante : $2(x - 1)(2x + 5) - (3x - 3)(4x + 1)$**

- a. $(x - 1)(16x + 13)$
- b. $(x - 1)(16x + 7)$
- c. $(x - 1)(-8x + 7)$
- d. $(x - 1)(16x - 7)$

35 **Soit un solide en cuivre de 61 cm^3 et de 0,47 kg. Quelle est sa masse volumique en g/cm^3, arrondie au centième ?**

- a. 0,77
- b. 7,70
- c. 77,05
- d. 770,50

36 **Une urne contient 6 boules vertes, 2 boules noires, 3 boules blanches et 1 boule jaune. Je prélève une boule. Quelle est la probabilité que cette boule ne soit pas blanche ?**

- a. 1/2
- b. 1/4
- c. 3/4
- d. 5/12

37 Dans une station de sport d'hiver, 79,2 % des skieurs, soit 495 personnes, ont utilisé, sur une journée, le nouveau téléphérique. Combien de skieurs ont fréquenté la station dans la journée ?

- ❍ **a.** 392
- ❍ **b.** 416
- ❍ **c.** 574
- ❍ **d.** 625

38 Résoudre le système suivant :

$$\begin{cases} 4x + 5y = 13 \\ x - y = 1 \end{cases}$$

- ❍ **a.** $x = 2$ et $y = 1$
- ❍ **b.** $x = 2$ et $y = -1$
- ❍ **c.** $x = -2$ et $y = 1$
- ❍ **d.** $x = 3$ et $y = -1$

39 Un rectangle est 2 fois plus long que large. Son périmètre est de 240 cm. Quelle est la longueur, en cm, de ce rectangle ?

- ❍ **a.** 40
- ❍ **b.** 50
- ❍ **c.** 60
- ❍ **d.** 80

40 La consommation moyenne d'eau par personne et par jour est estimée à 115 litres. Chaque jour, l'eau utilisée pour la douche est en moyenne de 41 litres par personne. Quel pourcentage (arrondi à la deuxième décimale) représentent ces 41 litres par rapport à la consommation moyenne d'eau par jour d'une personne ?

- ❍ **a.** 2,80 %
- ❍ **b.** 11,50 %
- ❍ **c.** 28,05 %
- ❍ **d.** 35,65 %

41 Une fonction affine f est définie par : $x \to ax + 3$. Si $f(-1) = 7$, quel est le coefficient directeur a ?

- ❍ **a.** 2
- ❍ **b.** -2
- ❍ **c.** 4
- ❍ **d.** -4

42 Un joueur de tennis a droit à 2 tentatives pour réussir son service. Il réussit sa première balle de service dans 60 % des cas. Quand il échoue à sa première balle, il réussit la seconde dans 80 % des cas. Quelle est la probabilité qu'il réussisse son service ?

- ❍ **a.** 0,72
- ❍ **b.** 0,88
- ❍ **c.** 0,92
- ❍ **d.** 1,40

Raisonnement

43 Quel est le nombre manquant dans cette série ?

ANTONIN = 15 SOPHIE = 24 ANNE = 6 JEAN = 24 LOUISE = ?

- ❍ **a.** 14
- ❍ **b.** 17
- ❍ **c.** 20
- ❍ **d.** 24

44 La famille de Pierre comprend : son père, sa mère et leurs parents, ses cinq sœurs dont chacune a un frère. De combien de personnes se compose la famille de Pierre ?

- ❍ **a.** 10
- ❍ **b.** 12
- ❍ **c.** 14
- ❍ **d.** 17

45 Si Laura va à Amsterdam, Adrien à Namur et Michel à Londres, où va Emma ?

- ❍ **a.** Andorre
- ❍ **b.** Belfort
- ❍ **c.** Edimbourg
- ❍ **d.** Nice

46 Quel est l'intrus ?

- ❍ **a.** ENGAGE LE JEU QUE JE LE GAGNE
- ❍ **b.** EMILE ET SON NOUVEAU PULL ELIME
- ❍ **c.** ESOPE RESTE ICI ET SE REPOSE
- ❍ **d.** ET LA MARINE VA VENIR A MALTE

47 Compléter la suite : 3; 13; 1113; 3113; 132113; ...

- ❍ **a.** 153121
- ❍ **b.** 311323
- ❍ **c.** 23213113
- ❍ **d.** 1113122113

48 Un enfant place des bâtonnets sur une table et forme l'opération suivante :

IX + II = VI

Combien faut-il en déplacer, au minimum, pour obtenir une opération juste ?

- ❍ **a.** 1
- ❍ **b.** 2
- ❍ **c.** 3
- ❍ **d.** 4

49 Un pont suspendu ne peut supporter que 100 kg. Un adulte de 80 kg, un second adulte de 60 kg et deux sacs de 25 kg chacun doivent le traverser. Combien de fois le pont sera-t-il traversé pour que les deux adultes et les sacs se retrouvent sur l'autre rive ?

- ❍ **a.** 2
- ❍ **b.** 3
- ❍ **c.** 4
- ❍ **d.** 5

50 Arthur est plus petit que Kader, mais plus grand que Charles ; Frédéric est plus petit que Kader, mais plus grand qu'Arthur. Classer, du plus grand au plus petit, les quatre garçons selon leur taille.

- ❍ **a.** Arthur, Kader, Charles, Frédéric
- ❍ **b.** Kader, Frédéric, Arthur, Charles
- ❍ **c.** Charles, Arthur, Frédéric, Kader
- ❍ **c.** Charles, Frédéric, Kader, Arthur

51 Si Anne aime les brugnons, Coralie les dattes et Luc les mangues, qu'aime Noémie ?

- ❍ **a.** Les ananas
- ❍ **b.** Les framboises
- ❍ **c.** Les oranges
- ❍ **d.** Les pommes

52 Une raquette de tennis et une balle coûtent 110 €. La raquette coûte 100 € de plus que la balle. Combien coûte la balle ?

- ❍ **a.** 1 €
- ❍ **b.** 5 €
- ❍ **c.** 10 €
- ❍ **d.** 15 €

53 Le poids d'une brique est égal à 1 kg + 1/2 brique. Combien pèse la brique ?

- ❍ **a.** 1 kilo
- ❍ **b.** 1,5 kilo
- ❍ **c.** 2 kilos
- ❍ **d.** 2,5 kilos

54 Un peintre peint un mur en une heure. Combien faut-il de peintre(s) pour peindre 6 murs en 6 heures ?

- ❍ **a.** 1
- ❍ **b.** 3
- ❍ **c.** 4
- ❍ **d.** 6

55 Parmi les réponses suivantes, laquelle remplace le X ?

Majordome Menace X Seigneur

- ❍ **a.** Cellulite
- ❍ **b.** Cellulose
- ❍ **c.** Cendre
- ❍ **d.** Centime

56 Quel élément complète la suite ?

FMAC GODG HQGK ? JUMS

- ❍ **a.** IBAC
- ❍ **b.** IRAL
- ❍ **c.** ISJO
- ❍ **d.** ITUQ

Corrigé

Orthographe, vocabulaire et grammaire

❶ **b.** Faites attention aux mots suivants, qu'on a tendance à déformer : *aborigène, abortif, aéroport, aréopage, caparaçon, caparaçonner, dilemme, fatras, filigrane, fruste, hurluberlu, infarctus, nosocomial, obnubiler, pantomime, ragaillardir, rasséréner, rémunérer, rustre, saupoudrer, trublion, vrombissement*, etc.

❷ **b.**

❸ **b.** Cinq mots prennent une cédille : *hameçon, français, balançoire, glaçon* et *commerçant*; notez qu'on emploie un *c cédille* devant *a, o* et *u* afin d'obtenir le son [s]; si le *c* ne porte pas de cédille devant *a, o* et *u*, il se prononce [k]; enfin, on ne met jamais de *c cédille* devant *e* et *i*.

❹ **a.**

❺ **a.** Lorsqu'un nom composé est formé d'un verbe et d'un nom, seul le nom – s'il est complément d'objet direct du verbe – peut prendre la marque du pluriel : on ne peut donc pas écrire *portes*; *porte-monnaie* est un nom masculin invariable.

❻ **c.** On écrit *un coup de pompe, de plain-pied* et *rester coi, rester coite*.

❼ **a.** *Aparté* est un nom masculin.

❽ **a.** Le participe passé précédé du pronom *en* COD est invariable : dans la phrase proposée, *en* – c'est-à-dire *ennuis* – est COD du verbe *avoir*.

❾ **a.** Le tain est un alliage d'étain et de mercure.

❿ **c.** autocentré : qui est centré sur soi; autochtone : qui est originaire du sol où il habite; autographe : qui est écrit de la main même de quelqu'un.

⓫ **b.** Prennent deux *r* au futur et au conditionnel les verbes *acquérir, courir, envoyer, mourir, pouvoir, voir* et les verbes de leurs familles – à l'exception de *pourvoir* et de *prévoir*.

⓬ **b.** *tint* est le passé simple du verbe *tenir*, à la 3e personne du singulier; le passé simple de *teindre* est *teignit*, celui de *tenter* est *tenta*, celui de *tinter* est *tinta*.

⓭ **a.** Retenez que les verbes en *-er*, à l'exception du verbe *aller*, ont un impératif en *-e* à la 2e personne du singulier et que l'impératif du verbe *aller* est *va*; notez cependant que ces verbes se finissent par un *s* à l'impératif – 2e personne du singulier – lorsqu'ils précèdent les pronoms *y* et *en* : on écrit *manges-en, vas-y*.

⓮ **b.** C'est un prodige qui montre des talents extraordinaires; *prodigue* et *prodige* sont des paronymes, c'est-à-dire des termes qui se prononcent presque de la même façon et qui, pour cette raison, sont souvent confondus.

Connaissances générales

⓯ **b.**

⓰ **a.**

⓱ **b.**

⓲ **d.** La Valette est la capitale de Malte; Larnaca et Limassol sont deux villes chypriotes.

⓳ **b.** Alfred Bernhard Nobel (1833-1896), chimiste, industriel et fabriquant d'armes suédois, inventa la dynamite. Dans son testament, il légua son immense fortune en vue de la création du prix Nobel qui récompense des personnalités en physique, chimie, médecine, littérature et paix (un prix Nobel en économie a été créé en 1968). Le premier prix Nobel a été décerné en 1901. Selon la légende, Alfred Nobel aurait refusé d'honorer les mathématiques pour éviter que le prix revienne un jour à Gösta Mittag-Leffler, pour qui sa maîtresse, Sophie Hess, le quitta.

⓴ **a.**

㉑ **a.**

㉒ **c.**

㉓ **b.** La TVA est de loin la recette fiscale la plus importante en France, représentant la moitié du prélèvement fiscal. Elle représente une ressource environ trois fois plus importante que l'impôt sur le revenu.

㉔ **a.** Corto Maltese est un personnage de bande dessinée créé par Hugo Pratt.

㉕ **a.**

㉖ **a.**

㉗ **c.** Jackson Pollock (1912-1956) était un peintre américain, principalement connu pour sa pratique du *dripping* (projection de peinture sur la toile).

㉘ **b.** Le Conseil de l'Europe n'est pas une institution de l'Union européenne. Il s'agit d'une organisation inter-gouvernementale (elle regroupe aujourd'hui 47 États) créée par le traité de Londres le 5 mai 1949 qui met en œuvre la Convention européenne des droits de l'homme.

Calcul

㉙ **d.** En utilisant la formule $\frac{a^n}{a^p} = a^{n-p}$

avec $a \neq 0$, on obtient :

$$\frac{(-8)^{-3}}{(-8)^5} = (-8)^{-3-5} = (-8)^{-8}$$

㉚ **d.** En utilisant la formule $(a + b)^2 = a^2 + 2ab + b^2$, on obtient :

$(3 + \sqrt{2})^2 = 3^2 + 2 \times 3 \times \sqrt{2} + (\sqrt{2})^2 = 9 + 6\sqrt{2} + 2 = 11 + 6\sqrt{2}$

Formule utilisée : $(a + b)^2 = a^2 + 2ab + b^2$

㉛ **c.** Afin de calculer une quantité après une augmentation, on utilise la formule

$y = \left(1 + \frac{p}{100}\right) \times x$ où :

x est la quantité avant l'augmentation

p est le pourcentage de l'augmentation

y est la quantité après l'augmentation.

Après la diminution de 20 % des effectifs, le nombre d'employés est de :

$$y = \left(1 - \frac{20}{100}\right) \times 1\,100 = 0{,}8 \times 1\,100 = 880$$

Après l'augmentation de 25 % des effectifs, le nombre d'employés est de :

$$y = \left(1 + \frac{25}{100}\right) \times 880 = 1{,}25 \times 880 = 1\,100$$

㉜ **b.** La vitesse de la voiture est de 90 km/h.

90 km/h = 90 000 m/h → La voiture parcourt 90 000 m en une heure.

1 h = 3 600 s → La voiture parcourt 90 000 m en 3 600 s

En 1 seconde, la voiture parcourt : 90 000 ÷ 3 600 = 25 m.

En 3 secondes, la voiture parcourt : 25 × 3 = 75 m.

33 **c.**

Soit x le prix d'un croissant et y le prix d'un pain au chocolat.

Le prix de 3 croissants et de 5 pains au chocolat est de 11,40 euros se traduit par : $3x + 5y = 11{,}40$.

Le prix de 5 croissants et de 3 pains au chocolat est de 9,40 euros se traduit par : $5x + 3y = 9{,}40$.

Il faut résoudre le système de 2 équations à 2 inconnues suivant :

$$\begin{cases} 3x + 5y = 11{,}4 \\ 5x + 3y = 9{,}4 \end{cases}$$

Afin de résoudre le système, on multiplie toute la première ligne par 5 et toute la seconde ligne par 3 et on obtient :

$$\begin{cases} 15x + 25y = 57 \\ 15x + 9y = 28{,}2 \end{cases}$$

On soustrait la seconde ligne à la première et on conserve la première ligne.

$$\begin{cases} (15x + 25y) - (15x + 9y) = 57 - 28{,}2 \\ 3x + 5y = 11{,}4 \end{cases}$$

$$\begin{cases} 16y + = 28{,}8 \\ 3x + 5y = 11{,}4 \end{cases}$$

$$\begin{cases} y = 1{,}8 \\ 3x + 9 = 11{,}4 \end{cases}$$

$$\begin{cases} y = 1{,}8 \\ 3x = 2{,}4 \end{cases}$$

$$\begin{cases} y = 1{,}8 \\ x = 0{,}8 \end{cases}$$

Le prix d'un croissant est de 0,8 €, le prix d'un pain au chocolat est de 1,8 €.

34 **c.**

$2(x - 1)(2x + 5) - (3x - 3)(4x + 1)$

$= 2(x - 1)(2x + 5) - 3(x - 1)(4x + 1)$

$= (x - 1)[2(2x + 5) - 3(4x + 1)]$

$= (x - 1)(4x + 10 - 12x - 3)$

$=(x - 1)(-8x + 7)$

35 **b.** Le résultat est attendu en g/cm³, on convertit :

0,47 kg = 470 g

La masse volumique se calcule en effectuant le rapport $\frac{m}{v}$.

$\frac{m}{v} = \frac{470}{61} \approx 7{,}70$

36 **c.** On compte 12 boules dont 3 blanches. La probabilité de prélever une boue blanche est :

$p(b) = \frac{3}{12} = \frac{1}{4}$

La probabilité de ne pas prélever de boule blanche est $1 - \frac{1}{4} = \frac{3}{4}$

37 **d.** Soit x le nombre de skieurs.

$$\frac{69{,}2}{100} \times x = 495$$

$$x = 495 \times \frac{100}{79{,}2} = 625$$

Il y a 625 skieurs.

38 **a.** Méthode par combinaison

$$\begin{cases} 4x + 5y = 13 \\ x - y = 1 \end{cases}$$

On multiplie la seconde ligne par 4.

$$\begin{cases} 4x + 5y = 13 \\ 4x - 4y = 4 \end{cases}$$

On soustrait la seconde ligne à la première et on conserve une des 2 équations initiales.

$$\begin{cases} (4x + 5y) - (4x - 4y) = 13 - 4 \\ x - y = 1 \end{cases}$$

$$\begin{cases} 4x + 5y - 4x - 4y = 9 \\ x - y = 1 \end{cases}$$

$$\begin{cases} 9y = 9 \\ x - y = 1 \end{cases}$$

$$\begin{cases} y = 1 \\ x = 2 \end{cases}$$

Méthode par substitution

$$\begin{cases} 4x + 5y = 13 \\ x - y = 1 \end{cases}$$

On isole une des deux inconnues.

$$\begin{cases} 4x + 5y = 13 \\ x = 1 + y \end{cases}$$

On remplace x par la valeur calculée.

$$\begin{cases} 4(1 + y) + 5y = 13 \\ x - y = 1 \end{cases}$$

$$\begin{cases} 4 + 9y = 13 \\ x - y = 1 \end{cases}$$

$$\begin{cases} 9y = 13 - 4 = 9 \\ x - y = 1 \end{cases}$$

$$\begin{cases} y = 1 \\ x - 1 = 1 \end{cases}$$

$$\begin{cases} y = 1 \\ x = 2 \end{cases}$$

39 **d.** Soit x la largeur du rectangle. La longueur de ce rectangle est alors $2x$ et son périmètre est :

$2(2x + x) = 6x$.

Puisque le périmètre du rectangle est 240 cm, alors $6x = 240$

D'où $x = 240 \div 6 = 40$

La mesure de la largeur du rectangle est 40 cm et celle de sa longueur 80 cm.

40 **d.** Soit p le pourcentage cherché.

$$\frac{p}{100} \times 115 = 41$$

$$\frac{p}{100} = \frac{41}{115}$$

$$p = \frac{41 \times 100}{115}$$

$$p \approx 35{,}65$$

41 **d.** Soit f la fonction affine définie par $f(x) = ax + 3$.

Puisque $f(-1) = 7$, alors on en déduit que :

$7 = -a + 3$.

$a = -7 + 3 = -4$

Le coefficient directeur de f est $a = -4$.

42 **c.** On peut utiliser l'arbre de probabilité suivant où :

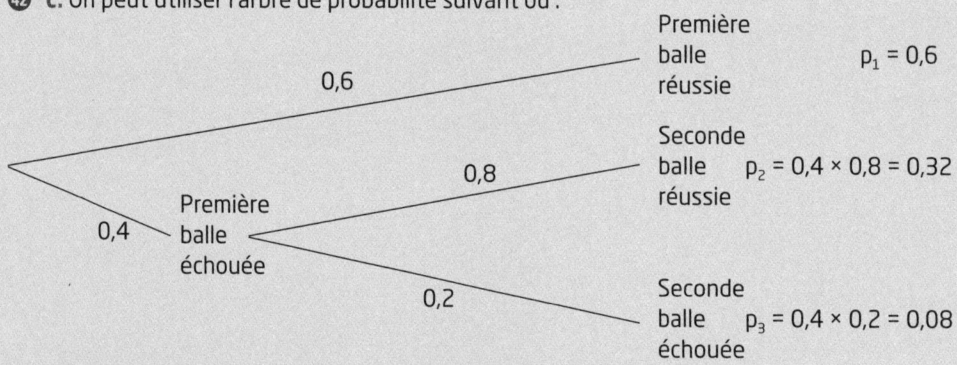

$p_1 + p_2 + p_3 = 0{,}6 + 0{,}32 + 0{,}08 = 1$

La probabilité qu'il réussisse son service est :

$p_1 + p_2 = 0{,}6 + 0{,}32 = 0{,}92$

Raisonnement

43 **b.** Le nombre est la somme de la position dans l'alphabet des première et dernière lettres du prénom qui lui est associé. A est la 1re lettre de l'alphabet et N la 14e. 1 + 14 = 15. Le nombre associé au prénom ANTONIN est donc 15. L est la 12e lettre de l'alphabet et E la 5e. 12 + 5 = 17. Le nombre associé au prénom LOUISE est donc **17**.

44 **b.** Les cinq sœurs de Pierre ont chacune un frère, à savoir Pierre. La famille au complet compte donc **12** membres (Pierre et ses cinq sœurs, leurs deux parents et leurs quatre grands-parents).

45 **a.** La première lettre de la destination est la dernière lettre de son visiteur. Emma va dans une ville qui commence par un A. La bonne réponse est donc **Andorre**.

46 **b.** Seule la proposition b ne peut pas se lire indifféremment de gauche à droite ou de droite à gauche.

47 **d.** Les chiffres utilisés dans cette suite fonctionnent par deux : le premier chiffre indique la quantité, l'autre chiffre s'auto-désigne. Chaque élément se rapporte à l'élément qui le précède. Le deuxième élément de la suite est 13 parce que l'élément précédent (3) comporte 1 fois le chiffre 3. Le troisième élément de la suite est 1113 parce que l'élément précédent (13) comporte 1 fois le chiffre 1 et 1 fois le chiffre 3. L'élément mystère comporte 1 fois le chiffre 1, 1 fois le chiffre 3, 1 fois le chiffre 2, 2 fois le chiffre 1 et 1 fois le chiffre 3. L'élément mystère est donc **1113122113**.

48 **a.** Il suffit de déplacer un seul bâtonnet, celui qui est à la verticale dans le signe +. En le déplaçant à la suite du II, on obtient : IX – III = VI.

49 **c.** L'adulte de 80 kg traverse seul le pont. L'adulte de 60 kg traverse une première fois avec un sac de 25 kg, le pose sur l'autre rive, puis traverse à nouveau le pont pour aller chercher l'autre sac. Il traverse une troisième fois le pont avec le dernier sac de 25 kg qu'il dépose sur l'autre rive. Les deux adultes et les deux sacs sont désormais sur l'autre rive. **4** traversées sont donc nécessaires.

50 **b.** Frédéric est plus petit que Kader mais plus grand qu'Arthur, qui est plus grand que Charles. On a donc, dans l'ordre du plus grand au plus petit : Kader, Frédéric, Arthur et Charles.

51 **c.** Le fruit commence par la lettre qui, dans l'ordre alphabétique, suit immédiatement la première lettre du prénom de son amateur. Noémie aime donc un fruit qui commence par la lettre O, ce qui est le cas de l'**orange**.

52 **b.** Soit x le prix de la balle. D'après l'énoncé, on a :

$(100 + x) + x = 110$

$100 + 2x = 110$

$2x = 10$

$x = 5$

La balle coûte donc **5 €**.

53 **c.** Soit x le poids d'une brique. D'après l'énoncé, on a :

$x = 1 + \frac{1}{2}x$

$x - \frac{1}{2}x = 1$

$\frac{1}{2}x = 1$

$x = 2$

Une brique pèse donc **2 kg**.

54 **a.** Si 1 peintre peint un mur en 1 heure, alors il peindra six fois plus de murs en six fois plus de temps, c'est-à-dire 6 murs en 6 heures. **1** peintre suffit donc à peindre 6 murs en 6 heures.

55 **b.** Les deux dernières lettres d'un mot sont les deux premières lettres du mot suivant. Les deux premières lettres du mot mystère sont donc « CE » et les deux dernières « SE ». Seul le mot « **cellulose** » remplit ces deux conditions.

56 **c.** Chacune des quatre lettres des éléments appartient à une suite alphabétique différente. Les premières lettres suivent l'ordre alphabétique. Les deuxièmes lettres se succèdent dans l'ordre alphabétique avec un écart d'une lettre à chaque fois. Les troisièmes lettres se succèdent dans l'ordre alphabétique avec un écart de deux lettres à chaque fois. Enfin, les quatrièmes lettres se succèdent avec un écart de trois lettres à chaque fois. L'élément mystère sera donc **ISJO**.

Sujet n° 4

Durée 1 h 30

Orthographe, vocabulaire et grammaire

1 Dans quel mot, le « h » est-il à sa place ?

- ○ **a.** Ahrres
- ○ **b.** Rhinocéros
- ○ **c.** Rhytme
- ○ **d.** Termomèthre

2 Quel mot n'a pas le tréma correctement placé ?

- ○ **a.** Camaïeu
- ○ **b.** Canöe
- ○ **c.** Capharnaüm
- ○ **d.** Haïr

3 Quel est le pluriel du mot « timbre-poste » ?

- ○ **a.** Timbre-poste
- ○ **b.** Timbre-postes
- ○ **c.** Timbres-poste
- ○ **d.** Timbres-postes

4 Quel mot est correctement orthographié ?

- ○ **a.** Curicculum vitae
- ○ **b.** Curriculum vitae
- ○ **c.** Curriculum vitäe
- ○ **d.** Curriculum vité

5 Quel adjectif est correctement orthographié ?

- ○ **a.** Présidenciel
- ○ **b.** Providenciel
- ○ **c.** Résidantiel
- ○ **d.** Séquentiel

6 Compléter correctement la phrase suivante :
« C'est en ... avec des propos ... qu'il a enlevé le marché. »

- ○ **a.** communicant - convaincants
- ○ **b.** communicant - convainquant
- ○ **c.** communiquant - convaincants
- ○ **d.** communiquant - convainquant

7 Compléter correctement la phrase suivante :
« ... blessé, il est ... à venir. »

- ○ **a.** Quoi que ... près
- ○ **b.** Quoi que ... prêt
- ○ **c.** Quoique ... près
- ○ **d.** Quoique ... prêt

8 Trouver la bonne orthographe :

- ○ **a.** Il avait exaucé le vœu de réaliser un mariage empreint d'une grande solennité.
- ○ **b.** Il avait exaucé le vœu de réaliser un mariage emprunt d'une grande solennité.
- ○ **c.** Il avait exhaussé le vœu de réaliser un mariage empreint d'une grande solennité.
- ○ **d.** Il avait exhaussé le vœu de réaliser un mariage emprunt d'une grande solennité.

9 Un « anachronisme » est :

- ○ **a.** Une confusion entre des époques différentes
- ○ **b.** Une contradiction de termes
- ○ **c.** Une divergence de points de vue
- ○ **d.** Une opposition entre deux mots

10 Quel mot répond à la définition suivante : « La manie de mentir » ?

- ○ **a.** Cleptomanie
- ○ **b.** Mégalomanie
- ○ **c.** Mythomanie
- ○ **d.** Pyromanie

11 Après une dissolution, on dit que l'assemblée est :

- ○ **a.** Disjointe
- ○ **b.** Dissociée
- ○ **c.** Dissolue
- ○ **d.** Dissoute

12 Parmi les mots suivants, lequel est de genre féminin ?

- ○ **a.** Antre
- ○ **b.** Atmosphère
- ○ **c.** Éloge
- ○ **d.** Planisphère

13 Comment se conjugue le verbe « peindre » à la première personne du singulier au présent de l'indicatif ?

- ○ **a.** Peind
- ○ **b.** Peinds
- ○ **c.** Peins
- ○ **d.** Peints

14 Compléter correctement la phrase suivante :
« Nous avons ...... l'eau que nous avions ...... »

- ○ **a.** bu ... acheté
- ○ **b.** bu ... achetée
- ○ **c.** bue ... acheté
- ○ **d.** bue ... achetée

Connaissances générales

15 Zagreb est la capitale de la :

- ○ **a.** Croatie
- ○ **b.** Hongrie

❍ **c.** Roumanie
❍ **d.** Serbie

⓰ Quel est le nom actuel de Byzance ?

❍ **a.** Constantinople
❍ **b.** Istanbul
❍ **c.** Moscou
❍ **d.** Saint-Pétersbourg

⓱ Lequel de ces pays n'est pas membre permanent du Conseil de sécurité des Nations unies ?

❍ **a.** L'Allemagne
❍ **b.** La Fédération de Russie
❍ **c.** La France
❍ **d.** Le Royaume-Uni

⓲ Quel pays a fondé la Communauté économique européenne en 1957 avec la France, l'Allemagne, l'Italie, le Luxembourg et la Belgique ?

❍ **a.** L'Espagne
❍ **b.** L'Irlande
❍ **c.** Le Royaume-Uni
❍ **d.** Les Pays-Bas

⓳ Le musée du Quai Branly est un musée :

❍ **a.** D'art moderne
❍ **b.** De l'histoire de la ville de Paris
❍ **c.** De la peinture et sculpture occidentale des XIXe et XXe siècles
❍ **d.** Des arts et civilisations d'Afrique, d'Asie, d'Océanie et des Amériques

⓴ Le Parlement français est composé :

❍ **a.** De l'Assemblée nationale et du Sénat
❍ **b.** Des conseils régionaux et généraux
❍ **c.** Du Conseil constitutionnel et de la Cour des comptes
❍ **d.** Du Gouvernement et du président de la République

㉑ En quelle année les femmes ont-elles acquis le droit de vote en France ?

❍ **a.** 1870
❍ **b.** 1918
❍ **c.** 1934
❍ **d.** 1944

㉒ Le conseil de prud'hommes est compétent pour les litiges entre :

❍ **a.** commerçants
❍ **b.** l'État et ses agents
❍ **c.** propriétaires et locataires
❍ **d.** salariés et employeurs

㉓ Qui était Arthur Rimbaud ?

❍ **a.** Un historien du Moyen Âge
❍ **b.** Un homme politique du XVIIIe siècle

❍ **c.** Un journaliste des années 1920
❍ **d.** Un poète du XIXe siècle

24 Quel écrivain français a refusé le prix Nobel de littérature ?

❍ **a.** Albert Camus
❍ **b.** André Gide
❍ **c.** Jean-Paul Sartre
❍ **d.** Marcel Pagnol

25 Quel est le nom du co-fondateur d'Apple décédé en 2011 ?

❍ **a.** Bill Gates
❍ **b.** Gordon Earle Moore
❍ **c.** Steve Jobs
❍ **d.** Steve Wozniak

26 Quel est l'autre nom des globules rouges ?

❍ **a.** Hématies
❍ **b.** Leucocytes
❍ **c.** Lymphocytes
❍ **d.** Plaquettes

27 Qu'est-ce que la bioéthique ?

❍ **a.** Le contenu des livres de morale
❍ **b.** Un régime alimentaire biologique
❍ **c.** Une discipline des sciences de la nature
❍ **d.** Une réflexion sur la morale et la biologie

28 Le sigle « CNIL » signifie :

❍ **a.** Comité pour une Nouvelle Informatique Libre
❍ **b.** Commission Nationale de l'Informatique et des Libertés
❍ **c.** Commission Nationale pour l'Information et les Libertés
❍ **d.** Conseil National de l'Image et du Livre

Calcul

29 Un article de 500 € subit en décembre une hausse de 11 %, puis en janvier une baisse de 11 %. Quelle est sa valeur finale ?

❍ **a.** 445,15 €
❍ **b.** 493,95 €
❍ **c.** 500,00 €
❍ **d.** 616,05 €

30 Un article est soldé de 15 %. Un défaut est signalé et une ristourne supplémentaire de 20 % est accordée. Il est finalement vendu 107,50 €. Quel était son prix d'origine ?

❍ **a.** 130 €
❍ **b.** 140 €
❍ **c.** 150 €
❍ **d.** 160 €

31 **Quel est le résultat de l'opération suivante : $\frac{2}{3} - \frac{7}{3} \times \frac{8}{21}$?**

○ **a.** $-\frac{2}{9}$ ○ **b.** $\frac{2}{9}$

○ **c.** $-\frac{4}{9}$ ○ **d.** $\frac{4}{3}$

32 **Un père a 36 ans, ses deux fils ont, l'un 8 ans et l'autre 4 ans. Quel âge aura le père quand la somme des âges des deux enfants sera égale à 60 ans ?**

○ **a.** 50 ans
○ **b.** 60 ans
○ **c.** 70 ans
○ **d.** 80 ans

33 **Sur une carte géographique à l'échelle 1/75 000e, la distance entre deux villes est de 3,25 cm. Quelle est la distance réelle, en kilomètres, séparant ces deux villes ?**

○ **a.** 0,243 km
○ **b.** 2,437 5 km
○ **c.** 24,375 km
○ **d.** 243,75 km

34 **Un guépard court à la vitesse de 112 km/heure. Combien de mètres parcourt-il par seconde ? (arrondi au mètre le plus proche)**

○ **a.** 3
○ **b.** 18
○ **c.** 31
○ **d.** 33

35 **Un train roule à 100 km/h sur une distance de 250 km. Tous les 100 km, il effectue un arrêt de 5 minutes. En supposant que sa vitesse soit constante, combien de temps mettra-t-il pour effectuer le trajet ?**

○ **a.** 2 h 30
○ **b.** 2 h 35
○ **c.** 2 h 40
○ **d.** 2 h 45

36 **On veut remplir un bassin rectangulaire de 8 m de long sur 3 m de large, avec de l'eau, jusqu'à une hauteur de 0,75 m. Quel est le volume d'eau nécessaire ?**

○ **a.** 18 m^3
○ **b.** 20 m^3
○ **c.** 22 m^3
○ **d.** 24 m^3

37 **Quelle est la surface totale d'un cube dont l'arête est de 9 cm ?**

○ **a.** 324 cm^2
○ **b.** 486 cm^2
○ **c.** 648 cm^2
○ **d.** 729 cm^2

38 **Un triangle rectangle a un côté adjacent à l'angle droit qui mesure le double de l'autre côté adjacent. Si la taille de l'hypoténuse est égale à 5 cm, quelle est la taille du plus petit côté adjacent à l'angle droit ?**

- ❍ **a.** $\sqrt{5}$
- ❍ **b.** 2
- ❍ **c.** $2\sqrt{5}$
- ❍ **d.** 5

39 **Quel est le plus grand diviseur commun de 996 et 1 164 ?**

- ❍ **a.** 4
- ❍ **b.** 6
- ❍ **c.** 12
- ❍ **d.** 24

40 **Le nombre 0,000 98 est égal à :**

- ❍ **a.** $9{,}8 \times 10^{-4}$
- ❍ **b.** 98×10^{-4}
- ❍ **c.** $9{,}8 \times 10^{4}$
- ❍ **d.** 98×10^{4}

41 **L'expression $4(y + 5)^2 - 4(y - 5)^2$ est égale à :**

- ❍ **a.** 0
- ❍ **b.** $(y + 5)(y - 1)$
- ❍ **c.** $4(y + 5)$
- ❍ **d.** $80y$

42 **Quel est le résultat de l'opération suivante ? $(10^3)^2 \times 10^{-4}$**

- ❍ **a.** 10^{-2}
- ❍ **b.** 10^{-1}
- ❍ **c.** 10
- ❍ **d.** 10^2

Raisonnement

43 **Parmi les réponses suivantes, laquelle remplace le X ?**
ANTENNE NENUPHAR X CIERGE

- ❍ **a.** AUTARCIE
- ❍ **b.** PHARAON
- ❍ **c.** PHARMACIE
- ❍ **d.** PHARMACIEN

44 **Quel élément complète la suite ?**
(A - 2) - (E - 5) - (I - 11) - (? - ?) - (U - 47)

- ❍ **a.** (O - 23)
- ❍ **b.** (O - 42)
- ❍ **c.** (Y - 54)
- ❍ **d.** (Y - 85)

45 Quel élément complète la suite ?
DIKA EKNE FMQI ?

- ❍ **a.** GHUY
- ❍ **b.** GOAQ
- ❍ **c.** GOTM
- ❍ **d.** GRIP

46 Jean est le grand-père maternel de mon oncle paternel Jacques. Qui suis-je ?

- ❍ **a.** L'arrière-petit-fils de Jean
- ❍ **b.** Le petit-fils de Jean
- ❍ **c.** Le petit-neveu de Jean
- ❍ **d.** L'arrière-petit-cousin de Jean

47 Parmi les réponses suivantes, laquelle remplace le X ?
2 - 14 - 11 - 23 - X - 32

- ❍ **a.** 13 ❍ **b.** 17
- ❍ **c.** 20 ❍ **d.** 35

48 Quel nombre remplace le X ?
24(9) - 33(10) - 27(15) - 35(X)

- ❍ **a.** 8 ❍ **b.** 16
- ❍ **c.** 20 ❍ **d.** 25

49 Vous clôturez votre jardin de forme rectangulaire (longueur : 21 m; largeur : 15 m). Vous plantez un poteau de support au grillage tous les 3 mètres. Vous laissez un espace de 3 mètres sans grillage dans votre clôture pour placer ultérieurement un portail. Combien utilisez-vous de poteaux ?

- ❍ **a.** 21 ❍ **b.** 23
- ❍ **c.** 24 ❍ **d.** 25

50 Parmi les propositions suivantes, laquelle remplace (X) ?
Vingt (4) - Douze (2) - Quinze (3) - Seize (X)

- ❍ **a.** (1)
- ❍ **b.** (2)
- ❍ **c.** (3)
- ❍ **d.** (4)

51 Remplacer les points d'interrogation par les chiffres manquants :

150	50	90	30
200	50	100	25
250	50	110	22
300	50	?	?

- ❍ **a.** 120 - 17
- ❍ **b.** 120 - 20
- ❍ **c.** 130 - 27
- ❍ **d.** 140 - 18

52 Si ORME = 2-5-26-18, TABLE = 7-14-15-25-18, OUBLIER = 2-8-15-25-22-18-5, alors BRAMER = ?

- ❍ **a.** 2-17-15-7-21-8
- ❍ **b.** 9-7-11-3-23-19
- ❍ **c.** 12-17-8-23-1-15
- ❍ **d.** 15-5-14-26-18-5

53 Zola est né 38 ans après Hugo mais 10 ans avant Maupassant. Ce dernier vit le jour 51 ans après Balzac. Quel est l'ordre chronologique de naissance ?

- ❍ **a.** Balzac - Hugo - Zola - Maupassant
- ❍ **b.** Balzac - Maupassant - Zola - Hugo
- ❍ **c.** Hugo - Balzac - Maupassant - Zola
- ❍ **d.** Hugo - Balzac - Zola - Maupassant

54 Sur un damier de 3 lignes sur 3 colonnes, combien peut-on compter, au maximum, de carrés composés d'au moins une case ?

- ❍ **a.** 4
- ❍ **b.** 9
- ❍ **c.** 10
- ❍ **d.** 14

55 Dans une salle d'un château se trouvent quatre coffres : 1, 2, 3 et 4. L'un d'entre eux contient un objet et chacun porte une inscription :

- coffre 1 : « il est ici »
- coffre 2 : « il est dans le coffre 3 »
- coffre 3 : « il est dans le coffre 1 ou 2 »
- coffre 4 : « il n'est pas là »

Une seule de ces inscriptions est erronée.

Dans quel coffre se trouve l'objet que vous recherchez ?

- ❍ **a.** 1
- ❍ **b.** 2
- ❍ **c.** 3
- ❍ **d.** 4

56 Quel énoncé est équivalent à l'énoncé suivant : « Si je ne trouve pas bleu, je ne peux pas dire rouge » ?

- ❍ **a.** Si je ne trouve pas bleu, je peux dire rouge.
- ❍ **b.** Si je ne peux pas dire rouge, c'est que je trouve bleu.
- ❍ **c.** Si je peux dire rouge, c'est que je trouve bleu.
- ❍ **d.** Si je trouve bleu, je ne peux pas dire rouge.

Corrigé

Orthographe, vocabulaire et grammaire

❶ **b.** On écrit *arrhes*, *rythme* et *thermomètre*.

❷ **b.** On écrit *canoë*; le tréma - signe formé de deux points juxtaposés - se place sur les voyelles *e*, *i* et *u*, pour indiquer le plus souvent que ces voyelles doivent être détachées, dans la prononciation, des voyelles qui les précèdent; notez qu'il n'y a jamais de tréma sur un *i* suivant un *é*.

❸ **c.** Quand un mot composé est formé de deux noms, seul le premier prend la marque du pluriel, lorsque le second nom complète le premier : des timbres-poste sont des timbres que l'on achète à La Poste.

❹ **b.**

❺ **d.** On écrit *présidentiel, providentiel* et *résidentiel*; les mots qui se finissent en *-ciel* sont les suivants : *actanciel, arc-en-ciel, artificiel, cicatriciel, ciel, circonstanciel, didacticiel, gratte-ciel, gratuiciel, indiciel, logiciel, ludiciel, matriciel, officiel, préjudiciel, progiciel, révérenciel, sacrificiel, superficiel, tendanciel*.

❻ **c.** *communiquant* est le participe présent du verbe *communiquer*, il s'agit d'une forme invariable; *convaincants* est un adjectif verbal qui est accordé en genre et en nombre.

❼ **d.** quoique = bien que; quoi que = quelle que soit la chose que; prêt à = disposé à, préparé pour; près de = sur le point de, à côté de.

❽ **a.** exaucer = satisfaire, accomplir; exhausser = élever, hausser; *empreint* est le participe passé du verbe *empreindre*, qui signifie *marquer*; *emprunt* est un nom masculin.

❾ **a.**

❿ **c.** cleptomanie = manie de voler; mégalomanie = délire de grandeur, folie des grandeurs; pyromanie = manie d'allumer des incendies.

⓫ **d.** *dissoute* est le participe passé féminin singulier du verbe *dissoudre*; notez que le participe passé masculin singulier est *dissous*.

⓬ **b.**

⓭ **c.** Les verbes en *-indre* conservent leur *d* uniquement au futur simple et au conditionnel présent, en d'autres termes quand on l'entend.

⓮ **b.** Le participe passé employé avec l'auxiliaire *avoir* est invariable si le COD suit le verbe : *eau* est COD du verbe *boire*; en revanche, le participe passé s'accorde en genre et en nombre avec le COD si ce dernier précède le verbe : *que*, c'est-à-dire *eau*, est COD du verbe *acheter*.

Connaissances générales

⓯ **a.** La capitale de la Hongrie est Budapest, celle de la Roumanie est Bucarest et celle de la Serbie est Belgrade.

⓰ **b.**

⓱ **a.** Le Conseil de sécurité des Nations unies comprend cinq pays membres permanents, à savoir la Chine, les États-Unis, la France, la Grande-Bretagne et la Russie.

⓲ **d.** À sa création en 1957, la CEE comptait six membres : l'Allemagne, la Belgique, la France, l'Italie, le Luxembourg et les Pays-Bas.

⓳ **d.**

20 **a.**

21 **d.**

22 **d.** Le premier conseil de prud'hommes est créé à Lyon le 18 mars 1806 pour régler les conflits entre les ouvriers et les patrons dans l'industrie de la soie. Face au succès de cette juridiction, d'autres conseils apparaissent dans plusieurs villes. Peu à peu, l'État va encadrer leur composition et leurs règles de fonctionnement. Aujourd'hui, le conseil de prud' hommes est composé à parts égales de salariés et de patrons élus pour un mandat de cinq ans renouvelable. C'est la juridiction de premier degré des litiges nés à l'occasion de l'exécution ou de la rupture du contrat de travail entre employeurs et salariés de droit privé, entre salariés, et entre les personnels de services publics exerçant dans les conditions de droit privé.

23 **d.**

24 **c.** Jean-Paul Sartre est né en 1905 et mort en 1980. Ce philosophe, compagnon de Simone de Beauvoir, est connu pour son engagement politique à gauche et pour sa participation au courant existentialiste. Sartre a également écrit des romans comme *La Nausée* (1938), *Le Mur* (1939) ou *Les Chemins de la liberté* (1945), et des pièces de théâtre telles que *Les Mouches* (1943), *Huis clos* (1944) ou *Les Mains sales* (1948). Il a refusé la Légion d'honneur en 1945, une chaire au Collège de France et même le prix Nobel de littérature en 1964 au motif que cela aurait aliéné sa liberté.

25 **c.**

26 **a.**

27 **d.**

28 **b.** La Commission nationale de l'informatique et des libertés (CNIL) est une autorité administrative indépendante chargée de veiller à la protection des données personnelles. Elle a notamment pour mission de veiller à ce que le développement des nouvelles technologies ne porte atteinte ni à l'identité humaine, ni aux droits de l'homme, ni à la vie privée, ni aux libertés individuelles ou publiques.

Calcul

29 **b.** Afin de calculer un prix après une augmentation, on utilise la formule $y = \left(1 + \frac{p}{100}\right) \times x$ où :

x est le prix avant l'augmentation

p est le pourcentage de l'augmentation

y est le prix après l'augmentation.

$x = 500$ et $p = 11$

$$y = \left(1 + \frac{11}{100}\right) \times 500 = (1 + 0{,}11) \times 500 = 1{,}1 \times 500 = 555$$

Afin de calculer un prix après une réduction de p %, on utilise la formule $y = \left(1 + \frac{p}{100}\right) \times x$.

$x = 555$

$p = 11$

$$y = \left(1 - \frac{11}{100}\right) \times 500 = (1 - 0{,}11) = 0{,}89 \times 555 = 493{,}95$$

La valeur finale de l'objet est **493,95 €**.

30 **c.** En utilisant la même formule que celle utilisée dans la question précédente dans le cas d'une réduction, on peut écrire :

$y = \left(1 - \frac{p}{100}\right) \times x - r$ avec :

$y = 107{,}5$ $p = 15$ $r = 20.$

$107{,}5 = \left(1 - \frac{15}{100}\right) \times x - 20$

$107{,}5 + 20 = (1 - 0{,}15) \times x$

$127{,}5 = 0{,}85 \times x$

$x = 127{,}5 \div 0{,}85$

$x = 150$

Le prix d'origine était **150 €**.

31 **a.** La multiplication a priorité sur l'addition et la soustraction. En utilisant la formule :
$\frac{a}{b} \times \frac{c}{d} = \frac{ac}{bd}$ $b \neq 0$ et $d \neq 0$, on obtient :

$\frac{2}{3} - \frac{7}{3} \times \frac{8}{21} = \frac{2}{3} - \frac{7 \times 8}{3 \times 21} = \frac{2}{3} - \frac{7 \times 8}{3 \times 3 \times 7} = \frac{2}{3} - \frac{8}{9}$

Le dénominateur commun est 9.

$\frac{2}{3} - \frac{8}{8} = \frac{6}{9} - \frac{8}{9} = \frac{-2}{9}$

En utilisant la formule :

$\frac{a}{d} - \frac{b}{d} = \frac{a - d}{d}$ $d \neq 0$, on obtient :

$\frac{2}{3} - \frac{7}{3} \times \frac{8}{21} = \frac{-2}{9}$

32 **b.** Dans x années, l'âge du fils aîné sera de $8 + x$ années et l'âge du cadet sera de $4 + x$ années.
Dans x années, la somme des âges des deux fils sera de $(8 + x) + (4 + x) = 12 + 2x$.
La somme des âges des deux fils sera égale à 60 ans lorsque :

$12 + 2x = 60$
$2x = 60 - 12$
$x = 48 \div 2 = 24$

Dans 24 ans, le père aura 36 + 24 = **60 ans**.

33 **b.** Les problèmes d'échelles se résolvent en utilisant les tableaux de proportionnalité, en prenant garde de bien avoir exprimé les données et les résultats recherchés **dans la même unité**.

DISTANCES SUR LA CARTE EN CM	1	3,25
DISTANCES RÉELLES EN CM	75 000	x

On utilise la propriété dite des « produits en croix ».

$1 \times x = 3{,}25 \times 75\,000$

$x = 243\,750$

243 750 cm = 2 437,5 m = 2,437 5 km

La distance réelle entre les deux villes est de **2,437 5 km**.

34 **c.**

CONSEIL Dans ce genre d'exercice, mieux vaut convertir les unités l'une après l'autre.

112 km/h = 112 000 m/h = 112 000 ÷ 3 600 m/s ≈ 31

Un guépard parcourt environ **31 m/s.**

35 **c.** Afin de parcourir les 250 km à 100 km/h de moyenne, le train a besoin de :

250 ÷ 100 = 2,5, c'est à dire 2 h 30 min.

Puisqu'il effectue un arrêt de 5 minutes tous les 100 km, il aura besoin de 2 × 5 = 10 minutes.

Le trajet du train durera **2 h 40 min.**

36 **a.** La formule permettant de calculer le volume d'un parallélépipède rectangle est $V = L \times l \times h$ où L est la longueur, l la largeur et h la hauteur.

$V = 8 \times 3 \times 0{,}75 = 18$

Le volume du bassin est de **18 m³**.

37 **b.** Un cube possède 6 faces carrées dont l'aire se calcule en multipliant la mesure du côté par elle-même. Soit A l'aire d'un côté.

$A = 9^2 = 81$

Calcul de l'aire totale du cube : 6 × 81 = 486.

L'aire totale du cube est **486 cm²**.

38 **a.** Soit x la mesure du côté adjacent à l'angle droit et $2x$ la mesure de l'autre côté adjacent. Puisque le triangle est un triangle rectangle, alors on peut utiliser le théorème de Pythagore et en déduire que :

$x^2 + (2x)^2 = 5^2$

$x^2 + 4x^2 = 25$

$5x^2 = 25$

$x^2 = \frac{25}{5} = 5$

$x = \sqrt{5}$ ou $x = -\sqrt{5}$

Puisque x désigne une mesure, x est un nombre positif, on ne conserve comme solution que $x = \sqrt{5}$.

La mesure du plus petit côté adjacent à l'angle droit est **$\sqrt{5}$ cm**.

39 **c.** Parmi les différentes méthodes permettant de calculer le PGCD de deux nombres, l'algorithme d'Euclide est souvent la plus rapide.

Rappel

Si $a > b$, alors $a = bq + r$ et PGCD $(a\,;\,b)$ = PGCD $(b\,;\,q)$

1 164 = 996 × 1 + 168
PGCD (1 164; 996) = PGCD (996; 168)

$996 = 168 \times 5 + 156$
PGCD (996 ; 168) = PGCD (168 ; 156)

$168 = 156 \times 1 + 12$
PGCD (168 ; 156) = PGCD (156 ; 12)

$156 = 12 \times 13 + 0$
Le reste est nul, on en déduit que :

PGCD (1 164 ; 996) = **12**

40 **a.** $0{,}000\,98 = 9{,}8 \times 10^{-4} =$ $\mathbf{98 \times 10^{-5}}$

41 **d.**

Première méthode de calcul

$4(y+5)^2 = 4(y^2 + 10y + 25) = 4y^2 + 40y + 100$

Formule utilisée : $(a+b)^2 = a^2 + 2ab + b^2$

$4(y-5)^2 = 4(y^2 - 10y + 25) = 4y^2 - 40y + 100$

Formule utilisée : $(a-b)^2 = a^2 - 2ab + b^2$

$4(y+5)^2 - 4(y-5)^2 = 4y^2 + 40y + 100 - 4(y^2 - 10y + 25)$

$= 4y^2 + 40y + 100 - 4y^2 + 40y - 100$

$= 80y$

Seconde méthode de calcul

$4(y+5)^2 - 4(y-5)^2 = 4[(y+5)^2 - (y-5)^2]$

$= 4(y + 5 + y - 5)(y + 5 - y + 5)$

Factorisation utilisée : $a^2 - b^2 = (a+b)(a-b)$

$= 4(2y)(10) = 80y$

$4(y+5)^2 - 4(y-5)^2 =$ $\mathbf{80\,y}$

42 **d.**

En utilisant la formule $(a^n)^p = a^{np}$, on en déduit que $(10^3)^2 = 10^{2 \times 3} = 10^6$.

En utilisant la formule $a^n \times a^p = a^{n+p}$, on en déduit que $10^6 \times 10^{-4} = 10^{6+(-4)} = 10^2$.

D'où $(10^3)^2 \times 10^{-4} = 10^2$.

Raisonnement

43 **c.** La première syllabe de chaque mot est la dernière syllabe du mot qui le précède. La première syllabe du mot mystère est PHAR (NE/NU/PHAR) et la dernière syllabe est CI (CI/ER/GE). Le mot mystère ne peut donc être que **PHARMACIE**.

44 **a.** Chaque parenthèse est composée d'une voyelle et d'un nombre. Les voyelles se suivent dans l'ordre alphabétique. Les nombres respectent une suite en × 2 + 1. La parenthèse mystère est donc composée de la voyelle O (A-E-I-**O**-U-Y) et du nombre 23 (11 × 2 + 1 = **23**).

45 **c.** Chaque élément de la suite est composé de quatre lettres qui correspondent à quatre suites distinctes, en + 1, + 2, + 3 et + 4. La première lettre de chaque mot est la lettre qui suit, dans l'ordre alphabétique, la première lettre du mot précédent. La deuxième lettre est la lettre qui, dans l'ordre alphabétique, est située deux places plus loin que la deuxième lettre du mot précédent. La troisième lettre est située trois places plus loin que la troisième lettre du mot précédent, et la quatrième lettre quatre places plus loin. L'élément mystère est donc **GOTM**.

46 **a.** Mon oncle paternel Jacques est le frère de mon père. Jean, le grand-père maternel de Jacques, est donc le grand-père maternel de mon père. Je suis par conséquent **l'arrière-petit-fils de Jean**.

47 **c.** Deux séries se suivent, la première en + 12, la seconde en – 3. Le nombre mystère s'obtient en ôtant 3 au nombre qui précède, soit 23 – 3 = **20**.

48 **b.** Chaque nombre entre parenthèses s'obtient en multipliant les deux chiffres qui précèdent et en ajoutant 1 au produit. Le nombre mystère s'obtient donc à partir du calcul suivant : 3 × 5 + 1 = **16**.

49 **c.** Le périmètre du jardin peut être calculé à partir de la formule (L + l) × 2, dans laquelle L représente la longueur et l la largeur. Le périmètre du jardin mesure donc (21 + 15) × 2 = 72 mètres. Un poteau est planté tous les 3 mètres. Le nombre de poteaux peut donc être obtenu en divisant le périmètre par 3, soit 72 ÷ 3 = 24. Un espace de trois mètres est nécessaire pour placer un portail. L'espace entre deux poteaux étant de 3 mètres, il n'y a pas besoin de retirer un poteau. **24** poteaux seront donc utilisés.

50 **b.** Le chiffre entre parenthèses correspond au nombre de consonnes dans le mot qui précède. Le mot « seize » est composé de 2 consonnes, le nombre mystère est donc **2**.

51 **b.** Le damier peut être lu en ligne et en colonne.

En ligne

Chaque ligne est composée de deux séries de deux nombres : les deux premiers et les deux derniers. Dans chaque série, le second nombre est le quotient du premier nombre et d'un chiffre qui augmente à chaque ligne (3 pour la première ligne, 4 pour la deuxième ligne, 5 pour la troisième ligne et 6 pour la dernière ligne). Le second nombre mystère doit être le quotient du premier nombre et de 6. Seule la paire **120 - 20** respecte cette règle. La réponse est donc **b.**

En colonne

Dans chaque colonne, le nombre de la dernière ligne est le résultat du calcul suivant : nombre de la deuxième ligne + nombre de la troisième ligne – nombre de la première ligne. Le premier nombre mystère est 100 + 110 – 90 = **120**. Le second nombre mystère est 25 + 22 – 30 = **17**. La réponse est donc **a.**

52 **d.** Chaque lettre est associée à un nombre. La lettre B est associée au nombre 15 dans la série OUBLIER = 2-8-15-25-22-18-5. Le code mystère commence donc par le nombre **15**.

53 **a.** Maupassant est né 10 ans après Zola, qui est né 38 ans après Hugo. Maupassant est donc né 48 ans après Hugo. Maupassant est né 51 ans après Balzac, donc Balzac est né 3 ans avant Hugo. L'ordre chronologique de naissance est donc **Balzac – Hugo – Zola – Maupassant**.

54 **d.** Le damier compte 9 carrés d'une case. Il compte également 4 carrés de quatre cases. Il compte enfin 1 carré de neuf cases. Il compte au total **14 carrés**.

55 **a.** Les inscriptions des coffres 1, 2 et 4 se corroborent. L'inscription du coffre 3 va dans le sens inverse. Si une seule inscription est erronée, c'est celle du coffre 2. L'objet se trouve donc dans le **coffre 1**.

56 **c.** Si je ne trouve pas bleu, je ne peux pas dire rouge. Si, en revanche, je trouve bleu, alors je peux dire rouge.

PARTIE 2

Épreuve d'admissibilité

Résolution de cas pratiques

COEFFICIENT
2

DURÉE
3
heures

Planning de révision

PÉRIODE	DURÉE	CONTENU DES RÉVISIONS
PÉRIODE 1	ENTRE 3 SEMAINES ET 6 MOIS	S'entraîner sur des documents individuels (extrait de presse, rubrique de magazine, texte de loi pris sur Internet – legifrance.gouv.fr par exemple) à résumer lesdits documents. Il s'agira de lire le document et d'en retirer ce qui apparaît essentiel.
PÉRIODE 2	ENTRE 3 SEMAINES ET 1 MOIS	S'entraîner sur des documents individuels (extrait de presse, une vingtaine de pages d'un livre, un article de journal spécialisé, etc.) à résumer lesdits documents. Il s'agira de lire le document, et d'en retirer ce qui apparaît essentiel dans un temps donné. Donnez-vous en moyenne 30 minutes pour un article ou un extrait de 4 à 5 pages, puis 30 minutes pour un article ou un extrait de 8 à 10 pages.
PÉRIODE 3	ENTRE 3 SEMAINES ET 1 MOIS	S'entraîner sur des documents individuels à résumer lesdits documents et à mettre en marge une idée qui résume les éléments essentiels retenus. Essayez ensuite de faire la même chose en vous donnant un temps maximum.
PÉRIODE 4	ENTRE 4 SEMAINES ET 1,5 MOIS	S'entraîner sur une série de documents à les résumer et à mettre en marge les éléments résumant les idées essentielles que vous retenez de leur lecture. Essayez de le faire dans un temps donné. Environ 1 heure pour 15/20 pages issues d'un magazine par exemple.

ATTENTION Tous ces exercices doivent se faire plusieurs fois par période. L'idéal étant de faire un exercice par semaine au minimum, deux exercices par semaine étant un bon compromis.

Les candidats trouveront facilement dans des revues, sur Internet, dans la presse des extraits à résumer et à travailler. L'essentiel est ici de faire ce travail dans un temps donné pour ne pas se trouver démuni le jour du concours et connaître sa capacité à résumer, à rechercher des idées essentielles.

Méthodologie et conseils

La méthode du cas pratique doit prendre en considération le fait que plusieurs questions sont posées dans le cas pratique et que ces questions peuvent être très diverses.

1. Les questions

On vous demandera de répondre à des questions de compréhension sur les textes. Le dossier doit vous aider à comprendre, utilisez-le. Lisez le document et en particulier le paragraphe concerné par la question afin de bien comprendre la signification des termes ou des phrases que l'on vous demande d'expliciter.

- **Analysez précisément ce que l'on vous demande (lisez et relisez l'intitulé).**

On va rechercher votre capacité d'explication et d'analyse au travers de questions simples. Par exemple, définir un terme. Utilisez votre vocabulaire : attention aux définitions naïves ou enfantines.

- **Essayez d'utiliser un vocabulaire précis et adapté.**

On vous demandera aussi la manière que vous avez d'appréhender une phrase du texte. Pour y répondre plus facilement, reprenez-la dans son contexte et relisez bien la partie du texte concerné. On vous demandera aussi de donner votre avis par exemple sur des éléments qui sortent du texte ou qui sont rattachés au texte. Si c'est par rapport au texte, donnez votre avis en argumentant à l'aide du document. Si c'est sorti du texte, donnez votre opinion en argumentant avec vos propres idées et illustrations.

- **N'utilisez pas une opinion seule, argumentez et illustrez (aidez-vous dès que possible des documents).**

2. L'application

On vous demandera de réaliser un petit travail d'analyse lié souvent à des calculs, des statistiques, des chiffres en général. Cela est normal, compte tenu du concours sur lequel vous vous positionnez : administrations financières. Il vous faudra par exemple, à partir de données issues des documents joints, monter un tableau, répondre à des questions sur un montage financier, etc. L'idée est de vérifier votre capacité d'intelligence économique et financière, de vérifier que vous savez manier des chiffres, etc.

Munissez-vous pour le concours du matériel adapté (compas, règle graduée, stylos de couleur, crayon à papier et gomme).

À retenir

- Analysez bien la demande qui vous est faite, et ce pour chaque question, c'est à la fois une épreuve de logique, de construction, de calcul, de bon sens. Si vous devez monter un schéma, un logigramme, un tableau, faites-le soigneusement. Pensez à le préparer d'abord au brouillon pour éviter de devoir barrer, raturer, etc., ce qui est difficile sur un schéma. Attention aux chiffres. Indiquez-les correctement, attention aux chiffres après la virgule… N'oubliez pas que le correcteur doit comprendre vos calculs et schémas, donc soyez assez concis dans leur construction.
- Ne faites pas de schémas compliqués, pensez à la clarté des données.

3. La rédaction

On vous demandera dans une note d'expliciter certains éléments. Il s'agit à la fois d'une épreuve pure de rédaction (comme celles que l'on retrouve dans les collèges et lycées) avec l'utilisation correcte du français, du vocabulaire… Mais c'est aussi une épreuve de réflexion et d'analyse personnelle.

Pensez à faire des phrases courtes, sans fautes, sans ratures, lisibles.

À retenir

- C'est une épreuve importante (en points à acquérir). Vous reprendrez au brouillon les éléments essentiels pour construire un plan détaillé. Ne rédigez rien au brouillon de manière intégrale car c'est une perte de temps. Vous avez des idées, un plan. Il s'agit ensuite de rédiger sur votre copie. Classiquement, c'est bien sur le fond, sur vos idées, vos arguments, vos illustrations, mais aussi sur la forme que vous serez jugé. Pensez à rédiger votre note dans un vocabulaire correct (écriture lisible, sans fautes), de façon structurée (selon un plan ou au moins une succession de paragraphes reliés logiquement). Pensez à relire. Attention à ne pas faire trop court, on attend au moins 2 à 3 pages qui soient un condensé clair, précis, complet de ce que vous souhaitez dire. Attention à ne pas polémiquer. Il convient de rester un minimum neutre.
- Prenez toujours 5 à 10 minutes pour relire.

Sujet nº 1

Session 2015

Durée 3 heures

Documents du dossier

Document 1 : Zoubir Bouziani et Aline Ferrante, « Le commerce électronique en 2012 », département synthèses sectorielles, *Insee Première*, nº 1489, février 2014.

Document 2 : Stéphane Lauer, « Le e-commerce écrase les grands noms de la distribution », lemonde.fr, 6 février 2015.

Document 3 : Philippe Escande, « Le mur du clic », *Le Monde économie*, 8 décembre 2014.

Document 4 : Élodie Toustou, « À quoi ressembleront les cartes bancaires de demain ? », *L'Express*, 8 décembre 2014.

Document 5 : Christine Lejoux, « Les banques rivalisent d'innovations pour s'imposer dans le paiement mobile », latribune.fr, 20 novembre 2013.

Document 6 : Communiqué de presse de la Fédération du e-commerce et de la vente à distance (FEVAD), « Bilan annuel du e-commerce en France : les Français ont dépensé 57 milliards d'euros sur Internet en 2014 » (extraits), 27 janvier 2015.

Document 7 : Philippe Guerrier, « M-commerce : un complément e-commerce ou un suppléant ? » (extraits), itespresso.fr, 23 septembre 2014.

Document 8 : Hervé Fauvin (directeur général France d'Order Dynamics), « Le web-to-store : la réconciliation entre e-commerce et magasin physique », *Les Échos*, tribune, 4 novembre 2013.

Document 9 : DGCCRF, « Vente sur Internet : des questions sur la véracité des réductions de prix » (extraits), page d'actualité sur le site economie.gouv.fr, 13 juin 2014.

Questions

❶ En quatre lignes au maximum, expliquez ce qu'est une « stratégie multicanal » (document 8).

❷ À partir des documents 2 et 3, donnez, en quinze lignes au maximum, les raisons pour lesquelles le commerce électronique déstabilise certains secteurs économiques.

❸ Que signifie l'expression « commerce de détail » (documents 1 et 6) ?

❹ Définissez les mots :

a. « réseau » (documents 3, 4 et 8) ;

b. « garde-fous » (document 7).

Application

D'après l'INSEE :

- le chiffre d'affaires du commerce de détail par Internet (CA WEB) a été multiplié par 10 entre 1999 et 2003 ;
- il a augmenté en moyenne de 34 % par an de 2004 à 2009 inclus ;
- depuis 2010, il progresse d'environ 16 % par an ;
- en 2011, il s'établit à plus de 11,6 milliards d'euros (Md€).

❶ Au cours de l'année 1999, le CA WEB était de 0,15 Md€.

Pour chaque année, le CA WEB sera calculé par rapport à la valeur de l'année précédente arrondie au dixième près.

a. Dressez un tableau de valeurs représentant les montants du CA WEB, pour chacune des années, de 2003 à 2011 incluse.

b. Détaillez vos calculs pour les années 2003, 2007 et 2010. (Les résultats sont arrondis au dixième près.)

❷ Soit un repère orthogonal de centre O (1998 ; 0) indiquant les années en abscisse et les montants du CA WEB en Md€ en ordonnée.

a. Représentez la courbe C de l'évolution du CA WEB de 1999 à 2011. Que peut-on dire du CA WEB au cours de cette période ?

b. Tracez la droite D passant par les points A (1999 ; 0,15) et B (2011 ; 11,6) de la courbe C.

c. À partir de la lecture graphique, si l'on considère que la droite D représente l'évolution approchée du CA WEB, quel sera le CA WEB en 2015 ?

Rédaction

À l'aide des documents et de vos réflexions personnelles, en deux pages environ, vous présenterez les raisons du succès du commerce électronique et les moyens de renforcer la sécurité du consommateur en ce domaine.

Document 1

Le commerce électronique en 2012 :
les *pure-players* dominent les ventes web du commerce de détail

En 2012, 53 milliards d'euros de ventes de biens et services aux particuliers ont été réalisés *via* un site web par des entreprises installées en France, soit 1,5 % de leur chiffre d'affaires total. Quelque 13 000 entreprises de dix personnes ou plus réalisent la plus grande partie de ces ventes, soit 46 milliards d'euros, en hausse de 37 % par rapport à 2008. Le **commerce de détail** compte à lui seul pour le quart des ventes par Internet. Se côtoient ainsi sur un marché dynamique et très concentré des entreprises engagées quasi exclusivement dans la vente en ligne (les *pure-players*), des acteurs plus traditionnels de la vente à distance et des sociétés qui ont développé la vente en ligne en complément de leur activité en magasin. Mais les *pure-players* dominent, à la fois en nombre d'acteurs (57,5 %) et en part de marché (51,6 %). S'il existe beaucoup de microentreprises indépendantes, ce sont celles détenues par un groupe qui génèrent les deux tiers des ventes en ligne des *pure-players*. L'habillement-chaussure et les produits culturels sont leurs produits phares.

En France métropolitaine, 57 % des 16-74 ans ont réalisé des achats sur Internet en 2012

De la réservation de voyages et de chambres d'hôtel à la commande en ligne de produits de grande consommation (matériel informatique, biens culturels, téléphonie, meubles, électroménager, équipement de la personne, produits alimentaires, etc.), Internet a révolutionné les pratiques d'achat des particuliers. En 2012, en France, 57 % de la population âgée de 16 à 74 ans a réalisé des achats sur Internet dans l'année, contre 40 % en 2008. Ce chiffre situe la France au-dessus de la moyenne de l'Europe à 28 pays (44 %) mais en dessous de la Suède (74 %), du Danemark, du Royaume-Uni (73 %) et de l'Allemagne (65 %) […].

En 2012, 53 milliards d'euros de ventes web

Les ventes de biens ou services à des particuliers *via* un site web par des entreprises[1] installées en France sont principalement réalisées par celles occupant au moins dix personnes (soit 13 000 entreprises, c'est-à-dire 7 % des entreprises de cette taille). En 2012, elles ont réalisé 46,4 milliards d'euros de chiffre d'affaires par des ventes en ligne (soit 8,2 % de leur chiffre d'affaires total et 1,6 % de celui de l'ensemble des entreprises marchandes non financières occupant dix personnes ou plus), en hausse de 37 % par rapport à 2008. Les entreprises des services et celles du commerce de détail ont alimenté cette hausse, avec une progression de leurs ventes en ligne de respectivement + 70 % et + 87 % sur la période.

Le marché de la vente en ligne est également servi par un grand nombre d'entreprises de moins de dix personnes occupées (103 000). Leur contribution est estimée à 6,3 milliards d'euros (encadré), ce qui porte à 52,7 milliards d'euros le montant total des ventes aux particuliers sur Internet, soit 1,5 % du chiffre d'affaires total de l'ensemble des entreprises installées en France.

Périmètre du marché du commerce électronique

Le montant global de 53 milliards d'euros en 2012 de ventes par Internet porte sur les ventes à des particuliers (« *B to C* ») effectuées *via* un site web et réalisées par des entreprises installées en France, quel que soit le nombre de personnes qu'elles occupent. Certaines de ces entreprises peuvent servir des particuliers localisés à l'étranger.

Pour les entreprises occupant moins de dix personnes, on dispose uniquement du total des ventes en ligne. On a donc estimé leurs ventes aux particuliers en leur

1. Le terme « entreprise » utilisé ici recouvre les sociétés et entreprises individuelles. Il désigne toute unité légale déclarée au répertoire Sirene, notion qui correspond à celle d'entreprise « acteur économique » – définie au sens de la loi de modernisation de l'économie et du décret n° 2008-1354 du 18 décembre 2008 – seulement lorsqu'il s'agit d'unités légales indépendantes (non filiales de groupes).

appliquant la répartition connue pour les entreprises d'au moins dix personnes occupées.

Les données d'entreprises ne permettent pas de prendre en compte les ventes des sites Internet d'entreprises étrangères qui commercialisent des biens ou des services en France. On sous-estime donc la taille du marché du commerce électronique.

Le commerce de détail domine le commerce électronique

Les entreprises d'au moins dix personnes occupées installées en France et qui font du commerce électronique[1] appartiennent principalement aux secteurs du commerce (40 % d'entre elles) et des services (44 %) [...]. Si une société sur dix appartient au commerce de détail, ce secteur représente une société e-commerçante sur quatre et un quart du montant total des ventes web de biens et de services. De même, les services d'hébergement (hôtels, camping, autres hébergements touristiques, soit 3 % des entreprises installées en France) rassemblent à eux seuls 22 % des entreprises du commerce électronique. En revanche, ceux-ci ne réalisent que 5,3 % du montant total des ventes par Internet aux particuliers, une partie des réservations pouvant se concrétiser par des circuits de vente hors ligne. Le secteur de l'information et de la communication pèse relativement moins en nombre d'entreprises e-commerçantes (7 %), mais contribue pour 17 % au total des ventes web (dont respectivement 4 % et 2 % pour l'édition). Il en va de même pour les transports (3 % des entreprises e-commerçantes et 15 % du total des ventes électroniques), les voyages faisant partie des produits les plus achetés en ligne par les ménages.

Montant et poids des ventes par Internet des entreprises de dix personnes occupées et plus installées en France, en 2012

	Répartition des entreprises e-commerçantes (en %)	Montants (en Md€)	Poids du secteur dans les ventes par Internet (en %)	Poids des entreprises e-commerçantes dans les secteurs (en %)		
				En nombre d'entreprises	En chiffre d'affaires	En ventes par Internet*
Commerce						
Commerce automobile	5,6	0,6	1,3	9,6	15,8	0,5
Commerce de gros	11,1	3,2	7,0	8,2	11,0	0,5
Commerce de détail	23,7	11,3	24,3	15,4	49,7	3,6
Services						
Transports	2,8	6,9	14,9	3,2	39,7	3,7
Hébergement	22,1	2,5	5,3	53,7	69,0	13,7
Restauration	4,0	0,2	0,4	4,2	8,9	0,6

1. Le commerce électronique est constitué dans cette étude de la vente aux particuliers de biens ou de services non financiers par des entreprises *via* un site web. Les produits doivent être commandés par Internet, le paiement et la livraison pouvant s'effectuer en ligne ou hors ligne.

Information et communication	7,3	7,7	16,7	14,1	47,4	5,5
Autres services marchands	8,0	5,3	11,4	3,2	12,4	2,1
Autres (ind. manufacturière, électricité, gaz, eau et assainissement, construction)	15,5	8,7	18,7	2,9	11,6	0,8
Total commerce + services	**84,5**	**37,7**	**81,3**	**9,7**	**25,5**	**2,2**
Total	**100,0**	**46,4**	**100,0**	**7,1**	**19,8**	**1,6**

* Dans le chiffre d'affaires total du secteur.

Lecture : les entreprises du commerce de détail représentent 23,7 % des entreprises qui effectuent des ventes en ligne. Elles ont réalisé en 2012 11,3 milliards d'euros de ventes web, soit 24,3 % du montant total. Les entreprises e-commerçantes du commerce de détail regroupent 15,4 % des entreprises de l'ensemble de ce secteur mais 49,7 % du chiffre d'affaires tous circuits de vente confondus. Enfin, leurs ventes par Internet ne pèsent que 3,6 % dans le chiffre d'affaires total du commerce de détail.

Champ : ensemble des unités légales marchandes installées en France (hors unités agricoles, financières et d'assurance) de dix personnes occupées et plus, ventes par Internet aux particuliers. [...]

Dans l'hébergement, la moitié des sociétés est présente sur Internet

La moitié du chiffre d'affaires du commerce de détail ou encore des secteurs de l'information et de la communication est générée par des entreprises présentes sur Internet et utilisant éventuellement d'autres canaux de vente. Malgré tout, ces entreprises ne représentent respectivement que 15 % et 14 % des entreprises de ces deux secteurs. Dans le secteur de l'hébergement, plus de la moitié des sociétés sont présentes sur Internet et réalisent 69 % du chiffre d'affaires du secteur (tous circuits de vente compris). De même, dans le transport aérien, un quart des sociétés a une activité de vente web et celles-ci génèrent 70 % du chiffre d'affaires du secteur (également tous circuits de vente compris).

D'un secteur à l'autre, le poids des ventes sur Internet est très variable, mais reste toujours minoritaire : environ 3,5 % du chiffre d'affaires total du commerce de détail et des transports terrestres, mais trois fois plus pour l'hébergement, les télécommunications ou encore le transport aérien (respectivement 13,7 %, 10,6 % et 9,9 % du chiffre d'affaires de ces secteurs).

En 2011, les dix premières entreprises du commerce de détail réalisent 40 % des ventes en ligne du secteur

En 2011, le commerce de détail a généré 11,6 milliards d'euros de ventes par Internet, principalement destinées aux particuliers [...]. Quatre cinquièmes de ces ventes sont réalisés par des entreprises du secteur de la vente à distance (VAD). Loin derrière contribuent des entreprises appartenant aux secteurs de l'équipement du foyer (5,1 %, au sein duquel domine l'électroménager avec 2,6 %), des hypermarchés (4,6 %) notamment grâce à l'essor du *drive*[1], de l'équipement de la personne (2,7 %) avec les ventes de l'habillement (1,8 %) mais aussi de la maroquinerie, la chaussure, l'optique, la parfumerie, l'horlogerie-bijouterie, ou encore le secteur de la culture et des loisirs (2,1 %).

Dans le commerce de détail, la vente en ligne est très concentrée : 90 % des ventes web sont réalisées par 11,5 % des entreprises. Les dix premières réalisent à elles seules 40 % des ventes Internet du secteur et appartiennent toutes au sous-secteur de la VAD. […]

Le rôle prépondérant des *pure-players*

Les *pure-players*, entreprises de VAD qui exercent leur activité presque uniquement en ligne, dominent le commerce de détail par Internet : en 2011, elles représentent 57,5 % des entreprises engagées dans la vente en ligne et réalisent 51,6 % de leurs ventes. Profitant de l'essor d'Internet durant les années 2000, elles ont doublé leur part de marché entre 2003 et 2011 […]. En 2011, près de la moitié des *pure-players* ont moins de quatre ans d'existence. À leurs côtés, les quasi *pure-players* (3 % des acteurs du commerce de détail électronique en 2011 contre 6 % en 2003) s'appuient aussi de façon prépondérante sur la vente en ligne (entre 80 % et 95 % de leurs ventes), mais conservent une part de VAD par d'autres canaux ou de ventes en magasin pour deux tiers d'entre eux (pesant en moyenne pour 9,2 % de leurs ventes totales). Comme leur part parmi les acteurs du commerce électronique, leur part de marché a diminué de moitié depuis 2003, passant de 16,3 % à 8,3 %. En effet, certains de ces quasi *pure-players* ont développé leurs ventes en magasin au détriment des ventes sur Internet. D'autres, au contraire, ont renforcé leur activité sur le web (délaissant les autres canaux de la VAD ou les magasins), pour intégrer alors la catégorie des *pure-players*.

Un autre type d'entreprises est issu de la vente à distance traditionnelle : les véadistes principalement e-commerçants, dont l'activité s'effectue essentiellement par Internet (50 % à 80 % des ventes) et qui représentent 8 % des e-commerçants en 2011. Réorientant leur activité de vente à distance classique vers la vente en ligne, leur poids dans les ventes *via* un site web s'est accru depuis 2003 pour atteindre 17,5 % de part de marché en 2011, ce qui les situe au deuxième rang derrière les *pure-players* pour les montants générés par Internet. Au contraire, certains pionniers du commerce électronique en France ont peu évolué dans leur stratégie : ainsi, les véadistes diversifiés, avec des ventes à distance hors Internet majoritaires, représentent environ 5 % des e-commerçants et 4,1 % des ventes web du commerce de détail en 2011, contre respectivement 31 % et 33,5 % en 2003.

Enfin, un sixième acteur du commerce de détail électronique relève des « clic et magasins » : ils utilisent essentiellement le web comme canal de distribution complémentaire à leurs points de vente physiques. Internet représente ainsi 3,2 % de

1. Le *drive* est une forme de vente par laquelle le consommateur retire ses achats dans un lieu dédié (magasin, entrepôt, etc.) après avoir passé une commande *via* un site web.

leurs ventes totales en 2011. Leur part de marché est restée stable depuis 2003 (de 18,7 % à 17,2 %), le développement de stratégies commerciales alliant boutiques et vente web, entraînant souvent la création de nouvelles entités web, venant grossir le rang des *pure-players*.

Zoubir Bouziani et Aline Ferrante, « Le commerce électronique en 2012 », département synthèses sectorielles, *Insee Première*, n° 1489, février 2014.

Document 2

Le e-commerce écrase les grands noms de la distribution

Ils ne mouraient pas tous, mais tous étaient frappés. Comme le règne animal dans les *Fables* de La Fontaine, « Les Animaux malades de la peste », aucun des acteurs du secteur de la distribution aux États-Unis n'est épargné par la profonde mutation qu'engendre la montée en puissance du commerce électronique. En l'espace d'une décennie, ce sont plus d'une douzaine de chaînes nationales qui ont disparu corps et biens, faute d'avoir su s'adapter aux changements en cours.

Le processus de « destruction créatrice », théorisé par l'économiste Joseph Schumpeter dans *Capitalisme, socialisme et démocratie* (Payot, 1990), s'applique aux États-Unis de façon implacable, la crise financière de 2008 n'ayant fait qu'accélérer la disparition d'acteurs qu'on croyait installés pour très longtemps au profit de nouveaux, qui ont su répondre aux nouvelles habitudes de consommation. Du fait de la taille du territoire, ces fermetures sont toujours d'une ampleur impressionnante en termes de nombre de points de vente et d'emplois.

Le distributeur de produits et de composants électroniques RadioShack est loin d'être la première victime de ce mouvement et ce n'est sans doute pas la dernière. Blockbuster, le spécialiste de la location de vidéos, a ainsi disparu en septembre 2010. À son sommet, l'entreprise avait atteint une capitalisation de 5 milliards de dollars. Mais, avec la montée en puissance d'acteurs comme Netflix, elle a perdu en seulement deux ans les trois quarts de ses parts de marché.

Borders, le deuxième distributeur de livres derrière Barnes & Noble, aura eu tout juste le temps de fêter ses quarante ans avant de disparaître. Faute d'avoir pris à temps le train de l'Internet, la chaîne a été obligée de fermer ses 640 magasins en février 2011.

Tower Records, lui, n'a pas eu à attendre la crise de 2008 pour sombrer. Bousculé par la digitalisation de la musique, le distributeur de disques a fermé en 2006 la centaine de magasins qu'il possédait. Aujourd'hui il ne reste plus qu'un site Internet. Le distributeur de textile Linen'n Things et ses 589 magasins ont connu le même sort, la même année.

En revanche, la crise financière porta le coup fatal à plusieurs enseignes comme KB Toys, un spécialiste du jouet, ou Mervyn's, un distributeur de vêtements, chaussures, produits de beauté et literie, qui avait vu le jour à la fin des années 1940. Le fait d'avoir comme actionnaire le richissime Mexicain Carlos Slim n'a pas permis à CompUSA, un concurrent de RadioShack, de survivre au-delà de 2007. Toujours dans ce secteur de l'électronique, Circuit City et ses 700 magasins ont fait faillite en novembre 2008.

Le spécialiste de la mode sur catalogue, Coldwater Creek, qui ne gagnait plus d'argent depuis 2007, a quand même tenu jusqu'en avril 2014 avant de se mettre sous la protection du régime des faillites. Deb Shops et ses 300 magasins ont connu le même sort en décembre, tout comme Delia's, un distributeur de modes pour adolescents (300 magasins), ou encore Wet Seal (mode), qui a fait faillite mi-janvier.

Stéphane Lauer, « Le e-commerce écrase les grands noms de la distribution », lemonde.fr, 6 février 2015.

Document 3

Le mur du clic

La mésaventure que sont en train de vivre en ce moment quelques milliers d'hôteliers de par le monde devrait avoir au moins un mérite : convaincre les derniers sceptiques que nous sommes entrés dans une période de fortes turbulences et que le tsunami numérique qui en est la cause ne s'arrêtera pas, comme le fameux nuage de Tchernobyl, aux frontières de la dématérialisation.

Si un disque musical est désormais bien facile à transformer en message électronique copié et reproduit à l'infini, ce sera plus difficile avec une nuit d'hôtel. Pas facile de numériser le moelleux d'un matelas et la saveur d'un cocktail au bar du lobby.

Et, pourtant, la profession du voyage, et particulièrement du séjour, est en émoi et son modèle économique sévèrement menacé. Pourquoi ? Parce que la moitié des hôtels aux États-Unis et bientôt en Europe se réservent désormais en ligne. Et pas n'importe où. Tapez hôtels Paris ou hôtels Barcelone sur un moteur de recherche et, invariablement, les mêmes noms apparaîtront : Booking.com et Hotel.com. Et si vous préférez suivre les conseils de Google ou de TripAdvisor, qui affichent des avis de clients, vous tomberez invariablement pour réserver sur les mêmes Booking et consorts.

En moins de dix ans, Booking et Expedia, la maison mère d'Hotel.com, ont construit un joli mur bien solide sur Internet, le mur du clic.

Chaque année, la société néerlandaise Booking, achetée en 2005 par l'Américain Priceline, investit entre 1 et 2 milliards de dollars (0,8 et 1,6 milliard d'euros) en publicité sur les moteurs de recherche. Résultat, si les quatre ou cinq grandes chaînes hôtelières comme Marriott, Hyatt ou Accor peuvent rivaliser, les petits établissements ne peuvent franchir ce mur.

Au départ, ils ont accueilli avec bienveillance ces plates-formes de réservation qui leur promettaient de remplir leurs chambres. Ce qu'ils ont fait au-delà de toute espérance. Le seul problème, c'est que, au fur et à mesure qu'ils prenaient en charge les réservations, ils augmentaient leurs tarifs. Jusqu'à transformer les hôteliers en sous-traitants, fournisseurs de la prestation qu'ils vendaient.

Ainsi va l'Internet. Par l'effet de **réseau**, il favorise les concentrations. Et le consommateur les plébiscite, car, avec Booking, il dispose d'un choix immense de plus de 500 000 hôtels dans le monde. Ce qui renforce encore la puissance de ces plates-formes.

Cette force et leur position entre le consommateur et le fournisseur de services est la clé de la rupture que va provoquer Internet partout. Même dans ce qu'il y a de plus physique ou de plus intellectuel. On l'a vu dans les taxis, on va le voir dans le train, dans les banques par le paiement, dans les assurances, et même dans l'immobilier, la santé ou l'éducation.

Seule différence avec les monopoles du siècle dernier, ils sont beaucoup plus instables et leur durée de vie est limitée par la poussée continue de l'innovation. Bienvenue dans le darwinisme 2.0.

Philippe Escande, « Le mur du clic », *Le Monde économie*, 8 décembre 2014.

Document 4

À quoi ressembleront les cartes bancaires de demain ?

Pour sécuriser les paiements sur Internet ou sans contact dans les commerces, les banques et les émetteurs de cartes bancaires rivalisent d'innovations. Biométriques ou high-tech, voici ces cartes qui pourraient bien changer votre manière de régler vos achats.

Vol des coordonnées bancaires enregistrées sur des sites marchands, interception de numéros de cartes bancaires lors de transactions sur Internet ou dans des distributeurs piégés… Les cartes bancaires sont la cible privilégiée des escrocs et des pirates informatiques. Plus de 861 000 ont été piratées en 2013 selon l'Observatoire de la sécurité des cartes de paiement de la Banque de France.

Dernière affaire retentissante en France, le vol organisé de données bancaires dont le préjudice pourrait avoisiner plusieurs centaines de milliers d'euros. La Direction centrale de la police judiciaire (DCPJ) a en effet démantelé un **réseau** qui avait mis au point une technique très aboutie : avec de petits commerçants et des artisans complices, une quinzaine de criminels ont récupéré les données ainsi que le code à quatre chiffres des cartes bancaires de centaines de particuliers grâce à des terminaux de paiement trafiqués. Dans cette affaire, les consommateurs n'y ont vu que du feu. Pour régler un achat, ils inséraient leur carte, tapaient leur code et récupéraient le ticket prouvant la transaction. Rien de plus normal, en somme. Jusqu'au jour où certains d'entre eux ont découvert sur leurs relevés des débits frauduleux réalisés à l'étranger…

Achats sur Internet : la psychose gagne du terrain

Réaliser que ses coordonnées bancaires ont été usurpées quelque temps après un achat, c'est ce qui arrive aussi aux internautes victimes d'un piratage lors d'une transaction en ligne, d'un hameçonnage ou du vol de leurs données sur les serveurs d'un cybermarchand. Ce type de fraude progresse fortement avec le développement du e-commerce : le montant des achats réalisés sur Internet par les criminels avec des données bancaires volées a été multiplié par presque 2,5 par rapport à 2009 !

Du coup, la psychose gagne du terrain : 96 % des Français craignent de se voir pirater leurs coordonnées bancaires lors d'une commande sur Internet selon un sondage réalisé pour la société spécialisée dans les paiements alternatifs TSI.

Pourtant, banques et émetteurs de cartes proposent des moyens de sécuriser les transactions en ligne, par exemple avec la e-Carte-Bleue (un numéro de carte est généré soit pour chaque achat, soit pour une durée limitée) ou le système 3D Secure (un code envoyé par SMS permet de finaliser les transactions). Mais l'appropriation de ces solutions par les consommateurs n'est pas encore tout à fait acquise.

Aussi, les professionnels du secteur planchent déjà sur de nouveaux rectangles de plastique intelligents. Avec un leitmotiv : renforcer la sécurité alors que le nombre de paiements en ligne ou sans contact est appelé à progresser.

Une carte bancaire équipée d'un code dynamique

Le cryptogramme à trois chiffres (appelé CVV) situé au dos des cartes bancaires permet de sécuriser les achats à distance. Il permet en effet de prouver que celui qui utilise la carte l'a bien entre les mains.

Mais dans les faits, le système n'est pas infaillible. Les détenteurs les plus méfiants en arrivent même jusqu'à l'apprendre par cœur avant de le faire disparaître de leur carte en le grattant, en le masquant ou en le faisant disparaître sous du feutre indélébile ou du « Tipp-Ex ».

La solution ? Oberthur Technologies l'a imaginée. L'entreprise française a en effet présenté au dernier salon Cartes 2014 une innovation remarquée : une carte qui accueille un petit écran sur lequel le cryptogramme s'affiche mais change selon une fréquence programmable, toutes les 15 minutes, par exemple.

Elle devient ainsi très difficilement piratable grâce à ce CVV instable. Petite révolution, la carte garde sa taille mannequin alors qu'elle embarque un microprocesseur pour gérer l'affichage et une batterie, dont la durée de vie est de trois ans, pour alimenter l'écran. Des banques françaises seraient en train de l'expérimenter et, si les tests sont concluants, elle pourrait être distribuée par certaines banques en 2015.

La CB à empreintes digitales pour sécuriser les paiements sans contact

Alors que leur déploiement est en cours et que les craintes sécuritaires des consommateurs s'expriment déjà, les cartes bancaires dotées de la technologie de paiement sans contact NFC entament leur mue. Pour preuve, MasterCard, associé à la société norvégienne Zwipe, vient de présenter une carte équipée d'un capteur d'empreinte digitale. Seul son propriétaire pourra déclencher un paiement en apposant son pouce sur le lecteur.

Cette première carte bancaire biométrique représente une révolution dans l'usage du moyen de paiement puisque son détenteur n'aura plus besoin de saisir son code à quatre chiffres pour valider ses transactions avec ou sans contact.

L'innovation est aussi un pied de nez aux géants de la téléphonie, Apple et son système de paiement Apple Pay en tête, alors que les solutions de paiement sans contact par smartphone avec identification biométrique sont en cours de déploiement. La carte pourrait faire son apparition en France l'an prochain.

Une transaction en ligne autorisée par reconnaissance vocale

Depuis plus d'un an, La Banque Postale expérimente une solution futuriste qui, si elle est validée, permettra bientôt de payer ses achats en ligne en prononçant quelques mots. Le système Talk to Pay repose en effet sur l'identification vocale du propriétaire d'une carte bancaire.

Celui-ci doit d'abord enregistrer sa voix pour qu'un modèle biométrique qui lui est propre soit créé. Ce dernier est ensuite rattaché à la carte.

Lors d'un achat sur Internet, l'application Talk to Pay rappelle automatiquement le porteur de la carte sur son téléphone mobile afin de permettre son authentification. L'application remplit alors automatiquement le formulaire de paiement : numéro de carte bancaire et date de fin de validité. Quant au cryptogramme à trois chiffres, une nouvelle combinaison est générée automatiquement par le dispositif pour chaque règlement.

D'autres pistes…

D'autres pistes sont par ailleurs explorées par les émetteurs de cartes, comme une authentification du porteur grâce à la reconnaissance faciale ou grâce à son rythme cardiaque par le biais d'un bracelet connecté.

Élodie Toustou, « À quoi ressembleront les cartes bancaires de demain ? », *L'Express*, 8 décembre 2014.

Document 5

Les banques rivalisent d'innovations pour s'imposer dans le paiement mobile

Après le lancement de Paylib en septembre, BNP Paribas vient de dévoiler cinq nouvelles technologies destinées à lui permettre de s'imposer sur le marché du paiement par mobile, estimé à 235 milliards de dollars en 2013 par Gartner.

Le paiement par téléphone mobile n'est plus de la science-fiction, ce sont les banques elles-mêmes qui le disent. « *Nous assistons à une véritable révolution des modes de paiement, très innovante, pleine d'incertitudes, et qui va très vite* », a déclaré François Villeroy de Galhau, directeur général de BNP Paribas, mercredi 20 novembre, lors d'une conférence de presse, au cours de laquelle la première banque française a dévoilé non pas une, ni deux, mais six innovations technologiques en matière de paiement mobile.

Il faut dire que les transactions par mobiles devraient représenter quelque 235 milliards de dollars cette année, dans le monde, soit un bond de 44 % par rapport à 2012, selon le cabinet Gartner, qui table sur une envolée de 35 % par an des paiements par mobiles, en moyenne, d'ici à 2017, horizon auquel ils devraient peser 721 milliards de dollars, toujours à l'échelle mondiale. Et, au sein de la seule Europe, près de la moitié des transactions réalisées dans les magasins devrait s'effectuer *via* des mobiles en 2020, prédit de son côté Visa Europe.

En matière de paiement mobile, les Français font d'abord confiance à leur banque

Des perspectives qui suscitent l'intérêt des géants de l'Internet que sont Google et Amazon. Mais également de PayPal, *pure-player* du paiement en ligne, et d'acteurs de niche comme l'Américain Square qui, dans les grandes lignes, transforme les smartphones en terminaux de paiement. Mais, face à cette multiplication de nouveaux entrants sur le marché du paiement mobile, « *les banques ont pour premier atout leur réputation de sécurité et de confidentialité* », plaide François Villeroy de Galhau. En effet, interrogés sur les acteurs du paiement mobile qui leur inspirent le plus confiance, 77 % des Français répondent qu'il s'agit de leur banque, selon un sondage Ipsos publié le mois dernier.

C'est d'ailleurs en brandissant cet argument de la sécurité que BNP Paribas, la Société générale et La Banque Postale avaient lancé Paylib, le 24 septembre. Ce portefeuille électronique, destiné à tailler des croupières au fameux PayPal, a déjà été téléchargé par 100 000 personnes, et dispose de 20 millions de clients potentiels, a précisé François Villeroy de Galhau. « *Avec Paylib, les coordonnées de votre carte bancaire ne sortent jamais de votre banque, vous n'avez plus à les saisir lorsque vous effectuez un paiement en ligne* », a rappelé Béatrice Cossa Dumurgier, *chief operating officer* de la division banque de détail de BNP Paribas.

Le portefeuille électronique Sixdots sera lancé en Belgique le 1er janvier 2014

C'est également dans le cadre d'une joint-venture, mais cette fois-ci avec le groupe de télécommunications Belgacom, que BNP Paribas lancera – d'abord en Belgique – un autre portefeuille électronique, baptisé Sixdots, le 1er janvier 2014. Ce nouveau « wallet[1] » permettra par exemple de réserver des billets de train, de les payer et de les présenter au contrôleur, le tout depuis son smartphone.

En bref, plus besoin de patienter 20 minutes au guichet d'une gare pour acheter ses titres de transport, ni de les imprimer, l'application Sixdots poussant le luxe jusqu'à vous avertir d'un éventuel retard de votre train et à mémoriser vos préférences de voyage (dans le sens de la marche, en salle ou dans un compartiment, etc.).

« *Cela ne simplifie pas seulement le quotidien des consommateurs mais également celui des commerçants* », affirme Béatrice Cossa Dumurgier. Des commerçants que BNP Paribas n'entend pas oublier dans ses nouvelles offres de paiement mobile. Ainsi, l'application Mobo permettra aux clients professionnels de la banque, en France, en Belgique et en Italie, d'utiliser leur smartphone comme terminal de paiement. Il suffira pour cela de lui adjoindre un petit lecteur de carte bancaire, connecté par la technologie Bluetooth.

Des banques qui se transforment en laboratoires de recherche

« *Mobo est pratique pour les livreurs à domicile, les vendeurs sur les marchés ou encore pour les professions libérales, qui réalisent en fait peu de transactions et*

1. Porte-monnaie électronique.

pour lesquelles l'investissement dans un terminal de paiement est lourd, alors que Mobo ne coûte que 95 euros », argumente Gunter Uytterhoeven, directeur marketing de BNP Paribas Fortis.

La banque a également levé le voile sur Easytransfer, une application permettant le paiement mobile entre particuliers, Youpass, une solution de paiement sans contact lancée en Italie avec MasterCard et Vodafone, et National Security, une technologie permettant d'authentifier le client *via* ses empreintes digitales. L'enjeu du paiement mobile transforme décidément les banques en véritables laboratoires de recherche.

Christine Lejoux, « Les banques rivalisent d'innovations pour s'imposer dans le paiement mobile », latribune.fr, 20 novembre 2013.

Document 6

Bilan annuel du e-commerce en France : les Français ont dépensé 57 milliards d'euros sur Internet en 2014

Selon l'étude publiée aujourd'hui par la Fevad et présentée à Mme Carole Delga, secrétaire d'État chargée du Commerce, de l'Artisanat, de la Consommation et de l'Économie sociale et solidaire, les ventes en ligne ont poursuivi leur développement en 2014.

Cette étude repose à la fois sur les informations recueillies auprès des principaux sites marchands et sur le montant agrégé des transactions réalisées par les principales sociétés prestataires de paiement pour le compte de plus de 157 000 sites Internet. La permanence de la méthodologie et le traitement des données ont été validés par le cabinet KPMG.

Carole Delga, secrétaire d'État chargée du Commerce, de l'Artisanat, de la Consommation et de l'Économie sociale et solidaire, déclare : « Je souhaite que le commerce traditionnel, qui est confronté aux modifications socio-économiques et aux mutations technologiques, accède plus facilement au e-commerce. Le taux de "digitalisation" est plus faible et plus disparate au sein du commerce indépendant, mais nous voyons aussi que ce développement est une opportunité en termes de notoriété et d'augmentation de l'activité commerciale. C'est une opportunité pour transformer le magasin et s'adapter à ces changements, particulièrement peut-être en milieu rural. La valeur ajoutée des commerçants traditionnels réside dans leur implantation physique et dans la relation nouée avec le client au sein du magasin. »

Le chiffre d'affaires des sites de e-commerce en hausse de + 11 %

Les ventes sur Internet ont continué de progresser fortement en 2014, dans un contexte général de tassement de la consommation des ménages. Au total, les Français auront dépensé 57 milliards d'euros sur Internet, un chiffre en hausse de 11 % sur un an. Le nombre de transactions augmente quant à lui de 15 %.

Ces résultats sont légèrement supérieurs aux attentes grâce à une fin d'année meilleure que prévu, avec des ventes de Noël qui cette année ont atteint 11,4 milliards d'euros, soit 13 % de plus que l'an dernier sur la même période. Les e-commerçants ont su tirer parti de cette période d'achat exceptionnelle, comme le montre l'excellent taux de satisfaction de 99 % mesuré dans l'étude CSA réalisée juste après les fêtes.

La France devrait donc conserver son rang de 3e marché e-commerce en Europe après le Royaume-Uni et juste derrière l'Allemagne (selon le classement E-Commerce Europe).

Le marché du e-commerce en France représente 9 % du **commerce de détail** hors produits alimentaires.

[...]

Le marché devrait franchir la barre des 60 milliards en 2015

Selon les prévisions de la Fevad, les ventes sur Internet devraient connaître une progression de l'ordre de 10 % en 2015. Ces estimations tablent sur une nouvelle poussée de l'offre, tirée par le nombre de sites marchands ainsi que sur une nouvelle progression du nombre de cyber-acheteurs, dont les effets conjugués devraient permettre au e-commerce français de franchir la barre des 60 milliards, malgré la baisse du panier moyen qui devrait se poursuivre en 2015.

Communiqué de presse de la Fédération du e-commerce et de la vente à distance (Fevad), « Bilan annuel du e-commerce en France : les Français ont dépensé 57 milliards d'euros sur Internet en 2014 » (extraits), 27 janvier 2015.

Document 7

M-commerce : un complément e-commerce ou un suppléant ?

Voyages-SNCF.com, Vente-Privée.com, Showroom.com... Tous les grands acteurs de l'e-commerce sont obnubilés par la mobilité. C'est la tendance à suivre dans le commerce électronique et l'un des grands sujets qui sera abordé dans le cadre de l'édition 2014 du salon e-Commerce Paris (Porte de Versailles) : le commerce mobile.

Déploiement de réseaux (très) haut débit mobile (4G et 5G à moyen terme), puissance décuplée des smartphones et des déclinaisons de tablettes (phablettes...), taux d'équipement de terminaux mobiles ou nomades connectés dans la population... Les conditions se mettent progressivement en place pour que le m-commerce en France et en Europe monte au firmament.

[...]

Au-delà des statistiques d'audience, c'est bien le chiffre d'affaires généré par le canal mobile qui suscite l'intérêt des grands acteurs. 5 % des ventes e-commerce sont réalisées en mobilité en moyenne en France, selon la Fevad. Mais le taux atteint 15 % pour un service populaire comme Voyages-SNCF.com. En l'état actuel, on parle d'un business de 3 milliards d'euros en France (à rapprocher des 51 milliards d'euros réalisés par le e-commerce en 2013).

Le phénomène est aussi perceptible aux États-Unis : en 2013, le cabinet d'études eMarketer considérait que 15 % des ventes au détail sur Internet seraient réalisés par la mobilité (soit 39 milliards de dollars). D'ici 2017, il faudra compter sur 25 % (hors ventes de voyages et billetteries).

On peut rester ébahi devant l'ascension du marché mais il faudra probablement creuser les spécificités d'usage : pourquoi intégrer la tablette dans la dimension m-commerce et placer ce support à égalité avec le smartphone ? On tendrait à oublier que la tablette prend la place d'un PC (fixe ou portable) dans un foyer. Du coup, la dimension de la mobilité associée à une tablette perd un peu de sa pertinence.

Des segments particuliers poussent le marché comme le voyage ou les ventes évènementielles. Mais que se passera-t-il si un Twitter approfondit sa dimension e-commerce en organisant des ventes de produits flash pour le compte de commerçants électroniques ? Si un Facebook parvient à orienter sa puissance mobile vers une dimension m-commerce ? Si la jonction entre l'Internet des objets et le m-commerce est bouclée ? Bienvenue dans les champs des possibles…

Mais le m-commerce se retrouve dans une confluence de thématiques : paiement mobile (Apple Play), service sans contact (NFC), web-to-store (Pay@Table de PayPal…), technologie (i)Beacon (géolocalisation des clients en magasin), M2M (paiement par SMS dans les distributeurs)…

Ne voit-on pas une nouvelle génération de start-up émerger en pariant à fond sur l'Internet marchand mobile ? Des start-up sont d'ores et déjà dédiées aux services mobiles marchands : Uber (VTC), VeryLastRoom ou HotelTonight (réservation de chambres à la dernière minute), HotelCloud (service de conciergerie sur mobile)…

Sur fond de développement m-commerce, c'est tout le secteur du paiement mobile qui frémit avec les innombrables wallets : PayPal, Google Wallet, Paylib, PayTop… Quels seront les meilleurs outils pour payer sur mobile ? C'est une bataille gigantesque qui s'ouvre à la croisée des chemins des télécoms, du monde de la banque et de l'Internet.

Mais il faudra ériger des **garde-fous** en matière de sécurité mobile, de fiabilité des connexions Internet mobile, de régulation (éviter de se retrouver dans des univers m-marchands trop fermés…) et se méfier de l'exploitation des données personnelles tout comme sur le Web classique (la CNIL surveille de près les applications mobiles sur ce point).

À ce titre, on peut craindre des velléités de prédominance de la part d'acteurs comme Google ou Apple. Entre leurs places de marché d'applications et leurs systèmes de paiement mobile, la tentation est grande de conserver les consommateurs dans des univers clos (sur la musique mobile, iTunes dispose d'une longueur d'avance sur iOS…).

Philippe Guerrier, « M-commerce : un complément e-commerce ou un suppléant ? » (extraits), itespresso.fr, 23 septembre 2014.

Document 8

Le web-to-store : la réconciliation entre e-commerce et magasin physique

Le web-to-store est, aujourd'hui, la notion à la mode dans l'industrie de l'e-commerce. Il s'agit d'un nouveau comportement des internautes qui recherchent des informations sur la toile afin d'aller acheter les produits en magasin. Effet de mode ou tendance durable ?

L'arrivée de l'e-commerce il y a quelques années a été considérée comme un nouveau canal qui permettrait aux consommateurs d'acheter sans se déplacer et qui sonnerait le glas des magasins physiques. Force est de constater qu'Internet est, certes, entré dans les mœurs, mais les gens achètent toujours autant en magasin. Pour eux, Internet est même devenu un outil de recherche nécessaire avant de se déplacer dans un point de vente. Désormais, les marques et enseignes de distribution intègrent le web-to-store dans leur stratégie, preuve que la donne a changé. Le web-to-store met donc en commun deux moyens complémentaires de faire du commerce.

Le web-to-store : plus qu'un effet de mode

Via les moteurs de recherche, les comparateurs de prix, les internautes visualisent les produits sur Internet avant d'aller les acheter en magasin. Parfois, les produits sont même achetés en ligne pour être ensuite retirés directement dans les points de vente. Comment savoir si le produit que je veux est vendu en magasin ? Comment savoir s'il est toujours en stock dans le magasin à côté de chez moi ? Le web-to-store reflète le besoin, pour les marques, de créer une synergie entre leur site Internet et leurs différents points de vente. Les consommateurs utilisent désormais ces deux canaux et usent de cette complémentarité, preuve que, pour eux, il n'existe plus de frontière entre commerce physique et électronique. Un grand magasin de distribution britannique, qui compte une soixantaine de magasins physiques à travers tout le Royaume-Uni, a récemment introduit sur son site e-commerce la possibilité de vérifier si tel produit est disponible dans tel magasin. Cela permet ainsi aux consommateurs de commander un produit et d'aller le chercher en magasin si ce dernier n'est pas disponible sur le site.

La digitalisation des magasins : le renouveau des points de vente physiques

Grâce à des nouveaux outils de mobilité, le vendeur a accès à des informations sur le stock en magasin mais aussi sur les stocks de tout le **réseau**. Il peut ainsi indiquer à un client dans quelle boutique il trouvera la chaussure à sa taille, le manteau qu'il recherche, etc. Le vendeur devient ainsi conseiller et peut lui proposer des produits complémentaires, similaires, etc., le tout afin de le satisfaire au maximum. L'objectif est de fidéliser les consommateurs en leur démontrant le savoir-faire, la valeur ajoutée du vendeur à travers une meilleure connaissance de ses habitudes. L'e-commerçant doit donc miser sur les services additionnels et non plus uniquement sur les prix.

Les magasins offrent des avantages dont Internet ne dispose pas : conseil personnalisé, possibilité d'essayer les produits, etc. « L'expérience in-store » s'intègre parfaitement aux nouvelles **stratégies multicanal** des magasins et offre une expérience digitale entière aux consommateurs. Ces outils numériques, disponibles en magasin, pourraient permettre de répondre aux attentes des consommateurs, offrant des usages tels que : la gestion de la file d'attente, l'état du stock, etc.

Ensuite, il ne suffit pas d'équiper ses magasins en outils digitaux, encore faut-il que les clients achètent. Il faut donc maximiser le taux de conversion en acte d'achat et, pourquoi pas, augmenter les paniers moyens et les ventes additionnelles. En 2011, après avoir constaté, grâce à l'analyse de ses données en ligne, que de nombreux clients résidaient dans les villes de Liverpool et Aberdeen, le distributeur a répondu à leurs attentes en ouvrant deux magasins physiques dans ces villes, permettant ainsi aux consommateurs de chercher leur achat après les avoir essayés. Cela prouve bien que le magasin physique n'est pas mort, mais évolue en parallèle avec le magasin digital.

Après l'acte d'achat, les marques doivent garder le contact avec les clients. Il faut poursuivre le dialogue en utilisant notamment les réseaux sociaux. Qu'ont-ils dit sur Facebook ? Font-ils des commentaires sur un produit ? Il s'agit là de renforcer la connaissance client afin de mieux cerner leurs besoins et ainsi pouvoir leur proposer ce qu'ils veulent, quand ils veulent, là où ils veulent. Cela implique d'analyser l'ensemble des données clients obtenues sur tous les canaux : magasins, Internet, réseaux sociaux. Ainsi, les consommateurs se sentent entendus et impliqués dans la vie de la marque.

Opposer magasins et Internet n'a donc aucun sens, au contraire, ces deux canaux se complètent idéalement. Avec Internet, les marques peuvent étendre leur rayon d'action et toucher les consommateurs à tout moment de la journée, *via* divers moyens (smartphones, tablettes, ordinateurs, etc.). Quant aux magasins physiques, ils sont une étape essentielle dans le parcours client et restent l'un des principaux points de contact entre les clients et une marque. Commerce physique et commerce connecté ne peuvent donc plus être dissociés, et les enseignes qui comprendront que ces deux canaux sont convergents arriveront à tirer leur épingle du jeu.

Hervé Fauvin (directeur général France d'Order Dynamics),
« Le web-to-store : la réconciliation entre e-commerce et magasin physique »,
Les Échos, tribune, 4 novembre 2013.

Document 9

Vente sur Internet : des questions sur la véracité des réductions de prix

Non-justification des prix de référence affichés, indisponibilité des produits en promotion sont les manquements les plus fréquemment constatés par les enquêteurs de la DGCCRF.

Une enquête précédente avait permis d'observer que près de 40 % des sites Internet proposant des annonces de réduction de prix ne respectaient pas la réglementation en vigueur.

La direction générale de la concurrence, de la consommation et de la répression des fraudes (DGCCRF) a procédé en 2013 à une nouvelle enquête pour contrôler la véracité des réductions de prix annoncées sur Internet par les opérateurs exerçant leur activité uniquement dans le cadre de la vente à distance.

Les contrôles ont visé en priorité « les *pure-players* », c'est-à-dire les opérateurs exerçant leur activité uniquement dans le cadre de la vente à distance. Ils avaient pour objet de vérifier le respect de l'arrêté du 31 décembre 2008 relatif aux annonces de réductions de prix à l'égard du consommateur. Plus largement, les enquêteurs ont cherché à détecter sur les sites Internet les pratiques commerciales trompeuses régies par l'article L. 121-1 du code de la consommation.

Près de la moitié des 168 sites Internet contrôlés ont présenté au moins une anomalie réglementaire. Les manquements les plus fréquemment constatés concernent la non-justification des prix de référence affichés et l'indisponibilité des produits en promotion.

Une réglementation mal appliquée par les entreprises

Les contrôles ont porté sur :

– la justification du prix de référence : l'enquête montre que les opérateurs rencontrent très souvent des difficultés pour justifier le prix de référence affiché au consommateur ;

– la disponibilité des produits : les sites de vente en ligne proposent très souvent des offres promotionnelles pour des produits en quantité très limitée. Sur leur site, des publicités d'annonces de réduction de prix demeurent parfois alors que les produits ne sont plus disponibles ;

– la réalité du rabais consenti : les enquêteurs ont observé pour quelques sites de vente en ligne des erreurs manifestes sur le taux de remise. Le rabais sur le prix de référence ne correspondait pas au prix promotionnel, sans qu'une intention délibérée de frauder ait pu être mise en évidence.

Un taux d'anomalie en augmentation

Près de 50 % des entreprises ont présenté au moins une anomalie réglementaire, chiffre en hausse par rapport à la précédente enquête de 2011. [...]

Cette enquête a été l'occasion de mettre au jour d'autres pratiques constatées dans ce secteur :

– difficultés dans la livraison des produits achetés sur Internet notamment au niveau du respect des délais. Parfois, les sites de vente en ligne ne sont pas joignables téléphoniquement ;

– pratiques commerciales trompeuses révélées notamment au niveau d'offres promotionnelles permanentes, d'utilisation de rabais qui ne concernent en fait qu'une infime partie des articles proposés à la vente. Le terme « discount » est parfois employé pour des produits qui ne font pas l'objet de réduction de prix ;

– il a également été constaté que des sites en ligne ont développé des stratégies visant à restreindre le droit de rétractation du consommateur.

Une méconnaissance certaine de la réglementation

Les investigations des enquêteurs ont permis de constater un fort taux d'anomalies, qui peut s'expliquer par une connaissance imprécise de la réglementation par les professionnels du secteur.

Compte tenu de ce taux d'anomalie très important, la DGCCRF a rappelé à l'ordre les acteurs du e-commerce et de la vente en ligne, afin qu'ils prennent les mesures appropriées pour respecter la réglementation en vigueur. Ils ont notamment été invités à prendre connaissance du « Guide de vendeur e-commerce » qui liste les obligations à respecter en cas d'annonces de réduction de prix.

DGCCRF, « Vente sur Internet : des questions sur la véracité des réductions de prix » (extraits), page d'actualité sur le site economie.gouv.fr, 13 juin 2014.

Comment aborder le sujet

Il est conseillé de ne pas rédiger directement mais d'utiliser un brouillon.

Le sujet se compose de trois travaux différents. Les questions sont à aborder en premier, après lecture des textes, en effectuant, éventuellement, une relecture des documents mentionnés dans les questions.

La construction de tableaux ou de graphiques dans les questions d'application nécessite un soin particulier. Utilisez des couleurs, n'oubliez pas les légendes, évitez les tableaux trop petits ou brouillons.

Le travail de rédaction oblige à la lecture active des documents, qui seront utiles pour la recherche d'arguments, mais n'oubliez pas de donner également quelques éléments personnels. La forme (plan, orthographe, style...) comptera dans cet exercice. Il sera fondamental d'y apporter tout le soin nécessaire et de ne pas oublier de relire votre texte après rédaction.

Enfin, la gestion du temps pour achever l'ensemble reste un point crucial. Il convient de traiter l'intégralité des questions et, donc, de vous donner un temps limite pour chaque travail, en prenant en compte vos capacités personnelles (rapidité de rédaction, difficultés dans la mise en forme des tableaux...).

Proposition de corrigé

Il s'agit ici de propositions de réponses et non d'une correction officielle. Les éléments qui sont donnés ci-après nécessitent une mise en forme avec construction de phrases complètes.

Questions

❶ Le multicanal est une stratégie de distribution commerciale recourant à plusieurs canaux, qu'ils soient physiques, comme le magasin, ou numériques, comme Internet. On peut aussi appeler « stratégie multicanal » une stratégie de communication ou de promotion visant le même objectif en usant de voies différentes (médias en particulier).

❷ On peut citer :

- un effet réseau qui permet de centraliser des réservations (les chaînes hôtelières autour de quelques grandes centrales) ;
- des achats en ligne (musique, par exemple), ce qui nuit au commerce classique de proximité et spécialisé (chaînes de vente de produits culturels) ;
- la facilité d'accès et le moindre coût des services font disparaître certaines succursales (banques, assurances, avec le développement des banques en ligne) ;
- le secteur du transport avec les réservations et achats de billets sur Internet (SNCF notamment), ce qui peut jouer un rôle sur l'emploi.

❸ Dans une chaîne de production, le producteur vend aux grossistes qui revendent aux commerçants de détail. Ainsi le commerce de détail est le commerce qui est en contact direct avec l'acheteur et lui propose un choix important de marchandises diverses.

❹ **a. Réseau** : maillage, physique ou informatique, de territoires, d'individus ou d'entreprises en contact les uns avec les autres. Le terme désigne aussi l'ensemble des éléments d'une organisation répartis en différents points. Par exemple, un ensemble d'ordinateurs connectés entre eux pour échanger des informations est un réseau.

b. Garde-fou : mesure de protection, barrière ou parapet pour empêcher de tomber. Au sens figuré, le garde-fou est un système interdisant tout type d'écart ou de dérapage (la loi, les antivirus...), censé protéger des dangers l'utilisateur d'un système, comme les tierces personnes.

Application

❶ **a.**

Année	Montant du CA WEB (en Md€)
2003	1,5
2004	2,0
2005	2,7
2006	3,6
2007	4,8
2008	6,4
2009	8,6
2010	10,0
2011	11,6

b. Nous présentons le détail de tous les calculs, même si le sujet ne demandait que ceux de 2003, 2007 et 2010. Les calculs à détailler sur la copie du candidat sont en gras.

Le point de départ est le chiffre d'affaires de 1999, 0,15 milliards d'euros (cf. intitulé). Le CA WEB a été multiplié par 10 entre 1999 et 2003, puis augmente de 34 % dès 2004.

CA WEB 2003 = CA WEB 1999 × 10 = 0,15 × 10 = 1,5 Md€.

CA WEB 2004 = CA WEB 2003 + 34 % × CA WEB 2003 = 1,5 × 1,34 = 2,01, arrondi à 2,0 Md€.

CA WEB 2005 = 2,0 × 1,34 ≈ 2,68 ≈ 2,7 Md€.

CA WEB 2006 = 2,68 × 1,34 ≈ 3,6 Md€.

CA WEB 2007 = CA WEB 2006 × 1,34 = 3,6 × 1,34 ≈ 4,8 Md€.

CA WEB 2008 = 4,8 × 1,34 ≈ 6,4 Md€.

CA WEB 2009 = 6,4 × 1,34 ≈ 8,6 Md€.

Pour le CA WEB 2010, la progression dès 2010 n'est plus que de 16 % (cf. intitulé) : CA WEB 2009 + 16 % × CA WEB 2009 = 8,6 × 1,16 ≈ 10,0 Md€.

CA WEB 2011 = 10,0 × 1,16 ≈ 11,6 Md€.

2 a. et **b.**

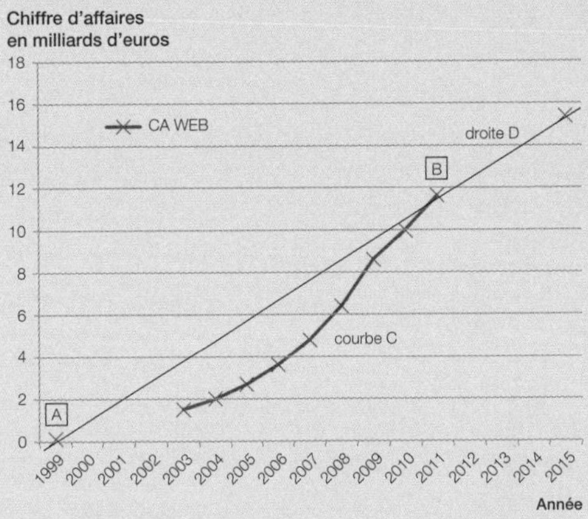

Le CA WEB pour la période 1999-2011 apparaît en progression constante année après année. Il a, par ailleurs, une légère tendance à croître plus rapidement au fil des années.

c. La droite D montre que le point de passage en 2015 sera lié à un CA de 15,5 milliards d'euros environ.

Rédaction

Le commerce électronique, c'est 53 milliards d'euros de ventes en 2012 et 1,5 % du chiffre d'affaires des entreprises installées en France disposant d'un site web. Les entreprises de e-commerce représentent aujourd'hui près de 50 % du chiffre d'affaires du commerce de détail. Ainsi ce secteur économique en développement accueille-t-il toujours plus d'acheteurs grâce à ses nombreux avantages. Mais cet engouement ne doit pas faire oublier certaines réalités : plus de 861 000 cartes bancaires ont été piratées en 2013 et une majorité d'internautes craignent le piratage de leur système de paiement. Développer le commerce en ligne nécessite alors de mettre en place une sécurisation plus forte des acheteurs.

I. Les raisons du succès du commerce électronique

- Un gain de mobilité

Le e-commerce est considéré comme un nouveau vecteur qui permet aux consommateurs d'acheter sans se déplacer. C'est ce gain en mobilité non obligatoire qui est le premier atout de ce type de commerce. Par ailleurs, les acheteurs qui souhaitent se déplacer en magasin ont la possibilité de vérifier, *via* Internet, la disponibilité des marchandises et de se déplacer ensuite. On constate donc que le e-commerce possède deux points d'entrée : il convainc l'acheteur qui se fait livrer après un achat sur Internet aussi bien que celui qui choisit sur la Toile sa marchandise et se déplace ensuite pour chercher son bien. Dans les deux cas, le consommateur fait un gain de mobilité.

Le commerce s'est donc adapté soit en proposant un site marchand avec livraison postale, soit en favorisant le « *web-to-store* » : le client fait ses choix en ligne, avant de se déplacer en magasin.

- De nouveaux services pour l'acheteur

Un autre point fort pour l'acheteur est la possibilité de disposer facilement chez lui, grâce à Internet, d'un nombre important de services : comparaison de produits, fiches techniques détaillées, véritable compte client lui octroyant un certain nombre d'avantages (et donc une réelle individualisation), ainsi qu'une relation client-vendeur numérisée mais réelle. L'information étant souvent un point clé pour inciter à l'achat, les sites marchands ont développé ce service.

Dans de nombreux cas également, Internet officialise un lien entre l'acheteur et le magasin. Les données d'une commande sont transmises au point de vente qui accueille son client après avoir réuni les informations nécessaires (choix de la marchandise, options...). Aussi voit-on que le magasin physique et le magasin virtuel ne sont pas nécessairement antagonistes, mais peuvent se compléter.

- Un véritable atout pour les commerçants

Un autre point important est qu'Internet profite aussi au vendeur, surtout dans le cas du « web-to-store ». L'accès libre aux données du magasin permet en effet au commerçant de gérer ses stocks, de connaître à tout instant la disponibilité des marchandises et de satisfaire par là même le client. Le vendeur indiquera au consommateur, par exemple, dans quelle boutique trouver l'élément qu'il recherche. L'utilisation d'Internet permet alors de fidéliser et de montrer à la clientèle le professionnalisme de l'enseigne.

Ces éléments permettent ainsi à la vente par Internet de se développer; mais les consommateurs peuvent s'inquiéter devant les risques de vol de données bancaires. Aussi, le développement du e-commerce passe-t-il nécessairement par une sécurisation des moyens de paiement.

II. Les moyens pour renforcer la sécurité du consommateur

- Une utilisation sécurisée des cartes bancaires

L'usurpation de coordonnées bancaires n'est plus seulement un risque, elle est une réalité. Les cartes bancaires sont aujourd'hui dotées d'un cryptogramme à trois chiffres permettant de sécuriser les achats en prouvant que celui qui procède à l'achat détient réellement la carte au moment de la transaction. Mais ce cryptogramme, tout comme le numéro de carte, peut être recopié. Les organismes bancaires ont donc dû s'adapter pour que le e-commerce ne perde pas de clientèle. C'est pourquoi ils ont développé, depuis plusieurs années, un système de e-Carte-Bleue, générant un nouveau numéro de carte pour chaque achat en ligne, ou encore le système 3D Secure, qui permet de confirmer son achat *via* un code envoyé par SMS. Les consommateurs doivent toutefois s'approprier ces systèmes dans leurs transactions quotidiennes.

D'autres solutions sont déjà soit disponibles, soit en cours d'expérimentation, afin de réduire encore les risques liés aux achats sur Internet. Une entreprise française a notamment imaginé une carte contenant un écran qui afficherait un cryptogramme instable, changeant selon une fréquence programmable. Cet outil permettrait de réduire fortement les risques sans trop augmenter la taille de la carte, et sans se montrer trop gourmand en batterie. D'autres évolutions sont envisagées, telle la carte bancaire à empreinte digitale : elle serait équipée d'un lecteur sur lequel le propriétaire apposerait son pouce pour déclencher l'achat. Il n'y aurait alors plus besoin de saisir le moindre code.

– Des moyens de paiement alternatifs à la carte bancaire

Certaines applications de paiement permettraient même, à terme, d'abandonner la carte bancaire, notamment le système Talk to Pay, paiement par identification vocale : le client réglerait ses achats en ligne en prononçant quelques mots. Un tel système obligerait le consommateur, lors d'un achat, à attendre un rappel sur son téléphone portable afin de permettre l'authentification. Le formulaire de paiement serait ensuite rempli automatiquement. D'autres systèmes seront probablement disponibles dans un futur proche : à reconnaissance faciale, ou à reconnaissance du rythme cardiaque par bracelet connecté.

Alors que ces nouvelles technologies sont encore expérimentales, les géants de l'Internet, mais aussi des banques, ont lancé des moyens de paiement *via* un téléphone mobile, tel Paylib, système qui dispose de plus de 20 millions de clients potentiels. Cependant, les grandes enseignes qui font du téléphone mobile de leur client un terminal de paiement ne sont pas assez compétitives par rapport aux banques, qui bénéficient encore de leur réputation de sécurité et de confidentialité.

Des portefeuilles électroniques sont en cours de lancement, tel celui baptisé Sixdots, qui permettra de commander et de payer par smartphone, ou le système Mobo, qui fera du smartphone un terminal de paiement général.

– Le rôle des administrations

Outre ces évolutions technologiques, les administrations ont aussi à jouer le rôle de gendarme sur Internet. Ainsi, la police multiplie des contrôles afin de lutter contre une cybercriminalité logiquement en expansion. Mais le consommateur n'est pas menacé uniquement par le vol de ses coordonnées bancaires : la DGCCRF a aussi constaté un nombre important de pratiques trompeuses de la part d'e-commerçants (prix de référence injustifiés, fausses offres promotionnelles, etc.). L'administration, et notamment la DGCCRF, une des seules autorités à veiller aux bonnes pratiques commerciales sur Internet, a toute sa place dans le contrôle de ce nouveau secteur, pour rappeler la réglementation et faire respecter les droits des consommateurs.

En conclusion, on rappellera que de plus en plus de foyers sont équipés de terminaux informatiques : PC, tablettes, « phablettes », etc. Dans ce nouveau contexte, le e-commerce apparaît avant tout comme un gain de mobilité et de temps, ce que recherchent de plus en plus les acheteurs potentiels. Le développement de ce secteur est alors inéluctable et devra être maîtrisé grâce à la mise en place de garde-fous qui protégeront tant les vendeurs que les acheteurs. C'est un rôle que devront assumer les banques et les administrations spécialisées.

Sujet n° 2

Session 2014

Durée 3 heures

Documents du dossier

Document 1 : Marion Solletty, « L'égalité des chances à l'école, le vœu pieux de l'Éducation nationale » (extraits), francetvinfo.fr, 13 avril 2012.

Document 2 : Éric Charbonnier, « L'éducation déchiffrée : un an de blog et finalement peu de changements » (extraits), educationdechiffree.blog.lemonde.fr, 22 novembre 2013.

Document 3 : Hubert Guillaud, « L'innovation éducative : une question économique ? » (extraits), blogs.lesechos.fr, 3 novembre 2012.

Document 4 : Répartition par filière des bacheliers selon leur origine sociale (extraits), ministère de l'Éducation nationale, ministère de l'Enseignement supérieur et de la Recherche, direction de l'évaluation, de la prospective et de la performance [MEN-MESR-DEPP (OCEAN)].

Document 5 : Irène Inchauspe, « Éducation : comment éviter que l'ascenseur social s'arrête en maternelle » (extraits), *L'Opinion*, 25 mars 2014.

Document 6 : « PISA 2012 : Nathalie Mons : La dégradation de l'école interroge le lien social » (extraits), propos recueillis par François Jarraud, cafepedagogique.net, 4 décembre 2013.

Document 7 : « Pisa 2012 : l'école des inégalités sociales françaises » (extraits), interview d'Éric Charbonnier, propos recueillis par Caroline Brizard, *L'Obs*, 3 décembre 2013.

Questions

❶ **a.** Qu'est-ce qu'un acronyme ?

b. Donnez deux exemples tirés des documents.

❷ Définissez, en quatre lignes au maximum, l'expression « ascenseur social ».

❸ À partir du document n° 3, expliquez, en quatre lignes au maximum, comment les nouvelles technologies modifient l'enseignement.

❹ À l'aide des éléments présents dans les documents n°s 6 et 7, précisez, en quatre lignes au maximum, l'objet de l'enquête PISA 2012.

Application

À partir du document n° 4 :

❶ **a.** Représentez, dans un histogramme empilé, pour chacune des années 2009, 2010 et 2011, pour les catégories « ouvriers » d'une part et « cadres, professions intellectuelles supérieures » d'autre part, la proportion des bacheliers dans les trois filières (générale, technologique et professionnelle).

En abscisse, vous indiquerez les années et en ordonnée, vous porterez les pourcentages.

b. Commentez cet histogramme en dix lignes au maximum.

❷ Sur un échantillon de 1 500 bacheliers, dans chacune des catégories d'« ouvriers » et de « cadres, professions intellectuelles supérieures », quelle est la répartition entre les trois types de bac pour l'année 2010 ?

❸ **a.** Proportionnellement, y a-t-il plus ou moins d'enfants d'« artisans, commerçants, chefs d'entreprise » que d'enfants de « retraités » qui ont eu un bac général en 2010 ?

b. Indiquez quel est l'écart et exprimez-le en pourcentage.

Rédaction

À l'aide des documents et de vos réflexions personnelles, en deux pages, vous indiquerez quelles sont les principales causes d'inégalités scolaires en France et quelles peuvent être les solutions pour y remédier.

Document 1

L'égalité des chances à l'école, le vœu pieux de l'Éducation nationale

La Cour des comptes sait à merveille pointer du doigt les dépenses excessives de l'État ou l'opacité de sa comptabilité. Mais ses observations remettent parfois en cause bien plus que des chiffres. Dans un rapport d'observations, dont *Le Monde* publie des extraits vendredi 13 avril, les magistrats se sont penchés sur la répartition des moyens financiers consacrés à l'enseignement primaire et secondaire sur l'ensemble du territoire.

Mauvaise surprise : les élèves en zones défavorisées, loin de concentrer l'essentiel des moyens, reçoivent moins que les autres. Pour la Cour, il est clair que « *le système éducatif se caractérise par des inégalités territoriales de toutes natures* ». Pour l'Éducation nationale, c'est justement là que le bât blesse, dans sa difficulté à promouvoir cette « égalité des chances » si chère à la République.

Les établissements difficiles reçoivent moins d'argent

ZEP : depuis trente ans, cet acronyme symbolise à lui seul les efforts des pouvoirs publics dans ce domaine… et leur échec. Le grand principe des Zones d'éducation prioritaire date de 1981 mais a connu de multiples relances. Aujourd'hui, l'éducation prioritaire concerne au sens large – si l'on regroupe les Réseaux ambition réussite (RAR) et les Réseaux de réussite scolaire (RSS) – 1 076 collèges (environ 20 % des collégiens) et 6 549 écoles, selon le ministère de l'Éducation nationale.

Par définition, ces réseaux ont vocation à recueillir davantage de moyens. Et pourtant : selon la Cour des comptes, en 2010, l'État a dépensé 47 % de plus pour un élève de l'académie de Paris que pour un élève de l'académie de Créteil, qui compte davantage d'établissements relevant de l'éducation prioritaire.

Les enseignants fuient les écoles sensibles

Pourquoi un tel écart ? Il est le symptôme d'un des points noirs du système : alors que ces zones concentrent les plus grandes difficultés, elles ont le corps enseignant le moins expérimenté. Les profs au salaire le plus élevé, qui sont aussi ceux qui ont le plus d'ancienneté et donc la priorité dans leurs choix d'affectation, fuient les établissements les plus sensibles.

La prime annuelle de 1 156 euros promise aux enseignants (le ministre, Luc Chatel, a d'ailleurs proposé en janvier de la compléter à la rentrée 2012 d'une prime de mérite pouvant aller jusqu'à 2 400 euros) n'y change rien. « *Les enseignants l'ont plus vue comme une compensation que comme une incitation* », explique Agnès van Zanten, qui travaille sur les politiques éducatives à l'Observatoire sociologique du changement de Sciences Po.

Des moyens réels mais trop dilués

En termes d'heures d'enseignement, les établissements en éducation prioritaire bénéficient bien de davantage de moyens : le nombre d'élèves par classe y est de 22,2 en RAR contre un peu plus de 24 en école « ordinaire ». Mais, comme le soulignait en septembre 2011 un rapport du Conseil économique, social et environnemental intitulé « Les inégalités à l'école », « *ce différentiel est hors de proportion avec les enjeux du contexte* ».

De fait, le taux d'élèves en situation de retard scolaire à l'entrée en 6e y est deux fois plus important que dans les établissements ordinaires, selon les chiffres de l'Éducation nationale.

Le rapport dénonce un « *saupoudrage* » de moyens mis en avant par tous les observateurs. « *Le problème de l'éducation prioritaire, c'est qu'il y a eu une extension importante des zones, et ce n'est que tardivement qu'on a établi une hiérarchie, relève Agnès van Zanten. On a étendu le dispositif sans augmenter les moyens.* » Le ministre de l'Éducation nationale lui-même en dresse un bilan plus que mitigé.

Les effets pervers de l'assouplissement de la carte scolaire

Dans ce contexte, les enseignants ne sont pas les seuls à fuir les établissements « prioritaires ». Les parents qui le peuvent sont nombreux à faire en sorte que leur enfant n'y soit pas scolarisé. Et la réforme de la carte scolaire n'a rien arrangé. Destinée à l'origine à mettre fin aux passe-droits en permettant à toutes les familles de choisir leur établissement, elle a eu un effet pervers pour les établissements en ZEP.

Selon un rapport de l'École d'économie de Paris [...], « *l'augmentation du nombre de dérogations accordées pour éviter ces collèges a entraîné une diminution des effectifs scolarisés en 6e entre 2006 et 2009, de l'ordre de 5 % pour les collèges des Réseaux de réussite scolaire et de 9 % pour les collèges "ambition réussite"* ». Or, les demandes de dérogation sont plus rares dans les milieux défavorisés, diminuant encore la mixité sociale au sein de ces établissements.

Les internats d'excellence, bons pour le renouvellement des élites...

Pour lutter contre les inégalités liées au milieu d'origine des élèves, un autre type de programmes a récemment vu le jour, qui doit permettre aux meilleurs élèves d'avoir toutes les chances de réussite. Dans le secondaire, ce sont les « *internats d'excellence* » mis en place pendant le dernier quinquennat.

Actuellement au nombre de 26, ceux-ci mettent à disposition « *des élèves qui en ont le plus besoin un établissement innovant dans son fonctionnement et son offre pédagogique et éducative* ». Au contraire de l'éducation prioritaire, le dispositif est très ciblé : il concernait un peu plus de 2 000 élèves en 2010-2011.

Mais là aussi, les spécialistes redoutent des effets pervers. « *Du point de vue de l'élève, il y a un gain évident car cela [lui] permet de sortir de [son] cadre pour aller dans un établissement meilleur* », développe Agnès van Zanten. Mais cette initiative marque aussi « *un abandon d'une logique collective de lutte contre les inégalités* ».

… mais n'agissent en rien sur la lutte contre l'échec

Non seulement cette initiative ne concerne que les élèves aux meilleurs résultats, mais elle affaiblit doublement les autres en dépouillant les établissements, souvent sensibles, de leurs meilleurs éléments. Pour Agnès van Zanten, la priorité accordée à ce genre de programmes, qui relève du « *renouvellement de l'élite* », est inquiétante.

« *Il y a un tournant important dans la politique éducative, qui tend à substituer ce type de dispositif aux dispositifs de lutte contre l'échec* », explique-t-elle. Or, « *ce sont deux aspects totalement différents de la politique éducative* ». Le premier est « *attractif et consensuel* », reconnaît la chercheuse. Mais « *que faire avec la grande masse d'élèves en difficulté ? Ça, c'est beaucoup moins consensuel et beaucoup plus difficile.* »

Marion Solletty, « L'égalité des chances à l'école, le vœu pieux de l'Éducation nationale » (extraits), francetvinfo.fr, 13 avril 2012.

Document 2

L'éducation déchiffrée : un an de blog et finalement peu de changements

Déjà plus d'un an que ce blog existe. C'est donc le bon moment pour faire un bilan, insister de nouveau sur les forces et faiblesses de l'école française et surtout essayer de définir les enjeux des mois prochains en France. De plus, PISA 2012 sortira le 3 décembre 2013 et, à n'en pas douter, apportera bon nombre de nouveaux éléments de réflexion pour ce blog. Mais revenons aux caractéristiques du système français (tous les éléments exposés dans cet article sont extraits des 19 articles déjà publiés depuis 1 an sur « l'éducation déchiffrée ») :

Le système français a beaucoup progressé depuis trente ans…

La France a rattrapé le retard qu'elle pouvait déplorer ces dernières décennies en matière de niveau d'éducation de sa population. En 2011, 43 % de la population française âgée de 25 à 34 ans détenait au moins un diplôme de l'enseignement supérieur contre seulement 19 % pour les 55-64 ans. Cette progression se traduit également en termes de compétences et les mauvaises performances de la France observées dans l'étude PIAAC (qui évalue les compétences des adultes de 16 à 65 ans) sont en bonne partie imputables aux résultats des 45-65 ans, tandis que les 16-44 ans obtiennent des scores plus proches de la moyenne des pays de l'OCDE.

… mais a vu l'échec scolaire augmenter et les inégalités sociales s'aggraver ces dix dernières années…

Le système d'éducation français obtient, dans l'enquête PISA, des performances équivalentes à la moyenne des pays de l'OCDE, mais il est devenu de plus en plus dichotomique : d'un côté, il est soutenu par ses bons éléments qui représentent environ un tiers des élèves âgés de 15 ans (contre 28 %, en moyenne, dans les pays de l'OCDE), mais de l'autre, il se dégrade par le bas et conduit chaque année 150 000 jeunes à quitter l'école sans diplôme, et donc à se retrouver en situation d'extrême précarité sur le marché du travail. Le poids des inégalités sociales n'a jamais été aussi fort pour expliquer les performances des élèves de 15 ans et le taux d'échec scolaire est passé, en 10 ans, de 15 % à 20 %. En 2009, la France est, après la Nouvelle-Zélande, le pays où la corrélation entre le milieu socio-économique des parents et les résultats des élèves de 15 ans est la plus forte.

… et l'étude PIAAC a confirmé cette tendance.

L'étude PIAAC a confirmé combien la société française était inégalitaire. On retrouve les mêmes inégalités que dans PISA quand il s'agit d'analyser les compétences des adultes. Entre les jeunes et les seniors, entre les immigrés et les autochtones, enfin, entre ceux qui ont des diplômes et ceux qui n'en ont pas, les inégalités existent partout. Sur toutes ces variables, les écarts sont plus marqués en France par rapport à la moyenne de l'OCDE et expliquent aussi pourquoi la France ne progresse pas depuis dix ans dans les classements internationaux.

Ce qui a changé en un an : de nouveaux rythmes ont été instaurés dans 25 % des écoles primaires et la formation des enseignants a évolué pour être plus orientée sur l'apprentissage de la pédagogie

Depuis le début de ce blog en octobre 2012, près d'un quart des élèves des écoles primaires publiques sont passés à la semaine de quatre jours et demi en septembre 2013. Il convient de rappeler que la France était le seul pays de l'OCDE où les élèves du primaire avaient seulement 4 jours d'école par semaine avant la réforme et que toutes les études réalisées sur les biorythmes s'accordaient à dire que la semaine de 4 jours était inadaptée au bien-être des élèves. Il est d'ailleurs bien dommage que le débat actuel se focalise sur les activités périscolaires sans donner plus d'importance au possible bénéfice de cette demi-journée supplémentaire (placée le matin) pour améliorer les conditions d'apprentissage des fondamentaux et pour surtout donner plus de temps aux élèves en difficulté pour rattraper leur retard.

Deuxième grand volet de cette rentrée, la formation des enseignants a évolué et les étudiants qui se destinent à cette profession sont accueillis au sein des Écoles supérieures du professorat et de l'éducation (ÉSPÉ). Par la même occasion, la France en finit avec son modèle dit « consécutif » (où la formation professionnelle n'intervient qu'après la formation théorique) pour en revenir à ce qui se fait quasiment partout, à savoir une formation qui conjugue simultanément apprentissage des savoirs et du savoir-faire.

Ces deux réformes peuvent être bénéfiques au système français mais il ne faut pas oublier que la mise en place des nouveaux rythmes scolaires est juste un ingrédient susceptible de contribuer au succès de la réforme, mais qui ne portera ses fruits que si les enseignants sont formés et préparés à utiliser cette nouvelle répartition du temps scolaire pour introduire davantage d'individualisation (ou de travail en petits groupes) dans leur enseignement et faire ainsi face à l'échec scolaire grandissant.

Ce qui doit encore changer rapidement.

Il est dommageable que certains éléments importants à la réussite de la réforme soient totalement absents du débat public aujourd'hui. Des articles publiés précédemment sur ce blog mais aussi le rapport de l'OCDE pour redresser la compétitivité en France [...] mettent en évidence l'importance de 4 mesures pour corriger les faiblesses inhérentes au système français.

1. Développer la formation professionnelle pour tous les enseignants

Les pays performants dans les évaluations internationales, tout comme les pays qui ont réformé en profondeur leur système d'éducation ces dernières années, ont tous mis la formation des enseignants (initiale mais aussi continue) au cœur de leurs préoccupations. À chaque fois, la formation professionnelle continue des enseignants a eu autant d'importance, si ce n'est plus parfois, que la formation initiale dans le succès des réformes. Elle semble étrangement absente du projet de refondation en France, ou du moins reléguée au second plan. Les nouveaux enseignants bénéficieront d'une meilleure formation initiale, et c'est une bonne chose, mais ils n'entreront que progressivement dans le système, alors que les enseignants déjà en place représenteront encore la majorité du corps enseignant pour de nombreuses années.

2. Créer des incitations pour amener des enseignants expérimentés à travailler dans les établissements défavorisés

La qualité de l'enseignement a un impact majeur sur les performances des élèves ; or, les établissements défavorisés ne sont pas les mieux lotis en France et ne disposent souvent pas des enseignants les plus expérimentés. Il convient donc d'améliorer la qualité du corps enseignant dans ces établissements : en dispensant une formation spécialisée permettant de doter les enseignants des compétences et connaissances nécessaires pour exercer avec des élèves défavorisés et/ou en difficulté ; en soutenant les équipes de direction et les enseignants à travers la formation continue et les programmes de tutorat ; en leur offrant des conditions de travail à même d'améliorer leur efficacité et de les fidéliser ; et en leur offrant des incitations financières et des perspectives de carrière intéressantes pour les attirer et les convaincre d'y rester.

3. Limiter le redoublement en allant vers une plus grande individualisation de l'enseignement

En France, à l'âge de 15 ans, 38 % des élèves ont redoublé au moins une fois, contre une moyenne de 13 % dans les pays de l'OCDE. Le redoublement est une pratique non seulement coûteuse – à peu près 2 milliards par an dans l'enseignement obligatoire (ou environ 4 % des dépenses annuelles totales à ces niveaux d'éducation) – mais également inefficace pour remédier aux problèmes d'apprentissage à long terme : l'élève qui décroche perd plusieurs mois de son année et reproduit souvent les mêmes erreurs l'année suivante. Il est donc important d'avoir une réflexion sur les mesures qui constituent une alternative au redoublement, notamment en comblant les lacunes à mesure qu'elles sont identifiées durant l'année scolaire par le soutien scolaire, l'aide aux élèves en difficulté, en adaptant les méthodes pédagogiques et les programmes au travail par petits groupes d'élèves, et en sensibilisant les parties prenantes – écoles, parents d'élèves, enseignants, etc. – aux implications négatives de cette pratique.

4. Valoriser la formation professionnelle et créer des programmes dits de « seconde chance »

Dans de nombreux pays de l'OCDE, dont la France, la formation professionnelle est étrangement négligée et marginalisée dans les débats publics, souvent éclipsée par l'importance accordée à la formation initiale générale. Les filières professionnelles sont, en effet, souvent mal considérées par les élèves et les étudiants comme par la société en général. Les pays dits d'apprentissage (Allemagne, Autriche, Danemark, Pays-Bas et Suisse) ont le mieux réussi à assurer, avec l'aide des partenaires sociaux, une formation de qualité à tous en agissant bien en amont. Ainsi, l'Allemagne organise des formations de préapprentissage pour les jeunes qui ont de faibles aptitudes scolaires et les accompagnent afin qu'ils n'échouent pas dans l'obtention d'une qualification.

De même, en France, échec scolaire rime souvent avec échec tout court car ceux qui sortent du système d'éducation sans qualification ont peu de possibilités de réintégrer une formation professionnelle et de finir leurs études plus tard. Dans certains pays, il est *a contrario* courant d'obtenir son diplôme de fin d'études secondaires après l'âge de 25 ans. Ainsi, 10 % environ des diplômés du secondaire l'ont été à 25 ans ou plus au Danemark, en Finlande et en Norvège ; ce pourcentage s'établit à 20 % en Islande et à plus de 40 % au Portugal.

La réussite de la réforme en France ne peut passer que par un soutien unanime de tous les acteurs de l'éducation.

Finalement, je reviens à mon tout premier article de blog pour conclure cet article « anniversaire ». Réformer le système français est une nécessité car il est aujourd'hui trop inégalitaire et que ceux qui en sortent sans qualification se retrouvent en grande difficulté sur le marché du travail. Des progrès sont possibles mais la réussite d'une réforme ne peut passer que par un soutien unanime de tous les acteurs de l'éducation. D'ailleurs, des pays comme l'Allemagne, la Pologne et le Portugal ont rattrapé leur retard sur la France entre 2000 et 2009 en axant justement leurs réformes sur la réussite des élèves en échec scolaire ou issus des milieux défavorisés et en concentrant tous leurs efforts sur cet objectif bien défini. C'est à cette condition, et seulement à cette condition, que la réforme aura enfin le droit de se mettre en place en France.

Éric Charbonnier, « L'éducation déchiffrée : 1 an de blog et finalement peu de changements » (extraits), educationdechiffree.blog.lemonde.fr, 22 novembre 2013.

Document 3

L'innovation éducative, une question économique ?

L'éducation paraît partout en crise. Les plus grandes écoles se posent des questions non seulement sur l'avenir de l'éducation, mais également sur comment apprendre à l'heure des nouvelles technologies. Comme si leur intégration nécessitait de reposer en profondeur la question de l'apprentissage dans une société qui nous semble toujours plus complexe.

Pourtant, les résultats de l'informatisation à l'école n'ont pas été forcément ceux attendus : comme le soulignait l'année dernière Matt Richtel dans sa série pour le *New York Times*. Là où il s'est installé, le numérique n'a pas eu d'effet majeur sur les résultats scolaires des élèves. Partout, son intégration pose plus de questions qu'elle n'offre de réponses. [...]

Mooc : de nouvelles infrastructures éducatives ?

Pour la *Technology Review*, le toujours critique Nicholas Carr [...] vient de livrer une intéressante synthèse des questions que les nouvelles formes d'apprentissage posent, en s'intéressant aux Mooc, ces cours en ligne massifs et ouverts (Mooc pour *Massive open online course* [...]). Ici, bien sûr l'école ne disparaît pas complètement, mais en transformant les cours en programmes et en permettant de toucher plus d'élèves avec moins de professeurs, les Mooc interrogent à nouveau le modèle économique de l'école.

« Il y a cent ans », rappelle-t-il, « l'enseignement supérieur semblait sur le point de connaître une révolution technologique ». La puissance du réseau postal moderne ouvrait aux universités la possibilité de distribuer leurs cours au-delà des limites de leurs campus. « La machinerie de l'apprentissage à distance pour irriguer l'éducation dans les régions les plus arides du pays », comme le soulignait l'historien Frederick Jackson Turner, théoricien de la frontière américaine, était lancée. Nombre d'écoles ont alors mis en place des « divisions » dédiées aux cours par correspondance. « Les espoirs de cette première forme de formation à distance sont allés bien au-delà d'un élargissement de l'accès. De nombreux éducateurs croyaient que des cours par correspondance seraient mieux que les formes d'instructions traditionnelles sur campus et que les sessions de cours et les évaluations pourraient être adaptées spécifiquement à chaque élève. »

Nous entendons des choses très similaires aujourd'hui, estime Nicholas Carr. L'Internet fait naître un nouvel espoir de révolution dans l'enseignement supérieur. Depuis l'automne 2011, un grand nombre des meilleures universités du pays (dont le MIT, Harvard, Stanford, Princeton...) offrent des cours gratuits sur le Net et plus d'un million de personnes à travers le monde se sont engagées à les suivre. Les Mooc ont reçu les honneurs de la presse internationale à la fois pour leur capacité à toucher des étudiants auxquels ces formations étaient inaccessibles que pour leur capacité à renforcer la qualité et la productivité de l'enseignement, tant sur le campus qu'à l'extérieur. Le président de Stanford a évoqué le tsunami à venir. L'ex-ministre de l'Éducation américain, « la renaissance d'Athènes ». Rien de moins.

Les Mooc arrivent à un moment où l'insatisfaction face à la manière dont sont dispensés les cours dans l'enseignement supérieur est croissante, estime Carr. Le coût des études, la baisse de la qualité, les taux d'abandons grimpent... Et nombre de diplômés affichent peu d'enthousiasme sur la manière dont les grandes écoles améliorent leurs compétences ou leur pensée critique. Les partisans des Mooc pensent que l'efficacité et la flexibilité de l'enseignement en ligne peuvent être un recours face à ces difficultés.

Mais tout le monde ne partage pas cet enthousiasme. Certains craignent que les cours en ligne soient une distraction pour les enseignants et qu'ils finiront par nuire à la qualité de l'éducation offerte sur le campus. L'étude des programmes de cours par correspondance des années 1920 montre que bien souvent la qualité de l'instruction n'était pas au niveau et que seule une infime partie des personnes inscrites ont effectivement suivi les cours. En 1928, un éminent pédagogue américain a prononcé un réquisitoire contre les études par correspondance. En 1930, partout, l'engouement avait fait long feu.

« En quoi les Mooc sont-ils différents ? Disposent-ils d'une technologie de pointe permettant de penser que la promesse de révolution de l'enseignement à distance pourra être tenue ? Nous ne le savons pas encore », répond prudemment Nicholas Carr, la ferveur qui entoure les Mooc nous fait oublier qu'ils en sont encore à leurs balbutiements. [...]

Mooc : sait-on ce que l'innovation limite ?

Ce qu'oublie peut-être Carr dans son article mesuré, c'est de voir combien cette bataille de l'accès aux cours en ligne est depuis l'origine une bataille d'innovation scolaire entre grandes écoles, qui utilisent ces outils pour améliorer leur notoriété internationale dans la grande lutte pour le recrutement des meilleurs élèves et des meilleurs professeurs. Le Mooc relance la course à la concurrence entre grandes écoles introduit par l'ouverture de répertoires de cours en ligne sur le modèle des entrepôts d'Open Course Ware du MIT lancé en 2001 [...].

Les chercheurs qui sont sceptiques sur les Mooc rappellent que l'essence de l'enseignement réside dans une subtile interaction entre étudiants et enseignants et que celle-ci ne peut être simulée par les machines, quel que soit le degré de sophistication de la programmation.

Woodie Flowers, professeur émérite au département d'ingénierie mécanique du MIT, expliquait dans le dernier numéro de lettre d'information de la faculté du MIT que les Mooc « sont un produit sans stratégie ». Or pour lui, l'objectif des Mooc est de remplacer les cours tout en poursuivant « le doux rêve de la gratuité de l'enseignement ». Nous devrions plutôt réfléchir à comment améliorer le processus éducatif, estime Woodie Flowers. Pour lui, le Mooc est une prise de contrôle hostile de l'enseignement. Une lubie, où la concurrence interécole entraîne à une course au volume. « Je pense que nous devons être prudents sur l'adhésion à un mouvement qui peut produire le chaos plutôt que d'améliorer l'éducation. »

Pour Woodie Flowers, le MIT devrait plutôt s'intéresser à produire des modules d'enseignements interactifs, comme ceux que propose Smart Sparrow, permettant de promouvoir l'apprentissage par la pratique, produire des soutiens de cours intelligents et adaptatifs, tout en aidant l'enseignant à s'autonomiser. L'interaction directe est complexe, rappelle le professeur émérite. L'éducation nécessite de passer du temps entre professeurs et élèves. Pour Woodie Flowers, ce devrait être là le cœur d'une stratégie éducative, plus importante que le développement de logiciels.

Dans le même numéro, Ruth Perry, spécialiste de la littérature anglaise du XVIIIe siècle, rappelle le rôle de la discussion de groupe dans les classes, qui permet d'arriver à de nouvelles idées en écoutant celles des autres. L'idée est d'aller au-delà de sa lecture ou de sa compréhension en tirant parti des autres points de vue pour favoriser la créativité, ce qui n'est pas possible quand un étudiant se retrouve seul face à un texte ou face à un exercice. Si l'on peut décomposer certains enseignements en courts modules, tous ne s'y prêtent pas, rappelle la chercheuse et enseignante. Comment alors seront évaluées ces autres formes qui n'entreront pas dans le moule des cours massivement ouverts en ligne ? Les professeurs du MIT ou de Harvard devront-ils faire du tutorat personnalisé comme le font ceux de l'Open University au Royaume-Uni ? « Au profit de qui développons-nous des modules d'enseignement en ligne ? » interroge la professeure.

Alors que les nouvelles technologies ne font pas nécessairement preuve de ce qu'elles peuvent apporter à l'éducation, les formes anciennes sont challengées. Elles vont devoir démontrer à leur tour leur valeur, montrer que leurs coûts peuvent être justifiés. Pas sûr que ce soit si simple pour elles. Comme conclut Nicholas Carr, « pour le meilleur ou pour le pire, les forces perturbatrices du Net sont arrivées aux portes du monde universitaire ». Et comme souvent, ce qu'elles perturbent en premier lieu, c'est le modèle économique existant.

Hubert Guillaud, « L'innovation éducative : une question économique ? » (extraits), blogs.lesechos.fr, 3 novembre 2012.

Document 4

Répartition par filière des bacheliers selon leur origine sociale

France métropolitaine + DOM

Année 2009	Générale	Technologique	Professionnelle
Agriculteurs exploitants	55,3	22,7	21,9
Artisans, commerçants, chefs d'entreprise	49,3	23,9	26,9
Cadres, professions intellectuelles supérieures	75,3	15,5	9,2
Professions intermédiaires	57,6	25,9	16,5
Employés	48,1	29,7	22,2
Ouvriers	33,2	28,4	38,3
Retraités – Inactifs	41,3	28,6	30,1
Ensemble	**53,2**	**24,2**	**22,4**

Lecture : en 2009, 33,2 % des bacheliers enfants d'ouvriers ont obtenu un baccalauréat général, 28,4 % un baccalauréat technologique et 38,3 % un baccalauréat professionnel.

Année 2010	Générale	Technologique	Professionnelle
Agriculteurs exploitants	57,4	24,0	18,6
Artisans, commerçants, chefs d'entreprise	52,7	25,1	22,2
Cadres, professions intellectuelles supérieures	77,5	15,3	7,2
Professions intermédiaires	60,3	26,2	13,5
Employés	51,2	31,0	17,8
Ouvriers	35,8	30,8	33,4
Retraités	40,3	26,4	33,3
Inactifs	44,1	33,1	22,8
Ensemble	**56,2**	**18,4**	**25,4**

Lecture : en 2010, 57,4 % des bacheliers enfants d'agriculteurs ont obtenu un baccalauréat général, 24,0 % un baccalauréat technologique et 18,6 % un baccalauréat professionnel.

Année 2011	Générale	Technologique	Professionnelle
Agriculteurs exploitants	54,7	21,9	23,4
Artisans, commerçants, chefs d'entreprise	49,2	22,2	28,6
Cadres, professions intellectuelles supérieures	76,0	14,5	9,4
Professions intermédiaires	58,1	24,4	17,4
Employés	48,7	28,4	22,8
Ouvriers	32,7	26,4	40,9
Retraités	38,0	22,7	39,3
Inactifs	43,0	29,2	27,8
Non renseigné	14,7	20,0	65,3
Ensemble	**49,8**	**22,7**	**27,4**

Lecture : en 2011, 54,7 % des bacheliers enfants d'agriculteurs ont obtenu un baccalauréat général, 21,9 % un baccalauréat technologique et 23,4 % un baccalauréat professionnel.

Source : MEN-MESR-DEPP (OCEAN).

Document 5

Éducation : comment éviter que l'ascenseur social s'arrête en maternelle

Les faits – Des chercheurs arrivent à la conclusion que les élèves de CP ne disposent que de 7 minutes par jour pour apprendre les bases de la lecture. Ce qui ne permet pas de réduire les inégalités liées au contexte socio-économique.

Pour un « Eddy Bellegueule », jeune normalien, auteur d'un best-seller, sorti de son milieu grâce à l'école, combien de milliers d'enfants n'arriveront pas à monter dans l'ascenseur social ? Parmi les jeunes qui avaient quitté sans diplôme le système éducatif, près de la moitié faisaient déjà partie du groupe des élèves les plus faibles aux tests administrés à l'entrée en sixième, selon une étude publiée en décembre 2013 par la revue *Éducation et Formations*. Le collège avait déjà la réputation d'être le « maillon faible » du système éducatif, hélas, le primaire l'est aussi, les difficultés apparaissant même… dès la grande section de la maternelle.

C'est le sujet d'une expérience éducative originale menée par trois chercheurs (Bruno Suchaut, Alice Bougnères et Adrien Bouguen) dont les résultats viennent d'être publiés sous un titre provocateur : « 7 minutes pour apprendre à lire, à la recherche du temps perdu ». Ils ont collecté des données dans le cadre d'un stage d'été destiné à des élèves de grande section de maternelle « dotés de compétences très faibles sur le plan de la conscience phonologique ». Ces élèves étaient issus d'un milieu social « défavorisé », ce qui n'est guère surprenant. « Les enquêtes nationales et internationales mettent en effet en évidence l'influence croissante du milieu socio-économique sur les acquisitions des écoliers français », souligne Bruno Suchaut, de l'Unité de recherche sur le pilotage des systèmes pédagogiques. Et donc un échec croissant de notre école « républicaine ». Pour illustrer cette influence de l'environnement, il cite le chiffre éloquent extrait d'une étude américaine : un enfant de trois ans issu d'un milieu très défavorisé a entendu en moyenne 30 millions de mots de moins qu'un enfant du même âge élevé dans une famille favorisée.

Pour autant, démontrent les chercheurs, il serait possible de corriger ces inégalités si l'on consacrait plus de temps à ces enfants. Leur étude démontre en effet que lorsqu'ils sont en petits groupes, et que l'on tient compte de leur temps d'« engagement », c'est-à-dire des minutes que l'élève peut consacrer à apprendre, soit pas plus de 20 %, les progrès sont très significatifs. Les auteurs décomposent ensuite le temps scolaire en CP. Officiellement, il totalise 870 heures. Il faut en ôter les heures correspondant aux absences des enseignants, soit 2 % en moyenne, et à celles des enfants sur lesquelles il existe très peu de données, obligeant les auteurs à des estimations. On enlève ainsi 61 heures. Ensuite, les chercheurs n'y vont pas de main morte en supprimant 427 heures, soit près de la moitié du temps officiel qu'ils qualifient d'« hors contenu ». C'est-à-dire non consacré à l'enseignement du « code alphabétique », soit du déchiffrage orthographique, alors que d'autres activités peuvent avoir une influence positive sur celle ciblée. Les auteurs n'y croient guère compte tenu de l'érosion du temps scolaire. « En un siècle, le nombre d'heures en primaire a baissé de 500 heures par an, estime Bruno Suchaut. En cinq ans passés avant d'entrer en sixième, un élève aura donc travaillé 2 500 heures de moins ». Il reste donc nettement moins de temps pour les apprentissages de base. Lorsqu'on enlève enfin les heures « non engagées » de ce qui reste du temps officiel, il ne reste que 20 heures par an, soit 7 minutes par jour à un élève du CP pour apprendre les bases de la lecture. C'est trop peu.

« Il ne s'agit pas de faire six heures de lecture par jour mais d'attribuer davantage de temps aux élèves les plus faibles, explique Bruno Suchaut. Pas sous forme de soutien scolaire, guère efficace, mais pendant le temps de classe. » Les hypothèses fortes de l'étude pourront certainement être critiquées. Son idée principale est pourtant simple dans le principe et complexe dans son application. Le chercheur regrette ainsi que le milliard d'euros consacré à la réforme des rythmes scolaires n'ait pas été employé plutôt à un dédoublement des classes de CP dans les zones défavorisées, ou à une augmentation des salaires des enseignants. Ceux-ci seraient peut-être alors plus motivés pour s'occuper des élèves « faibles ». En 2010, une étude réalisée par l'OCDE montrait que « l'influence du contexte socio-économique sur les résultats des élèves du secondaire est plus faible dans les pays où les salaires des enseignants affichent une progression plus marquée au cours de leur carrière ». On peut sans prendre trop de risque envisager que cela soit vrai aussi pour les enseignants du primaire.

Irène Inchauspe, « Éducation : comment éviter que l'ascenseur social s'arrête en maternelle » (extraits), *L'Opinion*, 25 mars 2014.

Document 6

PISA 2012 : Nathalie Mons : La dégradation de l'école interroge le lien social

Pour Nathalie Mons, professeur de sociologie, spécialiste des politiques scolaires, experte pour l'OCDE pour l'enquête PISA 2006, l'enquête PISA 2012 éclaire des aspects inquiétants de notre système éducatif. « Il est désormais difficile de dire que l'école donne davantage à ceux qui sont le plus en difficulté. Une évaluation fine de l'allocation des ressources publiques en éducation et des inégalités territoriales doit être menée ». La dégradation de l'école impacte directement le lien social. « Quand l'école se dégrade ou s'est dégradée – outre les compétences cognitives des élèves qui régressent –, ce sont les fondements du lien social qui sont interrogés, ce qui n'est pas dans la société française actuelle neutre ».

On parle dans les médias de la chute de la France dans PISA [Programme international pour le suivi des acquis des élèves], qu'en est-il ?

En effet, certains médias ont insisté ou titré sur la « chute » de la France dans le palmarès PISA 2012. Et il est vrai que si l'on considère la perspective longitudinale PISA 2003-2012, le score national moyen de la France en culture mathématique régresse : alors que sa performance globale était supérieure à la moyenne des pays de l'OCDE en 2003, son score actuel place le pays tout juste dans la moyenne. Cependant ce résultat a été mis en évidence dès 2006. Par ailleurs en compréhension de l'écrit, à l'inverse, la performance nationale moyenne progresse, cela positionne le pays au-dessus de la moyenne des pays de l'OCDE, là encore confirmant des premières tendances apparues lors de la dernière édition de PISA. L'évaluation de l'école est un exercice complexe. [...]

Qu'en est-il des inégalités sociales à l'école ?

L'édition 2012 confirme que l'école française est devenue très fortement reproductrice. Désormais un ensemble large d'indicateurs intégrés dans PISA qui mesurent les inégalités scolaires d'origine sociale concordent alors que le tableau était moins net lors des éditions précédentes. Un des indicateurs intéressant est la progression de score quand on progresse dans l'échelle sociale. Cette progression est la plus marquée des pays de l'OCDE.

Comment expliquer ces résultats ?

C'est à la fois conjoncturel, si l'on considère la dernière décennie, mais aussi structurel, ce sont les fondations élitistes de notre système scolaire qui expliquent aussi ce résultat.

Quelles réformes passées sont liées à ces résultats ?

Sur les dix dernières années, on peut bien sûr pointer un ensemble de réformes qui ont pendant un temps fortement détérioré le système éducatif. Par exemple la destruction de la formation des maîtres, la réduction du nombre d'enseignants, le recul très fort de préscolarisation avant trois ans sont emblématiques de ces politiques. Nous savons que les réformes qui détériorent les contextes d'apprentissage sont plus particulièrement négatives pour les élèves issus des milieux défavorisés. Pour autant, les fortes inégalités sociales qui caractérisent désormais notre pays s'expliquent aussi par des dimensions structurelles du système français qui dépassent largement les alternances politiques et les clivages droite/gauche et s'inscrivent dans une perspective plus longue que la dernière décennie. C'est pour cela que le système est difficile à réformer.

Quelles sont ces dimensions structurelles ?

La France est marquée structurellement par la faiblesse des politiques de prévention de l'échec scolaire. Nous attendons que les élèves, surtout issus de milieux défavorisés, soient en grande difficulté scolaire pour les aider. Au cours des décennies se sont développés de nombreux dispositifs de remédiation, qui se sont empilés et dont l'efficacité n'est pas démontrée. C'est un suivi plus rapproché de tous les élèves qu'il faut développer, pour prévenir l'échec scolaire. Une attention portée à chaque enfant au quotidien à travers des dispositifs d'enseignement plus individualisé, comme cela se pratique dans certains pays nordiques, permettrait de faire reculer la difficulté scolaire et se substituerait à la pratique du redoublement dont PISA et d'autres recherches ont montré à la fois l'inefficacité et le fort marquage social. À niveau scolaire équivalent, les élèves issus de milieux défavorisés redoublent davantage et s'en trouvent davantage stigmatisés tout au long de leur carrière scolaire. Dans PISA plus d'un tiers des élèves français sont considérés comme en retard, ils sont encore en troisième, et nombre d'élèves en grande difficulté se recrutent dans cette population.

Des tentatives de suivi plus rapproché des élèves pour lutter contre l'échec scolaire sont réalisées aujourd'hui à travers le dispositif « Plus de maîtres que de classes », dont il faudra suivre avec vigilance la mise en œuvre. Dans une réforme la mise en œuvre est aussi importante que l'encadrement légal des dispositifs. La reconstruction de la formation devra également être suivie.

L'école française offre-t-elle encore aujourd'hui les mêmes chances à tous ?

Les inégalités scolaires fortes s'expliquent aussi par des écarts marqués dans les contextes scolaires en termes de ressources. Derrière l'affichage de la politique d'éducation prioritaire, des inégalités d'allocation des ressources publiques ont vu le jour qui sont souvent occultées. Certes les établissements d'éducation prioritaire bénéficient par exemple de classes allégées mais y sont aussi affectés les enseignants les moins expérimentés. Nos dernières recherches montrent également que l'offre scolaire notamment au collège est aussi très inégale. Les classes d'excellence – les classes européennes, bi-langues, de théâtre... – se sont plus particulièrement développées dans les établissements socialement les plus favorisés. Le concept du collège unique tend à disparaître et à céder la place à une offre scolaire inégalitaire. Il est désormais difficile de dire que l'école donne davantage à ceux qui sont le plus en difficulté. Une évaluation fine de l'allocation des ressources publiques en éducation et des inégalités territoriales doit être menée.

Sans compter que les familles favorisées ont aussi recours au soutien privé qui a bénéficié d'une compensation fiscale depuis 2005, compensation qui, malgré l'évolution légale de 2007, a été peu utilisée par les familles défavorisées. Cela signifie que notre collectivité nationale a payé pour que ces familles aient recours à une aide privée pour leurs enfants. C'est l'ensemble de ces dimensions qui se conjuguent aujourd'hui pour détériorer le niveau d'inégalités scolaires sociales. L'organisation actuelle de l'école n'est plus en capacité de contrarier les inégalités dont elle hérite. Réformer notre système est d'autant plus nécessaire que l'étude récente de l'OCDE – PIAAC – sur les compétences des adultes – qui sont entre autres partiellement issus du cycle de formation initiale – montre que la population adulte française présente des compétences très faibles. Or ces compétences sont directement corrélées à une série d'indicateurs économiques évidemment sur l'emploi mais aussi sociaux – comme la perception de sa santé – et politique – l'engagement politique, associatif ou la confiance dans autrui. Quand l'école se dégrade ou s'est dégradée – outre les compétences cognitives des élèves qui régressent – ce sont les fondements du lien social qui sont interrogés, ce qui n'est pas dans la société française actuelle neutre.

« PISA 2012 : Nathalie Mons : La dégradation de l'école interroge le lien social » (extraits), propos recueillis par François Jarraud, cafepedagogique.net, 4 décembre 2013.

Document 7

À l'école des inégalités sociales françaises

« En éducation, la qualité rime avec l'équité sociale », estime Éric Charbonnier, expert sur les questions d'éducation au sein de l'OCDE (Organisation de coopération et de développement économique). Une qualité qui est loin d'être partagée par la France, comme en témoignent les résultats de l'enquête PISA 2012. Interview.

Maths	Lecture	Sciences
1 Shanghai – Chine	1 Shanghai – Chine	1 Shanghai – Chine
2 Singapour	2 Hong Kong – Chine	2 Hong Kong – Chine
3 Hong Kong – Chine	3 Singapour	3 Singapour
4 Taipei – Chine	4 Japon	4 Japon
5 Corée	5 Corée	5 Finlande
6 Macao – Chine	6 Finlande	6 Estonie
7 Japon	7 Taipei – Chine	7 Corée
8 Liechtenstein	8 Canada	8 Vietnam
9 Suisse	9 Irlande	9 Pologne
10 Pays-Bas	10 Pologne	10 Liechtenstein
11 Estonie	11 Liechtenstein	11 Canada
12 Finlande	12 Estonie	12 Allemagne
13 Canada	13 Australie	13 Taipei – Chine
14 Pologne	14 Nouvelle-Zélande	14 Pays-Bas
15 Belgique	15 Pays-Bas	15 Irlande
16 Allemagne	16 Macao – Chine	16 Macao – Chine
17 Vietnam	17 Suisse	17 Australie
18 Autriche	18 Belgique	18 Nouvelle-Zélande
19 Australie	19 Allemagne	19 Suisse
20 Irlande	20 Vietnam	20 Slovénie
21 Slovénie	21 France	21 Royaume-Uni
22 Danemark	22 Norvège	22 République tchèque
23 Nouvelle-Zélande	23 Royaume-Uni	23 Autriche
24 République tchèque	24 États-Unis	24 Belgique
25 France	25 Danemark	25 Lettonie

26 Royaume-Uni	26 République tchèque	26 France
27 Islande	27 Autriche	27 Danemark
28 Lettonie	28 Italie	28 États-Unis
29 Luxembourg	29 Lettonie	29 Espagne
30 Norvège	30 Luxembourg	30 Lituanie
31 Portugal	31 Portugal	31 Norvège
32 Italie	32 Espagne	32 Italie
33 Espagne	33 Hongrie	33 Hongrie
34 Fédération de Russie	34 Israël	34 Luxembourg
35 République slovaque	35 Croatie	35 Croatie
36 États-Unis	36 Islande	36 Portugal
37 Lituanie	37 Suède	37 Fédération de Russie
38 Suède	38 Slovénie	38 Suède
39 Hongrie	39 Lituanie	39 Islande
40 Croatie	40 Grèce	40 République slovaque
41 Israël	41 Fédération de Russie	41 Israël
42 Grèce	42 Turquie	42 Grèce

Pour chaque thème, les pays sont classés du plus performant au moins performant.

Qu'apprend-on sur l'équité du système scolaire en France ?

– La situation était très mauvaise en 2009, elle le reste en 2012. En maths, le domaine sur lequel l'enquête de 2012 met l'accent, la France compte 13 % de très bons élèves (avec des scores au-dessus des niveaux 5 et 6), ce qui la place dans la moyenne des pays de l'OCDE. Mais la situation se dégrade pour les élèves en difficulté (avec des scores en dessous du niveau 2) dont la proportion est passée de 17 à 23 % entre 2003 et 2012, ce qui met la France dans la moyenne de l'OCDE. Les écarts se creusent aussi pour la maîtrise de l'écrit : la France stagne, tenue par son élite. Elle réalise le même score qu'en 2000, mais les extrêmes se renforcent. La proportion des très bons élèves a gagné 4 points, tout comme celle des élèves en difficulté.

Or, ces élèves en difficulté proviennent en grande partie des milieux modestes, puisque la France est, dans l'enquête PISA, le pays où les inégalités socio-économiques ont le plus d'impact sur la réussite scolaire (plus encore que la Bulgarie, le Chili ou le Pérou…). Pouvons-nous nous inspirer d'expériences étrangères réussies ?

– D'autres pays se sont attelés avec succès à réduire leurs inégalités scolaires. L'Allemagne, par exemple. Ses progrès, déjà sensibles en 2009, se confirment en

2012. Ce redressement tient à une meilleure formation des professeurs – un point commun à tous les pays où l'équité scolaire est forte. Celle-ci est devenue plus sélective, plus axée sur le traitement de la difficulté scolaire. Les jeunes enseignants sont plus accompagnés. La journée scolaire a également été rallongée, ce qui permet de garder les enfants à l'école l'après-midi pour offrir du soutien à ceux qui en ont besoin. Enfin, l'apprentissage de la langue allemande a été renforcé dès l'école maternelle, en particulier pour les enfants issus des couches populaires. Shanghai, le Portugal ou le Brésil, classés respectivement 1er (613 points), 31e (487 points) et 58e (391 points) dans PISA 2012 pour les performances en mathématiques, sont aussi parvenus à resserrer les écarts de niveau entre les élèves. Une des raisons de leur succès est d'avoir attiré les professeurs expérimentés dans les zones rurales ou déshéritées.

Tous ces exemples illustrent l'observation qu'en éducation, la qualité rime avec l'équité sociale. Un système scolaire est d'autant plus performant qu'il est moins injuste socialement. Il faut centrer les programmes scolaires sur l'acquisition des fondamentaux.

L'enquête PISA 2012 introduit-elle de nouveaux indicateurs ?

– PISA 2012 introduit la notion de persévérance à l'école. La France s'illustre par le mélange de plaisir et d'anxiété : les élèves éprouvent du plaisir à apprendre mais ils sont anxieux de leurs notes, de leur vie future. Ils ont peur de l'échec. Le climat de discipline joue beaucoup. En France, un élève sur deux souffre du bruit dans la classe, contre un sur trois en moyenne dans l'OCDE. La résilience – à savoir la capacité à déjouer les pronostics de réussite scolaire – est aussi riche d'enseignement. À Shanghai, où cette résilience est élevée, un élève de milieu défavorisé a une chance sur deux de devenir un bon élève. En France, cette proportion tombe à un sur cinq.

« Pisa 2012 : l'école des inégalités sociales françaises » (extraits),
interview d'Éric Charbonnier, propos recueillis par Caroline Brizard,
L'Obs, 3 décembre 2013.

Proposition de corrigé

Il s'agit ici de propositions de réponses et non d'une correction officielle. Les éléments qui sont donnés ci-après nécessitent une mise en forme avec construction de phrases complètes.

Questions

❶ **a. Acronyme** : sigle qui se prononce comme un mot ordinaire (un OVNI, par exemple, est un sigle qui signifie « objet volant non identifié » mais qui est passé dans le langage courant comme un nom commun).

b. Exemples tirés des documents : « une ZEP » (pour zone d'éducation prioritaire), « un RAR » (pour réseau ambition réussite), « les Mooc » (pour *massive open online course*).

❷ **Ascenseur social** : c'est un système qui permet à des personnes issues de milieux sociaux défavorisés, par le biais d'activités, de développements de compétences, de passages d'examens ou de concours spécifiques, d'arriver à un niveau supérieur de responsabilité et de rémunération.

❸ Même si les nouvelles technologies peuvent limiter les rapports professeurs et élèves et l'interaction humaine utile à l'apprentissage, elles permettent, rationnellement utilisées, de faciliter l'accès à des formations, d'élever la productivité ainsi que d'augmenter la flexibilité dans la gestion du temps.

❹ PISA 2012, ou l'édition 2012 du programme PISA, est une enquête qui permet de suivre les acquis des élèves et de comparer les systèmes éducatifs des pays de l'OCDE. Elle évalue leur performance globale, mais aussi l'écart entre les élèves forts et ceux en difficulté, ainsi que l'influence des inégalités sociales dans les inégalités scolaires.

Application

❶ **a.**

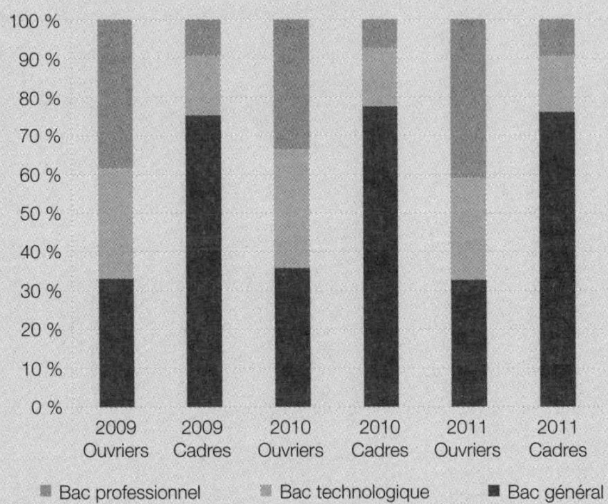

b. L'histogramme montre une tendance stable, dans la catégorie « ouvriers », à choisir en priorité des baccalauréats professionnels, bien que le baccalauréat général soit presque autant choisi. À l'inverse, dans la catégorie « cadres, professions intellectuelles », on observe une orientation très marquée des candidats vers le baccalauréat général et un retrait face aux autres filières. Ces tendances sont une constante des trois années étudiées.

❷ Point de départ : 1 500 bacheliers.

	Bac général	Bac technologique	Bac professionnel
Ouvriers (%)	35,8 %	30,8 %	33,4 %
Ouvriers (nombre)	537	462	501
Cadres (%)	77,5 %	15,3 %	7,2 %
Cadres (nombre, arrondi à l'unité)	1 162	230	108

(Vérifications : ouvriers : 537 + 462 + 501 = 1 500 bacheliers; cadres : 1 162 + 230 + 108 = 1 500 bacheliers.)

Calculs pour la catégorie « ouvriers » :

1 500 × 0,358 = 537 élèves bacheliers dans la filière générale;

1 500 × 0,308 = 462 élèves bacheliers dans la filière technologique;

1 500 × 0,334 = 501 élèves bacheliers dans la filière professionnelle.

Vérification : 537 + 462 + 501 = 1 500 bacheliers.

❸ **a.** Pour le baccalauréat général, en 2010, le pourcentage dans la catégorie « artisans, commerçants, chefs d'entreprise » est de 52,7 %.

Pour le baccalauréat général, en 2010, le pourcentage dans la catégorie « retraités » est de 40,3 %.

Parmi les bacheliers de la filière générale en 2010, il y a donc plus d'enfants d'artisans, commerçants et chefs d'entreprise que d'enfants de retraités.

b. L'écart entre les deux catégories est de : 52,7 - 40,3 = **12,4 %**, ce qui donne pour 1 500 bacheliers × 12,4 % = **186 bacheliers**.

Rédaction

Plusieurs enquêtes, aussi bien nationales, comme celle de la Cour des comptes, qu'internationales, comme le programme PISA, constatent non seulement des retards d'apprentissage chez les élèves français, mais surtout l'importance et l'aggravation des inégalités scolaires. L'enquête PISA 2012, en particulier, a mis en lumière la façon dont le système éducatif français reproduit les inégalités sociales : il creuse l'écart entre les très bons élèves, majoritairement issus de classes moyennes et supérieures, et les élèves en difficulté, majoritairement issus de milieux défavorisés. Les causes de ces inégalités croissantes sont multiples : inefficacité des structures, manque d'effectifs, programmes scolaires et répartition du temps scolaire inadaptés en France par rapport à d'autres pays de l'OCDE. L'école peut-elle parvenir à offrir une égalité de chances aux différentes catégories socioprofessionnelles ?

I. Les causes possibles des inégalités scolaires en France

- Les limites de l'éducation prioritaire

Malgré les efforts des pouvoirs publics, comme la création de zones spécifiques et le renforcement matériel, les élèves en zones défavorisées reçoivent toujours moins que les autres. Les réseaux qui ont été créés depuis des dizaines d'années (ZEP, RAR, RSS) et qui regroupent tous les types d'établissements, du primaire au secondaire, avaient vocation à recevoir davantage de financements. Pourtant l'augmentation des moyens matériels ou même la baisse du nombre d'élèves par classe n'ont pas porté leurs fruits, en partie parce que le corps enseignant a déserté ces zones, notamment les professeurs les plus expérimentés. Le ministère de l'Éducation nationale a proposé une prime pour inciter les enseignants à se rendre en ZEP, mais celle-ci n'a pas convaincu. Par ailleurs, le nombre d'élèves en classe reste élevé par rapport aux enjeux de ces établissements, qui sont de remonter un niveau parfois extrêmement faible. La baisse du nombre d'élèves ne parvient pas seule à ralentir l'échec scolaire.

Aussi, le taux d'élèves en retard scolaire à l'entrée en sixième est élevé dans ces zones normalement prioritaires. De plus, le nombre d'établissements concernés étant important, le ministère de l'Éducation nationale a étendu le dispositif et, ainsi, a saupoudré les moyens pour satisfaire le plus grand nombre au lieu de concentrer ses efforts au profit de quelques zones.

- La réduction de la mixité sociale

Même au collège, le concept de « collège unique » tend à disparaître au profit d'une non-mixité sociale nuisible. En effet, la carte scolaire est mise à mal : les parents qui le peuvent évitent de scolariser leurs enfants dans des zones ou établissements à « mauvaise réputation », ou à résultats insuffisants. Au contraire, les demandes de dérogation sont rares en milieu défavorisé, ce qui diminue d'autant la mixité sociale.

- Des pratiques scolaires inadaptées à la lutte contre l'échec

Si le passage à la semaine de quatre jours et demi datant de 2013 a permis de prendre véritablement en compte les biorythmes des enfants, engendrant une meilleure utilisation des calendriers hebdomadaires, elle n'a pas, hélas, amélioré les pratiques scolaires. De fait, ce sont des activités dites périscolaires qui ont alimenté le nombre d'heures supplémentaires, alors qu'il aurait été plus judicieux de consacrer ce temps aux élèves en difficulté afin de les aider à rattraper leur retard.

Une autre erreur, héritée du passé, consiste à croire que le redoublement permet de lutter contre l'échec scolaire. Pourtant, cette pratique extrêmement coûteuse se révèle particulièrement inefficace, car les élèves qui redoublent risquent de reproduire les mêmes erreurs l'année suivante. Dans le même temps, les absences chroniques d'enseignants sont un inconvénient non négligeable. On peut ajouter le fait que de moins en moins d'heures sont employées pour les apprentissages fondamentaux. Par exemple, la moitié du temps officiel consacré à l'apprentissage de la lecture en CP a été qualifiée de « hors contenu » par des chercheurs. « En un siècle, le nombre d'heures en primaire a baissé de 500 heures par an », nous dit Bruno Suchaut. Face à cet état de fait, les familles favorisées compensent les lacunes de l'enseignement par une aide privée pour leurs enfants, ce que les familles les moins aisées ne peuvent se permettre.

II. Les solutions possibles pour y remédier

Pour lutter contre ces inégalités, on peut envisager trois types d'action : encourager et former les enseignants, offrir plus de possibilités aux élèves et modifier les conditions matérielles de l'enseignement.

- L'incitation et la formation des enseignants

Du côté des enseignants, les pouvoirs publics ont renforcé les primes d'intéressement pour les candidats à l'enseignement en zone prioritaire, allant jusqu'à 2 400 euros par an. Force est de constater que cette somme est insuffisante. Il conviendrait que les pouvoirs publics aillent plus loin en allouant des bonifications pour la retraite, des avantages de carrière et peut-être des incitations financières plus innovantes. Par ailleurs, ils doivent s'impliquer dans la considération du corps des enseignants à titre général, pour éviter que des postes budgétaires ne soient pas pourvus...

La formation des enseignants apparaît aussi comme un « cheval de bataille » incontournable : elle évolue afin de proposer un apprentissage conjuguant savoirs et savoir-faire, plutôt qu'une formation purement théorique précédant des activités dites de « terrain ». Les enseignants doivent par ailleurs être formés à la nouvelle répartition du temps scolaire et surtout s'investir de façon notable au profit de l'individualisation de l'aide ou du travail en petits groupes.

- De nouvelles possibilités pour les élèves

Afin de remédier aux inégalités, un programme a récemment vu le jour : les « internats d'excellence » ciblant les meilleurs élèves qu'ils rassemblent dans un établissement innovant en termes d'accueil et de suivi. Toutefois, ce système ne vise que peu d'élèves globalement. Surtout, y recourir exclusivement, c'est prendre le risque d'abandonner la lutte collective contre les inégalités pour rester dans des logiques élitistes.

En revanche, la création de programmes dits de « seconde chance » peut aussi apporter d'autres opportunités aux élèves en échec scolaire, en créant des systèmes de réorientation. Mais, pour cela, encore convient-il de ne pas dévaloriser les filières dites professionnelles mais, au contraire, de les encourager.

Le redoublement, quant à lui, doit être définitivement abandonné au profit d'un investissement plus poussé dans le soutien scolaire, dans l'identification des difficultés des enfants et dans l'individualisation de l'aide. Pour ce faire, des recrutements supplémentaires d'enseignants, une modification de leurs obligations horaires ou encore un appui par d'autres structures (un apport de contractuels, par exemple) pourraient être utiles.

- L'informatisation à l'appui de l'enseignement

Enfin, sur le plan matériel, une autre piste d'avenir pourrait être le développement de l'informatisation. En effet, il est opportun de mettre en ligne des cours afin de toucher davantage d'élèves, et de leur permettre de prendre le temps. Les formations à distance sont considérées comme un appui utile, voire essentiel pour les années futures.

En conclusion, on peut souligner le fait que le système d'éducation en France continue de se dégrader, conduisant chaque année 150 000 jeunes à quitter l'école sans diplôme, et qu'il ne parvient pas à contrebalancer le poids des inégalités sociales, voire qu'il l'aggrave. C'est pourquoi la réforme des rythmes scolaires, tout comme les nouvelles orientations en matière de formation des enseignants ou encore l'augmentation du temps passé par les professeurs auprès des élèves doivent contribuer à la lutte contre les inégalités. L'action est d'autant plus urgente aujourd'hui que l'enquête PISA relève que plus d'un tiers des élèves est en retard scolaire. Toutefois, la réduction de cet échec ne peut passer que par un soutien de tous les acteurs de la filière.

Sujet nº 3

Session 2013

Durée 3 heures

Documents du dossier

Document 1 : « Il est urgent de réduire de moitié le gaspillage alimentaire dans l'UE » (extraits), site Internet du Parlement européen, www.europarl.europa.eu, 19 janvier 2012.

Document 2 : « Gaspillage alimentaire : un tiers de la nourriture est gaspillée ou perdue tous les ans dans le monde » (extraits), Organisation des Nations unies pour l'alimentation et l'agriculture, www.notre-planete.info, 6 février 2013.

Document 3 : « Pourquoi le monde gaspille autant de nourriture » (extraits), www.lemonde.fr, 11 décembre 2009.

Document 4 : « Le gouvernement veut diminuer le gaspillage alimentaire » (extraits), www.lemonde.fr, 21 octobre 2012.

Document 5 : « Comment lutter contre le gaspillage alimentaire ? », Jennifer Maherou, Association Santé Environnement France, 22 octobre 2012.

Document 6 : « Lutte contre le gaspillage : comment mettre les bouchées doubles ? » (extraits), interview de Mme Annie Soyeux du Centre d'études et de prospective du ministère de l'Agriculture, juillet 2011.

Document 7 : Assemblée nationale, Question écrite nº 10306 de la députée Mme Doucet et réponse du ministère de l'Agriculture, de l'Agroalimentaire et de la Forêt, publiée *au Journal officiel*, 1er janvier 2013.

Document 8 : « Pertes et gaspillages dans le monde » (extraits), Étude menée pour le Congrès international Save Food ! Pourcentages pondérés des pertes et gaspillages alimentaires pour chaque niveau de la chaîne alimentaire.

Source : Organisation des Nations unies pour l'alimentation et l'agriculture, Rome 2012.

Questions

❶ Définissez, en 3 lignes maximum, chacun des mots suivants : « gabegie » (document 7) et « incantatoire » (document 4).

Pour chacune des questions 2, 3 et 4, vous répondrez en 5 lignes maximum.

❷ Quelles sont les différentes dates de péremption actuellement utilisées ? Expliquez en quoi elles contribuent au gaspillage alimentaire.

❸ Quelles sont les répercussions du gaspillage alimentaire sur l'environnement ?

❹ L'augmentation de la production est-elle une réponse satisfaisante pour lutter contre la faim dans le monde ?

Application

❶ Le gaspillage alimentaire en chiffres dans l'Union européenne (UE)

Le gaspillage alimentaire total dans l'UE est, actuellement, de 89 millions de tonnes par an (soit 179 kg par habitant).

a. Le gaspillage des ménages représente 42 % du total du gaspillage alimentaire.

b. Si aucune mesure n'est prise, le gaspillage des ménages aura augmenté de 40 % en 2020.

c. Si des mesures sont prises, cette augmentation du gaspillage des ménages pourra être évitée à 60 %.

Quelles sont les valeurs, en millions de tonnes, du gaspillage des ménages dans les cas : **a**, **b** et **c** ? Détaillez vos calculs (les résultats seront arrondis à deux décimales).

❷ **a.** À partir du document 8, construisez deux histogrammes. Le premier reprend les données relatives à l'Amérique du Nord et l'Océanie et, le second, à l'Afrique subsaharienne. Les données utiles concernent les produits suivants : « racines et tubercules », « fruits et légumes », « poissons et fruits de mer ». Ces deux histogrammes doivent représenter les pourcentages pondérés (tels qu'indiqués dans le document 8) des pertes et gaspillages alimentaires relatifs à la production agricole, d'une part, et à la consommation, d'autre part.

Pour chacun de ces deux histogrammes, vous porterez en abscisse les trois produits concernés et, en ordonnée, les pourcentages pondérés des pertes et gaspillages. Pour chaque produit, deux colonnes accolées représentent, l'une le pourcentage pondéré de pertes et gaspillages au niveau de la production agricole, l'autre le pourcentage pondéré de pertes et gaspillages au niveau de la consommation.

b. En 5 lignes maximum, vous préciserez les enseignements que vous tirez de la comparaison de ces deux histogrammes.

Rédaction

À l'aide des documents et de vos réflexions personnelles, en deux pages, vous indiquerez les enjeux du gaspillage alimentaire dans les pays développés et vous exposerez les solutions envisagées pour le limiter.

Document 1

Il est urgent de réduire de moitié le gaspillage alimentaire dans l'UE

Près de 50 % d'aliments sains sont gaspillés chaque année dans l'Union européenne (UE), par les ménages, les supermarchés, les restaurants et la chaîne alimentaire, alors que 79 millions de citoyens vivent au-dessous du seuil de pauvreté et que 16 millions dépendent de l'aide alimentaire d'œuvres de charité. Dans une résolution adoptée jeudi, le Parlement demande des mesures urgentes en vue de réduire de moitié les gaspillages alimentaires d'ici 2025 et d'améliorer l'accès aux aliments pour les personnes démunies.

Face au gaspillage alimentaire à tous les stades - producteurs, transformateurs, détaillants, services de restauration et consommateurs - les députés demandent de mettre en place une stratégie coordonnée, associant des mesures européennes et nationales, afin d'améliorer l'efficacité de la chaîne alimentaire et des circuits de consommation, secteur par secteur, et de s'attaquer d'urgence à ce problème. Si rien n'est fait, le gaspillage alimentaire augmentera de 40 % d'ici 2020, indique une étude publiée par la Commission.

« La question la plus importante à l'avenir sera de répondre à la demande croissante de produits alimentaires, étant donné qu'elle sera supérieure à l'offre. Nous ne pouvons nous permettre plus longtemps de rester dans l'inaction, alors que des aliments sains et comestibles sont jetés à la poubelle. Il s'agit d'un problème éthique, mais également économique et social, avec d'énormes implications sur l'environnement », a déclaré le rapporteur Salvatore Caronna avant le vote. « La balle est maintenant dans le camp de la Commission. Nous attendons une stratégie européenne convaincante qui proposera une ligne de conduite permettant aux 27 États membres de s'attaquer au problème de manière systématique », a-t-il ajouté.

Pour parvenir à une réduction drastique des gaspillages alimentaires d'ici 2025, de nouvelles campagnes de sensibilisation doivent être encouragées aux niveaux européen et national, indique la résolution. Les députés proposent que des cours d'éducation alimentaire soient créés, en particulier dans les écoles, afin de donner des conseils pratiques sur la conservation des denrées alimentaires, leur préparation et leur élimination. Ils proposent également d'échanger les meilleures pratiques. Pour encourager la durabilité dans le secteur alimentaire, les députés demandent de déclarer l'année 2014 « Année européenne contre le gaspillage alimentaire ».

Pour éviter que les denrées alimentaires ne soient proposées à la vente dans un délai trop proche de la date de péremption, ce qui augmente le risque de gaspillage, une double date de péremption pourrait être introduite pour indiquer la date limite de vente (date de commercialisation) et la date limite de consommation (date de consommation), précise la résolution.

Tout en ajoutant que la Commission et les États membres doivent néanmoins s'assurer au préalable que les clients comprennent la différence entre les étiquettes utilisées actuellement dans l'UE telles qu'« à consommer de préférence avant le... » (lié à la qualité) et « à consommer jusqu'au... » (lié à la sécurité).

Pour permettre aux consommateurs d'acheter la quantité qu'ils souhaitent, les producteurs doivent proposer plusieurs dimensions d'emballages alimentaires et prévoir une meilleure conservation. Les produits proches de la date de péremption ou endommagés doivent être vendus au rabais, de manière à les rendre plus accessibles aux personnes démunies, affirment les députés.

Les règles de passation des marchés publics pour les services de restauration et d'hôtellerie doivent être revues pour assurer dans la mesure du possible que les contrats soient passés avec des services de restauration qui utilisent les produits locaux et qui redistribuent gratuitement les invendus aux personnes démunies ou aux banques alimentaires.

Les députés demandent un meilleur ciblage des programmes de soutien européens, notamment en faveur de la distribution de denrées alimentaires aux personnes les plus défavorisées ou de la consommation de fruits et de lait à l'école, afin d'éviter le gaspillage alimentaire.

Les députés se sont également félicités des initiatives de certains États membres pour récupérer les aliments invendus et distribuer ceux-ci aux personnes démunies et ont demandé aux distributeurs de participer à ces programmes.

Session plénière Agriculture, 19 janvier 2012
www.europarl.europa.eu

Document 2

Gaspillage alimentaire : un tiers de la nourriture est gaspillée ou perdue tous les ans dans le monde

Les consommateurs et les détaillants de denrées alimentaires peuvent, par de simples gestes, réduire considérablement les 1,3 milliard de tonnes de nourriture perdues ou gaspillées chaque année et contribuer ainsi à bâtir un avenir durable, selon une nouvelle campagne mondiale pour la réduction du gaspillage alimentaire lancée par le Programme des Nations unies pour l'environnement (PNUE), la FAO (Fonds des Nations unies pour l'alimentation) et leurs partenaires.

La campagne *Think.Eat.Save* (Réduisez votre empreinte) vient appuyer l'initiative *Save Food* qui vise à réduire les pertes et le gaspillage alimentaires le long de la chaîne de production et de consommation alimentaires. Elle s'inscrit aussi dans la logique des initiatives Faim Zéro du secrétaire général des Nations unies.

Think.Eat.Save vise à accélérer la lutte contre le gaspillage tout en offrant un portail pour une vision globale et le partage d'informations sur les nombreuses initiatives actuellement en cours à travers le monde.

Au niveau mondial, un tiers de la nourriture produite – soit en valeur environ 1 milliard de dollars – est perdue ou gaspillée dans les systèmes de production et de consommation alimentaires, selon les données recueillies par la FAO. Les pertes se produisent surtout dans les phases de production – récolte, transformation et distribution – alors que les gaspillages se produisent généralement au niveau du détaillant et du consommateur à l'autre bout de la chaîne d'approvisionnement alimentaire.

Selon la FAO, environ 95 % des pertes et du gaspillage d'aliments dans les pays en développement sont des pertes involontaires qui surviennent aux premiers stades de la chaîne d'approvisionnement alimentaire. Ces pertes sont dues à des contraintes financières et de gestion et à des limitations dans les techniques de récolte, ainsi qu'à des défaillances au niveau du stockage et des installations de refroidissement là où les conditions climatiques sont difficiles. Elles sont dues également à des problèmes d'infrastructures, d'emballage et de commercialisation.

Cependant, dans le monde développé, la situation n'est pas idyllique. Lors de la fabrication des produits alimentaires et de la vente au détail, de grandes quantités de nourriture sont gaspillées en raison de pratiques inefficaces, de normes de qualité qui mettent exagérément l'accent sur l'aspect, d'erreurs sur les étiquettes de péremption et des comportements de consommateurs prompts à jeter la nourriture comestible suite à des achats non justifiés. À signaler aussi, parmi les causes de gaspillage, le stockage inapproprié et les repas disproportionnés.

Le volume des aliments gaspillés par habitant est compris entre 95 et 115 kg par an en Europe et en Amérique du Nord/Océanie, alors qu'en Afrique subsaharienne et en Asie du Sud et du Sud-Est, ce chiffre se situe entre 6 et 11 kg.

Selon l'organisation *WRAP (Waste and Services Action Programme),* au Royaume-Uni une famille moyenne pourrait économiser 680 livres sterling par an (780 euros) et le secteur hôtelier et de la restauration 724 millions de livres sterling (837 millions d'euros) si le problème du gaspillage était réglé.

Comme dans d'autres parties du monde, l'Union européenne se penche sur la question du gaspillage alimentaire, et la Commission européenne pèse de tout son poids en faveur de cette nouvelle campagne. *« Dans l'UE, nous nous sommes fixé comme objectif d'ici à 2020 la réduction de moitié du gaspillage alimentaire et l'élimination de l'enfouissement »* indique M. Janez Potocnik, Commissaire européen chargé de l'environnement.

« Moins de déchets alimentaires conduirait à une utilisation des terres plus efficace, une meilleure gestion des ressources en eau, une utilisation plus durable du phosphore, et cela aurait des répercussions positives sur le changement climatique. Notre travail s'inscrit parfaitement dans le cadre de cette initiative », affirme M. Potocnik.

« Dans un monde de sept milliards d'individus qui devraient passer à neuf milliards en 2050, le gaspillage de la nourriture n'a aucun sens économique, environnemental ou éthique », affirme M. Achim Steiner, sous-secrétaire général et directeur exécutif du PNUE.

« Outre les répercussions sur les coûts, il faut savoir que la terre, l'eau, les engrais et le travail requis pour faire pousser les aliments sont également gaspillés, sans compter les émissions de gaz à effet de serre produites à la fois par la décomposition des aliments dans les sites d'enfouissement et par le transport de la nourriture, qui est finalement jetée », fait valoir M. Steiner. « Pour faire émerger une vision d'un monde véritablement durable, nous devons transformer la façon dont nous produisons et consommons nos ressources naturelles. »

De son côté, M. José Graziano da Silva, directeur général de la FAO, souligne : *« Ensemble, nous pouvons inverser cette tendance inacceptable et améliorer des vies. Dans les régions industrialisées, près de la moitié des aliments gaspillés, soit environ 300 millions de tonnes par an, sont le fait des producteurs, des détaillants et des consommateurs qui jettent la nourriture alors qu'elle est encore propre à la consommation. Ceci dépasse la production alimentaire nette totale de l'Afrique subsaharienne, et suffirait à nourrir les quelque 870 millions d'affamés que compte la planète. »*

Et M. Graziano da Silva d'ajouter : *« Si nous pouvons aider les producteurs à réduire les pertes grâce à de meilleures méthodes de récolte, de transformation, de stockage, de transport et de commercialisation, et allier cela à des changements profonds et durables des habitudes alimentaires, alors nous verrons un monde plus sain et libéré de la faim. »*

« Aucun autre domaine n'est aussi emblématique quant aux opportunités qui permettraient l'avènement d'un monde beaucoup plus économe en ressources et plus

durable. Et aucune autre question ne saurait mieux que celle-ci fédérer le Nord et le Sud, les consommateurs et les producteurs, partout dans le monde, autour d'une cause commune », affirme M. Steiner.

Le système alimentaire mondial a de profondes répercussions sur l'environnement et le fait de produire plus de nourriture que ce qui est consommé ne fait qu'exacerber les pressions.

Pour que la campagne atteigne son gigantesque potentiel, tout le monde doit s'impliquer : les familles, les supermarchés, les chaînes hôtelières, les écoles, les clubs sportifs et sociaux, les chefs d'entreprises, les maires, les dirigeants nationaux et mondiaux…

Organisation des Nations unies pour l'alimentation et l'agriculture, 6 février 2013
www.notre-planete.info

Document 3

Pourquoi le monde gaspille autant de nourriture

Et si, au lieu de chercher à augmenter la production agricole pour nourrir le monde, les hommes commençaient par cesser de gaspiller la nourriture ? Une étude, parue dans la revue scientifique *PLOS One* de novembre, démontre que, chaque année, 40 % de l'alimentation disponible aux États-Unis est jetée. Ce gâchis entraîne la dilapidation d'un quart de l'eau douce consommée annuellement dans le pays (utilisée pour produire ces aliments) et de l'équivalent en énergie de 300 millions de barils de pétrole par an. Ces données confirment des estimations antérieures du gaspillage alimentaire dans les pays développés, évalué de 30 % à 40 % des denrées.

Le phénomène touche également les pays en développement. Les chiffres sont discutés, mais les pertes atteindraient entre 10 % et 60 % des récoltes, en fonction des produits agricoles. *« La pensée dominante veut que pour répondre au doublement de la demande alimentaire dans les décennies à venir, il faut augmenter la production, affirme Jan Lundqvist, directeur du comité scientifique du Stockholm International Water Institute (SIWI). Il serait plus rationnel de chercher d'abord à réduire le gaspillage. Celui-ci conduit à une dilapidation de ressources qui se font de plus en plus rares, notamment l'eau. »*

Pour aboutir à leur estimation du gaspillage outre-Atlantique, des physiologistes de l'Institut national de la santé américain ont calculé la différence entre les quantités de nourriture disponibles dans le pays et la consommation des habitants, estimée à partir de l'évolution de leur poids moyen.

Résultat : en 1970, chaque Américain absorbait en moyenne 2 100 calories par jour, tandis que la nourriture disponible par personne équivalait à 3 000 calories. Aujourd'hui, ces chiffres atteignent respectivement 2 300 et 3 800 calories. Dans l'intervalle, le poids moyen a augmenté de 10 kg. *« La différence entre les deux chiffres correspond aux quantités jetées, explique Kevin Hall, responsable de l'étude. Elles s'élevaient à un peu moins de 30 % de l'alimentation disponible en 1970, contre 40 % aujourd'hui. »*

Dans les pays riches, l'essentiel des pertes a lieu « en bout de chaîne ». La distribution rejette une partie des produits en fonction de critères esthétiques, et applique des marges de sécurité importantes sur les dates limites de consommation. Mais des pertes considérables ont également lieu dans la restauration collective et… dans les cuisines des particuliers.

Une étude détaillée du contenu des poubelles en Grande-Bretagne, parue en novembre 2009, estime que 25 % des aliments achetés par les ménages sont jetés. On trouve dans les détritus, par ordre d'importance, des légumes frais et des salades, des boissons, des fruits, des produits de boulangerie, de la viande et du poisson… Selon l'organisme public qui a mené l'enquête, l'essentiel de ce gaspillage est évitable : soit les aliments n'ont pas été consommés à temps, soit ils ont été préparés en trop grande quantité. Ils représentent l'équivalent de 13 milliards d'euros par an (soit 530 euros par ménage et par an), et 2,4 % des émissions de gaz à effet de serre du pays.

Dans les pays en développement, on ne parle pas de gaspillage, mais de pertes, et les raisons en sont très différentes. *« Elles sont dues à de mauvaises conditions de récolte, de transport, de stockage, et à une formation insuffisante sur les méthodes de conservation des aliments »*, explique Stepanka Gallatova à l'Organisation des Nations unies pour l'alimentation et l'agriculture (FAO). Assez limitées pour les céréales, elles peuvent atteindre des volumes considérables pour les denrées périssables. Elles s'amplifient avec l'urbanisation : plus les lieux de consommation s'éloignent des lieux de production, plus la chaîne d'approvisionnement se complexifie et les risques de pertes augmentent.

Si le sujet est de plus en plus mis en avant par les chercheurs et des institutions spécialisées, il n'est pas à l'agenda des politiques prioritaires d'une grande majorité d'États. Dans les pays pauvres, la réduction des pertes serait cependant moins coûteuse que l'augmentation de la productivité agricole, selon Mme Gallatova. Elle estime toutefois que, *« depuis la crise alimentaire (de 2008), le thème commence à susciter de l'intérêt parmi les pays en développement ».*

Gaëlle Dupont, *Le Monde*
www.lemonde.fr, 11 décembre 2009.

Document 4

Le gouvernement veut diminuer le gaspillage alimentaire

Chaque Français jette entre 20 et 30 kilos de nourriture par an, un gaspillage que le gouvernement veut diviser par deux d'ici 2025, en favorisant la vente de produits à l'unité ou la récupération des invendus par les associations d'aide aux plus démunis. *« Chaque Français jette de 20 à 30 kilos de nourriture chaque année dont 7 kg d'aliments encore sous emballage »,* a expliqué le ministre délégué à l'Agroalimentaire, Guillaume Garat.

Un thème qui parle à une majorité de Français puisque 54 % d'entre eux considèrent que la lutte contre le gaspillage est un acte important à faire au quotidien et 57 % en parlent déjà avec leur entourage, selon un sondage TNS Sofres. *« C'est un enjeu de pouvoir d'achat puisque la perte due au gaspillage est estimée à 500 euros par an par foyer », selon le ministre. Il s'agit de plus « de s'engager concrètement contre les dérives de la société de surconsommation. »*

Le plan comprend cinq actions destinées à *« enclencher une dynamique »* auprès de la grande distribution, des industriels, des associations et des consommateurs car, sur l'ensemble de la chaîne alimentaire, ce sont 150 kg qui sont gaspillés par an et par personne en France, rappelle M. Garot. Un chiffre toutefois un peu meilleur que la moyenne européenne : 190 kg, selon lui.

La vente des produits à l'unité sur les produits d'entrée de gamme fera son arrivée sur les étals de Monoprix, a annoncé le ministre. D'autres enseignes ont déjà lancé ce type d'initiatives, à l'instar d'Auchan qui a mis en place l'achat en vrac des denrées ou la vente de portions de viande individuelles. *« On va aussi travailler sur la vente promotionnelle différée »* : le client achète trois lots pour le prix de deux mais récupérera son troisième lot plus tard pour qu'il ne périme pas dans son réfrigérateur, a détaillé le ministre. Monoprix, Système U ou Casino sont engagés dans ce plan pour y participer d'une façon ou d'une autre, a assuré M. Garot.

Les industriels *« sont favorables à ce travail »* mais il *« faut bien identifier ce qui est le vrai gaspillage et qui est responsable »,* a réagi auprès de l'AFP Jean-René Buisson, de l'ANJA (association des industries de l'alimentaire) citant par exemple le cas où une enseigne refuse un camion de marchandises fraîches pour cinq minutes de retard. Avec les marchés d'intérêt national (MIN), le gouvernement veut également encourager la récupération des invendus pour l'aide alimentaire.

« 2025 me semble un peu lointain », a commenté le directeur de l'action sociale à la Croix-Rouge française, Didier Piard, interrogé par l'AFP. *« Il y a toujours une crainte pour nous, associations, que ce soit une déclaration un peu incantatoire ».* De plus, ce plan doit *« s'accompagner de moyens pour que les grandes associations puissent conserver les denrées collectées »,* a-t-il souligné. Aujourd'hui, *« nous* ramassons *à la Croix-Rouge auprès de la grande distribution à peu près un tiers de nos approvisionnements pour l'aide alimentaire aux plus démunis »,* a-t-il précisé. *« Je souhaiterais arriver à 50 %, voire 60 %. »*

Le Monde, 21 octobre 2012
Site Internet : www.lemonde.fr

Document 5

Comment lutter contre le gaspillage alimentaire ?

Selon le Fonds des Nations unies pour l'alimentation (FAO), dans le monde, environ 1,3 milliard de tonnes de nourriture sont gaspillées chaque année, soit un tiers des aliments produits ! Un rapport plus pessimiste de l'Institution of Mechanical Engineers (IME) estime même que la moitié de la nourriture produite dans le monde est jetée au lieu d'être consommée. Le gaspillage alimentaire concerne chaque maillon de la chaîne alimentaire : le cycle de production du produit, la grande distribution, la restauration, les ménages…

Fruits, yaourts, viandes, fromages, œufs, pains, légumes, pâtisseries… beaucoup d'entre nous réagissent de la même façon une fois la date de péremption de ces produits passée : on jette. En moyenne, chaque Français jette 20 kg de déchets alimentaires chaque année, dont 7 kg de produits non consommés encore emballés ! Cela correspond de 400 à 500 euros par foyer. Ce gaspillage, le gouvernement français veut le diviser par deux d'ici 2025.

Mais les Français ne sont pas les seuls à gaspiller : nos voisins belges jettent l'équivalent de 174 euros de nourriture à la poubelle chaque année, et les Britanniques seraient les champions puisqu'ils jettent entre 30 % à 40 % de toutes les denrées achetées ou cultivées chaque année.

En 2011, un rapport de la FAO chiffrait à près de 300 kg par personne la quantité de nourriture perdue ou gaspillée en Europe et en Amérique du Nord, soit deux fois plus que dans des régions en voie de développement comme l'Afrique sub-saharienne et l'Asie du Sud-Est.

Face à ce constat alarmant, le Parlement européen a adopté, le 19 janvier 2012, une résolution demandant des mesures urgentes pour réduire de moitié le gaspillage alimentaire d'ici à 2025. Parmi les mesures proposées : déclarer 2014 « année européenne de lutte contre le gaspillage alimentaire », réaliser des campagnes de sensibilisation auprès des écoliers, améliorer les étiquetages et emballages et en particulier l'information sur les températures de réfrigération, promouvoir les produits locaux et la redistribution des invendus aux personnes démunies.

Face au manque de données dans la répartition du gaspillage entre les différents acteurs de notre alimentation, le ministère de l'alimentation a réalisé une étude sur le gaspillage alimentaire en restauration collective, commerciale et dans la distribution. Les résultats, parus en janvier 2012, sont étonnants : les restaurants traditionnels et gastronomiques sont les plus gros gaspilleurs, avec 230 grammes de denrées gaspillées par personne et par repas, beaucoup plus que les cantines.

En cause : la difficulté à estimer les commandes en amont et à gérer les stocks, les minima de commandes imposés par certains fournisseurs, les règles strictes de sécurité sanitaire et la manière de cuisiner (déchets).

Arrive ensuite la restauration collective avec 167 grammes de pertes par repas et par personne. Cela inclut notamment les établissements de santé et médico-sociaux qui sont confrontés à des difficultés particulières : grande variété des profils nutritionnels à satisfaire, peu de temps pour se restaurer et difficultés des patients pour se nourrir.

Côté restauration scolaire, les meilleurs élèves sont les écoles primaires. Au collège et au lycée, on surévalue souvent les quantités à préparer, et on peine à satisfaire des convives aux préférences variées et qui manquent souvent de temps pour déjeuner. Enfin, contrairement à ce que l'on pourrait penser, les restaurants d'entreprise gaspillent peu (125 grammes par personne et par repas).

Pour réduire le gaspillage alimentaire, il est nécessaire de commencer par bien connaître les causes précises.

Notre société ayant évolué, notre rythme de vie et notre alimentation ont changé depuis quelques décennies. Plus pressé et moins attentif, le consommateur interprète souvent mal les dates de consommation et ne se préoccupe pas de l'organisation de son réfrigérateur. Mais le consommateur n'est pas le seul fautif. Les campagnes promotionnelles des grandes surfaces sont souvent attractives mais le consommateur n'évalue pas bien si elles sont adaptées à sa consommation personnelle.

Enfin, comme l'a montré l'étude du ministère de l'Alimentation, la restauration collective a sa part de responsabilité car elle ne prend pas assez en compte les besoins de ses utilisateurs. Trop pleines, les assiettes des cantines finissent régulièrement au fond de la poubelle ! La qualité des plats peut aussi être remise en question… Si les sociétés de restauration collectives fournissaient des plats de meilleure qualité peut être ne finiraient-ils pas au fond de nos poubelles ?

En plus d'avoir un impact sur le budget des ménages, le gaspillage engendre aussi des problématiques sanitaires, sociales et environnementales. Pour les élus européens, la lutte contre le gaspillage alimentaire est un impératif économique et environnemental car les montagnes de nourriture non consommée contribuent fortement au réchauffement climatique.

Pour éviter le gaspillage alimentaire et réduire les déchets, voici quelques gestes simples à adopter : acheter des quantités adaptées ; examiner les dates de péremption ; respecter la chaîne du froid, ranger logiquement les aliments au réfrigérateur et le nettoyer régulièrement ; cuisiner les restes ; pratiquer le compost ; préférer les fruits et les légumes de saisons…

Mais la lutte contre le gaspillage passe aussi par une sensibilisation accrue des différents acteurs de la chaîne alimentaire : incitation à donner aux associations caritatives, adapter les portions aux besoins des consommateurs, informer les gens sur les bonnes pratiques…

En octobre 2012, Guillaume Garot, le ministre délégué à l'Agroalimentaire a présenté les 4 principales mesures prises par le gouvernement pour lutter contre le gaspillage alimentaire. L'objectif est de limiter par 2 le gaspillage alimentaire d'ici 2025. Le plan comprend des actions destinées à « enclencher une dynamique » auprès de l'ensemble de la chaîne alimentaire (de la grande distribution, des industriels, des associations et des consommateurs) :

– Gérer la quantité. La vente des produits à l'unité sur les produits d'entrée de gamme fera son arrivée sur les étals de Monoprix. D'autres enseignes ont déjà lancé ce type d'initiatives, à l'instar d'Auchan qui a mis en place l'achat en vrac des denrées ou la vente de portions de viande individuelles.

– Mise en place de la vente promotionnelle différée. Lorsqu'un client achètera trois lots pour le prix de deux, il récupérera son troisième lot plus tard pour qu'il ne périme pas dans son réfrigérateur.

– Récupérer les invendus et en faire bénéficier les associations d'aide alimentaire. Sept grands marchés d'intérêt national (MIN), dont celui de Rungis, ont signé des contrats pour faciliter la récupération des invendus par les associations. L'opération sera généralisée aux 22 MIN en 2013.

– Sensibiliser : un site internet est lancé pour véhiculer les bonnes pratiques auprès des Français. Il sera complété, en décembre par une plate-forme intitulée « Le magasin » qui mettra en contact ceux qui donnent et ceux qui reçoivent. En janvier, une grande campagne de sensibilisation misant sur l'humour démarrera. Ces actions seront mises en place avant la signature d'un pacte national anti-gaspillage en juin.

Les résultats de ces actions seront examinés au printemps et en juin, le ministère proposera « un pacte national contre le gaspillage ».

Enfin, il est important de souligner qu'un tiers des aliments produits sont gaspillés alors qu'en Europe, 79 millions de citoyens vivent au-dessous du seuil de pauvreté et que 16 millions dépendent de l'aide alimentaire d'œuvres de charité.

Jennifer Maherou, Association Santé Environnement France, 22 octobre 2012.

Document 6

Lutte contre le gaspillage : comment mettre les bouchées doubles ?

Peut-on déjà avoir une définition de ce qu'est le gaspillage ?

Annie Soyeux. Le terme de gaspillage recouvre, dans la définition de la FAO 2011, tout aliment parfaitement comestible qui est jeté ou détourné de l'alimentation humaine. Une définition consensuelle ou normative des pertes et des gaspillages est un sujet important et non résolu pour l'instant. Selon les définitions, les données peuvent être très différentes selon les pays.

D'un point de vue global, en quoi cette question de la limitation du gaspillage est-elle importante ? Pouvez-vous nous donner quelques chiffres repères ?

Une publication récente de la FAO, datant de mai 2011, chiffre à 1/3 la production agricole mondiale qui serait gaspillée ou perdue – parce que mangée par des insectes ou autres nuisibles, ou pourrie par défaut de ventilation dans des entrepôts, défaut de réfrigération, etc. C'est énorme.

On estime que les pays occidentaux perdent ou gaspillent de 179 kg en Europe à 300 kg aux États-Unis d'aliments par habitant et par an, dont les consommateurs seraient responsables d'un tiers.

Dans les pays du Sud, les pertes et gaspillages sont estimés de 120 kg à 170 kg par personne et par an, dont seulement 6 à 11 kg du fait des consommateurs. Cela montre que dans les pays où l'aliment est une question de survie, représentant plus de 50 %, voire 80 % de la dépense journalière, les gens font beaucoup plus attention à la façon dont ils consomment. Alors que dans nos pays, on préfère jeter plus, surtout au niveau de la distribution et de la consommation, pour des raisons de prévention sanitaire et de responsabilité. Par contre, les phases agricole et industrielle (transport, transformation, distribution) perdent une partie des produits alimentaires en quantité équivalente : au Sud, parce que les pays n'ont pas la logistique, ni même les emballages nécessaires et au Nord, en raison des tris à chaque étape de la chaîne logistique.

Dans les pays occidentaux, si les consommateurs sont responsables de 1/3 du gaspillage, cela veut dire que la restauration collective et la distribution sont responsables des deux autres tiers ?

Non, c'est plus large que cela. Cela commence dès l'après-récolte, quand le produit sort du champ ou de l'abattoir, jusqu'au consommateur. Les industries agroalimentaires connaissent d'importantes pertes de freinte – du produit qui reste dans les tuyaux, les bassines – qu'elles ne se donnent pas forcément la peine de récupérer parce qu'elles doivent produire très vite, et parce que la part de la matière première agricole dans le prix de revient du produit fini se réduit de plus en plus.

S'y ajoutent tous les produits qui se perdent à différents niveaux, par exemple des petits pains mal formés, etc. De nombreux tris sont ainsi réalisés, y compris dans les cuisines de la restauration collective et dans les rayons en distribution.

Les pays occidentaux ont-ils vraiment pris la mesure de cette question ?

Un certain nombre de pays ont commencé à se poser des questions par rapport au gaspillage. Ils ont une dizaine d'années d'avance sur nous. Ce sont les États-Unis, paradoxalement, qui au vu de la progression de l'obésité, se sont posé la question de savoir combien les gens mangeaient réellement, donc combien ils jetaient, afin d'estimer leur consommation au cours du temps. Au Royaume-Uni, c'est plutôt la réflexion sur les gaz à effet de serre qui a enclenché le processus mais aussi les *freegans,* une confrérie qui, pour démontrer les dérives de la société de consommation, a décidé de ne se nourrir que de ce qu'ils trouvent dans les poubelles (à ne pas confondre avec les milliers de glaneurs par nécessité qui fréquentent la fin des marchés et les containers). Puis la Belgique, les Pays-Bas et la Suède ont mené des enquêtes. En France, on note d'abord une initiative des industriels de l'alimentation humaine et animale en 2003-2004, qui a chiffré les rebuts : coproduits, sous-produits, écarts de tri et déchets de leur activité, et la part qui était absorbée par l'agriculture et l'élevage, avec l'aide de l'Ademe (agence de l'environnement et de la maîtrise de l'énergie). Puis en 2007, l'enquête, menée par l'Ademe sur le contenu de nos poubelles et publiée en 2009, a permis de cerner un peu mieux les pertes et gaspillages ramenés à des chiffres par personne et par an. Ainsi 7 kg (avec l'emballage) de produits encore emballés sont jetés. Et c'est au total 20 kg de produits alimentaires, parfaitement consommables, qui finissent à la poubelle.

Quelles sont les différentes solutions envisagées pour limiter le gaspillage ? Du côté des industries agroalimentaires pour commencer ?

Beaucoup de personnes s'intéressent à cette question et tentent de trouver des solutions.

Par exemple, développer des emballages mieux adaptés à ce que peuvent consommer les gens qui vivent seuls ou les petits ménages. Des emballages portions donc, mais aussi des emballages qui se referment correctement lorsqu'on a pris une tranche.

L'expertise scientifique collective qui a été réalisée sur la consommation des ménages par l'Institut national de la recherche agronomique (Inra) en 2010, a montré à ce sujet que les consommateurs prennent quasiment toujours l'emballage de taille intermédiaire, ni le plus grand, ni le plus petit. Si on augmente la taille des emballages – le médian devient le plus petit et les autres sont augmentés d'autant – ils continuent de choisir la taille intermédiaire. Cela a bien entendu des conséquences sur la consommation qui ne sont pas négligeables.

Reste que la problématique de la réduction des emballages et la volonté de réduire le gaspillage sont parfois antinomiques. Cette question est parfois très compliquée et demande beaucoup de travail de la part des industriels, pour trouver des solutions qui soient à la fois capables de conserver le produit et de le protéger, tout en réduisant la quantité d'emballage.

Ce n'est pas simple, d'autant que les consommateurs sont tentés par les promotions qui font acheter plus. N'est-ce pas la loi du marché d'essayer de vendre plus ?

Là aussi des solutions existent. Par exemple, quand Gordon Brown était aux affaires, en Angleterre, il a interdit aux distributeurs de vendre 3 produits pour le prix de 2. Aujourd'hui, outre-Manche, si le consommateur achète un produit, il peut en avoir un autre gratuit, mais un autre jour. Cela lui évite d'accumuler trop de produits périssables, qu'il ne peut consommer dans un temps limité. Et dont une partie finit à la poubelle.

Venons-en aux fameuses dates de péremption qui ont suscité la polémique il y a quelque temps. Finalement, les consommateurs savent-ils bien à quoi correspondent les différentes dates qui sont apposées sur les produits ?

Il faut éviter d'employer le terme de date de péremption, qui est un terme générique recouvrant des situations différentes. On trouve deux types de dates sur les produits, mais elles n'ont pas du tout la même fonction.

La date limite de consommation, la DLC (à consommer jusqu'au) concerne l'ultra-frais comme les produits laitiers, la viande, les légumes coupés ou les poissons en semi-conserve.

Il s'agit de produits qu'il faut absolument conserver au froid car ils présentent des risques microbiologiques. Par prudence, il ne faut pas les consommer après la fameuse date, car ils pourraient avoir développé des moisissures ou des bactéries les rendant impropres à la consommation. En prévention de ces risques-là, la DLC donne un délai assez court, durant lequel les micro-organismes n'auront pas le temps, au froid, de développer ce type de problème.

La date limite d'utilisation optimale, la DLUO (à consommer de préférence avant) se trouve, elle, à la fois sur les conserves, les surgelés, les produits d'épicerie, les gâteaux, etc. Il s'agit de la date jusqu'à laquelle le fabricant, qui a réalisé des tests, garantit le même goût et la même teneur en vitamines que si le produit était frais. Au-delà de cette date, le produit reste consommable, mais il peut être moins bon au goût.

En conclusion, pour lutter contre le gaspillage…

Aujourd'hui, la valeur loisir est plus importante que la valeur cuisine. Il faut prendre conscience que la valeur de l'aliment ne réside pas dans sa seule valeur marchande. Un aliment, c'est aussi la valeur du travail effectué par l'agriculteur, par l'industriel, par ceux qui ont construit les routes pour le transporter, ceux qui ont fabriqué les frigos pour le conserver. L'aliment s'inscrit dans une chaîne de travail et d'intelligence que l'on néglige quand on le met à la poubelle. Si l'on est plus sensible à l'environnement, on peut ajouter à ces arguments, que c'est du soleil en boîte, de l'eau virtuelle, un sol occupé que l'on jette ; et les émissions de gaz à effet de serre du gaspillage alimentaire au Royaume-Uni correspondraient à 1/5 de la consommation en carburant des voitures. C'est donc aussi du carburant et de l'énergie que l'on gaspille.

Interview Annie Soyeux,
Centre d'études et de prospective du ministère de l'Agriculture, juillet 2011.

Document 7

Question écrite (novembre 2012) de la députée Mme Sandrine Doucet et réponse (janvier 2013) du ministère de l'Agriculture, de l'Agroalimentaire et de la Forêt

Texte de la question

Mme Sandrine Doucet attire l'attention de M. le ministre de l'Agriculture, de l'Agroalimentaire et de la Forêt sur la question du gaspillage alimentaire. Alors que de nombreux Français souffrent aujourd'hui de la précarité et ont, de plus en plus, recours à l'aide alimentaire, ce sont, selon une enquête de l'ADEME, près de 90 kg de nourriture qui sont gaspillés par an et par Français. De façon générale, c'est à une immense gabegie que se livrent les pays industrialisés. Un habitant sur sept ne mange pas à sa faim, alors que la production mondiale de denrées alimentaires suffirait à nourrir près de 12 milliards de personnes. Pour de simples standards d'esthétiques, de présentation, de rentabilité ou du fait de normes trop sévères, des aliments sont jetés avant même d'avoir été mis sur le marché. De la même façon, de nombreux commerces ne s'encombrent pas de nourriture au motif que leur aspect n'est plus présentable. Cette situation est paradoxale, alors qu'un nombre grandissant de Français en vient à se faire aider par les associations caritatives. Ces dernières tirent régulièrement le signal d'alarme et alertent les pouvoirs publics, sans avoir rencontré, jusqu'à présent, l'écho que mériterait cette question. Elle souhaite savoir comment le ministère de l'agriculture entend s'emparer de cette question, afin que des systèmes de régulations soient mis en place pour que cesse cette aberration sociale, agricole et environnementale. Elle le remercie et le prie de bien vouloir la tenir informée des suites données à ce dossier.

Texte de la réponse

La politique publique de l'alimentation, conduite par le ministère chargé de l'agriculture en lien avec l'ensemble des parties intéressées, vise à assurer à la population un accès, dans des conditions économiquement acceptables par tous, à une alimentation sûre, diversifiée, en quantité suffisante, de bonne qualité gustative et nutritionnelle, et produite dans des conditions durables. La lutte contre le gaspillage alimentaire constitue un des thèmes majeurs des actions conduites dans le cadre de cette politique publique. Le ministre de l'agriculture, de l'agroalimentaire et de la forêt ainsi que le ministre délégué chargé de l'agroalimentaire ont annoncé dans le contexte du salon international de l'alimentation en octobre 2012, l'élaboration d'un plan d'actions qui s'inscrira dans la durée et qui a pour objectifs de réduire de moitié d'ici à 2025 le gaspillage alimentaire. Un pacte national contre le gaspillage alimentaire sera signé en juin 2013 pour marquer l'engagement de tous les acteurs de la chaîne alimentaire dans des actions visant à réduire ce gaspillage.

De nombreuses actions ont déjà été mises en place sur ce sujet.

Tout d'abord, le site gaspillage alimentaire.fr donne des conseils utiles aux consommateurs afin de lutter contre le gaspillage alimentaire, en expliquant par exemple la différence entre la date limite de consommation et la date limite d'utilisation optimale, notions peu connues ou mal comprises des consommateurs, ce qui constitue une cause identifiée de gaspillage. Ensuite, une campagne de communication a été récemment lancée à l'intention du grand public dans le but de réduire le gaspillage alimentaire, mettant l'accent, notamment, sur la valeur des aliments et la nécessité de remplir son assiette à son juste appétit. En outre, pour améliorer la connaissance du gaspillage alimentaire en France, le ministère a fait réaliser en 2011 une étude sur les pertes et les gaspillages alimentaires existant au niveau des métiers de la remise directe de denrées au consommateur et de la restauration collective. Cette étude, disponible sur le site alimentation.gouv.fr vise à caractériser – qualitativement et quantitativement – le gaspillage alimentaire existant dans ces métiers et à proposer des moyens de lutte contre ce dernier. Suite à cette étude, des groupes de travail vont être mis en place en lien avec les professionnels, le ministère de l'écologie, du développement durable et de l'énergie (MEDDE) et l'agence de l'environnement et de la maîtrise de l'énergie (ADEME). Par ailleurs, afin d'augmenter la pratique du don d'entreprises agroalimentaires ou du retrait caritatif par les organisations de producteurs aux associations caritatives, le ministère a mis en place depuis fin novembre 2011 la Bourse aux dons, une plate-forme électronique pour les dons réalisés dans le domaine de l'aide alimentaire. L'objectif est d'augmenter l'autonomie des associations caritatives qui ont besoin de produits de qualité en quantité, tout en réduisant le gaspillage alimentaire. Ce site internet permet aux différents utilisateurs (associations caritatives, professionnels de l'agroalimentaire, filières agricoles amont, transporteurs...) d'échanger facilement et rapidement des offres de dons de denrées alimentaires notamment. Elle leur permet également d'accéder à des documents ressources en lien avec les dons alimentaires (réglementation hygiène, formulaire de défiscalisation, annuaires). Enfin, les différentes directions régionales de l'alimentation, de l'agriculture et de la forêt (DRAAF) participent aussi à la mise en place de chantiers d'insertion pour la récupération, le tri et la redistribution de denrées aux associations caritatives ou à la mise en place de conserveries solidaires. Ces chantiers sont actuellement en place sur sept marchés d'intérêt national, et cette démarche a vocation à être développée sur l'ensemble de notre territoire.

Question écrite n° 10306 publiée au *JO* le 20 novembre 2012
et réponse publiée au *JO* le 1er janvier 2013.

Document 8

Pertes et gaspillages dans le monde

Étude menée pour le Congrès International Save Food ! À Interpack 2011, Düsseldorf, Allemagne

Pourcentages pondérés des pertes et gaspillages alimentaires pour chaque niveau de la chaîne alimentaire

Amérique du Nord et Océanie

	Production agricole	Opérations après récolte et stockage	Transformaton et conditionnement	Distribution : supermarchés et vente au détail	Consommation
Céréales	2 %	2 %	0,5 %, 10 %	2 %	27 %
Racines et tubercules	20 %	10 %	15 %	7 %	30 %
Oléagineux et protéagineux	12 %	0 %	5 %	1 %	4 %
Fruits et légumes	20 %	4 %	2 %	12 %	28 %
Viande	3,5%	1%	5%	4%	11%
Poissons et fruits de mer	12 %	0,5 %	6 %	9 %	33 %
Lait	3,5 %	0,5 %	1,2 %	0,5 %	15 %

Afrique Subsaharienne

	Production agricole	Opérations après récolte et stockage	Transformaton et conditionnement	Distribution : supermarchés et vente au détail	Consommation
Céréales	6 %	8 %	3,5 %	2 %	1 %
Racines et tubercules	14 %	18 %	15 %	5 %	2 %
Oléagineux et protéagineux	12 %	8 %	8 %	2 %	1 %
Fruits et légumes	10 %	9 %	25 %	17 %	5 %
Viande	15 %	0,7 %	5 %	7 %	2 %
Poissons et fruits de mer	5,7 %	6 %	9 %	15 %	2 %
Lait	6 %	11 %	0,1 %	10 %	0,1 %

Organisation des Nations unies pour l'alimentation et l'agriculture, Rome 2012.

Comment aborder le sujet

La première étape consiste à comprendre ce que l'on attend du candidat. On lui demande de résoudre des cas pratiques, de répondre à des questions et savoir les présenter. Les présenter, cela signifie construire les réponses pour qu'elles soient claires, compréhensibles; par conséquent, les tableaux demandés devront être clairs et soignés et l'épreuve de rédaction nécessitera une mise en forme optimale : un effort de vocabulaire, une présentation sans ratures, une orthographe correcte...

Dans le dossier il est précisé ce que l'on attend exactement du candidat, il faut s'y reporter fréquemment. La plupart des réponses se trouvent dans le dossier, il faut donc le lire entièrement, prendre le temps nécessaire pour le comprendre, souligner les points importants.

Questions

On demande au candidat de répondre « en quelques lignes », il ne s'agit donc pas de mettre une page par question. Il faut au contraire être le plus précis possible dans les réponses. La plupart des réponses se trouvent dans les textes. Si ce n'est pas le cas, une partie ou des éléments de réponses se trouvent dans les textes. Par exemple, pour la définition de « gabegie », il faut lire le paragraphe comportant cette terminologie. Attention cependant à ne pas recopier *in extenso* des éléments de texte dans les réponses.

Application

Le numéro du document à utiliser aide le candidat. Au brouillon, il faut préparer les histogrammes et rechercher la meilleure manière (la plus claire et la plus complète) de les présenter. Recopiez-les ensuite. Il faut éviter de réaliser directement sur la copie les histogrammes puis de les rectifier en gommant, raturant. La forme reste ici importante.

Les questions sont surtout des applications de logique et de calcul.

Rédaction

On parle de note et non de « rédaction » ou de « composition », toutefois le schéma est identique; il convient de définir les notions en introduction et de proposer un plan en deux parties ou tout au moins de structurer convenablement le devoir. Dans la plupart des cas, la rédaction est demandée sur une longueur de 2 pages.

Les 2 parties se retrouvent facilement dans l'intitulé (1. Les enjeux de gaspillage alimentaire dans les pays développés, 2. Les solutions envisagées pour limiter le gaspillage). Pour synthétiser il faut réaliser un devoir en équilibre (3/4 de page pour la première partie, 3/4 de page pour la deuxième partie et le reste en introduction et en conclusion, ou encore une page en première partie, une page en deuxième partie plus une introduction et une conclusion). Il n'est pas besoin que l'introduction et la conclusion soient trop longues. Quelques lignes suffisent.

Il est important de bien comprendre l'intitulé. On demande au candidat une note (rédaction) sur une problématique et le candidat doit s'aider pour résoudre cette question, à la fois des documents fournis (il faudra les lire intégralement, souligner les points importants et les reporter au brouillon dans un plan adapté) mais aussi de ses réflexions personnelles. On demande ainsi au candidat son opinion étayée sur cette problématique.

Les opinions personnelles ne sont donc pas à négliger.

ATTENTION L'expression d'une opinion entraîne obligatoirement un argument et, au besoin, une illustration. Une opinion ne vaut que si elle est étayée par des faits, des exemples, etc.

Proposition de corrigé

Questions

Il s'agit ici de propositions de réponses et non d'une correction officielle. Les éléments qui sont donnés ci-après nécessitent une mise en forme avec construction de phrases.

❶ Gabegie : Un gaspillage exagéré; une consommation de produit sans faire attention à l'économie. Désordre résultant d'une mauvaise gestion. La gabegie correspond à un gaspillage lié à la mauvaise gestion. Un gaspillage sans limite, sans faire attention aux conséquences.

Incantatoire : Suppliant, répétitif. Des positions incantatoires sont des positions que l'on voudrait de manière la plus forte possible, même sans possibilité de suivi raisonné; il s'agit d'une demande impérieuse sans contrainte. Une demande insistante teintée d'espérance quasi magique.

❷ Les différentes dates de péremption des produits de consommation sont de deux ordres : les dates limites de consommation et les dates limites d'utilisation optimale. Ces dernières correspondent à des produits perdant simplement en qualité gustative après une certaine date. Les consommateurs ne faisant pas la différence prennent en compte la date limite d'utilisation optimale comme limite de consommation alors que les produits sont encore consommables d'où les gaspillages.

❸ La multiplication de déchets (emballages) qui sont sources de nuisances et de difficultés de gestion, l'utilisation abusive d'engrais, d'eau potable pour produire plus génèrent des dangers pour la santé publique et des effets sur les biotopes et la raréfaction de l'eau; la pollution se développe via les gaz à effet de serre liés à la production industrialisée de l'alimentaire. L'énergie est aussi gaspillée pour produire.

❹ Non, car on estime que la production sans gaspillage pourrait subvenir aux besoins de 12 milliards de personnes. Qui plus est, l'augmentation de la consommation produit des effets négatifs en termes de santé. Enfin, la production engendre par elle-même du gaspillage : techniques de récoltes, réfrigération, stockage, éloignement des lieux de production.

Application

❶ À partir des éléments donnés dans le document, quelles sont les valeurs en millions de tonnes du gaspillage des ménages dans les différents cas proposés.

a. Il s'agit d'un produit en croix

100 % correspond à 89 millions

42 % correspond à l'inconnue à trouver

(42 × 89) ÷ 100 = 37,38 millions

b. 37,38 + (40 % de 37,38) = 37,38 + (0,40 × 37,38)

37,38 + 14,95 % = 52,33 millions

c. 37,38 - (60 % de 37,38)

37,38 - 22,43 = 14,95 millions

❷ *Histogramme 1 « Amérique du Nord et Océanie : pourcentage en gaspillage de la production et de la consommation »*

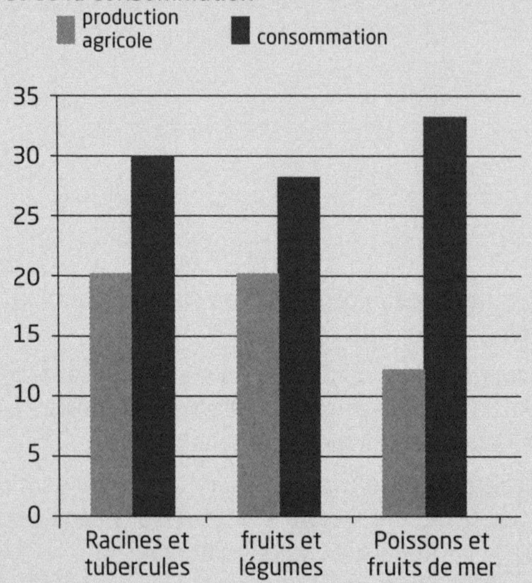

Histogramme 2 « Afrique subsaharienne : pourcentage en gaspillage de la production et de la consommation »

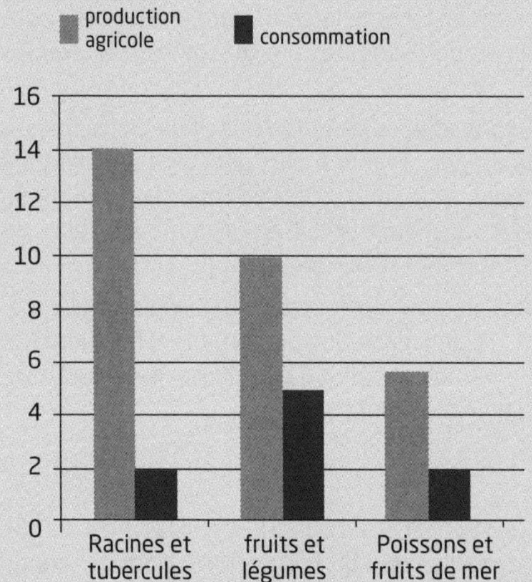

Au travers de ces deux histogrammes on peut observer que le gaspillage est plus important dans le domaine de la consommation en Amérique du Nord et Océanie (histogramme 1) et que le gaspillage concerne plus l'aspect production dans les pays d'Afrique subsaharienne (histogramme 2).

Rédaction

Un habitant sur sept ne mange pas à sa faim. Ce n'est pas simplement les coûts économiques et financiers qui président à ce constat. Une partie est aussi due au gaspillage important de la nourriture dans le monde. 1,3 milliard de tonnes selon les Nations unies. Rien qu'en Europe, 50 % des aliments sont gaspillés. Comment en arrive-t-on à de tels déséquilibres entre surconsommation et sous consommation ? Le gaspillage dans les pays développés à un rythme parfois effréné n'est pas sans conséquences sur ces pays. Aussi, il apparaît essentiel, et même humain, de réfléchir à des solutions pour enrayer ces décalages et iniquités. Pouvoir d'achat, santé publique, environnement font subir des dommages collatéraux aux populations.

I. Les enjeux du gaspillage alimentaire dans les pays développés

À terme, le gaspillage engendré par tous impactera l'ensemble de l'équilibre mondial car la demande sera supérieure à l'offre. Pourtant, la production mondiale actuelle peut nourrir jusqu'à 12 milliards de personnes si l'on stoppe ce gaspillage.

Un autre enjeu est lié à l'environnement et à la protection des biodiversités. En effet, la production supplémentaire engendre des coûts énergétiques et des rejets. Les déchets (emballages) et les gaz à effet de serre sont autant de polluants planétaires.

Le gaspillage impacte l'aspect financier car les prix à la hausse ne changent pas les comportements des ménages, qui continuent à développer un gaspillage à cause des intermédiaires (les grandes surfaces, qui favorisent des comportements inadaptés : un produit acheté, un gratuit par exemple...). Le pouvoir d'achat est en diminution (500 euros de gaspillage par an et par ménage).

La santé publique est en jeu dans les pays développés car le gaspillage va de pair avec la surconsommation. L'absorption de plus de calories que nécessaire est liée à une société basée sur la consommation, d'où des problèmes d'obésité, de surpoids, de tension, etc. (Le poids s'est accru de 10 kg entre 1970 et aujourd'hui.)

Outre la consommation, la distribution est partie prenante dans ce gaspillage en éliminant une partie des denrées pour conserver ses marges (viandes et légumes sont jetés). La distribution favorise en outre ce gaspillage par un affichage peu efficace (par exemple les dates de péremption). La distribution ou les fournisseurs, pour obtenir des marges bénéficiaires, n'hésitent pas à imposer des quantités à l'achat ou à la vente, d'où des stocks importants à écouler engendrant régulièrement des gaspillages.

Gaspiller et non redistribuer est aussi handicapant et c'est un enjeu pour les pays développés. Paradoxalement, les pays développés gaspillent 174 kg en Europe et jusqu'à 300 aux États-Unis. Dans le même temps, dans ces mêmes pays, les associations caritatives manquent de dons, les files d'attente y sont plus longues (exemple : les Restos du cœur en France).

II. Les solutions envisagées pour limiter le gaspillage

Une première étape vise la production elle-même, souvent inadaptée, ce qui entraîne la perte d'un tiers de la production mondiale (insectes, pourrissement, réfrigération). La rapidité de la production fait perdre des aliments (dans les tuyaux, cuves, etc.). C'est la même chose avec les matières premières. Ainsi, si les pays en développement ne gaspillent pas, ils perdent par pourrissement, périssabilité et éloignement des lieux de production.

Ce 1,3 milliard de tonnes de nourriture perdues ou gaspillées font réagir les Nations unies, lancées dans l'initiative « faim zéro ». L'idée peut être alors de produire moins pour gaspiller moins mais dans le même temps de retrouver de bonnes pratiques en termes de récolte, de plantation, d'arrosage, bref de techniques de production. Ainsi, c'est le développement durable qui peut aussi gagner sur ce plan.

Face aux 50 % d'aliments sains gaspillés dans l'Union européenne, alors que 16 millions de personnes nécessitent l'aide alimentaire, l'objectif européen est de réduire de moitié le gaspillage à l'horizon 2020. Il convient d'enclencher une dynamique vers la grande distribution, les industriels et les associations de consommateurs : travailler sur la vente de produits à l'unité, mettre en place des achats en vrac, comme les portions individuelles de viandes, travailler sur la vente promotionnelle différée (achat de 3 éléments et récupération du troisième ultérieurement). Il faut essayer d'anticiper la commande et de l'évaluer car les campagnes promotionnelles incitent à acheter sans besoins réels.

La France, notamment, dispose et travaille sur des statistiques : une enquête sur le contenu de nos poubelles, réalisée en 2007 et publiée en 2009, a permis de cerner les pertes et les gaspillages. Un pacte national contre le gaspillage alimentaire a été signé en juin 2011 (création d'un site Internet gaspillagealimen taire.fr).

Il convient aussi d'œuvrer sur les emballages (réduction et révision des dimensions) et d'éviter les surventes. Outre-manche par exemple, il est interdit de vendre 3 produits pour l'achat de 2 (1 acheté et 1 gratuit un autre jour).

Cela implique un dernier volet qui vise le consommateur, que l'on devra sensibiliser à la dualité des dates de péremption. Il reste possible de consommer certains produits au-delà de certaines dates; peu le savent. Il faut donc une éducation appropriée. Le consommateur, par exemple, outre les dates de péremption, ne se préoccupe pas de l'agencement de son réfrigérateur, il lui faudrait préférer les fruits de saison, cuisiner les restes, pratiquer le compost, etc.

Cette promotion anti-gaspillage doit aussi permettre aux consommateurs de comprendre qu'une attitude réfléchie peut engendrer des avantages sur la santé, le développement durable et l'aide alimentaire.

En conclusion, on peut préciser que gaspiller équivaut à jeter ou détourner de l'alimentation humaine un aliment comestible, que ce gaspillage au niveau mondial correspond à 1,3 milliard de tonnes. C'est-à-dire qu'un tiers de la nourriture est perdue. Outre les impacts économiques, écologiques, de santé, la lutte contre le gaspillage hérite d'une valeur essentiellement humaniste en permettant aussi à 79 millions de personnes sous le seuil de pauvreté rien qu'une Europe de pouvoir manger correctement. En France, 20 à 30 kg de nourriture gaspillée par personne par an amputent d'autant les dons qui doivent s'accroître, d'où l'apparition en France, fin novembre 2011, de la bourse aux dons. Enfin, récemment, on a observé la mise en place de chantiers pour la récupération, le tri et la redistribution de dons aux associations (DRAAF en lien avec les MIN).

Sujet n° 4

Session 2012

Durée 3 heures

Documents du dossier

Document 1 : Richesses de l'Arctique : réalités et contraintes. Source : Pierre Robbe, « L'Arctique, un nouvel Eldorado ? » (extraits), site Internet www.ladocumentationfrancaise.fr, 23 janvier 2012.

Document 2 : L'Arctique, zone clé au sein du système climatique planétaire**.** Source : dossier de presse « L'arctique : un observatoire pour relever les défis des changements environnementaux » (extraits), Conférence ministérielle co-organisée par la Présidence française du Conseil de l'Union européenne et la Principauté de Monaco, 9 et 10 novembre 2008.

Document 3 : Russie : puissance ou interdépendance énergétique ? Source : Rapport d'information n° 182 (2009-2010) de MM. Gérard Cesar, Gérard Cornu, Mme Élisabeth Lamure, MM. Gérard Le Cam, Jean-Claude Merceron, Georges Patient et Paul Raoult (extraits), Commission de l'économie, 17 décembre 2009.

Document 4 : Geneviève De Lacour, « L'Arctique, le nouvel Eldorado ? » (extraits), site Internet www.journaldelenvironnement.net, 13 mai 2011.

Document 5 : Tiffany Castlebay, « Quel est l'avenir de la souveraineté canadienne en Arctique ? » (extraits), site Internet www.culturemagazine.ca, 27 novembre 2008.

Document 6 : Comparatif des distances, exprimées en kilomètres, selon les voies maritimes empruntées. Source : Vincent Eiffling et Tanguy Struye de Swielande, « L'Arctique : nouvel Eldorado » (extraits), Université Catholique de Louvain, mars 2011.

Questions

❶ Définissez, en 3 lignes maximum, chacune des expressions suivantes : « exploitation raisonnée » (document 1) et « effet domino » (document 2).

Pour chacune des questions 2, 3 et 4, vous répondrez en 5 lignes maximum.

❷ Quelles sont les principales ressources de l'Arctique ?

❸ Quelles sont les causes et les conséquences du regroupement dans les villes des populations de l'Arctique ?

❹ Quel est le rôle de la France et de l'Union européenne dans le domaine de la recherche scientifique en Arctique ?

Application (à partir des données figurant dans le document 6)

❶ Dessinez un histogramme (diagramme en barres) avec en abscisse les trajets et en ordonnée les distances. Cet histogramme est destiné à permettre la comparaison des distances selon les voies maritimes empruntées pour les trajets suivants :
- Londres - Yokohama
- New York - Shanghai

Pour chacun de ces trajets, représentez quatre barres verticales accolées (une pour chacune des voies empruntées).

❷ Un cargo navigue à une vitesse moyenne de 15 nœuds par heure (1 nœud = 1 852 mètres) et consomme 20 tonnes de carburant par jour.

Pour le trajet Londres - Yokohama, déterminez, d'une part, le nombre de jours gagnés et, d'autre part, l'économie de carburant réalisée par un cargo empruntant la voie du Nord la plus courte par rapport à un cargo empruntant la voie traditionnelle la plus courte.
Vous détaillerez les calculs que vous aurez été amené à réaliser pour chacun des deux résultats.
Pour tous vos calculs et résultats, vous ne conserverez que deux chiffres après la virgule.

Rédaction

L'Arctique est une région particulièrement concernée par les effets du changement climatique. En vous appuyant sur les éléments du dossier et vos réflexions personnelles, vous indiquerez, en deux pages environ, les enjeux attachés à cette situation.

Document 1

Richesses de l'Arctique : réalités et contraintes

Pétrole et gaz, quelles réserves ?

Comme le souligne Eric Canobbio, maître de conférences en géographie à l'Université Paris VIII, dans la revue *Documentation photographique* « Mondes arctiques, miroirs de la mondialisation », « les inventaires géologiques font apparaître de nouveaux bassins d'opportunités, en particulier pétroliers. En Alaska, au Yukon, dans le détroit de Mackenzie au Canada, dans la plaine de l'Ob en Sibérie, de nouveaux gisements se précisent ». [...] Yvette Vaguet, maître de conférences en géographie à l'Université de Rouen, fait remarquer pour sa part, dans l'article « Russie : les incertitudes climatiques dans l'Arctique pétrolier »[1] que « trois des quatre premières régions de l'économie du Nord sont russes (la quatrième est en Alaska) et produisent à elles seules, 60 % du PIB circumpolaire. Le secteur pétrolier contribue à hauteur de 23 % au PIB de la région Arctique dans son ensemble (Alaska, Norvège et Russie) ».

Les ressources russes sont recensées par Pascal Marchand, professeur à l'Université Lyon II, dans « La Russie et l'Arctique »[2] : « En Arctique russe, les ressources de gaz *offshore* inventoriées se montent à 17 000 – 20 000 milliards de m^3, auxquelles s'ajoutent les 10 000 milliards de la presqu'île de Lamal, soit l'équivalent de 50 ans de la production russe actuelle. [...] Leur exploitation est maintenant à l'ordre du jour, sachant que le débit des gisements de Sibérie occidentale qui assurent l'essentiel de la production actuelle va commencer à décliner. Les ressources arctiques constituent le seul relais connu à ce jour, mais leur mise en valeur représente un défi inédit. Gazprom n'a pas de savoir-faire dans le domaine de l'exploitation *offshore* et aucune expérience à une telle échelle et à une latitude aussi nordique n'a jamais été tentée de par le

1. Revue *Grande Europe*, n° 19, avril 2010, La Documentation française.
2. N° 1 066 du *Courrier des Pays de l'Est*, mars-avril 2008, La Documentation française.

monde. L'investissement nécessaire à la mise en valeur des ressources de la seule presqu'île de Lamal, sur la terre ferme, est évalué à plus de 70 milliards de dollars. L'aventure dans les mers arctiques sera d'une tout autre dimension. Le dérapage des coûts de préparation à la mise en production du gisement gazier de Sakhaline, lui aussi dans une zone de glaces dérivantes, laisse présager des montants colossaux. [...]

Les réserves de pétrole inventoriées à ce jour sont plus modestes. Celles, *offshore*, découvertes dans la mer de Barents, sont estimées à 400 millions de tonnes et celles du bassin de Timan-Petchora, dans l'arrondissement autonome des Nénets, qui entrent progressivement en service, s'élèveraient à 700 millions de tonnes d'un pétrole très lourd. Le gisement le plus important, Khariaga, est exploité par Total, mais l'extraction y est ralentie en raison de la saturation des oléoducs terrestres.

Pour contourner cet obstacle, un port pétrolier a été construit à Varandeï, mais il n'est accessible qu'à des tankers de 20 000 tonnes, et les glaces interdisent la circulation plus de six mois dans l'année ». [...]

Minerais et diamants

L'Arctique détient de grandes réserves de minerais dont la majeure partie se situe en Russie, comme le gisement polymétallique de Norilsk, localisé au nord du cercle polaire arctique, par 69° 21' de latitude nord.

Selon Pascal Marchand, « Norilsk est le premier site d'extraction des minerais non ferreux en Russie, très loin devant l'Oural. Sur les six places d'excellence que la Russie détient parmi les producteurs mondiaux de certains métaux (nickel, palladium, platine, rhodium, vanadium, cobalt), cinq sont dues à ce gisement ». L'Arctique recèle également d'importantes réserves de diamants, comme le souligne Eric Canobbio : « sur les vingt mines les plus rentables du monde, quinze sont des mines de diamants... La Russie et le Canada, respectivement premier et troisième producteurs mondiaux de diamants, détiennent des gisements dans des régions en carence de moyens de transport... Au Canada, Diavik, au nord-ouest du pays, dispose d'une mine de diamants à ciel ouvert, à 210 km au sud du cercle polaire, qui contiendrait 6 % des réserves mondiales » !

Autre source de revenus non négligeable pour les populations locales, le tourisme, pour lequel l'Arctique détient un fort potentiel. Ainsi, en 2008, 1,9 million de personnes se sont rendues au Groenland et en Laponie.

Une exploitation difficile

Les conditions climatiques sont difficiles. En Russie, la plupart des sites de forage se trouvent à 200 km au nord de Novy-Ourengoï. Située au-delà du cercle polaire, cette région offre des conditions extrêmes : usines et écoles sont fermées lorsque la température descend en dessous de – 42 °C.

Par ailleurs, le réchauffement climatique n'a pas que des côtés positifs dans la mise en exploitation des richesses de l'Arctique. Comme le souligne Yvette Vaguet, « La facilitation des transports du fait de la diminution de la glace maritime (notamment *via* la route maritime du Nord-Est) amènera aussi des inconvénients. [...] Le réchauffement climatique améliorerait certes l'accès aux vastes réserves d'hydrocarbures que recèle la plateforme continentale océanique (quelque 18 000 milliards de m^3 de gaz juste pour la partie sibérienne). Toutefois, il induirait aussi la multiplication des icebergs – qui constituent un danger pour les installations – et une remontée du niveau de la mer, submergeant alors des champs de production terrestres [...]. De plus, la fonte du pergélisol pourrait entraîner des déformations des sols, lesquelles fragiliseraient les installations humaines (bâtiments, tubes) ».

Enfin, le risque de catastrophe écologique plane toujours sur la région. En Alaska, les populations locales sont encore traumatisées par la marée noire de l'Exxon Valdez en 1989 qui a déversé 41 millions de litres de brut au sud de l'Alaska et dont les traces sont toujours visibles. Elles craignent beaucoup les projets de forage de compagnies pétrolières en mer de Beaufort (nord de l'Alaska) et en mer des Tchouktches au nord du détroit de Béring.

Un espace maritime convoité

Dans l'Arctique, les principales conséquences des bouleversements liés au climat touchent à la navigation, avec notamment la possibilité de voir de nouvelles routes maritimes s'ouvrir le long des côtes russes et à travers l'archipel Arctique canadien si la banquise continue à fondre pendant l'été. Cette perspective a ravivé des différends juridiques sur les eaux bordières. Ainsi, pour Eric Canobbio, maître de conférences en géographie, dans l'article « Mondes arctiques, miroirs de la mondialisation »[1], il apparaît que « le Canada et la Russie clament leur souveraineté respective sur l'archipel canadien et les îles au large de ses côtes, alors que les États-Unis (mais aussi le Danemark et l'Union européenne) considèrent que ces eaux – donc les détroits – ne sont pas territoriales mais internationales. Or, le recul de la banquise en fin d'été libère pour quelques semaines les fameux passages du Nord-Ouest et du Nord-Est qui passent près des côtes. Le Canada et la Russie entendent exercer un contrôle national sur ces voies, alors que les autres États le contestent [...] ».

Exploitation des ressources : pour un développement durable

Les États frontaliers de l'océan Arctique tentent de maintenir un équilibre entre une **exploitation raisonnée** des richesses de la zone et la préservation d'une biodiversité fragile tout en offrant des moyens d'existence aux populations locales.

Modes de vie traditionnels et exploitation des ressources

Dans les régions de prospection et d'exploitation des hydrocarbures, les intérêts économiques s'opposent le plus souvent à la protection de la faune locale, notamment le caribou et l'ours blanc.

Les populations autochtones sont de plus en plus partagées sur ce sujet et des divergences se font jour autour de plusieurs projets, dont celui de la « zone 1002 », située au nord du « Refuge national de la vie sauvage arctique » (ANWR créé en 1980). Ainsi les communautés gwich'in, localisées au Canada et en Alaska, de part et d'autre de la frontière, luttent pour la reconnaissance de leur existence face à la perspective d'un forage pétrolier dans la partie littorale de l'ANWR. Comme le rapporte Eric Canobbio, maître de conférences en géographie à l'Université Paris VIII[2] : « Au cœur des préoccupations des Gwich'in se trouve l'avenir de l'une des plus grandes hardes de caribous de l'espace boréal nord-américain, la harde de la Porcupine qui compte

1. *Documentation photographique* n° 8 080, mars-avril 2011, La Documentation française.
2. Voir 3

130 000 bêtes. Chaque été elle parcourt 650 km et traverse la frontière vers les littoraux et la « zone 1002 » afin de pâturer et mettre bas… Le Canada a sanctuarisé la zone en 1995 par la création des parcs nationaux du Vuntut et d'Iwavik qui constituent le parc national du Nord-du-Yukon ».

En Alaska, la loi de protection environnementale permet d'exploiter la partie littorale riche en pétrole dénommée zone 1002. « Elle appartient depuis 1971 à la communauté inupiate de Kaktovik et à *l'Arctic Slope Regional Corporation*, une coopérative à but lucratif détenue par les Inupiats du North Slope. Une stratégie d'adhésion de ces derniers à la politique énergétique de l'Alaska fut privilégiée, passant par une redistribution de la rente pétrolière. Ainsi les Gwich'in souhaitent préserver leur mode de vie et leur environnement alors que les Inupiats ont fondé leurs stratégies de développement communautaires et le financement de leurs services publics sur la rente pétrolière ».

Autre espèce menacée, l'ours blanc

Laurence Caramel, dans un article « Ours blancs au pays de l'or noir »[1], raconte la lutte opposant les défenseurs de l'environnement aux compagnies pétrolières : « Le département américain des affaires intérieures chargé de la protection de la nature a proposé, le 22 octobre 2009, d'octroyer un territoire de 200 000 milles^2 au nord de l'Alaska (514 000 km^2), composé des espaces qu'affectionne particulièrement ce mammifère en voie d'extinction pour se nourrir et se reproduire […]. Dans le sous-sol de l'Alaska, les compagnies pétrolières américaines ont cependant bien trop à gagner pour laisser sanctuariser d'aussi vastes espaces. L'ancienne gouverneure républicaine, Sarah Palin, a tout fait pour s'opposer à l'inscription de l'animal sur la liste des espèces en danger au nom des intérêts des industriels et de l'économie de son État en général ».

Le tourisme

Source de revenus économiques en plein essor, le tourisme fait également débat. « En 2007, le diagnostic du Wild World Fund a alimenté le rapport du Programme des Nations Unies pour l'environnement (PNUE) intitulé «Le tourisme dans les régions polaires au défi du développement durable.» Il souligne l'urgence de produire des normes et des règlements contraignants en bénéficiant de l'expérience antarctique. Les économies autochtones investissent aujourd'hui cette filière offrant des emplois saisonniers. Mais le développement touristique, en particulier maritime, accroît le risque écologique polaire : avarie de navires sans port d'accueil, traitement problématique des pollutions confinées sur les bateaux, tourisme d'observation naturaliste sur des sites non aménagés, absence d'indicateurs d'impact sur les écosystèmes polaires ».

Une population autochtone vulnérable

L'exode massif des peuples autochtones vers les villes pose des problèmes de développement souvent ignorés par les autorités.

Or, 80 % des quatre millions d'habitants de l'espace arctique sont considérés aujourd'hui comme urbains. Mais « cette donnée brute masque des situations particulièrement hétérogènes, façonnées par de puissants héritages politiques et écono-

1. Article paru dans *Le Monde* du 30 octobre 2009 et cité dans Documentation photographique n° 8080 (mars-avril 2011)

miques, comme en Russie où se situent les seules aires urbaines de plus de 100 000 habitants : Mourmansk, Arkhangelsk, Norilsk et Novy-Ourengoï. S'il n'existe pas de modèle urbain arctique, l'offre de services, d'emplois, de biens et d'équipements de la ville boréale détermine ici, comme dans le reste du monde, son attractivité et sa primatie sur les autres unités urbaines d'une même région. [...] C'est le cas des capitales du Groenland, du Nunavut et du Nunavik ».

Cette concentration urbaine de la population arctique génère une crise du logement persistante notamment dans les territoires Inuits canadiens. « En 2009, un diagnostic de l'Office régional d'habitation du Québec estimait, qu'au Nunavik, 915 résidences pour un coût de 270 millions de dollars devaient être mises en chantier. Épidémie de suicides, violences familiales, alertes répétées sur les conditions de l'enfance, prévalence élevée des hépatites et de la tuberculose chez les Inuits : le logement est devenu l'indicateur d'une nouvelle aliénation boréale. [...] L'association canadienne Inuit Tapiriit kanatami a rappelé en 2008 que le taux de suicide chez les Inuits demeurait onze fois supérieur à la moyenne canadienne et qu'au Nunavik, 68 % des jeunes autochtones n'ont pas de diplômes d'études secondaires ».

Depuis 4 000 ans qu'ils occupent les zones de haute latitude, les populations inuites ont été à plusieurs reprises confrontées aux fluctuations climatiques. Leur mode de vie nomade leur permettait de s'adapter aux changements des biotopes des populations animales - mammifères et oiseaux marins, poissons et crustacés dont ils se nourrissaient. Aujourd'hui encore, leur mode de vie qui est étroitement lié aux caprices du temps leur permet de relativiser leur vision du réchauffement climatique.

L'économie traditionnelle fondée sur la chasse des mammifères marins est aujourd'hui contrariée par les réglementations protectionnistes des pays développés (Europe, États-Unis, Canada). Elle ne leur assure plus les revenus qui leur permettraient de vivre et de consommer selon les standards des pays développés. Les Inuits sont poussés à se regrouper dans les villes afin de rechercher de nouvelles activités économiques.

Cependant, la véritable menace à laquelle sont confrontés les Inuits est la pollution de la mer elle-même. Elle résulte du rejet par les pays industrialisés de toutes sortes de produits toxiques comme les métaux lourds que l'on retrouve en grande quantité dans l'océan glacial arctique, transportés par les courants marins. Les polluants sont ingérés en grande quantité par les Inuits dont la nourriture traditionnelle, le phoque, se trouve en fin de chaîne alimentaire. [...]

Pierre Robbe, www.ladocumentationfrancaise.fr, 23 janvier 2012.

Document 2

L'Arctique, zone clé au sein du système climatique planétaire

L'Arctique est la région du globe où les conséquences du changement climatique sur l'environnement sont les plus sensibles, qu'elles concernent les milieux physiques, les populations ou la biodiversité.

Ces 50 dernières années, la température moyenne du globe a augmenté de 0,6 °C, alors qu'elle a progressé de 2,1 °C en Arctique. La banquise de l'océan Arctique fonctionne comme un bouclier thermique et sa fonte rapide (8 % de sa surface en 30 ans) accélère le réchauffement global en réduisant le rôle de la glace de mer en tant que réflecteur de la chaleur vers l'espace. La banquise estivale de l'océan Arctique va-t-elle disparaître ? Cet événement climatique extrême aurait d'énormes conséquences sur notre environnement et affecterait durablement les populations du Nord de l'Europe, de l'Amérique et de la Russie.

La température moyenne cet automne dans l'Arctique se situe 5 °C au-dessus de la normale, un record, selon ce rapport publié en octobre 2008 par l'Agence américaine des océans et de l'atmosphère (NOAA) qui attribue ce phénomène à une forte diminution de la banquise sous l'effet du réchauffement.

Selon l'un des principaux auteurs de ce rapport, James OVERLAND, océanographe au NOAA, « les changements dans l'Arctique montrent un **effet domino** provenant de causes multiples qui est beaucoup plus net que dans d'autres régions du globe. Le système Arctique est très sensible et connaît souvent des changements relativement rapides et spectaculaires ».

La perte des glaces dans l'océan Arctique permet un plus grand réchauffement de la température de l'eau sous l'effet des rayons solaires, relève le rapport. Ce réchauffement de l'air et de l'océan affecte la faune marine et terrestre et réduit aussi la masse de glace permanente de la banquise Arctique.

L'été 2007 a été le plus chaud dans les annales en Arctique, suivi de près par 2008, ce qui perpétue une tendance générale de réchauffement entamée au milieu des années 60.

Par ailleurs, pour la première fois, une expédition scientifique en Arctique a pu emprunter les passages du Nord-Ouest - le long de l'Amérique - et du Nord-Est - le long de la Russie - sans avoir dû briser de la glace pour se frayer un chemin, avait annoncé le 17 octobre dernier l'institut polaire allemand Alfred Wegener Institut (AWI).

Le suivi à long terme des conséquences du changement climatique sur notre environnement nécessite que l'effort important, déjà entrepris par les pays les plus actifs en matière de recherche scientifique en Arctique et leurs opérateurs, soit poursuivi.

Dans le cadre de la Présidence française de l'Union européenne, Jean-Louis BORLOO, ministre d'État, ministre de l'Écologie, de l'Énergie, du Développement durable et de l'Aménagement du territoire, a souhaité donner un signal fort à la poursuite des efforts de recherche scientifique en Arctique.

L'année polaire internationale (2007-2009) donne l'occasion d'intensifier cet effort de recherche : plus de 200 projets regroupant des milliers de scientifiques originaires d'une soixantaine de pays ont été lancés. L'Union européenne a engagé différents programmes ambitieux dans l'Arctique, dont le programme Damocles.

Projet pilote de l'Union européenne pour l'Année Polaire Internationale, le programme Damocles (*Developping Arctic Modelling and observing Capabillities for Long-term Environmental Studies*) vise à observer, comprendre et quantifier les changements climatiques en Arctique afin d'aider à la prise de décision face au réchauffement de la planète. Il regroupe 45 laboratoires, issus de 10 pays européens, des États-Unis et de Russie. Le but du programme Tara-ARctic/Damocles est d'identifier les changements en cours concernant la glace de mer, l'atmosphère et l'océan afin d'améliorer notre capacité à simuler les changements à venir. Ces recherches permettront de mieux évaluer les impacts socio-économiques que le retrait de la banquise aura sur l'environnement Arctique et, par **effet domino**, sur tout l'hémisphère Nord.

Une dynamique majeure a été lancée pour la création d'un réseau des stations d'observation de l'Arctique, à la fois dans le cadre du Conseil Arctique et dans le cadre européen, au sein de l'Unité Polaire Européenne.

Pour que cette dynamique se poursuive au-delà de l'Année Polaire, la France, active en matière de recherche en milieu polaire et dont l'institut polaire français Paul Émile Victor coordonne une vingtaine de programmes de recherches en Arctique, a souhaité organiser une conférence internationale sur l'Arctique dans le cadre de sa Présidence du Conseil de l'Union européenne et dans la continuité du Grenelle Environnement. Le projet de loi relatif au Grenelle Environnement comprend une mesure concernant la protection de l'océan Arctique, qui confirme le soutien de la France à la création d'une commission scientifique internationale sur l'Arctique. [...]

Conférence ministérielle co-organisée par la Présidence française du Conseil de l'Union européenne et la Principauté de Monaco, 9 et 10 novembre 2008.

Document 3

Russie : puissance ou interdépendance énergétique ?

Les enjeux du Grand Nord russe

I. L'Arctique russe, nouvel eldorado gazier

a) Un peuplement lié aux ressources en hydrocarbures

Pendant toute la période tsariste, l'Arctique russe ne fut guère occupé que par des populations autochtones peu nombreuses. C'est le régime soviétique qui a - relativement - peuplé ce Grand Nord. Il le fit d'abord en raison de la découverte de ressources minières importantes. La mise en exploitation du gisement houiller de Vorkouta en 1931 s'accompagna de la création de villages qui, en grossissant, finirent par former une ville en 1943. À cette époque, la population et la main-d'œuvre étaient surtout composées de déportés de Goulag, dont les rangs furent bientôt renforcés par des prisonniers de guerre allemands.

La découverte du gaz, puis du pétrole, fit de la plaine de Sibérie occidentale le principal centre de production d'hydrocarbures et fut dès lors baptisée Bakou III en référence à la capitale de l'Azerbaïdjan qui, à la fin du XIXe siècle produisait à elle seule la moitié du pétrole du monde. Son peuplement resta relativement diffus. Pour l'exploitation du gaz, on généralisa le système de la « cité de quart », les ouvriers se relayant sur les sites de forage comme sur les plateformes pétrolières offshore. L'importance des champs gaziers nécessita cependant la création, après 1980, d'une autre ville de plus de 100 000 habitants, un peu au sud du cercle polaire, à Novy Ourengoï. Trois cités de plus de 100 000 habitants ont ainsi été créées dans la toundra soviétique.

Les ambitions maritimes de l'Union soviétique furent à l'origine de l'autre dynamique importante, qui aboutit au développement sur la péninsule de Kola d'une quatrième ville de plus de 100 000 habitants, Mourmansk.

b) Les ressources gazières russes : des gisements *onshore* de Sibérie occidentale aux gisements en mer de Barents

Depuis le début des années 1980, l'arrondissement autonome des Nenets de Lamal est le principal centre d'exploitation (*onshore*) du gaz naturel russe, avec 85 % du total de la production en 2006. La plupart des sites de forage se trouvent à 200 kilomètres au nord de Novy-Ourengoï. Se situant au nord du cercle polaire, cette région offre déjà des conditions extrêmes : usines et écoles sont fermées lorsque la température descend en dessous de – 42 °C, voire de – 20 °C seulement quand le vent souffle à plus de 20 mètres par seconde.

Il était prévu, au début de la décennie 1980, de mettre en valeur les gisements de la presqu'île de Lamal, nettement plus éloignée vers le Nord, évalués à plus de 10 000 milliards de m^3 de gaz. Les conditions naturelles y sont encore plus rudes que dans la zone d'extraction actuelle. La production devait commencer en 1995, mais on parle maintenant de 2014, au mieux.

À la fin de la décennie, quatre gisements de gaz super-géants ont été découverts dans la mer de Barents : Shtokman (3 800 milliards de m^3), Loudlov (1 400 milliards de m^3), Admiralteït (plus de 500 milliards de m^3) et Fedinsk (3 000 milliards de m^3), ce dernier se situant dans une zone convoitée par la Russie et la Norvège. Au total, les ressources recensées dans cette mer dépassent les 10 000 milliards de m^3.

Un autre champ a été découvert, en mer de Kara. Comptant au moins deux gisements gaziers super-géants, il recélerait entre 7 000 et 10 000 milliards de m^3. Les ressources gazières *offshore* inventoriées en zone arctique russe se montent ainsi entre 17 000 et 20 000 milliards de m^3, auxquelles s'ajoutent les 10 000 milliards *onshore* de la presqu'île de Lamal, soit l'équivalent de cinquante années de la production russe actuelle.

Les réserves de pétrole inventoriées à ce jour sont plus modestes.

II. La route maritime du Nord, une voie stratégique

a) Un rôle essentiel pour l'économie de la Russie

Entre la mer de Barents et le détroit de Béring, les côtes de la Russie s'étendent sur plus de 8 000 milles (14 000 kilomètres) le long de l'océan Arctique. Si la route maritime du Nord fut empruntée pour la première fois de bout en bout, en deux saisons, en 1878 et 1879 par le suédois Otto Nordenskjöld, lors de la création de l'URSS, la navigation à proximité des côtes soviétiques fut interdite aux navires étrangers. À partir du début des années 1930, l'ouverture de la navigation pendant la saison estivale, et même toute l'année, entre Mourmansk et l'embouchure de l'Ienisseï a été l'une des priorités du système de transport soviétique.

Ces régions accessibles par la route maritime du Nord, et par les fleuves sibériens qui se jettent dans l'océan Arctique, recèlent d'immenses ressources en matières premières. Outre les hydrocarbures, précédemment évoqués, ces territoires regorgent de minerais solides : apatites (90 % des réserves russes) dans les presqu'îles de Kola et de Taïmyr, en Iakoutie et en Tchoukokta, nickel (85 %) et cuivre (60 %) à Norilsk et dans la presqu'île de Kola, wolfram au nord de la Yakoutie et en Tchoukokta. Le Grand Nord russe possède aussi des gisements d'or et d'argent dans la presqu'île de Taïmyr et dans la partie septentrionale de la Yakoutie, et de minerais dont la Russie manque par ailleurs, comme le manganèse, l'étain, le chrome et le titane.

La route maritime du Nord joue donc un rôle décisif dans la mise en exploitation de ces richesses. Les navires acheminent les équipements industriels ainsi que tout ce qui est indispensable à la vie des populations (combustibles, produits manufacturés et alimentaires) et transportent au retour des matières premières. Elle présente ainsi un intérêt stratégique majeur, en termes d'aménagement du territoire, pour l'insertion d'un très vaste arrière-pays de 9 millions de km^2 peuplé par une cinquantaine de millions d'habitants dans un système unifié de transport national et dans la circulation maritime mondiale.

b) Un regain d'intérêt lié au réchauffement climatique

La mondialisation et le réchauffement climatique ouvrent de nouvelles perspectives à la route maritime du Nord, qui se trouve chaque année de plus en plus fréquemment et de plus en plus longtemps dégagée des glaces. En effet, cette voie raccourcit la longueur des traversées entre l'Europe du Nord et l'Extrême-Orient. Elle peut aussi servir au cabotage entre les ports des parties occidentales et orientales de la Russie.

Ainsi, la distance entre Saint-Pétersbourg et Vladivostok, soit 12 500 milles par le canal de Suez, est réduite à 8 000 milles par la route du Nord. [...] De même, par le détroit de Béring, Mourmansk n'est plus qu'à 6 000 milles de Vancouver, au lieu de plus de 10 000 milles par le canal de Panama.

C'est pourquoi, plusieurs pays et armateurs manifestent de l'intérêt pour cet itinéraire septentrional, et la Russie fonde sur lui de grands espoirs. Toutefois, le maintien de l'ouverture à la navigation de la route maritime du Nord, où les conditions de navigation demeurent incertaines et périlleuses, est particulièrement coûteux pour les autorités russes.

c) Un fonctionnement difficile

La navigation maritime marchande dans des milieux peu favorables ne peut connaître des conditions de sécurité suffisantes qu'avec l'aide d'équipements de repérage, de guidage et d'information. Dès les premiers plans quinquennaux soviétiques, l'aménagement de la voie maritime du Nord, fut intégré aux programmes de développement des régions arctiques. Trois domaines reçurent l'essentiel des financements : la recherche, les aides à la navigation et la constitution d'une flotte arctique.

Il a été nécessaire de constituer une flotte composée de navires de charge de classe glace, à coque renforcée, ainsi que de brise-glace de grande taille, pour accompagner les cargos dans les traversées, et plus petits, pour les assister dans les manœuvres portuaires.

Le déclin économique qui a suivi la disparition de l'URSS a provoqué un recul du trafic sur la voie maritime du Nord, qui peine désormais à dépasser les trois millions de tonnes annuels. La flotte arctique s'est retrouvée dans une situation critique. La Russie ne possède plus qu'une soixantaine de navires de classe glace. Ces bâtiments vieillissent. La construction du dernier brise-glace entamée à la fin de la période soviétique est restée longtemps en suspens avant de reprendre au début des années 2000. Dans la mesure où il faut sept à huit ans pour construire de nouvelles unités, des navires dont le retrait de la flotte était programmé entre 2005 et 2010 vont être remis en état de façon à prolonger leur vie.

Il est impératif que la Russie renouvelle sa flotte si elle veut maintenir une activité maritime dans l'Arctique.

Commission de l'économie, 17 décembre 2009.

Document 4

L'Arctique, le nouvel eldorado ?

Le niveau des mers va augmenter de 1,6 m au cours du siècle.

Alors que les représentants des 8 nations de l'Arctique se réunissent au Groenland pour la 8e conférence sur l'Arctique, certains veulent parler changement climatique tandis que d'autres n'ont que développement économique en tête.

« *L'Arctique, disent les pays membres du Conseil, n'appartient qu'à ses riverains. Tout le monde a en tête que dans moins de 20 ans, la moitié du commerce mondial pourrait emprunter les voies maritimes du pôle Nord. D'énormes sommes d'argent vont circuler. L'avenir de la région est l'affaire de tous ses futurs usagers* ». Ces propos, ce sont ceux de Michel Rocard, l'ambassadeur des pôles, qui était jeudi 12 mai 2011 à Nuuk, capitale du Groenland, pour l'ouverture de la 8e conférence de l'Arctique. La France, tout comme l'Allemagne ou le Royaume-Uni, ne dispose que d'un siège d'observateur lors de ces négociations, un fait que regrette l'ancien Premier ministre.

Le Conseil de l'Arctique, un organe créé en 1996 après la fin de la Guerre froide, rassemble les chefs de la diplomatie des 8 pays riverains : États-Unis, Canada, Russie, Norvège, Suède, Finlande, Danemark et Islande. Sa mission est de fixer les règles d'une exploitation économique « *durable* » des richesses de la région, rendue envisageable par un réchauffement qui menace aussi la survie de ses vastes étendues glacées.

Exploitation pétrolière et minière du sous-sol, essor du trafic maritime et du tourisme, pêche facilitée : dans l'Arctique, les enjeux et les convoitises se multiplient au fur et à mesure que les glaces reculent. Or, la semaine dernière, des scientifiques ont indiqué que le réchauffement climatique dans l'Arctique se faisait deux fois plus rapidement qu'ailleurs dans le monde et encore plus vite que prévu.

Le recul des glaces facilite donc l'accès aux ressources du sous-sol. Et selon l'Institut de géophysique américain, le cercle polaire renfermerait un cinquième des réserves encore non découvertes dans le monde, avec 13 % du pétrole et 30 % du gaz, la plupart en mer.

Le Groenland qui a accordé, au grand dam des écologistes, plusieurs licences d'exploration à des compagnies pétrolières alléchées par des conditions climatiques moins défavorables et la hausse régulière du prix du baril, espère ainsi financer sa future indépendance du Danemark.

Et les autres acteurs n'oublient pas de se positionner sur l'échiquier. La Russie, qui possède le littoral arctique le plus long, dispose d'une flotte à la fois militaire et civile de brise-glace, des navires essentiels pour tracer les routes qui traversent la zone. Elle a symboliquement affiché ses ambitions lorsqu'en 2007, elle a envoyé un corps expéditionnaire planter son drapeau en titane au fond de l'océan, au pôle Nord.

La présence d'Hillary Clinton à Nuuk, capitale du Groenland, souligne l'intérêt que portent les États-Unis à ce territoire bientôt indépendant. La responsable de la diplomatie américaine a plaidé pour que ces « *opportunités* » permises par le réchauffement climatique soient poursuivies « *d'une façon intelligente et durable, qui préserve l'environnement et l'écosystème arctiques* ». Ces opportunités « *économiques doivent être contrebalancées par le besoin de protéger son environnement et ses écosystèmes* », a-t-elle ensuite répété devant ses 7 homologues.

Lors des négociations, Hillary Clinton a obtenu la création d'une « *task force* » chargée de parvenir à un accord de gestion des catastrophes pétrolières dans l'Arctique, une question sensible après la marée noire aux États-Unis l'an dernier.

La Suède, qui a succédé le 12 mai 2011 pour deux ans au Danemark à la tête du Conseil arctique, a elle aussi appelé à un « *développement environnemental durable* » de la région.

Les 8 pays ont donc ratifié le 12 mai un « *Accord arctique de recherche et de secours* », salué entre autres par la Russie comme le premier accord international contraignant du Conseil arctique. Le texte est jugé important parce qu'un nombre croissant de bateaux naviguent ou vont naviguer via les voies maritimes de l'Arctique, où l'emprise des glaces se fait moins forte.

Greenpeace, s'appuyant sur des câbles de WikiLeaks, estime que *« la course aux ressources pétrolières et gazières de l'Arctique ne fait qu'attiser les tensions géopolitiques et militaires dans la région, où apparaissent les premières disputes territoriales »*. [...]

Geneviève De Lacour, www.lejournaldelenvironnement.net, 13 mai 2011.

Document 5

Quel est l'avenir de la souveraineté canadienne en Arctique ?

L'intérêt pour l'Arctique canadien est plutôt récent. En effet, l'Arctique canadien a pendant longtemps été considéré comme un désert de glace sans intérêt, ni économique, ni stratégique. En effet, pendant plus de 300 ans, les explorateurs européens ont tenté en vain de trouver un passage reliant l'Asie et l'Europe via l'océan Arctique. La glace et le climat extrême étaient des obstacles pratiquement insurmontables pour tout équipage essayant la traversée du fameux « passage du Nord-Ouest », une voie maritime qui se faufile entre les îles du nord du Canada pour relier l'Atlantique au Pacifique.

L'Agence spatiale européenne (ESA) annonçait en octobre 2008 que le passage du Nord-Ouest avait été libéré de sa glace pour la première fois pendant quelques semaines l'été dernier. La banquise arctique, qui a enregistré en août la deuxième plus importante fonte de saison depuis le début des observations satellitaires, il y a 30 ans, avait totalement disparu du passage en septembre dernier.

Un tel raccourci de navigation permet de gagner beaucoup de temps par rapport aux voies traditionnelles du canal de Panama ou du canal de Suez et pourrait offrir des possibilités commerciales et industrielles notables, tout en permettant l'exploitation des gisements considérables de pétrole et de minerais. Or, selon les scientifiques, le réchauffement climatique et la fonte des glaces arctiques laissent entrevoir la possibilité de l'ouverture de ce passage d'ici environ 20 à 50 ans, ce qui déclencherait inévitablement une forte concurrence entre certains acteurs internationaux qui revendiquent également des droits sur l'Arctique : la Russie, le Danemark et les États-Unis entre autres. La concurrence s'annonce des plus féroces, car la souveraineté du Canada sur les eaux arctiques est vivement contestée et disputée par tous ceux qui y ont récemment lancé des campagnes d'exploration géologique ou de souveraineté.

Face à cette nouvelle réalité stratégique, le Canada a entrepris démarches et initiatives pour affirmer sa souveraineté sur les eaux arctiques : l'annonce d'une nouvelle « Stratégie pour le Nord » qui viserait à renforcer sa souveraineté et la sécurité du territoire arctique, tout en contribuant à la protection de l'environnement et au développement économique et social de cette région. L'intérêt nouveau du Canada est-il justifié et, si oui, quels sont les avantages possibles à retirer de l'occupation et de l'exploitation de son territoire arctique ? Restera à voir si le Canada a les moyens de ses ambitions et s'il est en mesure d'assurer la souveraineté sur ses eaux. [...]

Fonte des glaces, vraiment ?

À partir d'environ 1995, un phénomène nouveau fait son apparition dans l'Arctique qui modifiera profondément le statu quo géopolitique de la région, relancera les projets de navigation par le passage du Nord-Ouest et ravivera la question de la souveraineté sur les eaux arctiques canadiennes : la disparition apparente et rapide de la couverture de glace océanique annuelle, ainsi que l'amincissement de la calotte glaciaire. [...]

Le potentiel économique de l'Arctique

Bien entendu, cette tendance de retrait des glaces arctiques a renforcé l'intérêt pour l'exploration du potentiel économique que représenteraient les routes maritimes du passage. La perspective d'un passage libre de glace dans l'Arctique a ravivé le rêve d'une route maritime directe et raccourcie entre l'Europe et l'Asie. Certaines entreprises se sont déjà procuré des navires en mesure de se frayer un chemin dans les glaces, mais selon les spécialistes, même si le passage était libre de glace en été, de gros blocs de glace provenant de l'Arctique y dériveraient, ce qui rendrait la navigation dans cette région encore très dangereuse. Une autre dimension économique importante de la possibilité de la disparition des glaces d'été serait de faciliter l'exploitation des ressources naturelles des régions arctiques canadiennes, comme le pétrole, le gaz, l'or, l'uranium, le zinc, le cuivre, le plomb, le nickel et le diamant. La confirmation de l'existence de ces gisements prometteurs d'hydrocarbures et de minerais suscite l'intérêt actif d'Ottawa tout comme celui du secteur privé.

Une souveraineté qui ne fait pas l'unanimité

Le gouvernement canadien souhaite affirmer et protéger la souveraineté qu'il revendique sur le Grand Nord, l'archipel arctique et leurs eaux, vaste espace dont les terres émergées représentent 40 % du territoire canadien, soit 3,9 millions de km^2. La possibilité de diverses incursions – aériennes, en surface (terrestres et maritimes) et sous la surface (par des sous-marins nucléaires) – dans la partie arctique du territoire canadien pose problème sur le plan stratégique.

Les conséquences potentielles d'une augmentation du trafic maritime dans l'Arctique sont multiples : prospection accrue des ressources naturelles, dégradation de l'environnement, et affaiblissement du contrôle et de la réglementation du transport maritime. Le chercheur Michael Byers, dans une lettre d'opinion publiée dans Le Devoir de janvier 2008, donne plusieurs exemples de ces conséquences fâcheuses. Selon lui, une marée noire aurait des répercussions catastrophiques sur les écosystèmes fragiles de l'Arctique ; un navire de croisière en détresse pourrait requérir une opération de sauvetage coûteuse et dangereuse tandis qu'une route maritime internationale le long de la côte nord du Canada pourrait être empruntée par des trafiquants de drogues, d'armes et d'immigrants et même des groupes terroristes. Il estime que ces problèmes devraient être réglés en vertu des lois canadiennes et non en vertu d'un régime international, car il s'agit de menaces directes à la sécurité et au bien-être des Canadiens.

En suivant cette logique, le Canada affirme depuis toujours que les eaux arctiques du passage font partie intégrante de ses « eaux intérieures historiques » et que la compétence et le contrôle les concernant sont de son ressort. Or, plusieurs acteurs sur le plan international ne reconnaissent pas la souveraineté du Canada sur ces eaux. La Russie a récemment planté un drapeau dans une capsule de titane à 4 200 mètres sous la mer, à la verticale du pôle Nord. La stratégie de la Russie, qu'elle étale d'ailleurs au grand jour, est de repousser la limite internationale des 200 milles marins pratiquement jusqu'au pôle Nord afin de revendiquer les ressources minérales et énergétiques du sous-sol glacé de l'Arctique.

De son côté, le Danemark a lancé une expédition scientifique en août 2007 pour vérifier si la dorsale Lomonossov, qui s'étale sous l'océan Arctique, est une extension du plateau continental du Groenland. Les États-Unis, quant à eux, refusent fermement de reconnaître la souveraineté canadienne sur les eaux de l'archipel arctique. Le gouvernement américain y voit une menace potentielle sur la liberté de navigation et d'accès aux mers arctiques. De plus, autant pour les États-Unis que pour l'Union européenne, le passage du Nord-Ouest est un détroit international, dont le statut permet « la mise en œuvre des régimes de transit et de droit de passage inoffensif de tout navire pour relier deux espaces maritimes, sans possibilité d'interférence du pays riverain », selon la Convention des Nations Unies sur le droit de la mer. Mais c'est à Washington que revient la tâche de prouver la reconnaissance d'un tel statut de détroit international, et son utilisation récurrente et manifeste du passage. [...]

Tiffany Castlebay, www.culturemagazine.ca, 27 novembre 2008.

Document 6

Comparatif des distances, exprimées en kilomètres, selon les voies maritimes empruntées

Trajets \ Voies empruntées	Canal de Panama	Passage du Nord-ouest	Passage du Nord-est	Canal de Suez
Lisbonne - Los Angeles	14 165	14 940	16 150	27 225
Lisbonne - Singapour	25 341	19 740	20 070	13 191
Lisbonne - Yokohama	21 590	14 240	15 230	18 724
Londres - Yokohama	23 300	14 080	13 481	21 200
Marseille - Yokohama	24 030	16 720	17 954	17 800
Marseille - Shanghai	26 038	19 160	19 718	16 460
Marseille - Singapour	29 484	21 600	23 672	12 420
New York - Shanghai	20 880	17 030	19 893	22 930
New York - Hongkong	21 260	18 140	20 985	21 570
New York - Singapour	23 580	19 540	23 121	19 320
Rotterdam - Singapour	28 994	19 900	19 641	15 950
Rotterdam - Shanghai	25 588	16 100	15 793	19 550
Rotterdam - Yokohama	23 470	13 950	13 360	21 170

Vincent Eiffling et Tanguy Struye De Swieland, Université Catholique de Louvain, mars 2011.

Proposition de corrigé

Il s'agit ici de propositions de réponse et non d'une correction officielle. Les éléments qui sont donnés ci-après nécessitent une mise en forme avec la construction de phrases.

Questions

❶ Exploitation raisonnée : Sans renoncer à exploiter les ressources, il s'agit de trouver un équilibre pour maintenir la continuité de ces ressources. Il s'agit de ménager les conséquences d'une exploitation, adapter les exploitations à d'autres besoins ou intérêts (ceux de la biodiversité, ceux des populations locales);

Effet domino : Les conséquences par ricochet d'un événement; ce sont les difficultés collatérales du retrait de la banquise; un élément entraîne des conséquences ou des effets sur d'autres éléments liés. Ce que l'on peut appeler aussi « effet papillon », c'est-à-dire qu'un événement de petite ampleur peut avoir des conséquences en cascade très importantes à une échelle beaucoup plus grande.

❷ Les ressources de gaz *offshore* (près de 30 000 milliards de m³), soit l'équivalent de 50 ans de la production russe actuelle. On trouve aussi des réserves de pétrole, notamment celle de la mer de Barents et du bassin de Timan (pour 1 100 millions de tonnes). Les minerais solides, notamment apatites, nickel et cuivre puis, en particulier, certains métaux (nickel, cadmium, rhodium, vanadium) ainsi que des réserves de diamant, d'or et d'argent. Sans oublier, dans la partie septentrionale, des minerais comme le manganèse, l'étain, le chrome et le titane dont la Russie manque.

❸ La crise du logement, due au manque de résidences, est persistante, en particulier chez les Inuits. Le taux de suicides est 2 fois supérieur à la moyenne. Les situations de violence familiale se multiplient. Les conditions de vie des enfants alertent les autorités, avec une prévalence élevée des hépatites et de la tuberculose. Les revenus sont faibles et la pollution de la mer développe des problèmes de santé (polluants ingérés par les Inuits).

❹ Environ 200 projets regroupent des milliers de scientifiques; l'Union européenne a engagé différents programmes dont Damocles, pour lequel l'idée est d'observer, de comprendre et de quantifier les changements climatiques, et ainsi d'aider à la prise de décision face au réchauffement de la planète. La glace de mer, l'atmosphère et l'océan sont étudiés pour améliorer notre capacité à simuler les changements à venir. On s'appuie aussi sur un réseau de stations d'observation.

Application

❶

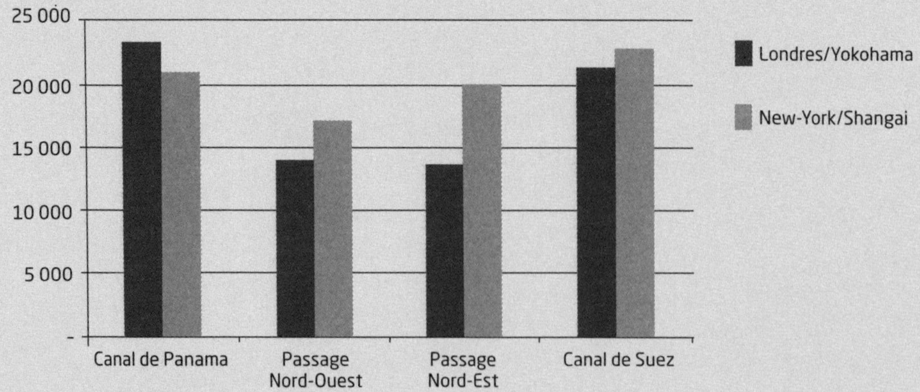

❷ La vitesse 15 nœuds/heure équivaut à 1 852 mètres/4 minutes, soit 463 mètres/minute.
La voie du Nord la plus courte est longue de 13 481 km.
13 481 000 mètres ÷ 463 = 29 116,63 minutes (463 m = 1 minute)
29 116,63 ÷ 60 minutes = 485,27, divisé par 24 heures = 20,22 jours
20 (tonnes de carburant) × 20,222 jours = 404,4 tonnes de carburant
La voie traditionnelle la plus courte (canal de Suez) est longue de 21 200 km.
21 200 000 mètres ÷ 463 (m/minute) = 45 788,33 minutes
47 788,33 minutes ÷ 60 = 763,14 heures, divisé par 24 heures = 31,79 jours
31,79 × 20 (tonnes de carburant) = 635,95 tonnes de carburant
Économie de jours = 31,79 - 20,22 = **11,57 jours gagnés**
Économie de carburant = 635,95 - 404,4 = **231,55 tonnes de carburant gagnées**

Rédaction

Les changements climatiques en arctique apparaissent aujourd'hui flagrants et rapides ; en particulier, le réchauffement climatique induirait, outre une température moyenne accrue de 5 °C au-dessus de la norme, un réchauffement de la température de l'eau et la réduction de la banquise. Ces modifications du climat engendreraient également une élévation du niveau de la mer. Ces changements ne sont pas sans impacts sur des enjeux en Arctique, de valeur aussi bien négatifs que positifs.

I. Des enjeux de valeur positive

a) Des accès favorisés à des gisements hors d'atteinte

En Arctique, l'un des enjeux est le contexte économique et financier. En effet, la fonte de la banquise, inéluctable, devrait permettre un accès plus facile aux gisements arctiques, le pétrole certes, mais surtout le gaz et les minerais en général. Actuellement, l'extraction dans des zones glacées est difficile, coûteuse. Avec la fonte des glaces, les accès à des zones comme le gisement polymétallique de Norlisk seront plus aisés. Les coûts de production en seraient réduits et, les réserves mondiales s'épuisant, cette manne représente un atout et un enjeu considérable (par exemple, 18 000 milliards de m^3 de gaz dans les zones sibériennes).

b) De nouvelles routes commerciales

Dans la même optique, cette fonte partielle de la banquise libère une nouvelle route commerciale, celle du Nord, permettant des gains économiques substantiels (trajets plus courts, moins d'énergie utilisée pour les transports). Cette nouvelle route commerciale apparaît comme fondamentale en raccourcissant la longueur des traversées entre l'Europe du Nord et l'Extrême-Orient. Elle est la réponse au recul du trafic des dernières décennies et un élément de désenclavement de ces zones reculées du Nord. À tout le moins, les effets induits seraient la relance dans la production de brise-glace et autre navires performants, et une relance de l'économie locale (ports).

c) Le développement sensible du tourisme

Dans les enjeux liés à la modification climatique de l'Arctique figure l'impact du tourisme, certes nuisant à l'écosystème lorsqu'il est peu encadré, mais porteur d'avantages économiques et financiers. Néanmoins, l'extension du tourisme en Arctique nécessitera de produire des normes et des règlements contraignants avec aménagement de sites.

d) L'accentuation de la recherche scientifique

Pour autant, l'évolution en Arctique entraîne une étude scientifique de différents phénomènes. On assiste au développement de programmes scientifiques communautaires et internationaux impliquant de la recherche ou l'implantation de nouvelles stations d'observation. L'Union européenne a engagé par exemple un programme Damoclès (comprendre, anticiper les changements climatiques).

II. Des enjeux de valeur négative

a) Au plan de la sauvegarde des écosystèmes

Un des tout premiers impacts de ce dérèglement climatique en Arctique est la détérioration du milieu naturel avec, en ligne de mire, la menace qui pèse sur des espèces de la flore et de la faune (biodiversité). La dégradation de l'environnement pourrait conduire à sa perte l'ours blanc, malgré une décision politique d'octroyer à ce mammifère en voie de disparition un territoire de 200 000 miles, mais aussi les caribous, qui doivent faire face au forage pétrolier dans leur zone de migration et ce, malgré la sanctuarisation d'un espace adapté et la création de parcs nationaux.

L'enjeu est ici de protéger et d'empêcher un affaissement de la biodiversité.

b) Au niveau des populations locales

Les changements climatiques ne sont pas sans amorcer, voire développer, certains éléments d'ordre démographique. Les villes, parfois inadaptées au plan des équipements et de l'emploi, reçoivent des exodes massifs liés à une désertification des populations nomades de l'Arctique.

Ces dernières, inadaptées à ces nouvelles formes de vie, souffrent et de la pollution, et des lacunes en infrastructures entraînant des problématiques d'ordre social (chômage, taux de suicide important). Les modes de vie changeant, la crise du logement, la santé (hépatite, tuberculose) sont autant d'éléments inhérents à ces évolutions démographiques.

c) Sur un plan stratégique et géopolitique

La nouvelle route commerciale du nord, outre le fait que la fonte des glaciers va impliquer une dangerosité accrue (icebergs dérivant) et donc des coûts induits importants en termes de sécurité maritime et de réparation d'avaries, suscite des conflits ou tensions larvés entre les pays limitrophes de cette route (Canada, Finlande, Russie), chacun souhaitant s'approprier et les accès à cette route, et les effets induits économiques et financiers. Ainsi, le changement climatique dans l'Arctique entraînera des conséquences stratégiques et géopolitiques indéniables.

En conclusion, on notera que la protection de l'Arctique contre les dérèglements climatiques est essentielle compte tenu des impacts négatifs sur un certain nombre de secteurs (biodiversité, déstabilisation des mers). On notera aussi que les changements climatiques peuvent avoir d'autres impacts qualifiés de positifs, notamment l'ouverture de nouvelles voies maritimes, l'accès facilité aux gisements, le tourisme, etc.

S'opposent alors les contextes économiques, financiers et environnementaux, mais cette opposition peut s'avérer limitée en tenant compte de la protection de l'un et de l'autre dans l'approche d'un développement maîtrisé.

PARTIE 3

Épreuve d'admission

Entretien avec le jury

COEFFICIENT
2

DURÉE
15
minutes

Planning de révision

PÉRIODE	DURÉE	CONTENU DES RÉVISIONS
PÉRIODE 1	DE 1 AN EN AMONT DU CONCOURS À 6 MOIS	S'entraîner à prendre la parole en public, face à des amis, des parents, etc. L'idée est de dépasser le stress que peut créer la prise de parole en public. Prenez la parole le plus souvent possible dans un groupe en faisant attention à la manière avec laquelle vous vous exprimez (vocabulaire, clarté).
PÉRIODE 2	DE 6 MOIS EN AMONT DU CONCOURS À 3 MOIS	S'entraîner à traiter oralement de petites questions. Tirez au sort un mot et essayez d'en parler pendant 5 minutes. Si vous pouvez vous enregistrer, c'est encore mieux. Vous pouvez aussi vous préparer de petits textes issus de journaux (*Le Monde*, une revue généraliste). Grâce à ces petits textes, vous pouvez prendre le temps que vous souhaitez pour préparer au brouillon votre exposé et parler ensuite. Il n'est pas besoin de le faire devant un groupe, l'essentiel pour cet exercice est de savoir rapidement évoquer une problématique, un point d'actualité, et d'en parler.
PÉRIODE 3	DE 3 MOIS À 1 MOIS	S'entraîner à parler avec un sujet tiré au sort, une préparation au brouillon de 15 minutes et une prise de parole de 10 minutes. L'idée est ici de s'entraîner à la gestion du temps, de construire un plan, une structure logique dans des délais prescrits.

Méthodologie et conseils

1. Gérer son stress

C'est la première cause de difficulté, même pour ceux qui disposent de connaissances. Gérer son stress nécessite un effort sur soi afin de ne pas le laisser envahir et polluer les échanges avec le jury. Respirer calmement, regarder le jury en face et éviter d'afficher son trac (crispation du visage, tremblements, etc.) sont des éléments à prendre en considération. Pensez de manière positive en vous disant que le jury sera intéressé par vos propos. Ne prenez surtout pas le jury pour un ennemi.

À retenir

Habituez-vous à parler en public. L'épreuve orale est une épreuve de communication avec un jury, c'est-à-dire d'autres personnes. Il faut donc cacher son stress et parler calmement en évitant tous mouvements intempestifs (des pieds, des mains, etc.).

2. Être bien préparé

Il faut avoir préparé son oral. Vous ne savez certes pas quelles questions vont être posées, vous pouvez toutefois imaginer celles qui sont les plus probables. Si vous devez vous présenter, vous devez savoir quoi dire (de quoi vais-je parler, de quelles expériences, etc.). Vous pouvez vous attendre à des questions sur la DGFIP ou la DGDDI, à des questions autour de l'économie et des finances (c'est le ministère de rattachement). Vous devez donc préparer ces questions potentielles et ne pas improviser : il est difficile de le faire lorsque l'on vous demande, par exemple, les différents impôts que vous connaissez.

À retenir

Préparez un CV bien avant votre passage à l'oral : pas plus de 5 minutes en affichant les éléments essentiels de votre parcours. Posez-vous les questions : « Qu'ai-je fait ces dernières années ? » ; « Qu'est ce qui est valorisant, vendeur ? ».

3. Savoir communiquer

Il convient de communiquer avec le jury. Ne restez pas trop stoïque ou renfermé. Le jury, généralement, souhaite communiquer avec vous. C'est certes un moyen de découvrir vos traits de personnalité, mais c'est aussi une manière d'apprécier vos qualités humaines, vos connaissances, votre motivation et votre aptitude (c'est cela que le jury essaie de cerner). Retenez que pour communiquer, il faut être au moins deux. Vous devez donc vous investir dans cette relation, avec le sourire, vous efforcer d'ébaucher une conversation, ne pas répondre par de simples mots ou uniquement par des oui et des non. Essayez toujours d'argumenter, de défendre votre point de vue. Ce qui est important, ce n'est pas de donner la réponse attendue, mais de donner une réponse pertinente et argumentée.

À retenir

Évitez de ne donner qu'une opinion, essayez d'argumenter (pourquoi dites-vous cela, pourquoi répondez-vous « oui » à la question posée, etc.).

4. Gérer son temps

Il faut savoir gérer le temps imparti; vous disposez de 15 minutes. Vous devez être présent dans ces quelques minutes, ne pas laissez le jury meubler des vides. On ne vous fera jamais quitter la salle avant la fin de l'épreuve. Il faut éviter de montrer au jury la souffrance de « tenir » ce temps imparti. Les échanges ne doivent être ni laborieux, ni un bavardage de votre part. Un juste milieu est à rechercher.

À retenir

Ayez toujours en tête le temps qui passe. Vous vous apercevrez que si on se lance dans un dialogue avec le jury, le temps passe très vite. Si on est sur la réserve, angoissé et intimidé, le temps passe très lentement.

5. Bien répondre

Il faut essayer de répondre au maximum de questions, même si elles vous semblent parfois inabordables (par exemple les mises en situation). Évitez de dire trop souvent « je ne sais pas ». Au bout d'un moment, le jury risque d'éprouver un sentiment de lassitude. Beaucoup de réponses découlent du bon sens. Prenez quelques secondes pour réfléchir avant de déclarer que vous ne savez pas.

À retenir

Ne partez pas du principe que toutes les questions sont des pièges, vous risquez de bloquer la conversation en refusant de vous dévoiler.

6. Être motivé

Montrez-vous impliqué et motivé car le jury attend des candidats dynamiques et efficaces. Affichez votre détermination, votre présence d'esprit et votre raisonnement (au besoin, réfléchissez tout haut). Comme pour tous les concours, vous devez vous vendre ou, tout au moins, démontrer votre attachement à la réussite de ce concours. Parlez haut et soignez votre diction ; votre attitude doit être positive, dynamique (buste droit) ; évitez de vous effondrer sur la chaise. Les jurys sont peu enclins à prendre des candidats jugés trop « nonchalants ».

À retenir

Soyez optimiste, démontrez votre dynamisme dans votre attitude.

7. Devenir fonctionnaire

Il faut penser « fonctionnaire ». Le candidat au concours n'est pas un candidat ordinaire, il est un futur fonctionnaire. Les jurys attendent donc de voir un « collègue » de travail ou, pour les supérieurs hiérarchiques, un de leurs « subordonnés ». On ne parle pas avec le jury comme on parle avec ses amis. Le candidat devra au travers des questions posées (par exemple dans les mises en situation) se comporter comme un fonctionnaire.

À retenir

Mettez-vous dans la peau, non d'un candidat, mais d'un fonctionnaire. N'oubliez pas que vous n'avez en face de vous que des fonctionnaires de l'administration dans laquelle vous voulez entrer, qui seront donc soit vos futurs collègues, soit vos futurs supérieurs hiérarchiques.

8. Le jury

Le jury de ces concours est composé d'agents (de la DGFIP, de la DGDDI, etc.) issus du ministère de l'Économie et des Finances disposant d'un grade équivalent ou supérieur à celui pour lequel vous concourez. Le président de jury est souvent un agent du cadre supérieur de l'administration.

Entraînements corrigés

Essayez de répondre de manière rapide aux questions suivantes en imaginant que vous êtes face à un jury de trois personnes qui attend de voir s'il va vous recruter ou non. Essayez de faire au moins deux fois cet exercice : une fois avec un brouillon, une fois sans brouillon.

Question 1

Monsieur, Madame, présentez-vous en quelques minutes.

Comment aborder le sujet

Il est important de préparer ce type de question, en construisant un mini CV dans lequel vous aurez judicieusement indiqué les grands épisodes de votre carrière, de vos études, etc. Les stages et les responsabilités les plus pertinents sont à présenter au jury. Il est ici essentiel de vous « vendre » le mieux possible par le biais de vos expériences passées, et ainsi de démontrer au jury l'étendue de vos qualités.

Éléments de réponse

Je m'appelle ..., je viens de ... Je suis titulaire de (tel diplôme), j'ai suivi (telle formation), j'ai (telle expérience) : j'ai dû gérer (tels événements), je suis responsable de (telle association), etc. Mes passions sont ..., mes loisirs sont ...

Autres questions possibles

Monsieur, Madame, parlez-nous de vous.
Pouvez-vous donner rapidement quelques étapes que vous jugez essentielles dans votre parcours ?

Question 2

Pourquoi avoir choisi un concours de ce ministère ?

Comment aborder le sujet

Quelle que soit votre réponse, il est important de montrer au jury votre connaissance minimale des éléments qui constituent le ministère : les différentes directions du ministère, ses grandes missions, le nom du ministre, etc.

Éléments de réponse

J'ai pu lire quelques éléments sur le ministère de l'Économie et des Finances. J'apprécierai ces missions orientées vers le domaine des finances publiques ; j'aime les chiffres, la comptabilité, la notion de service public, le travail en équipe, etc.

Autres questions possibles

Qu'est-ce que le budget ? Y a-t-il un ministère du Budget ?
Qu'est-ce que la loi organique sur les lois de finances ?

Question 3

D'où proviennent les recettes de l'État ?

Comment aborder le sujet

Le ministère de l'Économie et des Finances accordant une grande importance aux finances publiques, il est essentiel pour le candidat de maîtriser les chiffres (taux de TVA, fourchette en milliards d'euros des recettes et dépenses de l'État, définition et montant de la dette publique, du déficit, etc.). La lecture d'un ouvrage de synthèse sur les finances publiques peut s'avérer utile.

Éléments de réponse

Les recettes de l'État proviennent des différents impôts ou taxes perçus par ou pour le compte du budget de l'État. On y trouve notamment des impôts directs et des impôts indirects. Les quatre recettes principales sont la TVA, l'impôt sur le revenu, l'impôt sur les sociétés et la TICPE (taxe intérieure de consommation sur les produits énergétiques).

Autres questions possibles

Quelle différence faites-vous entre un impôt direct et un impôt indirect ?
Qu'est-ce qu'on appelle progressivité de l'impôt ?

Question 4

Un fonctionnaire peut-il refuser d'obéir à son supérieur hiérarchique ?

Comment aborder le sujet

Les jurys sont très attentifs à ce principe hiérarchique qui reste une base du fonctionnement des structures administratives. Dans ce type de question, il convient de toujours se référer à la déontologie ou aux textes en la matière. Ici en l'occurrence, le statut de la fonction publique de 1983 est clair. Par ailleurs, la seule exception dans la réponse ci-dessus apparaît à la fois dans le statut (loi portant droits et obligations des fonctionnaires) et le Code pénal.

Éléments de réponse

Les fonctionnaires doivent observer l'obéissance hiérarchique. Ainsi, je ne peux désobéir à un ordre de mon supérieur hiérarchique, sauf si l'ordre est manifestement illégal et de nature à nuire gravement à une liberté publique.

Autres questions possibles

Les fonctionnaires ont-ils le droit de grève ?
Qu'est-ce que le statut de la fonction publique ?

Question 5

Que pensez-vous du travail le week-end ? Et si on vous le proposait ?

Comment aborder le sujet

Dans ce type de questions, le jury cherche à connaître non seulement la position du candidat, mais surtout la manière dont il la défend et dont il observe les problèmes contemporains. Il ne faut pas hésiter à donner votre opinion – elle est toujours recevable si elle est argumentée. Attention aux candidats qui opteraient pour la DGDDI branche « surveillance », qui est astreinte au travail de nuit et le week-end; la question pourrait leur être posée.

Éléments de réponse

Le travail de week-end peut être un avantage économique pour les entreprises, voire pour les personnes soumises à ce travail grâce à des rémunérations plus importantes. Toutefois, le fait de ne pas travailler le samedi ou le dimanche reste un élément social lié aux loisirs et à la famille. Pour ma part, je suis... (Répondez favorablement ou non selon vos convictions, mais en les étayant.)

Autres questions possibles

Que pensez-vous du développement des jeux d'argent ? Êtes-vous un adepte ?
Êtes-vous favorable à l'intervention des troupes françaises au Mali ?

Question 6

Un fonctionnaire doit-il être rentable ?

Comment aborder le sujet

Ces questions sont difficiles car elles manient des concepts délicats qui font beaucoup parler aujourd'hui, comme la performance, la carrière au mérite et la mobilité des fonctionnaires. Il faut néanmoins s'y intéresser et essayer de donner des réponses cohérentes, logiques. Ne pas oublier que les services publics ne sont pas les entreprises privées : les données ne seront jamais identiques.

Éléments de réponse

Pour certains services, il est difficile de parler de rentabilité au sens économique ou financier du terme, par exemple pour les métiers de l'armée. La notion de rentabilité est différente selon qu'on parle du service public ou privé. Quelle est la plus-value apportée ? Par ailleurs, le fonctionnaire étant au service de l'État et du public, il est difficile d'envisager cet aspect sans se poser la question de l'utilité du fonctionnaire à l'endroit où il est.

Autres questions possibles

Une administration doit-elle être performante ?
Comment évalue-t-on les performances des administrations ?

Question 7

Vous laissez-vous marcher sur les pieds ?

Comment aborder le sujet

Ce type de question est classique pour déceler un trait de caractère. A-t-on affaire à quelqu'un qui refusera les ordres de son supérieur hiérarchique sous prétexte qu'il ne veut pas se laisser « marcher sur les pieds », ce qui en soi n'est pas forcément une bonne chose pour le jury, ou a-t-on affaire à quelqu'un qui se laisse faire, par exemple, par des usagers qui abuseront de cette faiblesse, ce qui en soi n'est pas non plus une bonne chose pour le jury ? Ici, il faut donc ménager les deux et surtout montrer que l'on n'est pas réactif dans le mauvais sens.

Éléments de réponse

Se laisser marcher sur les pieds équivaut pour moi à se laisser faire sans réagir, ne pas avoir d'opinion. Je ne me laisse pas faire, mais je ne suis pas non plus en révolte ; je prends soin d'analyser le contexte avant de réagir.

Autres questions possibles

Pensez-vous être quelqu'un de timide ?
Quels traits de caractère vous caractérisent ?

Question 8

Pensez-vous que l'on doive subventionner les associations ?

Comment aborder le sujet

À nouveau, il convient ici de mesurer ses propos et de ne pas basculer sur le tout ou rien. Il est important de relever que l'argent est de l'argent public mais que, d'un autre côté, les associations recouvrent des intérêts qui sont aussi souvent publics. Bref, tout n'est pas blanc ou noir. C'est cet aspect de réflexion et de mesure ou de pondération que recherche le jury.

Éléments de réponse

En théorie, les associations pourraient ou devraient se suffire à elles-mêmes et les fonds provenir surtout des adhésions. Cependant, sans subventions, beaucoup d'associations ne pourraient continuer à exister ou leur travail serait beaucoup plus limité. Or, certaines d'entre elles offrent un véritable service public que les pouvoirs ne peuvent prendre en charge. Par ailleurs, dans beaucoup de circonscriptions, des associations sont subventionnées par exemple par les mairies car elles sont utiles pour les citoyens (associations de parents d'élèves, culturelles, sportives, etc.).

Autres questions possibles

Faut-il ficher les délinquants ?
Doit-on abandonner le remboursement des médicaments ?

Question 9

Que signifie DGFIP ? Qu'est-ce que l'INSEE ?

Comment aborder le sujet

Ce type de question est essentiellement lié à des connaissances. Le jury veut savoir si le candidat s'est intéressé au ministère, à l'administration dans laquelle il souhaite entrer. Le candidat a donc intérêt, sur les sites des administrations du ministère, à reprendre quelques éléments et à les intégrer pour montrer l'intérêt qu'il porte (motivation) au ministère dans lequel il veut travailler.

Éléments de réponse

DGFIP signifie direction générale des finances publiques et recouvre aujourd'hui deux anciennes directions, celle des impôts et celle de la comptabilité publique (Trésor) qui ont fusionné. L'INSEE signifie institut national de la statistique et des études économiques.

Autres questions possibles

Que signifie DGDDI ?
Quel est à peu près le nombre d'agents du ministère de l'Économie et des Finances ?

Question 10

Quelles élections se sont déroulées en 2014 ?

Comment aborder le sujet

Il s'agit de questions de connaissances mais qui restent liées à ce que l'on peut attendre à la fois d'un agent public qui doit connaître l'environnement dans lequel il va travailler (la France, l'Europe pour la DGDDI ou les collectivités territoriales pour la DGFIP) et d'un citoyen responsable qui va servir l'État. Le jury veut savoir si les candidats ont ce minimum de connaissances que tout citoyen devrait avoir. Il s'agit également de démontrer au jury que l'on maîtrise son environnement en termes d'actualité économique, politique ou sociale.

Éléments de réponse

Se sont déroulées en 2014, à la fois les élections municipales afin d'élire les conseillers municipaux qui eux-mêmes éliront les maires, ainsi que les élections des eurodéputés (députés européens qui représentent les citoyens de l'Union européenne).

Autres questions possibles

Quel est le pays qui a rejoint en 2013 l'Union européenne ?
En 2014, quels sont les taux de TVA ?

Les 10 questions qui vous ont été proposées ne constituent qu'un échantillon de ce que le jury peut vous demander à l'oral. Certaines questions sont assez spécifiques, ce sont les questions de « mise en situation ».
Il vous est proposé de répondre aux mises en situation suivantes.
La méthode pour les réponses est relativement simple : il faut répondre en logique, bon sens, en ayant toujours à l'esprit que vous êtes un fonctionnaire potentiel qui respecte à la lettre la déon-

tologie, donc les obligations des fonctionnaires. À ce titre, vous pourrez aller télécharger ou vous procurer en bibliothèque la loi n° 83-634 du 13 juillet 1983 portant droits et obligations du fonctionnaire, qui liste ces obligations.

Question 11

Une vieille dame, pour vous remercier de votre diligence, vous offre une boîte de chocolats. Que faites-vous ?

Comment aborder le sujet

Quels que soient la question et le type de cadeau proposé dans la question – voyage, champagne, sac, etc. –, il convient de se reporter à la déontologie et aux droits et obligations du fonctionnaire qui interdisent d'accepter tout cadeau ou avantage quelconque. Cela est d'ailleurs réprimé par le Code pénal et la discipline administrative. Le jury attend des candidats intègres.

Éléments de réponse

Je ne peux accepter ce cadeau car il m'est interdit en tant que fonctionnaire d'accepter, recevoir ou demander un avantage ou don quelconque ; la seule possibilité serait que mon supérieur hiérarchique soit d'accord.

Autres questions possibles

Un usager vous propose un voyage gratuit en contrepartie d'informations que vous détenez. Que faites-vous ?
Pouvez-vous demander une réduction dans un magasin en précisant que vous êtes agent des finances publiques ?

Question 12

En arrivant le premier un matin au bureau, vous vous apercevez qu'il a été saccagé. Que faites-vous ?

Comment aborder le sujet

Cette question n'est pas difficile dans la mesure où, comme beaucoup d'autres, elle fait surtout appel à la logique et au bon sens. Ce que le jury attend, c'est l'appel à la hiérarchie ; en effet le compte rendu à ses supérieurs est un des principes de fonctionnement des administrations, il ne faut jamais l'oublier.

Éléments de réponse

J'évite de toucher ou de bouger quoi que ce soit, j'appelle mon supérieur hiérarchique immédiatement et je préviens, si cela m'est possible, les services de police ou de gendarmerie.

Autres questions possibles

Un de vos collègues de travail s'effondre car il vient d'être victime d'une agression de la part d'un usager. Que faites-vous ?
Au moment de partir au travail, votre véhicule ne démarre pas, il vous faut appeler un garagiste. Que faites-vous par rapport à votre administration ?

Question 13

Un de vos amis, responsable d'une entreprise, vous demande des informations, que vous détenez, sur une société concurrente de la sienne. Que faites-vous ?

Comment aborder le sujet

Le jury est très attentif au respect des obligations des fonctionnaires. Le secret professionnel en fait partie. Il protège les informations confidentielles divulguées par les usagers en vue du fonctionnement des services publics. Le non-respect de ce principe peut être sanctionné par l'administration et par le juge pénal. Les candidats doivent faire très attention à ne pas montrer au jury qu'ils ne respectent pas les obligations générales des fonctionnaires.

Éléments de réponse

Il m'est imposé par le statut de ne révéler à personne des secrets que je peux détenir à titre professionnel sur des citoyens ou usagers du service public. J'explique à mon ami que je ne peux lui fournir aucun élément couvert par le secret professionnel.

Autres questions possibles

Un contrôle fiscal va se dérouler dans une entreprise dans laquelle travaille un de vos proches. Vous êtes au courant. Pouvez-vous mettre en garde ce proche qu'un contrôle va affecter l'entreprise dans laquelle il travaille ?
Un internaute qui critique le gouvernement vous envoie ce message, vous êtes d'accord avec lui. Pouvez-vous lui répondre en ajoutant que vous êtes agent de la DGDDI et que vous pouvez évoquer ce problème en toute connaissance de cause ?

Question 14

Votre supérieur hiérarchique vous propose une formation de plusieurs semaines loin de votre domicile. Acceptez-vous ?

Comment aborder le sujet

La formation du fonctionnaire est un droit mais elle est aussi une obligation qui répond au principe d'adaptation des agents publics à leurs fonctions ou à leur poste. Le candidat ne peut donc refuser une formation, à moins d'expliquer à son supérieur ses difficultés personnelles qui peuvent être recevables.

Éléments de réponse

La formation est obligatoire pour être plus compétent dans mon domaine d'activité, je l'accepte donc en essayant de limiter les difficultés personnelles.

Autres questions possibles

Qu'est-ce que la compétence pour un fonctionnaire ?
Existe-t-il des écoles dans les administrations, à la DGFIP, à la DGDDI ? Que fait-on dans ces écoles ?

Question 15

Votre hiérarchie a oublié de comptabiliser trois jours de vos congés, personne ne s'en est aperçu. Le dites-vous malgré tout ou partez-vous en congés avec trois jours économisés ?

Comment aborder le sujet

Le jury recherche des collaborateurs intègres, avec qui des relations de confiance peuvent être tissées. La collaboration peut pâtir de comportements que la hiérarchie n'acceptera pas. Cela fait aussi partie de la notion de compte rendu, obligatoire au sein de l'administration.

Éléments de réponse

Je ne peux partir en congés sans y avoir été autorisé; en cas d'oubli de validation je ne peux m'absenter, si l'administration a oublié de décompter mes jours de congés, je lui rappelle que j'ai déposé une demande et je lui indique le nombre de jours non pris en compte.

Autres questions possibles

Pouvez-vous utiliser un véhicule de l'administration pour vos besoins personnels ?
Vous êtes seul au bureau et avez envie de joindre un de vos amis en Guadeloupe. Pouvez-vous le faire de votre poste téléphonique ?

Question 16

Votre collègue vous critique régulièrement en disant que vous ne faites pas votre travail. Que faites-vous ?

Comment aborder le sujet

Avec ce type de questions, le jury veut vérifier les capacités des candidats à gérer les tensions ou les conflits aussi bien en interne qu'avec le public. L'idée est d'essayer de relativiser et d'échanger pour ne pas attiser les conflits. Néanmoins, l'idée est aussi de faire comprendre que le supérieur hiérarchique joue également un rôle dans ces tensions qui ne peuvent pas être réglées de manière brutale.

Éléments de réponse

J'essaie de comprendre pourquoi il me dit cela. S'il s'avère qu'effectivement je fais mal mon travail, il me manque peut-être une formation que je demanderai à ma hiérarchie. Dans le cas contraire, je lui explique qu'il n'a pas à me juger de cette manière. Si les tensions persistent, j'en parle à ma hiérarchie.

Autres questions possibles

Un usager se permet de critiquer devant vous votre administration. Que faites-vous ?
En sortant du bureau, vous vous faites insulter par des assujettis. Que faites-vous ?

Question 17

Un ami vous propose de vendre des extincteurs pendant vos journées de congé afin d'arrondir vos fins de mois. Que faites-vous ?

Comment aborder le sujet

Le jury vérifie que même sans connaître précisément les obligations des fonctionnaires, le candidat a suffisamment de bon sens pour comprendre qu'un fonctionnaire, même en dehors du service, ne peut tout dire ou tout faire, et en particulier que la loi lui interdit d'avoir en plus de ses fonctions un emploi privé lié au commerce.

Éléments de réponse

Je décline la proposition car il m'est interdit d'avoir une autre activité rémunérée, en particulier commerciale.

Autres questions possibles

L'un de vos amis vous propose de tenir un stand de vente d'équipements de voiture au sein de plusieurs foires qui se tiennent chaque année dans votre ville. Que faites-vous ?
Pouvez-vous, en même temps que votre activité professionnelle, prendre la direction d'une entreprise ?

Question 18

Un responsable d'entreprise soumis à votre contrôle vous propose, pour entretenir de bonnes relations, de trouver un travail à votre conjoint. Que faites-vous ?

Comment aborder le sujet

La déontologie et les obligations du fonctionnaire sont deux piliers des questions de mise en situation. Il convient donc d'être très prudent dans les réponses et, tout au moins, de connaître les grandes obligations du fonctionnaire issues de la loi de 1983.

Éléments de réponse

En aucun cas, je n'accepte cette proposition qui pourrait s'assimiler à de la corruption.

Autres questions possibles

Un commerçant que vous connaissez vous demande d'intervenir en sa faveur pour limiter un contentieux qui l'oppose à votre administration. Que faites-vous ?
Vous avez décidé d'aider votre conjoint qui gère un commerce. Le pouvez-vous ?

Question 19

Le fils de votre voisin est un consommateur et revendeur de produits stupéfiants. Que faites-vous ?

Comment aborder le sujet

La loi fait obligation aux fonctionnaires ayant connaissance d'un délit de le dénoncer au procureur de la République (éventuellement par le biais de services judiciaires). Il y a donc ici obligation de dénonciation (article 40 du code de procédure pénale).

Éléments de réponse

Même hors service, je ne peux laisser passer un délit. Je le dénonce à des agents de la police ou des douanes.

Autres questions possibles

Un de vos collègues détourne de l'argent public. Vous vous en apercevez. Que faites-vous ?
En tant que fonctionnaire, êtes-vous responsable en cas d'infraction pénale ?

Question 20

Vous avez été condamné à 6 mois avec sursis pour homicide involontaire. Que faites-vous ?

Comment aborder le sujet

Même si les faits sont hors service, même si vos supérieurs peuvent ne jamais être au courant, il importe de rendre compte de cette condamnation, ce qui est une obligation du fonctionnaire.

Éléments de réponse

Je rends compte à ma hiérarchie que je suis passé en justice, en expliquant ce qui m'a été reproché.

Autres questions possibles

Vous êtes nommé comme juré dans une cour d'assises. Prévenez-vous votre administration ? Pourquoi ?
Vous n'avez plus votre permis de conduire. Pouvez-vous malgré tout conduire des véhicules de l'administration ?